工程建设施工企业质量管理实践

GB/T 19001 — GB/T 50430

北京中建协认证中心有限公司　主编

中国建筑工业出版社

图书在版编目（CIP）数据

工程建设施工企业质量管理实践 GB/T 19001—GB/T 50430/北京中建协认证中心有限公司主编. —北京：中国建筑工业出版社，2011. 12

ISBN 978-7-112-13768-8

Ⅰ. ①工… Ⅱ. ①北… Ⅲ. ①建筑企业-质量管理-中国 Ⅳ. ①F426. 9

中国版本图书馆 CIP 数据核字（2011）第 231037 号

本书包括的主要内容有：范围和规范性引用文件、行业术语、产品/服务范围及其特点、过程方法、《工程建设施工企业质量管理规范》转换实施重点和难点分析、按“质量管理内容”转换实施的质量管理体系的说明、按“过程方法”转换实施的质量管理体系的说明、按“过程方法”转换质量管理体系典型流程和管理制度要求等内容。文后还有附录。

本书可供各种施工总承包企业、工程专业承包企业、劳务作业分包企业及工程设计、采购企业的质量体系有关人员使用。也可供建筑业咨询机构、认证机构以及大专院校师生使用。

责任编辑：胡明安
责任设计：李志立
责任校对：张　颖　陈晶晶

工程建设施工企业质量管理实践
GB/T 19001 — GB/T 50430
北京中建协认证中心有限公司　主编

*

中国建筑工业出版社出版、发行（北京西郊百万庄）
各地新华书店、建筑书店经销
北京红光制版公司制版
北京云浩印刷有限责任公司印刷

*

开本：787×1092 毫米　1/16　印张：20¾　字数：502 千字
2011 年 12 月第一版　　2011 年 12 月第一次印刷
定价：**48.00** 元
ISBN 978-7-112-13768-8
（21551）

本书编委会

编委会主任：吴　涛

编　　　委：韩一宝　吴亚春　吴涤清　张　田　苏敬斌　郭启蛟　向书兰　陈国强　李　君　赵红宇

策　　　划：王　丽　曹继明

主　　　编：王海山　周福民

主　　　审：景　方　王　丽

副　主　编：王　丽　曹继明　陈华元　王　峰　王其增　马金平　陈贵林　徐晓明　易文权　马文洲　王生光　张爱民　杨曰胜　肖于太　王夙君　马　栋　汪桃义　冯　跃　龚　剑　翟培勇　陈跃熙　张卫兵　龚爱群　罗　宏　高秋利　杜其广　陈建国　杨生荣　刘昭义　喻振贤　冯世伟　杨建明　屠孝军　王海洲　程　俊　谢耀京

编写人员：丁云波　于　斌　于　艺　王凤英　王玉莲　王庆贺　王　珣　王　琰　王青斌　王　燕　马玉清　田　华　邓大军　孙刚雄　孙成伟　卢理胜　史　赫　权中亚　李　汇　李志广　李春波　李雨坤　刘越辉　刘津芝　陈向阳　陈云英　陈　伟　邵尼华　沈海波　孟建军　宋淑娟　张泽进　张劲松　张志强　张　虎　姜　涛　郭喜宏　赵红朋　姚　巍　高冬兰　徐　朗　袁汉堂　曹云峰　程同庆　彭　川　韩　菲　戴晓红

主编单位：北京中建协认证中心有限公司

参编单位：中国铁建股份有限公司　中国建筑第八工程局有限公司
中国建筑第三工程局有限公司　中铁电气化局集团有限公司
中铁十六局集团有限公司　中铁六局集团有限公司
中国石油工程建设公司　中国有色金属建设股份有限公司
中国中铁航空港建设集团有限公司　中国建筑第六工程局有限公司
中国十五冶金建设集团有限公司　七冶建设有限责任公司
中国核工业华兴建设有限公司　中建一局集团建设发展有限公司
上海建工（集团）总公司　北京建工集团有限责任公司
中国华西企业股份有限公司　中建三局第二建设工程有限责任公司
河北建设集团有限公司　黑龙江省建工集团有限责任公司
江苏省苏中建筑集团有限公司　江苏南通二建集团有限公司

序　言

一、建筑施工领域的基本情况

自 1992 年 ISO 9000 系列标准引入我国以来，我国建筑业质量管理体系认证工作取得了较快的发展。截至 2010 年 10 月底，共有 36557 家建筑企业获得 ISO 9001 质量管理体系认证，占全部有资质等级建筑企业的 52.2%，从事建筑施工领域认证的认证机构 96 家。建筑施工企业获得 ISO 9001 认证已经成为承揽建筑工程的一项必要条件，被各省、市政府建设行政主管部门广泛采用。质量管理体系认证对于建筑施工领域质量管理和质量水平的提升起到了重要的促进作用。国家重点工程及大型基础设施工程质量技术水平提高显著，一大批“高、深、大、难”的工程在质量方面取得重大突破，青藏铁路、三峡水利工程、小浪底水库、西气东输工程、上海环球金融中心、奥运主场馆“鸟巢”、世界最长公路跨海大桥——杭州湾大桥等工程高质量地建成并投入使用，代表了当今世界的先进水平。

截至 2010 年，国内具有资质等级的建筑施工企业共计 70061 家，这其中具有特级资质的 264 家，一级资质的 7098 家，特级和一级企业占建筑施工企业的 10.5%，其余为二、三级资质企业。全国 2010 年全年完成建筑业总产值 95206 亿元，同比增长 24%；建筑业房屋施工面积达 70.1 亿 m^2，同比增长 19%；2010 年全国固定资产投资累积施工项目 471863 个，同比增加 20601 个，施工项目计划总投资 522161 亿元，同比增长 23.1%，新开工项目 330049 个，同比减少 9746 个，新开工项目计划总投资 190805 亿元，同比增加 25.6 亿元。

工程质量是建筑企业的生命，也是社会关注的热点。随着国民经济持续高速增长，基本建设投资项目的不断增加，建筑施工企业和建材生产企业也随之大量发展。但是由于一些地区和企业对建筑施工质量未能进行有效地管理，重大工程质量事故时有发生，给国家和人民的生命财产造成重大的损失和危害，也给社会带来消极影响。

导致建筑施工企业质量体系运行有效性不高的原因是多方面的，其主要原因包括如下方面：一是有关单位对质量工作重视不够、投入不足；建筑市场存在过度竞争、施工单位转包、违法分包、挂靠严重等现象的问题。二是建筑企业自身管理能力和质量意识存在问题，有的企业为投标而取得认证，质量体系和责任根本落实不到位；总承包企业对于相关分包企业和人员缺乏质量管理，企业的生产管理现场混乱、缺乏安全意识。三是认证机构专业能力问题，有的认证机构和人员专业能力不强，针对建筑施工企业现场多、分包、转包多的情况审核不到位；有的认证机构过度追求商业利益，有低价竞争、急功近利等行为。四是标准问题，ISO 9001 标准是原则性强、通用性的标准，而建筑施工是一个极其复杂的过程，影响质量的因素很多。建筑企业由于行业的特殊性，大量使用农民工，人员素质不高，加上标准文本不通俗、难理解，如果 ISO 9001 的标准要素不能与建筑施工的实际要求紧密结合，建筑企业实际应用标准的有效性就会打折扣。

针对上述建筑施工领域认证有效性和贯彻质量管理体系标准中存在的问题，为进一步提高国家建筑施工企业质量管理水平，满足建筑施工领域质量管理工作专业性强的要求，国家认监委与住房和城乡建设部决定从 2010 年 8 月 1 日起在建筑施工领域质量管理体系认证中除满足 ISO 9001 标准以外，还要应用《工程建设施工企业质量管理规范》（简称《规范》），即国家标准 GB/T 50430－2007，两个政府部门还联合发布了《关于在建筑施工领域质量管理体系认证中应用〈工程建设施工企业质量管理规范〉的公告》（2010 年第 21 号）。

二、《工程建设施工企业质量管理规范》的要求

《规范》于 2008 年 3 月 1 日正式实施。它是关于工程建设施工企业质量管理的第一个国家标准。相对于技术标准、技术规范而言，它也是关于施工企业质量管理的第一个管理型规范。

《规范》具有以下特点：

一是《规范》的基本思想与 ISO 9001 系列标准是一致的，但又不同于 ISO 9001 系列标准，是 ISO 9001 标准行业化、专业化、本土化的体现，是以 ISO 9001 标准为理论依据，紧密结合建筑行业法律法规要求和建筑施工领域的过程特点编制而成。《规范》从行业角度出发，从国内建筑施工企业的管理现状出发，对目前国内建筑企业管理方面普遍存在的、与工程质量相关的活动、管理过程和流程形式，做出明确的、基本的规定要求。标准术语更多地使用了建筑施工术语、行话，因此，更适合建筑施工企业实际情况，便于所有建筑施工企业理解、操作和贯彻执行。

二是企业实施《规范》不会与原来贯彻实施 ISO 9001 相排斥，而是更有利于解决企业 ISO 9001 贯标/认证和企业质量管理实际的“两张皮”现象；《规范》不会给企业增加负担，已经通过 ISO 9001 认证的企业，可以结合《规范》完善和改进企业质量管理体系，使制定的方针、政策、程序更贴近建筑企业特点和实际，不要求企业另搞一个质量管理体系。

三是明确强调了企业最高管理者在企业质量管理体系中的重要职责。《规范》要求企业的最高管理者应制定质量方针，对质量管理体系进行策划，负责质量管理体系的建立、实施和改进活动，其核心是质量责任的落实，加强对分包、转包的质量管理责任。

四是《规范》主要用于建筑施工企业内部质量管理，也是企业自律的基本要求，同时适用于有关各方对企业质量管理进行评价。国家认监委与住房和城乡建设部的实施要求带有一定的强制性，有利于主管部门依据《规范》对认证有效性进行检查和管理，能够透过企业的外在表现，看到其实际的质量管理状况。

三、实施《工程建设施工企业质量管理规范》的做法和作用

国家认监委与住房和城乡建设部《关于在建筑施工领域质量管理体系认证中应用〈工程建设施工企业质量管理规范〉的公告》，规定了在建筑施工企业认证中，应依据《质量管理体系 要求》（GB/T 19001—2008）和《规范》执行认证工作，建筑企业既要满足 ISO 9001 的一般要求，更要符合《规范》的专业要求。同时也要求各认证机构自 2010 年 11 月 1 日起，在中国境内对建筑施工企业实施质量管理体系认证时，应当依据《质量管理体系 要求》和《规范》开展认证审核活动。认证证书标注的认证依据标准应为：GB/T

19001—2008/ISO 9001：2008 和 GB/T 50430—2007。对按照《质量管理体系 要求》标准已获得质量管理体系认证的企业，在到期换证时，应增加《规范》要求，审核后完成认证证书转换工作；逾期未完成转换的认证证书均属无效，认证机构应对无效证书做出相应处理。

也就是说，自 2010 年 11 月 1 日起，中国境内就不能再颁发质量管理体系单一认证证书，但在证书有效期内的可以依照质量管理体系单一标准进行监督。随后，国家认监委又发出了《关于做好在建筑施工领域质量管理体系认证中应用 < 工程建设施工企业质量管理规范 > 的通知》，提出了对从事建筑施工领域质量认证的审核员进行全面培训和考核的要求，以确保认证机构和认证人员的专业化，使认证审核满足《规范》的相应规定。

实施建筑施工领域质量管理体系认证特殊要求的作用在于：

一是通过推动施工企业全面实施《规范》，进一步强化和落实质量责任，提高企业自律和质量管理水平。《规范》的逐步推广和应用，将有效地提高施工企业质量管理能力，而质量管理能力是施工企业进入建筑市场的必备条件，执行《规范》将逐步成为建筑施工企业市场准入的新条件。

二是《规范》的实施是促进建筑市场有序化发展的又一新手段。通过实施《规范》的强制性要求，使国内施工企业能够逐渐走向管理规范化、法制化的良性循环，将进一步促进建筑市场竞争的规范、公平、公开，为提高工程质量打一个良好的基础。

三是引入先进管理思想，促使企业管理层更新观念，强化和提高质量管理意识、规范化意识，使质量管理最终成为施工队伍企业文化的一项重要内容，提高企业员工对质量管理的认识，通过外部的强制性要求来促使企业对其质量管理进行投入。这样一方面可以保障企业实施质量管理活动的物质基础，另一方面可以约束那些以削弱甚至放弃质量管理来换取低价竞争的企业，保护和激发广大企业主动开展质量管理的积极性。

四是通过行业监管向企业内部管理的深入，能够从根源上监控工程施工质量，从而实现建筑市场竞争有序化、施工队伍素质和工程质量的稳步提高。

在建筑施工领域管理认证体系认证实施特殊要求，这是国内质量管理体系认证行业中的一件大事，也是在建筑施工领域质量管理体系认证中的创新，它将会对我国工程建设行业的质量安全、对认证从业机构走向专业化发展的道路产生深远意义和影响，将会对国内建筑工程质量的稳定和提高产生深远的影响，从而促进国内建筑业的可持续发展。

四、中国建筑业协会和中建协认证中心对落实《规范》所进行的工作

原建设部在 2003 年召开了“全国建筑市场与工程质量安全管理工作会议”，明确提出要制定一个关于施工企业质量管理的标准。这个标准是对 ISO 9000 族质量管理国际标准的本土化和行业化，要有中国特色，要适合施工企业特点，既要便于企业操作，能够切实地解决和消除企业质量管理工作中存在的问题或弊端，同时也能作为对企业进行监督管理的依据。

中国建筑业协会组织编制了《规范》，原建设部和国家质量监督检验检疫总局批准该规范，于 2008 年 3 月 1 日正式发布。同时为了使建筑施工企业能在实践中快速有效地实施《规范》，主编单位中国建筑业协会又组织相关人员编写了《〈工程建设施工企业质量管理规范〉实施指南》。该指南为全国建筑施工企业全面系统理解和掌握进而实施《规范》

起到了重要作用。

在住房和城乡建设部、国家认证认可监督管理委员会的引导下，中建协认证中心作为《规范》的参编单位之一，认真落实两部委21号公告要求，获得了首批建筑施工领域第三方认证的认可资格，一批建筑施工企业通过有效宣贯实施《规范》通过了建筑施工领域质量管理体系认证，获得了认证证书。为进一步推进实施建筑施工领域质量管理体系认证特殊要求，整体提升建筑施工企业质量管理体系的有效性，对企业实施《规范》提供一些实操性好、效果显著的做法和经验，中国建筑业协会、中建协认证中心有限公司组织一批建筑施工企业在参考借鉴大家的成熟经验和做法基础上，编写《工程建设施工企业质量管理实践 GB/T 19001—GB/T 50430》一书。

该书按建筑工程施工施工流程和施工企业质量管理的特点，借鉴国内外管理经验和多家建筑企业管理成果进行编制，尤其突出了“过程方法”的管理原则和导入卓越绩效管理模式的思路。该书的出版发行，相信将更好地促进施工企业不断完善质量管理体系，规范质量管理行为，为全面提高工程建设质量管理水平做出贡献。

本书在编写过程中得到了北京海德国际咨询有限公司的大力支持和帮助，在此特别鸣谢。

编委会

2011年11月22日

前　　言

《工程建设施工企业质量管理规范》GB/T50430—2007（简称《规范》）本土化、行业化特点突出，在条文结构安排上充分体现了施工企业管理活动特点，突出了过程方法和PDCA思想。在贯彻实施《规范》工作中，企业应认识到，不要依据若干活动来构建质量管理体系，应理解过程与活动之间的区别，也不要单纯追求每一个活动（如工序控制、采购控制、合同评审等）与GB/T 19001标准或《规范》的符合性，而是更应该关心“质量管理体系实效与产品质量，以最终产品质量和顾客满意为焦点”（国认可函［2009］18号“关于做好GB/T 19001标准换版工作有关问题的通知”）。

大多数施工企业由于对“过程方法”理解不到位，管理体系通常按照GB/T 19001要素或条款要求来形成文件化管理程序，存在如下诸多问题：

1. 没有把管理体系的结构展示清楚；

2. 没有和企业战略对接来搭建管理体系的过程活动；

3. 标准条款要求之间关联仅是个别表现，更多缺乏系统层次的多重关联；

4. 标准条款关系性质不清晰，割裂于所作用的过程之外“空转”（如数据分析、持续改进等）；

5. 作为描述管理体系主要功能的质量手册只是机械地按照标准的顺序进行编写。体系文件未能针对过程实际去编写，操作性差，导致“两张皮”；

6. 过程概念理解狭隘，僵化地把标准条款认为是过程活动的全部；例如组织中通常编制的《与顾客有关的过程控制程序》就是把标准条款的要求简单理解成了过程活动的全部；

7. 过程拆分没有到位，没有分解到适当的层次；例如某施工企业仅仅编制了《施工生产控制程序》，而没有对详细的生产过程以及影响的要素进行分析；

8. 过程分析不系统，影响要素分析缺失；如某关键工序活动的“设备运转”涉及诸多文件，如《作业指导书》和《设备管理规定》以及新编制的《生产过程控制程序》、《固体废弃物处理程序》、《安全操作规定》等，描述过程的影响，但相关关系及控制未说清楚。

因此，施工企业应建立质量管理创新机制，提高企业质量管理创新的能力，形成新的动力源，为工程建设施工企业的持续、稳定、健康发展提供有力保障，以增强顾客满意。施工企业应根据《规范》的要求，结合企业自身的管理水平、工程产品特点，制定和完善适合本企业的规章制度，不能照搬照抄其他企业的管理要求。需要特别指出的是GB/T19001和《规范》关注过程，更关注结果。企业应按“过程方法”的管理方法和“PDCA”的管理思路建立、实施和改进质量管理体系，按《规范》要求系统地开展质量管理活动，更加关注顾客、关注质量管理体系的结果即有效性。因此，对于已按GB/T19001标准建立和运行质量管理体系的建筑施工企业贯彻实施《规范》，应依据《规范》的要求识别原有质量体系是否存在不同、偏离或缺失，按照以上思路制定和实施必要的改进措施，改进和完善质量管理体系适宜性和有效性。

本书的主要内容是按建筑工程施工产品生产工艺流程和施工企业质量管理的特点，借鉴国内外管理经验和多家建筑企业管理成果进行编制，尤其是借鉴了历年来企业在管理体系的建立、实施、保持和改进使用“过程方法”的最新实践。本书适用于各种施工总承包企业、工程专业承包企业、劳务作业分包企业及工程设计、采购和施工工程总承包企业，另外，咨询机构也可以用本书结合企业实际进行咨询，认证机构可以参照编制建设工程施工企业的专业审核指南，建设单位、房地产企业、工程建设监理企业及工程建设质量监督站对施工企业进行监督、管理时也可参考使用。

本书共分为范围和规范性引用文件、行业术语、产品/服务范围及其特点、过程方法、《工程建设施工企业质量管理规范》转换实施重点和难点分析、按“质量管理内容”转换实施的质量管理体系的说明、按“过程方法”转换实施的质量管理体系的说明、按“过程方法”转换质量管理体系典型流程和管理制度要求等 8 章和附录。其中第 4 章“过程方法”内容为管理体系过程方法应用指南，第 5 章《工程建设施工企业质量管理规范》转换实施重点和难点分析对管理制度、文件或记录、项目经理部和分包单位管控等进行了对比分析和重点提示。

本书提供了两种《规范》转换实施的方法：

1. 第 6 章按“质量管理内容”转换实施的质量管理体系的说明为按照《规范》15 个方面质量管理内容，包括或引用企业既有和补充完善的管理制度及其支持性文件，《规范》中不需形成制度的要求或制度中未覆盖《规范》要求的内容在“质量管理体系的说明”加以规定。绝大多数施工企业都有覆盖范围不等、详略程度不同的管理制度、办法或实施细则，基于既有文件化管理制度的转换实施对企业管理体系影响较小、效率较高，但如前所述，企业管理体系有效性和实际成效未有实质性的改进提升。当然对新建立和运行质量管理体系的建筑施工企业要求更全面，应按《规范》要求“从无到有”地建立和实施文件化管理体系。

2. 第 7 章按“过程方法”转换实施的质量管理体系的说明和第 8 章按“过程方法”转换质量管理体系典型流程和管理制度要求是按照“过程方法”、“管理的系统方法”等质量管理原则，及导入卓越绩效管理模式对《规范》所要求的质量管理内容确定企业管理流程、工程项目管理流程和监测、分析与改进流程等三大类一级流程，对这三大类一级流程进一步适当拆分、确定为 34 个二级流程、26 个三级流程，每一细分流程进行流程设计，确定流程活动的顺序和相互作用、活动节点控制引用的管理制度要求等。该转换实施方法有如下特点：

（1）通过《规范》贯彻实施，对企业管理带来一次突破性改进和创新，使企业获得真正的管理效率提升和增值成效。

（2）参考借鉴施工企业成熟经验和做法，以流程搭建的体系管理覆盖面广、流程详略程度适中，按企业总部（含二级分公司）、工程项目管理二级或三级管理模式展开，各业务流程输入输出明确、接口清晰、协调有序。该套流程体系经过适度修改变化，能够较好地适宜于各种建筑施工企业运作。流程活动节点控制所引用的管理制度要求是先进施工企业管理智慧实践的结晶体现，对企业建章建制的指导作用效果显著。

（3）在满足《规范》要求的基础上，导入了卓越绩效管理模式，不仅考虑企业顾客要求，也兼顾平衡企业其他相关方利益。

（4）企业管理流程为总部层面所进行的企业文化、战略、顾客与市场、策划及资源配管及职能部门业务管理；工程项目管理流程按项目管理规范展开实施生产组织和施工生产活动；监测、分析与改进流程对企业整体绩效、项目绩效进行检查、分析与改进，实施知识和标杆管理，进行信息分析和质量管理改进与创新。

（5）流程化体系奠定传统职能式管理向现代流程式管理转变的基础；可借流程体系建立循环改进系统；实现企业主要业务流程的优化；提升企业的标准化管理水平，并可以复制输出；逐步减少例外管理，提高企业管理的运行效率；使制度更加可视化，提高可操作性；为信息化建设的提升奠定基础；有助于公司知识管理水平提升和知识积累。

最后的附录包括 GB/T 19001—2008《质量管理体系要求》与 GB/T 50430—2007《工程建设施工企业质量管理规范》的条款的双向对照表、《规范》条款与“质量管理体系典型流程”对照表，以帮助更好地理解、掌握和实施《规范》；另外“施工企业内部审核要点”则是依据《规范》编制的按过程方法审核要点。

本书编制主要参考了 ISO/TC 176“ISO 9000 介绍及支持文件包”和中国建筑业协会主编的《〈工程建设施工企业质量管理规范〉实施指南》等文件。

目　　录

第1章　范围和规范性文件

1.1　范围

施工总承包企业、工程专业承包企业、劳务作业分包企业及工程设计、采购和施工工程总承包企业贯彻落实《质量管理体系 要求》GB/T 19001—2008 和《工程建设施工企业质量管理规范》GB/T 50430—2007 时可应用本书。

工程设计企业作为设计—施工总承包单位如需参考本书时，需将文中凡是施工承包企业运作的过程转换为应予监控的过程。

1.2　规范性文件

《质量管理体系　基础和术语》GB/T 19000—2008（ISO 9000：2005，IDT）；

《质量管理体系　要求》GB/T 19001—2008（ISO 9001：2008，IDT）；

《工程建设施工企业质量管理规范》GB/T 50430—2007；

《建设工程项目管理规范》GB/T 50326—2006。

《中华人民共和国建筑法》、《建设工程质量管理条例》（国务院令第 279 号，2000 年 1 月 30 日发布实施）等现行法律、法规、标准、规范。

第2章　行　业　术　语

（1）建设工程：为新建、改建或扩建土木工程、建筑工程、线路管道和设备安装工程及装修工程等所进行的规划、勘察、设计和施工、竣工等各项技术工作和完成的工程实体。

（2）建设单位：即建设工程的投资人，也称“业主”，是工程建设项目建设全过程的总负责方，拥有确定建设规模、功能、外观、选用材料设备、按照法律法规规定选择承包单位等权利。建设单位可以是法人或自然人，包括房地产开发商。

（3）施工单位：是指经过建设行政主管部门的资质审查，取得相应资质证书，从事土木工程、建筑工程、线路管道设备安装、装修工程的施工承包单位。

（4）工程监理单位：是指经过建设行政主管部门的资质审查，取得相应资质证书，受建设单位委托，依照国家法律法规、技术标准、要求和建设单位要求，在建设单位委托的范围内对建设工程进行监督管理的企业。

（5）工程项目：是指具有独立的设计文件，建成后可以独立发挥生产能力或使用效益的工程。

（6）单位工程：是工程项目的组成部分，它是可以独立组织施工的工程，通常包含不同性质的工程内容。例如一个车间的厂房建筑、设备安装工程各是一个单位工程；民用建筑一幢房屋或多幢相同的住宅楼作为一个单位工程；独立的给水工程、采暖工程、输电工程……都可作为一个单位工程。

（7）分部工程：是单位工程的组成部分，一般是按建筑物的主要部位以及安装工程的对象划分的。例如房屋建筑工程的地基与基础工程、主体结构工程等，安装工程分部工程有管道安装工程、设备安装工程、电气安装工程等。

（8）分项工程：是分部工程的组成部分，是按照工序将分部工程进一步划分而成。例如地基基础工程可划分为；人工挖地槽、挖地坑、回填土等分项工程。

（9）检验批：按同一的生产条件或规定的方式汇总起来供检验用，由一定数量样本组成的检验体。

（10）施工组织设计：是指导建设工程施工准备和施工全过程的管理文件。

施工组织设计内容包括：工程概况、施工方案和施工方法、施工进度计划、各项资源需求计划、施工平面图、技术质量措施、安全技术措施及技术经济指标等。建设工程项目由多个单位工程组成时需要编制施工组织总设计，内容全面地覆盖各个单位工程。

（11）项目经理部：下文简称项目部。是施工企业为实施某一承包项目而调配人员组成的项目管理组织。它在公司的监控下实施开工准备、施工全过程、竣工验收等过程，通常是一次性组织。（另有常设性项目经理部，其职能有所不同，相当于公司的常设分支机构）

（12）施工设备：建筑施工企业用于工程施工的机具设备，如塔吊、挖土机、混凝土搅拌机、钢模板、钢脚手架等。

(13) 工程设备：工程项目中应予配备在工程建成后使用的设备，如民用建筑中的采暖通风设备、电梯设备等；各类工业建设工程中的各种生产装置；铁路建设工程中的通信设备等。

(14) 工程洽商：工程项目施工过程中，由建设单位或施工单位的任何一方提出的有关图纸、材料、工期、造价、施工方法等的增减或变化，经双方协商一致后，由建设单位发出洽商通知后开始实施的协商过程。

(15) 隐蔽工程：在施工过程中，下道工序将上道工序完全覆盖住，则称上道工序或被覆盖的分项工程为隐蔽工程。按规定，在隐蔽前应进行隐蔽工程的检查验收（简称隐检），相关各方验收合格后，方可予以隐蔽。

(16) 施工方案：针对工程项目中的某一个重点部位、关键工序或“四新”（新材料、新技术、新工艺、新设备）内容等单独策划一整套的施工方法、工艺流程、技术措施、质量要求以及必要图纸等所编成的施工文件。

(17) 分包商：以合同或协议形式向建筑施工企业承担部分工程、劳务、施工机械和施工设备的租赁及操作服务、材料试验等的单位，是标准中所称“供方”的一种。

(18) 技术交底：建筑施工企业传统的技术管理制度之一。由项目部到施工作业班组逐级交底，随接受交底人员岗位的不同，交底的内容也有所不同。交底的内容大体是：工程概况；设计要求；图纸做法；施工组织设计与施工方案的要求；设计变更和洽商（如有时）；规范、规程和工法的要求；施工顺序；施工方法；质量要求及验收标准等。

第3章　产品/服务范围及其特点

3.1　产品范围

本文所适用的产品范围是工程建设产品，即承包施工的工程建设项目（以下简称项目）。

产品的类别可参见原建设部《关于印发〈施工总承包企业特级资质标准〉的通知》建市［2007］72号和《关于印发〈建筑业企业资质等级标准〉的通知》建建［2001］82号文中根据产品类别对企业资质分类的规定。其中总承包类企业有房屋建筑工程等12类企业，专业承包企业有地基与基础工程等60类企业，劳务分包企业有木工作业等13类企业。

3.2　产品特性/服务质量规范的要点

1. 产品质量要求

（1）项目投标承包要求。项目投标时期建设单位或通过代理单位向施工企业提出，包含在施工承包合同、工程设计文件及投标要求等文件中，施工企业只能承揽其资质范围以内的工程。

（2）项目施工期中，建设单位、监理单位针对施工进展状况随时提出的质量管理要求。有时还出现合同修订要求。

（3）项目保修期。施工单位根据法规及合同规定应免费保修的工程缺陷的期限，例如基础设施工程、房屋建筑的地基基础工程和主体结构工程的保修期限为设计文件规定的该工程的合理使用年限。

（4）施工企业内部的质量管理要求，如内部承包要求，争取国家或地方的工程质量奖项等。

（5）项目施工应符合《建筑法》以及国务院、建设部、各行业主管部门、地方建设主管部门相关的法律、法规、标准、规范等的要求，见附录。

2. 产品质量内涵——分为施工质量及服务质量两方面，后者包括项目的施工期限、费用、施工、安全及环境保护

（1）施工质量。包括工程物资质量、分部分项工程质量、单位工程质量以及整个项目质量，有行业的检验、验收特定方式；

（2）项目施工期限。在施工承包合同中规定，施工期间可能由于特定原因，在建设单位、监理单位、施工单位协商后修订；

（3）项目施工费用。在施工承包合同中规定，按时间阶段、已完工工程量及其他原则以约定方式支付；

（4）施工安全及环境保护。必须符合相关法令、法规、标准规定，包括施工期间对周

围环境要防止污染。

3. 产品特性要点

（1）工程项目的产品特性分别来自该项目的工业、民用、军事、社会生活用途所产生的建设要求，一般具有社会性；设计、工艺及施工组织的多样性；每件产品的生产周期长；耗工多及费用高等产品特性，与一般的制造业产品有区别。

（2）项目设计、施工的单项性。每个工程项目都是根据建设单位的特定要求及建设地区的特定条件设计而成。施工则是在该建设地区专门创造施工条件后开工，在当地地理、地质、气候以及人文等各方面条件制约下，按照上述专项设计要求及承包合同要求完成。

（3）满足政府单项监控的要求。工程建设项目的立项、设计、招投标、开工许可、质量监控及竣工验收、质量缺陷保修等都需要符合政府各方面主管部门以相关法律、法规为依据所提出的单项监控要求。

（4）满足建设单位一方的监控要求。项目的勘察、设计、施工、保修都需以各阶段合同要求为依据，在建设单位及其委托的监理单位对项目的监控下实施，施工期间建设单位及监理单位在现场驻地监控。

（5）各产品实现单位单项组织生产。项目的勘察单位、设计单位、施工单位、监理单位等分别与建设单位签订承包合同，单项组织生产，产品质量是专项管理的成果。

综上所述，工程建设项目具有多形式的、有很强单项性的、在多方监控下实现的、直接服务于社会的大型产品特性。

3.3 主要顾客群

（1）产品实现各阶段中，建设单位是顾客。它与所委托的监理单位一起对施工进行全过程监控。政府各主管部门、质量监督站从不同的职能角度对施工进行全过程监控。施工企业对上述各方根据法律、法规、承包合同提出的要求都应满足，并不断增进他们的满意度。

（2）竣工验收后该产业的产权人或经营运作人或使用者也是顾客。产权人或经营运作者（如物业管理公司）之外的使用者，如房地产的租户、工厂的工人、剧院的观众是另一层次的顾客。

总承包企业是专业承包企业的顾客。专业承包企业使用本书时应予注意。

第4章　过　程　方　法

1. 过程方法

【GB/T 19001 标准条款】

0.2　过程方法

本标准鼓励在建立、实施质量管理体系以及改进其有效性时采用过程方法，通过满足顾客要求，增强顾客满意。

为使组织有效运行，必须确定和管理众多相互关联的活动。通过使用资源和管理，将输入转化为输出的一项或一组活动，可以视为一个过程。通常，一个过程的输出可直接形成下一个过程的输入。

为了产生期望的结果，由过程组成的系统在组织内的应用，连同这些过程的识别和相互作用，以及对这些过程的管理，可称之为“过程方法”。

过程方法的一个优点是对过程系统中单个过程之间的联系以及过程的组合和相互作用进行连续的控制。

在质量管理体系中应用过程方法时，强调以下方面的重要性：

a）理解和满足要求；

b）需要从增值的角度考虑过程；

c）获得过程绩效和有效性的结果；

d）在客观测量的基础上，持续改进过程。

图 4-1 所反映的以过程为基础的质量管理体系模式展示了第 4 章至第 8 章中所提

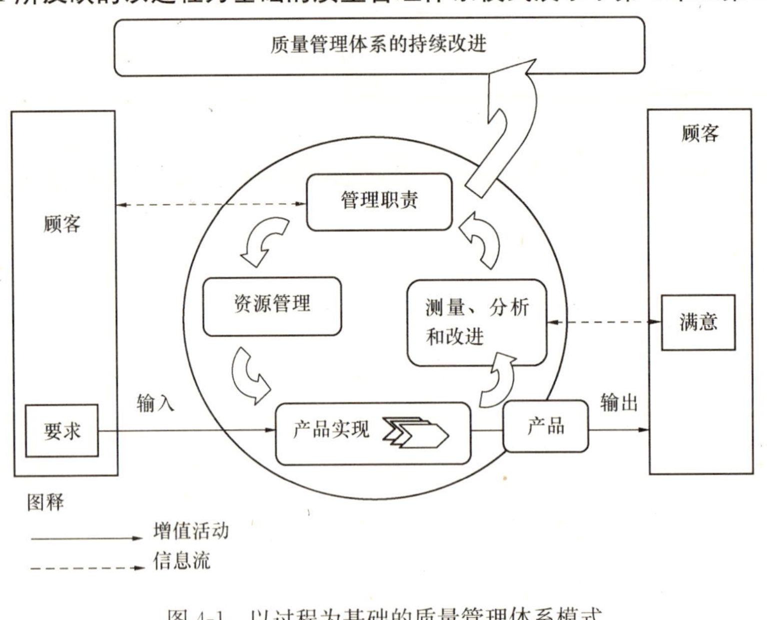

图 4-1　以过程为基础的质量管理体系模式

出的过程联系。该图反映了在规定输入要求时，顾客起着重要的作用。对顾客满意的监视，要求组织对顾客关于组织是否已满足其要求的感受的信息进行评价。该模式虽覆盖了本标准的所有要求，但却未详细地反映各过程。

注：此外，称之为“PDCA”的方法可适用于所有过程。PDCA 模式可简述如下：

P—策划：根据顾客的要求和组织的方针，为提供结果建立必要的目标和过程；

D—实施：实施过程；

C—检查：根据方针、目标和产品要求，对过程和产品进行监视和测量，并报告结果；

A—处置：采取措施，以持续改进过程绩效。

2. 过程方法旨在提高企业在实现既定目标方面的有效性和效率；采用过程方法建立和实施质量管理体系的结果能够满足顾客的需要，提供符合顾客要求和法律法规要求的产品；在改进质量管理体系有效性时采用过程方法能够增强顾客满意。

3. 过程方法是一种质量管理原则，企业在运用过程方法建立质量管理体系时，应将过程方法与组织的实际相结合。

（1）应用过程方法通常包括过程的确定和过程的管理两个方面。

1）过程的确定。企业首先要结合管理的宗旨和顾客要求、适用的法律法规要求，确定企业的质量方针和质量目标；随后确定为实现质量方针和质量目标所需要的过程、过程的顺序和相互关系；并确定负责过程的部门或人员以及必需的文件。

2）过程的管理。企业应对所确定的每一个过程实施管理。过程管理是在确定过程的输入和输出的基础上，确定所需的活动和资源、确定对过程和活动的监视和测量的要求；按确定的结果实施测量、监视和控制；对测量、监视和控制的结果进行分析，并识别改进过程的机会。

由于是按过程方法设置部门和规定相应的职责和权限，因此可以将部门和其人员的关注焦点集中到企业的质量目标上，可以改进过程接口的管理。这也是过程方法的优点之一。

（2）在应用过程方法建立质量管理体系时，需特别关注：

1）明确应达到或满足的要求；

2）所确定的过程应能为组织的绩效增殖；

3）过程的结果与期望输出的符合性、体系运行结果达到期望结果的程度；

4）通过对过程的监视和测量，不断改进过程。

（3）图 4-1 反映了以过程为基础的质量管理体系模式。该模式虽然覆盖了 GB/T 19001 标准的所有要求，但却未详细地反映各过程。企业必须确定实现其经营目标所必须的过程数量和类型。虽然每个建筑施工企业的过程具有独特性，但仍可确定一些典型过程，例如：

1）企业管理过程：这包括企业总部层面的战略规划、制定方针、设定目标、确保交流、确保企业其他质量目标和预期结果可获得必要的资源管理过程以及各相关业务管理过程等，其中资源管理过程包括一切提供资源的过程，而这些资源是实现企业的质量目标及预期结果的一切过程。

2）工程项目管理过程：这包括能实现企业预期结果的一切过程，主要为项目经理部层面运作的过程，如从项目前期策划到项目移交服务的全部过程。

3）测量、分析与改进过程：这包括测量、收集绩效分析数据、改进有效性和效率所必需的过程，具体包括测量、监视、审核、绩效分析及改进（例如纠正与预防措施）。测量过程通常被记录为管理、资源和实现过程的组成部分，而分析及改进过程一般作为独立过程，这种独立过程与其他过程相互作用，接受测量结果的信息，同时为改进其他过程而输出信息。

（4）依据《工程建设施工企业质量管理规范》GB/T 50430—2007 确定的施工企业典型的质量管理体系过程见图 4-2，该过程图参考了 ISO/TC176“ISO 9000 介绍及支持文件包” 的内容。

（5）本书第 7 章和第 8 章描述了采用过程方法，确定企业管理流程、工程项目管理流程和监测、分析与改进流程等三大类一级流程，对这三大类一级流程进一步适当拆分、确定为 34 个二级流程、28 个三级流程，每一细分流程进行流程设计，确定流程活动的顺序和相互作用、活动节点控制引用的管理制度要求等内容。

4. 本书第 8 章 8.1.4 管理策划和资源配备流程详细描述了过程的确定和过程的策划活动控制要求。

5. PDCA 方法（循环）是确定、实施和控制、监视和测量、分析和改进过程的一种有效工具。

图 4-3 给出了 PDCA 循环中的要点。图中“策划”指确定满足顾客要求、法律法规要求、组织的宗旨所必需的目标和过程。“实施”指实施各过程。“检查”指对照方针、目标和产品要求，监视和测量过程和产品，并报告结果。“处置”指采取措施持续改进过程绩效。

PDCA 是一种动态方法，可以在企业内的各个过程及过程间的所有相互作用中实施。企业可以在各层次运用 PDCA 循环进行管理，如组织的最高管理层、职能管理层、运行层；不同层次在 PDCA 四个阶段所要做的事情是不相同的。

本书第 7 章和第 8 章所描述的流程体系应用实施了 PDCA 方法。

6. 使用过程方法时尤其应重点注意“为了产生期望的结果”，更应关注事先确定的目标和达成程度。如前所述，企业在应用过程方法时，首先要确定企业的质量方针和质量目标（包括过程目标），随后的确定过程和管理过程的活动（过程活动）都是为了达到所设定的质量方针和质量目标。企业应认识到，不要依据若干活动来构建质量管理体系，也不要单纯追求每一个活动（如工序控制、采购控制、文件控制、记录控制、管理评审、内部审核等）与 GB/T 19001 标准或 GB/T 50430 规范的符合性，而是更应该关心“质量管理体系实效与产品质量，以最终产品质量和顾客满意为焦点”《关于做好 GB/T 19001 标准换版工作有关问题的通知》（国认可函［2009］18 号）。

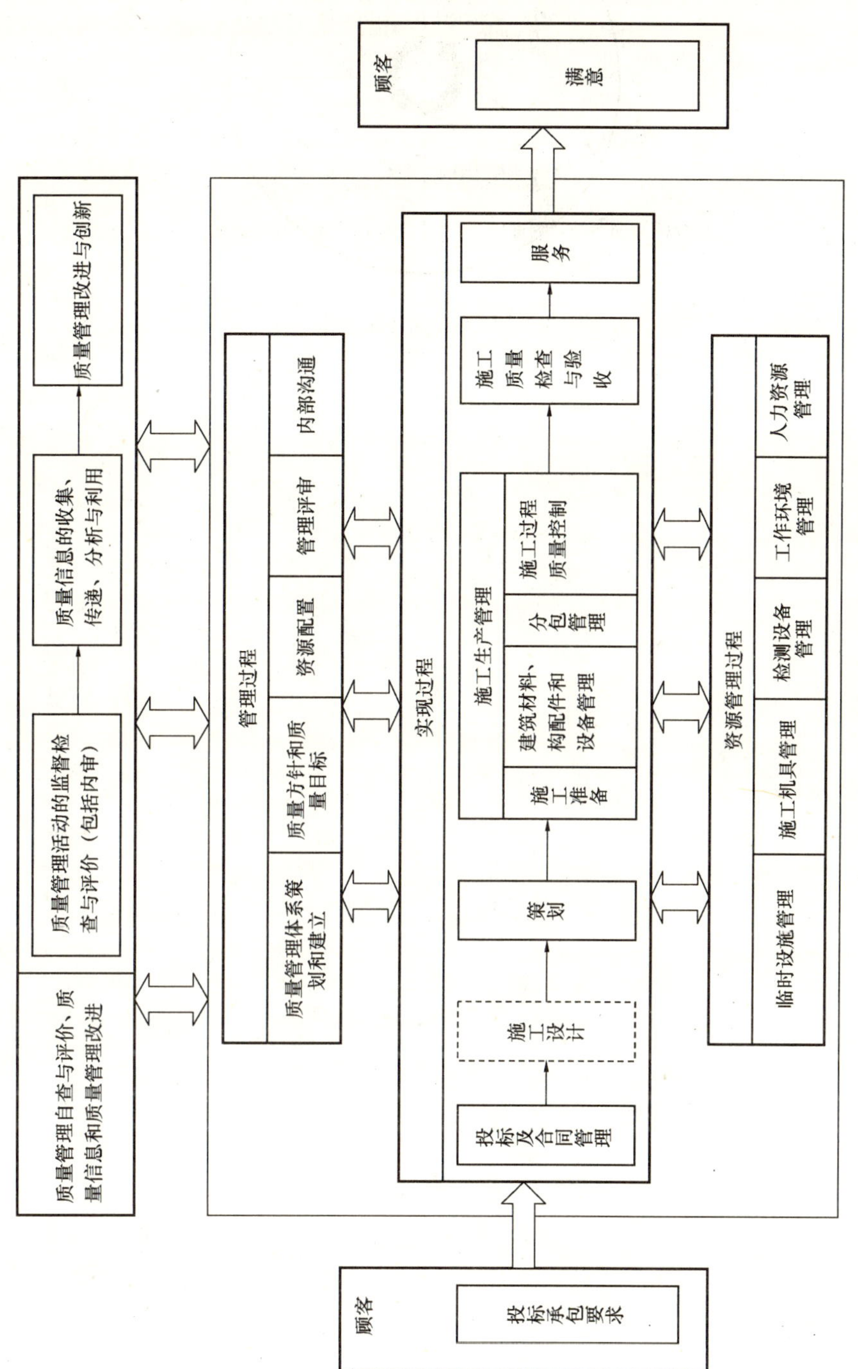

图 4-2　施工企业典型的质量管理体系过程

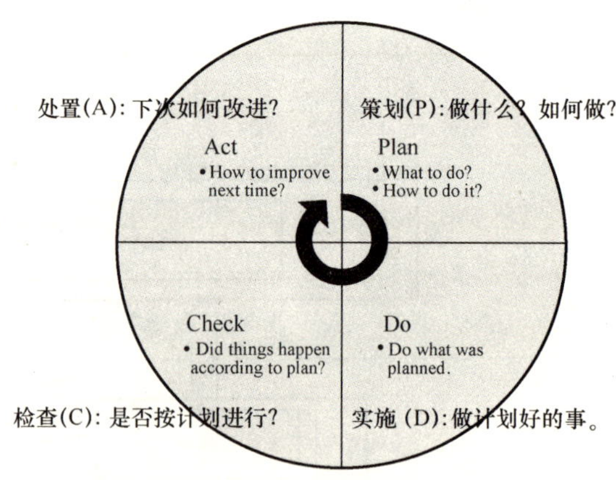

图 4-3　PDCA 循环示意图

第 5 章 《工程建设施工企业质量管理规范》转换实施重点和难点分析

1.《规范》转换实施计划：

对于已按 GB/T19001 标准建立和运行质量管理体系的建筑施工企业贯彻实施《规范》时，应依据《规范》的要求识别与原有质量体系是否存在不同、偏离或缺失，如有则需要制定和实施必要的改进措施计划，改进和完善质量管理体系有效性，包括必要的培训活动、修改完善所缺失或偏离的质量管理制度及其支持性文件，按《规范》二级条款（共 41 个）进行职能分配、实施或纠正所缺失或偏离的质量管理活动、保持所缺失或偏离的记录/文件、按《规范》实施内审和管理评审、进一步实施“过程方法”等。

改进措施计划可考虑分程序文件/质量管理制度或其支持性文件的缺失或偏离、文件/记录的缺失或偏离、质量管理活动的缺失或偏离三方面进行。表 5-1 和表 5-2 为“GB/T19001 标准明示的程序与 GB/T 50430 规范明示的质量管理制度对照表”和“GB/T 19001 标准明示的文件/记录与 GB/T 50430 规范明示的文件/记录对照表”，建筑施工企业可参考使用。施工企业对于可能的质量管理活动的缺失或偏离的分析可对照两个标准规范的质量管理活动明示要求的差异进行。

GB/T 19001 标准明示的程序与 GB/T 50430 规范明示的质量管理制度对照表 **表 5-1**

序号	GB/T 9001 标准条款	GB/T 9001 标准明示的程序	《规范》明示的质量管理制度	《规范》明示的质量管理制度的支持性文件
1	4.2.2	质量手册	质量管理体系的说明	
2	4.2.3	文件控制程序	文件管理制度	
3	4.2.4	记录控制程序	记录管理制度	
4	5.4.1		质量目标管理制度	
5	6.2		人力资源管理制度	员工绩效考核制度
6	6.3		施工机具管理制度	施工机具供应方的评价方法
7	7.2		工程项目投标及工程承包合同管理制度	
8	7.3		施工质量管理制度	施工设计所需的评审、验证和确认活动，明确其程序和要求
9	7.4		建筑材料、构配件和设备管理制度	供应方的评价、选择和再评价的标准、方法和职责
10	7.4		分包管理制度	标准和评价办法
11	7.5		施工质量管理制度	
12	8.2.1		质量管理自查与评价制度	工程建设有关方满意情况的信息收集的职责、渠道、方式及利用这些信息的方法

续表

序号	GB/T 9001标准条款	GB/T 9001标准明示的程序	《规范》明示的质量管理制度	《规范》明示的质量管理制度的支持性文件
13	8.2.2	内部审核程序	质量管理自查与评价制度	
14	8.2.3		质量管理自查与评价制度	
15	8.2.4		施工质量检查制度	试验、检测管理制度
16	8.3	不合格品控制程序	质量问题处理制度	质量事故责任追究制度
17	8.4		质量信息管理和质量管理改进制度	
18	8.5	纠正措施程序	质量信息管理和质量管理改进制度	
19	8.5	预防措施程序	质量信息管理和质量管理改进制度	

GB/T 19001标准明示的文件/记录与GB/T 50430规范明示的文件/记录对照表　　表5-2

序号	GB/T 9001标准条款	GB/T 9001标准明示的文件/记录	《规范》明示的文件/记录
1	5.3	质量方针形成文件	质量方针形成文件
2	5.4.1	质量目标形成文件	质量目标形成文件
3	5.5.1		(1) 管理体系的组织机构及相应质量管理人员，规定相应的职责和权限并形成文件。 (2) 各级专职质量管理部门和岗位的职责和权限形成文件。 (3) 其他相关职能部门和岗位的质量管理职责和权限，形成文件。 (4) 以文件的形式公布组织机构的变化和职责的调整
4	5.6	管理评审的记录	质量管理改进与创新的记录
5	6.2	教育、培训、技能和经验的适当记录	(1) 人力资源发展规划。 (2) 以文件的形式确定与质量管理岗位相适应的任职条件。 (3) 培训相应的记录
6	6.3		(1) 施工机具配备计划。 (2) 施工机具供应方相应的证明资料和评价记录。 (3) 施工机具供应方订立合同。 (4) 施工机具验收记录
7	7.1	质量计划	工程项目质量管理策划的结果形成文件
8	7.2	与产品有关的要求的评审结果及由评审而引起的措施的记录	(1) 工程承包合同。 (2) 评审、投标和签约的相关记录。 (3) 相关部门及人员掌握合同的要求，并保存相关记录。 (4) 施工过程中发生的合同变更，应以书面形式签认

续表

序号	GB/T 9001 标准条款	GB/T 9001 标准明示的文件/记录	《规范》明示的文件/记录
9	7.3	(1) 与产品要求有关的设计和开发输入的记录。 (2) 设计和开发评审结果以及必要的措施的记录。 (3) 设计和开发验证的结果以及必要的措施的记录。 (4) 设计和开发确认的结果以及必要的措施的记录。 (5) 设计和开发更改评审结果以及必要的措施的记录	(1) 设计结果应形成必要的文件。 (2) 设计变更评审相关记录
10	7.4	供方评价结果以及由评价而采取的必要措施的记录	(1) 采购计划。 (2) 供应方的评价、选择和再评价的相应的记录。 (3) 采购合同。 (4) 验收的过程、记录。 (5) 对验收不合格的建筑材料、构配件和设备处理结果的记录。 (6) 建筑材料、构配件和设备的发放记录。 (7) 评价和选择分包方的记录。 (8) 分包合同。 (9) 对分包方的履约情况进行评价并保存记录
11	7.5	(1) 生产和服务提供过程的确认适用时记录的要求。 (2) 当有可追溯性要求时对产品的唯一性标识的记录。 (3) 丢失、损坏或者被发现不适宜使用的顾客的财产的记录	(1) 开工申请。 (2) 施工企业应按规定将质量管理策划的结果向项目经理部进行交底，并保存记录。 (3) 施工过程中的质量管理记录。施工记录应符合相关规定的要求。施工过程中的质量管理记录应包括： 1) 施工日记和专项施工记录； 2) 交底记录； 3) 上岗培训记录和岗位资格证明； 4) 施工机具和检验、测量及试验设备的管理记录； 5) 图纸的接收和发放、设计变更的有关记录； 6) 监督检查和整改、复查记录； 7) 质量管理相关文件； 8) 工程项目质量管理策划结果中规定的其他记录。 (4) 发包方提供的建筑材料、构配件和设备在验收、施工安装、使用过程中出现的问题，应做好记录
12	7.6	(1) 当无国际或国家测量标准时，用以检定或校准测量设备的依据的记录。 (2) 当测量设备被发现不符合要求时对先前的测量结果的有效性评价的记录。 (3) 测量设备校准和验证的结果的记录	(1) 校准记录应予以保存。 (2) 对国家或地方没有校准标准的检测设备制定相应的校准标准

续表

序号	GB/T 9001 标准条款	GB/T 9001 标准明示的文件/记录	《规范》明示的文件/记录
13	8.2.2	内部审核结果	(1) 对审核中发现的问题及其原因提出书面整改要求。 (2) 建立和保存监督检查和审核的记录
14	8.2.3		(1) 对质量管理活动监督检查中发现的问题应及时提出书面整改要求。 (2) 建立和保存监督检查和审核的记录
15	8.2.4	指明授权放行产品的人员的记录。	(1) 施工质量检查策划结果。 (2) 对质量检查记录的管理应符合相关制度的规定。 (3) 工程资料管理
16	8.3	不合格品性质以及随后所采取的措施，包括所批准的让步的记录	质量问题的处理和验收记录
17	8.5.2	纠正措施的结果	质量管理改进与创新的记录
18	8.5.3	预防措施的结果	质量管理改进与创新的记录

2. 本书第6章和第7章提供了两种《规范》转换实施模式，即按“质量管理内容”转换实施或按“过程方法”转换实施的质量管理体系。

3. 如前面章节所述，企业应进一步理解“过程方法”的质量管理原则，加大管理体系应用“过程方法”的范围和程度。

4. 在建立健全《规范》明示要求的质量管理制度时，应根据相应质量管理内容并结合既有的管理办法进行补充和完善，重点包括：

(1)《质量管理体系的说明》即质量管理手册，不宜按 ISO 9001 标准或《规范》条款顺序描述，可根据所确定的质量管理内容明确管理要求或引用的质量管理制度，也可按所确定的过程明确相互作用和顺序，及过程控制所引用的规范、制度或流程文件。

(2)《质量目标管理制度》包括目标分类和目标建立的依据（输入），部门和个人、分公司、项目部目标分解与签订，对实施目标的管理计划或措施要求，目标的监视和考核，目标的改进等。另外对于质量管理目标（如过程或流程目标等，非工程质量目标）的确定，可利用 KPI、平衡计分卡等工具进行管理。

(3)《人力资源管理制度》包括人力资源规划的编制并形成文件、员工招聘及录用、员工培训、薪酬体系、员工职业生涯管理等管理内容和《员工绩效考核制度》。

(4)《施工机具管理制度》包括施工机具计划、配置、进场验收、安装调试、使用维护等，《施工机具供应方的评价方法》需格外关注供货能力和风险因素等评价内容。

(5)《工程项目投标及工程承包合同管理制度》包括市场信息、资格预审、投标、合同谈判与签订、合同履约及监控、合同收尾等管理内容。

(6)《建筑材料、构配件和设备管理制度》包括采购计划制定、供应方评价选择、合同签订、验收、使用及不合格品控制全过程管理内容和《供应方的评价、选择和再评价的标准、方法和职责》。

(7)《分包管理制度》包括项目施工结构分解、确定项目分包范围、选择项目分包模式和分包合同种类、分包招标、合同谈判与签约、分包项目实施阶段管理、分包项目结束后评价等管理内容和《分包评价和再评价标准和评价办法》。

(8)《施工质量管理制度》包括工程项目施工质量管理策划、施工设计、施工准备、施工质量和服务控制等管理内容。

(9)《施工质量检查制度》包括各管理层次对施工质量检查与验收活动监管权责、人员资格要求、对分包工程的质量检查与验收等管理内容和《试验、检测管理制度》。

(10)《质量问题处理制度》即不合格品控制程序，另外还应建立《质量事故责任追究制度》。

(11)《质量管理自查与评价制度》包括监督检查的职责、权限、频度和方法等，及内部审核程序管理内容和《工程建设有关方满意情况的信息收集的职责、渠道、方式及利用这些信息的方法》。

(12)《质量信息管理和质量管理改进制度》包括各层次、各岗位的质量信息管理和质量管理改进职责、及纠正措施程序和预防措施程序。

5. 除了上述依据《规范》建立若干相关质量管理制度外，《规范》还有若干质量管理活动、建立和保持相关质量文件和记录等要求，对于施工企业不易被重视、误解或难以实施，在保持和完善质量管理体系工作中应予以重点关注。

(1) 对组织机构的变化和权责的调整应以文件的形式予以公布。

(2) 资源管理还包括技术、资金，如成套单项施工技术、专利工法、资金来源等。

(3) 对记录的“填写”应有控制要求；施工记录的建立应符合相关规定的要求，施工过程中的质量管理记录应包括施工日记和专项施工记录、交底记录等；对质量检查记录的管理应符合相关制度的规定，如施工技术管理资料、质量控制资料等工程资料应符合《建设工程文件归档整理规范》的要求。

(4) 项目经理、施工质量检查人员、特种作业人员等执业资格和持证上岗应符合国家相关法律法规的要求。

(5) 员工绩效考核结果应作为人力资源管理评价和改进的依据，如薪酬调整、职务升降、岗位调配、员工培训等工作。

(6) 识别培训需求，如考虑施工企业发展的要求、市场环境的变化、法律法规和相关管理制度的要求、企业人力资源状况、员工职业生涯发展的要求等；培训效果评价结果应用以提高培训的有效性，如是否能激励受训者改进他的绩效、是否清晰地展示了期望的技能、是否允许受训者积极参与、是否提供了实践的机会、是否及时收集和分析了反馈信息、是否将培训成果应用到了具体的工作中。

(7) 施工机具配备计划应按规定经审批后实施，强调施工企业应依法与施工机具供应方订立合同；根据规定施工机具需确定安装或拆卸方案时，该方案应经批准后实施，安装后的施工机具经验收合格后方可使用，并保存施工机具验收记录。

(8) 强调应依法进行工程项目投标及签约活动，工程承包合同、施工过程中发生的合同变更应形成文件，并使相关部门及人员掌握合同的要求并保存相关记录。

(9) 应对合同履行情况进行监控，并及时对合同履约情况进行分析和记录，并用于质量改进，如实施合同偏差原因分析、偏差责任分析、合同实施趋势分析，并实施纠偏措施。

(10) 未经验收的建筑材料、构配件和设备不得用于工程施工，这是法规强制性要求，并保存验收的过程、记录；应确保所采购的建筑材料、构配件和设备符合有关职业健康、安全与环保的要求；对建筑材料、构配件和设备的入库、仓储、出库的管理及保存发放记录。

（11）强调应对分包工程承担相关责任，按照总包合同的约定，依法订立分包合同。

（12）应在分包项目实施前对从事分包的有关人员进行分包工程施工或服务要求的交底，审核批准分包方编制的施工或服务方案，并据此对分包方的施工或服务条件进行确认和验证。

（13）《规范》多处强调对分包方的现场管理要求，如对项目分包管理活动的监督和指导应符合分包管理制度的规定和分包合同的约定；施工企业应对分包方的施工和服务过程进行控制，包括：对分包方的施工和服务活动进行监督检查，发现问题及时提出整改要求并跟踪复查，并依据规定的步骤和标准对分包项目进行验收；对分包方的施工过程实施监控；对分包方的履约情况进行评价并保存记录。

（14）《规范》多处强调对项目经理部的管理要求，如应对项目经理部的施工质量管理进行监督、指导、检查和考核；应对项目经理部的质量检查活动进行监控；应对项目经理部的质量管理活动进行监督检查等。

（15）工程项目质量管理策划的结果应形成文件并在实施前批准，如可形成项目管理计划、质量计划、施工组织设计等多个文件；策划内容易被忽视的包括：影响施工质量的因素分析及其控制措施、突发事件的应急措施、对违规事件的报告和处理、应收集的信息及其传递要求、与工程建设有关方的沟通方式、施工企业质量管理的其他要求等；应根据施工要求对工程项目质量管理策划的结果实行动态管理，及时调整相关文件并监督实施；质量管理策划的结果应向项目经理部进行交底并保存记录。

（16）施工企业应对其委托的施工设计活动进行控制，若有此项活动则不应删减《规范》10.3条要求。

（17）施工过程质量的控制要求易被忽视的包括：根据有关要求采用新材料、新工艺、新技术、新设备，并进行相应的策划和控制；对不稳定和能力不足的施工过程、突发事件实施监控；对分包方的施工过程实施监控等。

（18）施工过程可按如下方法确定，以利于应用“过程方法”进行控制：

1）分项/检验批过程：按照工程项目分项/检验批工程划分，确定有哪些分项/检验批及其数量，每一分项/检验批确定为一个过程，包括过程所含的工序活动顺序和相互作用、质量控制点设置及监控准则；分项/检验批过程控制所引用控制规范性文件主要为施工技术质量交底、通用的工艺规程/作业指导书/工艺标准等。

2）关键施工过程：按照工程项目特点和难点，确定有哪些分项/检验批或工序活动需要编制专项技术方案或措施，并确定其为若干关键施工过程；关键施工过程控制所引用控制规范性文件除了施工技术质量交底、通用的工艺规程/作业指导书/工艺标准等外，主要包括专项技术方案或措施。

3）特殊施工过程：按照工程项目特点和难点，确定有哪些须专门制定个性化质量确认验收准则的分项/检验批或工序活动，并确定其为若干特殊施工过程；特殊施工过程控制所引用控制规范性文件除了施工技术质量交底、通用的工艺规程/作业指导书/工艺标准等以及专项技术方案或措施外，还包括个性化的质量确认验收准则。

4）施工进度控制：包括节点计划管理、对施工进度影响因素的输入输出管理。

（19）对施工过程应具有可追溯性控制要求。

（20）服务控制范围应包括按规定进行工程移交和移交期间的防护；强调应按规定的职责对工程项目的服务进行策划，并组织实施，如主动性工程回访计划等；在规定的期限内对服务的需求信息作出响应，对服务质量应按照相关规定进行控制、检查和验收。

（21）应对施工质量检查进行策划，如分部分项检验批工程划分、工程质量验收计划等，策划结果应按规定经批准后实施。

（22）检测设备控制易被忽视的包括：对检测设备供应方进行评价、使用前对检测设备进行验收、对国家或地方没有校准标准的检测设备制定相应的校准标准等。

（23）应收集工程建设有关方的满意信息；对质量管理活动监督检查中发现的问题应及时提出书面整改要求、对审核中发现的问题及其原因提出书面整改要求；应建立和保存监督检查和审核的记录，并将所发现的问题及整改的结果作为质量管理改进的重要信息。

（24）应采用信息管理技术，如办公自动化系统、企业资源规划系统、顾客关系管理系统及项目信息管理系统、企业信息管理系统等，差距较大的企业可制定信息技术发展规划并组织实施。

（25）应总结项目质量管理策划结果的实施情况，并将其作为质量分析和改进的信息予以保存和利用。

（26）《规范》要求应实施质量管理改进，鼓励质量管理创新；保存质量管理改进与创新的记录（如管理评审的记录、纠正措施的结果、预防措施的结果）。

第6章 按“质量管理内容”转换实施的质量管理体系的说明

1. 目录。

2. 发布令。

3. 企业简介。

介绍资产、人员、股份结构、企业文化传承、营业许可和资质范围、企业业绩、企业核心竞争力、社会责任、企业经营理念、联络方式等。

4. 企业文化理念。

愿景“引领建筑行业国际品牌的工程总承包商”；

使命“建造满意工程、提供一流服务”；

价值观包括：

企业目的“以一流的工程，为社会、顾客和企业创造价值”；

企业精神“求实、开拓、竞争”；

核心价值观“和谐为本，追求卓越”；

基本理念包括“经营理念”、“质量理念”、“安全理念”、“环保理念”、“管理理念”、“人才理念”、“服务理念”、“廉洁理念”等；

质量管理方针“用我们的智慧雕塑时代建筑精品”。

5. 企业战略目标。

整体发展战略“区域领先、全国一流、国际著名”；

战略定位“大建设产品综合集成商和多元化投资运营综合性集团”；

2011～2015年《十二五》战略规划“一条产业价值链、三大核心任务、六大业务类型”为一体的总体战略，在总体发展战略下实施“整合内外资源、巩固核心主业、结构优化集成、相关多元发展”的纵向一体化与相关多元化战略，分解制定了若干子战略，如：“建安业务、房地产业务、建材建机业务、城乡统筹业务、物流业务、特许经营业务”等6大版块业务发展战略，及发展支撑战略包括“优化组织结构战略、资本营运战略、技术创新战略、人力资源管理战略、企业文化建设战略、信息化发展战略、企业品牌提升战略”等。

6. 术语和定义。

7. 管理体系目的及范围。

（1）管理体系目的

1）加强企业的质量管理工作，规范企业管理行为，促进各项工作管理水平的提高。

2）确保有能力、稳定地提供满足顾客和适用的法律法规要求的产品。

3）通过体系的有效应用，包括质量管理改进和创新、持续满足顾客与适用的法律法规要求，不断增强工程建设有关方满意。

（2）管理体系活动范围（包括删减）

1）适用于企业管理权限范围内房屋建筑工程施工总承包、市政公用工程施工总承包及建筑装饰装修工程专业承包等生产服务、管理和支持活动；以及以上活动中无能力或不能经济的实施的外包过程活动，包括建筑材料、构配件及设备生产与供应、施工机具生产与供应、工程与劳务分包、租赁和技术服务等。

2）企业建筑装饰装修工程专业承包涉及工程产品设计、施工图深化设计等，全部管理要求适用。

3）其他工程施工承包活动因无工程的设计和开发活动，在产品的施工过程无权更改设计、无权将顾客要求转化为产品特性的情况，所以将《质量管理体系　要求》GB/T 19001－2008 标准中 7.3 条款和《工程建设施工企业质量管理规范》GB/T 50430—2007 规范中 10.3 条款的要求内容予以删减，该删减不影响企业提供满足顾客和法律法规要求产品的能力和责任。

（3）管理体系活动场所范围

适用于管理体系活动范围所涉及的办公、固定生产场所、临时工程项目部及临时仓储、物流、修理场所及生活场所等。

（4）管理体系权限范围

1）管理权限按企业领导层、职能管理部室（或包括二级分公司）及工程项目经理部职能机构划分，见图 6-1，企业管理体系组织机构图。

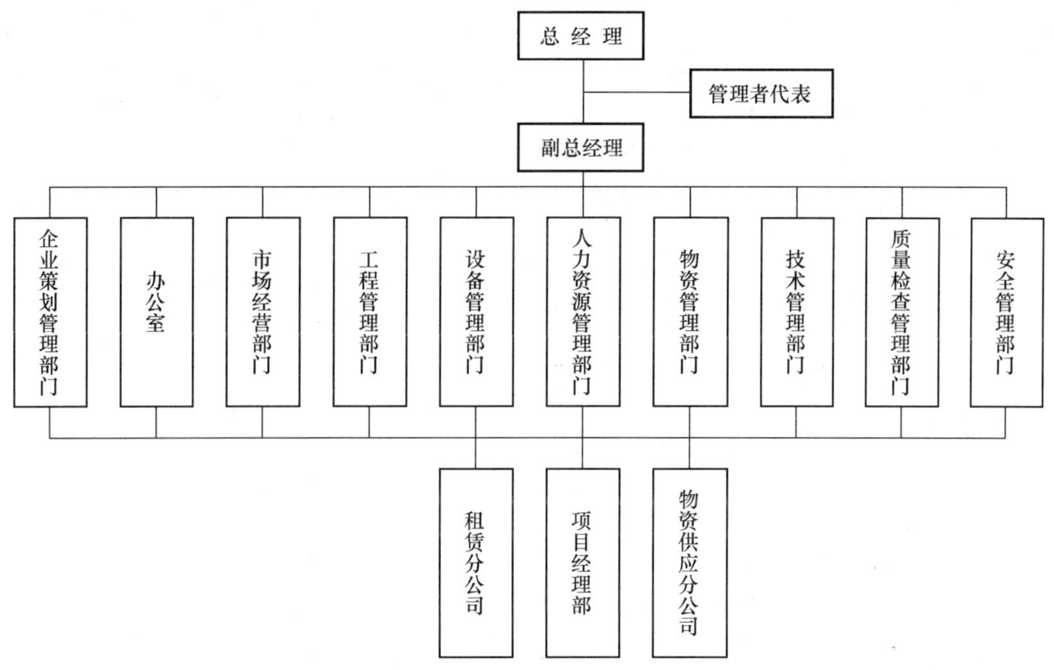

图 6-1　企业管理体系组织机构图

2）对于外包过程活动还包括能够施加影响控制的外包供方和承包方。

8. 组织机构与职责

（1）组织机构

1）组织机构包括：企业领导层、职能管理部室（或包括二级分公司）及工程项目经理部，见图 6-1 企业管理体系组织机构图。

2）领导层、各职能部门、项目经理部和岗位的职责和权限形成文件（可另形成部门和岗位说明书）加以规定，并进行沟通。

3）根据质量管理内容，领导层、各职能部门、租赁分公司、物资供应分公司和项目经理部职能分配见表 6-1 职能分配表。

（2）管理者代表

总经理授权一名领导班子成员为企业管理者代表，并授权负责组织企业贯彻管理方针和管理体系运行，其主要职责为：

1）确保企业按照要求建立、实施和保持管理体系有效运行，并向总经理报告管理体系运行绩效，以便进行管理评审和改进管理体系。

2）确保企业所有员工提高质量意识，以满足要求。

3）负责管理体系运行中内部和外部审核的组织协调，并负责与外部联络的相关事宜。

9. 质量管理内容及引用管理制度说明

（1）文件化管理体系

1）依据《质量管理体系　要求》GB/T19001—2008 idt ISO 9001：2008 和《工程建设施工企业质量管理规范》GB/T 50430—2007 建立文件化管理体系，体系模式符合 PDCA循环，加以实施和保持，并保证体系有效运行和持续改进。文件结构层次如图 6-2 所示。

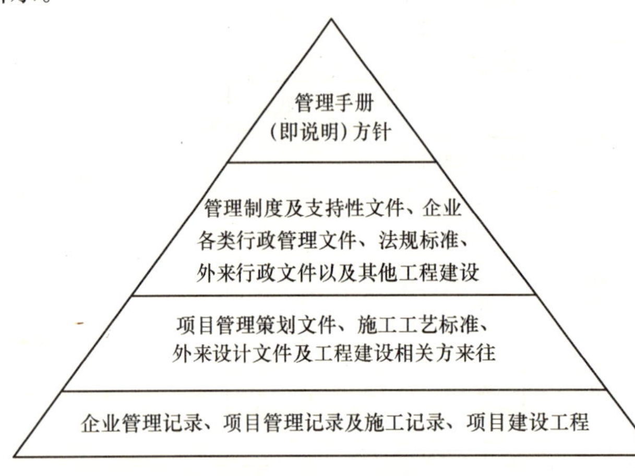

图 6-2　文件结构层次

2）质量管理内容关联作用可参见第 4 章图 4-2“施工企业典型的质量管理体系过程”。

3）对每一质量管理内容提出了控制要点，所引用的管理制度内容可参见第 8 章质量管理体系典型流程和管理制度要求进行编制，样式不限、繁简适宜即可。

（2）质量方针和目标管理

1）方针目标管理包括方针目标的制定、传达、分解、过程管理及考核、改进等活动。

2）引用管理制度

A. 第 8.1.3 节方针和目标管理流程。

B. 员工绩效考核见第 8.1.5.3 节员工绩效管理流程。

C. 对项目经理部目标管理见第 8.2.1 节项目经理部组建与管理流程。

（3）组织机构和职责

1）组织机构结构形式和权责应考虑管理层次、管理跨度、集权放权的协调统一，并定期评审；《职责和权限文件》、《组织机构的变化和职责的调整》应形成文件及传递。

2）引用管理制度

组织结构及权责见第 8.1.5.2 节工作系统流程。

(4）人力资源管理

1）人力资源管理包括：

A. 根据人力资源战略进行需求与供给分析，提出人才发展计划及措施，确定《人力资源规划》编制内容。

B. 进行岗位工作设计，制定岗位《任职条件》或能力素质标准。

C. 确定员工绩效考核内容、标准、方式、频度，绩效考核结果应作为人力资源管理评价和改进的依据，建立员工薪酬、绩效激励政策。

D. 建立基于战略的能力分析制度，通过能力素质模型分析组织当前和未来的能力需求，以及对员工现有能力进行分析，确定员工培训需求及招聘需求。

E. 员工选聘包括招聘、录用、晋升、岗位调配等，项目经理、施工质量检查人员、特种作业人员等执业资格和持证上岗应符合国家相关法律法规的要求。

F. 学习和发展管理应结合能力分析，分层次识别专业能力、核心能力等培训需求，制定《员工培训计划》并实施、多维度评价培训的有效性并改进，建立员工职业生涯发展通道，帮助员工发展。保存《培训相应的记录》。

G. 员工权益和满意度管理包括员工工作环境、福利、员工权益保障等，对员工个性化支持，定期测量员工满意度并改进。

2）引用管理制度

A. 第 8.1.5.1 节人力资源规划流程。

B. 第 8.1.5.2 节工作系统流程。

C. 第 8.1.5.3 节员工绩效管理流程。

D. 第 8.1.5.4 节员工能力分析流程。

E. 第 8.1.5.5 节员工选聘流程。

F. 第 8.1.5.6 节学习和发展管理流程。

G. 第 8.1.5.7 节员工权益和满意度管理流程。

(5）施工机具管理

1）施工机具管理包括：

A. 施工机具计划、配置、进场验收、安装调试等。

B. 《施工机具供应方的评价方法》需关注供货能力和风险因素等评价内容，并保存《施工机具供应方相应的证明资料和评价记录》；《施工机具配备计划》应按规定经审批后实施，强调施工企业应依法与施工机具供应方订立《合同》；根据规定施工机具需确定安装或拆卸方案时，该方案应经批准后实施，安装后的施工机具经验收合格后方可使用，并保存《施工机具验收记录》。

C. 施工机具使用管理包括使用、技术和安全管理、维修保养等内容。

2）引用管理制度

A. 施工机具配备及验收见第 8.1.8.1 节施工机具内部配备管理流程、第 8.1.8.2 节施工机具外部租赁管理流程。

B. 施工机具使用见第 8.2.6.1 节施工机具使用管理流程。

(6）投标及合同管理

1）投标及合同管理包括：

A. 市场开发活动包括市场宏观环境调查研究与市场细分、市场定位、项目环境考察、竞争对手调查分析、客户关系管理、营销信息管理、市场战略规划和计划等。

B. 项目风险评审活动包括工程信息获取及风险评审、资格预审、招标文件获取及风险评审、现场踏勘及招标答疑、履约风险识别评价及风险控制措施等。

C. 投标管理包括应依法进行工程项目投标及签约活动、复核工程量、选择施工方案、投标计算、确定投标策略、投标文件评审、正式投标等。

D. 工程施工承包合同签订及合同交底包括合同谈判、合同草案评审、《工程承包合同》签订、保存《评审、投标和签约的相关记录》、合同交底以使相关部门及人员掌握合同的要求并保存《相关记录》等。

E. 就合同事宜、产品信息等与顾客等工程建设相关方进行沟通。

F. 对履约情况进行监控。

2）引用管理制度

A. 第 8.1.6.1 节市场开发流程。

B. 第 8.1.6.2 节项目风险评审流程。

C. 第 8.1.6.3 节投标及合同签订管理流程。

D. 第 8.1.6.5 节工程建设有关方沟通流程。

E. 第 8.3.1.3 节项目履约检查、分析与改进流程。

（7）建筑材料、构配件和设备管理

1）建筑材料、构配件和设备管理包括：

A. 对制定《采购计划》、评价选择供应方、签订《采购合同》的管理及制定《供应方的评价、选择和再评价的标准、方法和职责》，应确保所采购的建筑材料、构配件和设备符合有关职业健康、安全与环保的要求，保存《供应方的评价、选择和再评价的相应的记录》。

B. 物资供应与现场管理活动包括验收、不合格品控制、入库、仓储、出库、发包方提供的物资的管理等内容；未经验收的建筑材料、构配件和设备不得用于工程施工，这是法规强制性要求，并保存物资《验收的过程记录》、《不合格品处理结果的记录》、《发放记录》；发包方提供的物资在验收、施工安装、使用过程中出现的问题，应做好《记录》。

2）引用管理制度

A. 第 8.1.10 节物资采购控制流程。

B. 第 8.2.6.2 节物资供应与现场管理流程。

（8）分包管理

1）分包管理包括：

A. 工程/劳务分包选择招标活动包括项目施工结构分解、确定项目分包范围、选择项目分包模式和分包合同种类、分包招标、合同谈判与签约和《分包评价和再评价标准和评价办法》，强调应对分包工程承担相关责任，按照总包合同的约定，依法订立《分包合同》；保存《评价和选择分包方的记录》。

B. 工程/劳务分包现场管理包括分包项目实施阶段管理、分包项目结束后评价等管理内容和《分包评价和再评价标准和评价办法》；应在分包项目实施前对从事分包的有关人员进行分包工程施工或服务要求的交底，审核批准分包方编制的施工或服务方案，并据此对分包方的施工或服务条件进行确认和验证。

C. 各职能和层次对分包方的现场管理要求：

(A) 项目分包管理活动的监督和指导应符合分包管理制度的规定和分包合同的约定；

(B) 对分包方的施工和服务过程进行控制，包括：对分包方的施工和服务活动进行监督检查，发现问题及时提出整改要求并跟踪复查，并依据规定的步骤和标准对分包项目进行验收；

(C) 对分包方的施工过程实施监控；

(D) 按规定做好对分包工程的质量检查和验收工作；

(E) 对分包方的履约情况进行评价并保存《记录》。

2) 引用管理制度

A. 第 8.1.11 节工程/劳务分包选择招标流程。

B. 第 8.2.6.3 节工程/劳务分包现场管理流程。

(9) 工程项目施工质量管理

1) 工程项目施工质量管理包括：

A. 施工生产策划、生产计划、项目管理策划、生产资源调配、生产计划管控等。

B. 项目经理部组建方式、项目管理或承包模式、机构设置和权责、人员配备及项目目标责任书签订、实施、考核兑现。

C. 接受设计文件、参加设计交底和图纸会审、工程项目质量管理策划职责和内容，《工程项目质量管理策划结果》应形成文件并在实施前批准；应根据施工要求对工程项目质量管理策划的结果实行动态管理，及时调整相关文件并监督实施。

D. 施工设计包括设计策划、输入、输出、评审、验证、确认、更改的控制；应对委托的施工设计活动进行控制；《设计结果》应形成必要的文件、保存《设计变更评审相关记录》等。

E. 施工准备包括临建方案编制审批、临时设施建设及验收，施工现场准备、技术准备、生产要素准备等开工准备及外部联络与沟通。

F. 作业环境控制包括制定和实施安全文明施工措施、冬雨期施工措施、现场试验环境控制、工序交叉作业环境控制、有作业环境要求的工序活动控制等内容。

G. 分项/检验批质量控制、关键过程控制、特殊过程控制、进度控制；包括对影响质量的人、机、料、法、环、测等因素及风险因素进行分析、策划控制措施或确认控制准则，设置质量控制节点实时监控；建立和实施自检、交接检制度；施工过程及进度标识和可追溯性控制要求；工程建设有关方信息沟通要求；施工记录的建立应符合相关规定的要求，《施工过程中的质量管理记录》应包括施工日记和专项施工记录、交底记录等。

H. 工程变更管理、工程项目外部联络沟通管理。

2) 引用管理制度

A. 企业生产和计划管理见第 8.1.7 节生产组织及资源配置流程。

B. 第 8.2.1 节项目经理部组建与管理流程。

C. 设计文件文控、设计交底、图纸会审见第 8.2.2 节项目施工管理策划流程；施工组织设计等技术质量文件管理见第 8.2.2 节项目施工管理策划流程和第 8.1.12 节施工技术支持与服务管理流程。

D. 第 8.2.3 节施工设计流程。

E. 第 8.2.4 节临时设施建设及施工准备流程。

F. 第 8.2.5 节工程项目外部联络与沟通流程。

G. 第 8.2.6 节施工过程控制流程。

H. 第 8.2.6.4 节作业环境控制流程。

I. 第 8.2.6.5 节分项/检验批工程施工质量控制及验收流程。

J. 第 8.2.6.6 节关键施工过程质量控制流程。

K. 第 8.2.6.7 节特殊施工过程质量控制流程。

L. 第 8.2.6.8 节施工进度控制流程。

M. 第 8.2.7 节工程变更管理流程。

（10）施工质量检查与验收

1）施工质量检查包括：

A. 对项目施工质量检查的策划、各层次权责和人员；对项目经理部的质量检查活动进行监控；按规定做好对分包工程的质量检查工作；对监督检查中发现的问题应及时提出《书面整改要求》；建立和保存《监督检查的记录》等。

B. 施工质量验收应进行策划，如分部分项检验批工程划分、工程质量检验或验收计划等，《施工质量检查策划结果》应按规定经批准后实施；规定各层次权责和授权人员及资格要求；按规定做好对分包工程的质量验收工作；进货检试验、过程检试验、检验批/分项/分部/单位工程质量验收；对《质量检查记录》的管理应符合相关制度的规定等；项目竣工验收包括内部验收、预验收、竣工验收。

C. 施工质量问题处理包括质量问题分类、分级报告流程、职责权限、处理措施、检查验收、保存《质量问题的处理和验收记录》等。《质量事故责任追究制度》包括质量责任制、质量事故分类、行政民事和刑事惩罚措施等。

D. 《试验检测管理制度》包括管理职责及试验、检测的项目、内容、检测人员、检测时机、方法和记录、外委试验检测服务机构评价选择等。

E. 检测设备管理包括对检测设备供应方进行评价、使用前对检测设备进行验收、对国家或地方没有校准标准的检测设备制定相应的《校准标准》等，并保存《校准记录》。

2）引用管理制度

A. 第 8.3.1.4 节项目施工质量检查、分析与改进流程。

B. 第 8.2.6.5 节分项/检验批工程施工质量控制及验收流程。

C. 第 8.2.8 节试验检测和外委试验检测管理流程。

D. 第 8.2.11 节分部工程施工质量验收流程。

E. 第 8.2.12 节单位工程施工质量验收流程。

F. 第 8.2.9 节施工质量问题处理流程。

G. 第 8.2.10 节质量事故调查处理流程。

H. 第 8.1.9 节检测设备管理流程。

（11）工程项目竣工交付使用后的服务

1）包括保修服务和工程回访服务控制范围；按规定进行工程移交和移交期间的防护；强调应按规定的职责对工程项目的服务进行策划，并组织实施，如主动性工程回访计划等；在规定的期限内对服务的需求信息作出响应，对服务质量应按照相关规定进行控制、检查和验收等。

2）引用管理制度

A. 第 8.2.13 节项目竣工管理及移交服务流程。

B. 第 8.3.1.5 节服务管理及工程建设有关方满意信息测评、分析与改进流程。

（12）质量管理自查与评价

1）质量管理自查与评价包括：

A. 企业绩效检查建立覆盖总部（或分公司）和项目部的二级或三级绩效测量体系，包括财务、顾客与市场、内部流程管理、员工学习与发展指标，确定职责、权限、频度和内容、方法等，重点监测总部层面的日常管理和企业整体绩效。对监督检查中发现的问题应及时提出《书面整改要求》；建立和保存《监督检查的记录》等；测量结果分析并传递到相关部门并进行改进。

B. 项目绩效检查包括各管理层次对项目经理部质量管理活动绩效监督检查、考评、审计的职责、权限、频度和内容、方法等；对监督检查中发现的问题应及时提出《书面整改要求》；建立和保存《监督检查的记录》等。

C. 项目履约检查包括对合同履行情况进行监控，对监督检查中发现的问题应及时提出《书面整改要求》；并及时对合同履约情况进行分析和记录，并用于质量改进，如实施合同偏差原因分析、偏差责任分析、合同实施趋势分析，并实施纠偏或争议索赔措施；对合同收尾的管理；建立和保存《监督检查的记录》等。

D. 工程建设有关方满意信息测评应对职责、渠道、方式及利用这些信息的方法等作出规定和实施。

E. 内部审核应对审核方案管理和实施建立程序，包括对审核中发现的问题及其原因提出《书面整改要求》；应建立和保存《审核的记录》。

2）引用管理制度

A. 第 8.3.1.1 节企业绩效检查、分析与改进流程。

B. 第 8.3.1.2 节项目绩效检查、分析与改进流程。

C. 第 8.3.1.3 节项目履约检查、分析与改进流程。

D. 第 8.3.1.5 节服务管理及工程建设有关方满意信息测评、分析与改进流程。

E. 第 8.3.1.6 节内部审核流程。

（13）质量信息管理和质量管理改进

1）质量信息管理和质量管理改进包括：

A. 建立标杆管理制度，选定标杆和竞争对手、建立渠道定期获取相关信息、系统实施对标杆活动并加以改进。

B. 建立知识管理模型，对知识进行分类、识别显性和隐性知识，并进行共享和传递，知识存档，确认和分享最佳实践。并保证数据的完整性、安全性和保密性。

C. 信息化管理包括各层次、各岗位的质量信息管理职责；明确信息及其来源、渠道、方法和职责；应采用信息管理技术，如办公自动化系统、企业资源规划系统、顾客关系管理系统及项目信息管理系统、企业信息管理系统等；应总结项目质量管理策划结果的实施情况，并将其作为质量分析和改进的信息予以保存和利用；应明确信息分析实施的形式、分析方法和分析结果。

D. 绩效评审要求对输入、评审的方法和形式、输出及《评审记录》进行管理。

E. 质量管理改进与创新包括各层次、各岗位的质量管理改进职责、及《纠正措施程序》和《预防措施程序》；应实施质量管理改进，鼓励质量管理创新；保存《质量管理改进与创新的记录》（如管理评审的记录、《纠正措施的结果》、《预防措施的结果》）等。

2）引用管理制度

A. 第 8.3.1.1 节企业绩效检查、分析与改进流程。

B. 第 8.3.1.2 节项目绩效检查、分析与改进流程。

C. 第 8.3.1.3 节项目履约检查、分析与改进流程。

D. 第 8.3.1.4 节项目施工质量检查、分析与改进流程。

E. 第 8.3.1.5 节服务管理及工程建设有关方满意信息测评、分析与改进流程。

F. 第 8.1.12 节施工技术支持与服务管理流程。

G. 第 8.1.13 节工程质量改进与创优管理流程。

H. 第 8.3.1.6 节内部审核流程。

I. 第 8.3.2 节标杆管理流程。

J. 第 8.3.3 节知识管理流程。

K. 第 8.3.4 节信息化管理流程。

L. 第 8.3.5 节绩效评审流程。

M. 第 8.3.6 节质量管理改进与创新流程。

（14）文件控制

引用管理制度见第 8.1.14 节文件控制流程。

（15）记录控制

引用管理制度见第 8.1.15 节记录控制流程。

10. 企业管理体系组织机构图，见图 6-2。

管理职能分配表，见表 6-1。

管理职能分配表（▲……组织实施部门　○……相关实施部门）　**表 6-1**

体系要素/过程/文件 \ 职能部门		领导层管理者代表	企业策划管理部门	办公室	市场经营管理部门	工程管理部门	人力资源管理部门	设备管理部门	物资管理部门	技术管理部门	质量检查管理部门	安全管理部门	租赁分公司	物资供应分公司	项目经理部
《规范》管理内容															
3. 质量管理基础	3.1　一般要求	▲	▲	○	○	○	○	○	○	○	○	○	○	○	○
	3.2　质量方针目标	▲	▲	○	○	▲	○	○	○	○	○	○	○	○	▲
	3.3　质量管理体系的策划和建立	▲	▲	○	○	○	○	○	○	○	○	○	○	○	○
	3.4　质量管理体系的实施和改进	▲	▲	○	○	○	○	○	○	○	○	○	○	○	○
	3.5　文件管理	○	○	▲	○	▲	○	○	○	▲	○	○	○	○	▲

续表

职能部门 体系要素/过程/文件		领导层管理者代表	企业策划管理部门	办公室	市场经营管理部门	工程管理部门	人力资源管理部门	设备管理部门	物资管理部门	技术管理部门	质量检查管理部门	安全管理部门	租赁分公司	物资供应分公司	项目经理部
4. 组织机构和职责	4.1 一般规定	▲	○	○	○	○	▲	○	○	○	○	○	○	○	○
	4.2 组织机构	▲	○	○	○	○	▲	○	○	○	○	○	○	○	○
	4.3 职责和权限	▲	○	○	○	○	▲	○	○	○	○	○	○	○	○
5. 人力资源管理	5.1 一般规定	▲	○	○	○	○	▲	○	○	○	○	○	○	○	○
	5.2 人力资源配置	▲	○	○	○	○	▲	○	○	○	○	○	○	○	○
	5.3 培训	○	○	○	○	○	▲	○	○	○	○	○	○	○	○
6. 施工机具管理	6.1 一般规定	▲				○		▲		○	○	○	▲		
	6.2 施工机具配备	▲				○		▲		○	○	○	▲		▲
	6.3 施工机具使用					○		▲		○	○	○	▲		▲
7. 投资及合同管理	7.1 一般规定	▲			▲										
	7.2 投标及签约	▲	○	○	▲	○	○	○	○	○	○	○			
	7.3 合同管理		○	○	▲	○	○	○	○	○	○	○			▲
8. 建筑材料、构配件和设备管理	8.1 一般规定								▲					▲	
	8.2 建筑材料、构配件和设备的采购				○				▲	○	○			▲	▲
	8.3 建筑材料、构配件和设备的验收								▲	○	○			▲	▲
	8.4 建筑材料、构配件和设备的现场管理								▲	○	○	○		▲	▲
	8.5 发包方提供的建筑材料、构配件和设备				○				▲	○	○				▲
9. 分包管理	9.1 一般规定					▲									
	9.2 分包方的选择和分包合同				○	▲		○	○	○	○	○			▲
	9.3 分包项目实施过程的控制				○	▲		○	○	○	○	○			▲
10. 工程项目施工质量管理	10.1 一般规定				○	▲	▲	▲	▲	▲	▲	▲			▲
	10.2 策划				○	▲	▲	▲	▲	▲	▲	▲			▲
	10.3 施工设计				○					▲					▲
	10.4 施工准备					▲	▲	▲	▲	▲	▲	▲	▲	▲	▲
	10.5 施工过程质量控制					▲	▲	▲	▲	▲	▲	▲	▲	▲	▲
	10.6 服务				▲	▲				▲	▲				▲

续表

职能部门 体系要素/过程/文件		领导层管理者代表	企业策划管理部门	办公室	市场经营管理部门	工程管理部门	人力资源管理部门	设备管理部门	物资管理部门	技术管理部门	质量检查管理部门	安全管理部门	租赁分公司	物资供应分公司	项目经理部
11. 施工质量检查与验收	11.1 一般规定					▲				▲	▲				▲
	11.2 施工质量检查		○	○	○	▲	▲	▲	▲	▲	▲	▲	▲	▲	▲
	11.3 施工质量验收					○			▲	▲	▲			▲	▲
	11.4 施工质量问题的处理					○	○	○	▲	▲	▲	○	○	○	▲
	11.5 检测设备管理							▲		○	○				▲
12. 质量管理自查与评价	12.1 一般规定	▲	▲	○	○	○	○	○	○	○	○	○	○	○	○
	12.2 质量活动的监督检查与评价	▲	▲	▲	▲	▲	▲	▲	▲	▲	▲	▲	▲	▲	▲
13. 质量信息和质量管理改进	13.1 一般规定	▲	▲	○	○	○	○	○	○	○	○	○	○	○	○
	13.2 质量信息的收集、传递、分析与利用	▲	▲	▲	▲	▲	▲	▲	▲	▲	▲	▲	▲	▲	▲
	13.3 质量管理改进与创新	▲	▲	▲	▲	▲	▲	▲	▲	▲	▲	▲	▲	▲	▲

第7章　按“过程方法”转换实施的质量管理体系的说明

1. 目录。

2. 发布令。

3. 企业简介（见第6章）。

4. 企业文化理念（见第6章）。

5. 企业战略目标（见第6章）。

6. 术语和定义。

7. 管理体系目的及范围（见第6章）。

（1）管理体系目的（见第6章）。

（2）管理体系活动范围（包括删减）（见第6章）。

（3）管理体系活动场所范围（见第6章）。

（4）管理体系权限范围（见第6章）。

8. 组织机构与职责（见第6章）。

9. 管理体系流程及引用规范性文件。

（1）文件化管理体系

1）依据《质量管理体系　要求》GB/T 19001—2008 idt ISO9001：2008和《工程建设施工企业质量管理规范》GB/T 50430—2007，按照“过程方法”、“管理的系统方法”等质量管理原则建立流程管理体系并文件化，体系模式符合PDCA循环，加以实施和保持，并保证体系有效运行和持续改进。流程控制所引用规范性文件结构层次如图7-1所示：

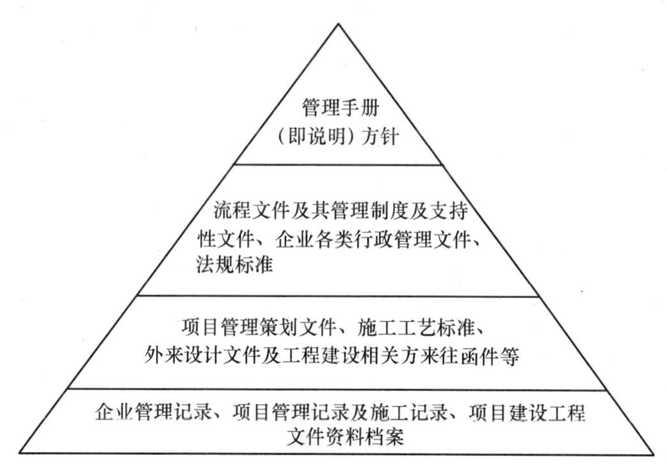

图7-1　流程控制所引用规范性文件结构层次

2）文件化体系中第一层次至第三层次文件为流程管理所引用的控制规范性文件。

3）流程文件内容包括“管理流程图”和“工作标准”、流程流转所应用的记录、表单等，其中流程中“工作标准”应细化至流程目标、工作节点简要说明、控制所引用的第一层次至第三层次文件名称等规范性文件。

4）第 8 章按“过程方法”转换质量管理体系典型流程和管理制度要求对流程文件节点说明中，为更便于企业借鉴、指导，节点说明详细引用了管理制度要求。

（2）管理体系流程描述

1）按照“过程方法”、“管理的系统方法”等质量管理原则，及导入卓越绩效管理模式对所要求的质量管理内容确定企业管理流程、工程项目管理流程和监测、分析与改进流程等三大类一级流程，对这三大类一级流程进一步适当拆分、确定为 34 个二级流程、26 个三级流程，每一细分流程进行流程设计，确定流程活动的顺序和相互作用、活动节点控制引用的管理制度要求等。

2）流程清单和流程权责分配见表 7-1 流程职能分配表。

流程职能分配表（▲……组织实施部门 ○……相关实施部门）　　**表 7-1**

管理体系流程 \ 职能部门		领导层管理者代表	企业策划管理部门	办公室	市场经营管理部门	工程管理部门	人力资源管理部门	设备管理部门	物资管理部门	技术管理部门	质量检查管理部门	安全管理部门	租赁分公司	物资供应分公司	项目经理部
企业管理流程	8.1.1 企业文化管理流程	▲	▲	○	○	○	○	○	○	○	○	○	○	○	○
	8.1.2 战略管理流程	▲	▲	○	○	○	○	○	○	○	○	○	○	○	○
	8.1.3 方针和目标管理流程	▲	▲	○	○	○	○	○	○	○	○	○	○	○	○
	8.1.4 管理策划和资源配备流程	▲	▲	○	○	○	○	○	○	○	○	○	○	○	○
	8.1.5 人力资源管理流程														
	8.1.5.1 人力资源规划流程	▲	○	○	○	○	▲	○	○	○	○	○	○	○	○
	8.1.5.2 工作系统流程	▲	○	○	○	○	▲	○	○	○	○	○	○	○	○
	8.1.5.3 员工绩效管理流程	▲	○	○	○	○	▲	○	○	○	○	○	○	○	○
	8.1.5.4 员工能力分析流程		○	○	○	○	▲	○	○	○	○	○	○	○	○
	8.1.5.5 员工选聘流程		○	○	○	○	▲	○	○	○	○	○	○	○	○
	8.1.5.6 学习和发展管理流程		○	○	○	○	▲	○	○	○	○	○	○	○	○
	8.1.5.7 员工权益和满意度管理流程	▲	○	○	○	○	▲	○	○	○	○	○	○	○	○
	8.1.6 招标投标及合同管理														
	8.1.6.1 市场开发流程	▲	○	○	▲	○	○	○	○	○	○	○			
	8.1.6.2 项目风险评审流程		○	○	▲	○	○	○	○	○	○	○			
	8.1.6.3 投标及合同签订管理流程	▲	○	○	▲	○	○	○	○	○	○	○			▲
	8.1.6.4 索赔及争议处理流程				▲	○		○	○	○	○	○			▲
	8.1.6.5 工程建设相关方沟通流程	▲	○	○	▲	▲	○	○	○	○	○	○	○	○	▲
	8.1.7 生产组织及资源配量流程	▲	○	○	○	▲	○	○	○	○	○	○	○	○	▲

续表

管理体系流程 \ 职能部门		领导层管理者代表	企业策划管理部门	办公室	市场经营管理部门	工程管理部门	人力资源管理部门	设备管理部门	物资管理部门	技术管理部门	质量检查管理部门	安全管理部门	租赁分公司	物资供应分公司	项目经理部
企业管理流程	8.1.8 施工机具配备管理														
	8.1.8.1 施工机具内部配备管理流程				○	○		▲		○	○	○	▲		▲
	8.1.8.2 施工机具外部租赁管理流程				○	○		▲		○	○	○	▲		▲
	8.1.9 检测设备管理流程				○	○		▲		○	○				▲
	8.1.10 物资采购管理流程				○	○			▲	○	○			▲	▲
	8.1.11 工程/劳务分包方选择招标流程				○	▲		○	○	○	○	○			▲
	8.1.12 施工技术支持与服务管理流程				○	○	○	○	○	▲	○	○			▲
	8.1.13 工程质量改进与创优管理流程				○	○	○	○	○	○	▲	○			▲
	8.1.14 文件控制流程		○	▲	○	▲	○	○	○	▲	○	○	○	○	▲
	8.1.15 记录控制流程		○	▲	○	▲	○	○	○	○	○	○	○	○	▲
工程项目管理流程	8.2.1 项目部组建与管理流程		○		○	▲	▲	○	○	○	○	○			▲
	8.2.2 项目施工管理策划流程		○	○	○	▲	○	○	○	▲	○	○	○	○	▲
	8.2.3 施工设计流程				○					▲					▲
	8.2.4 临时设施建设及施工准备流程				▲	○	○	○	○	▲	○	○	○	○	▲
	8.2.5 工程项目外部联络与沟通流程		○	○	▲	▲	○	○	○	○	○	○	○	○	▲
	8.2.6 施工过程控制														
	8.2.6.1 施工机具使用管理流程					○	○	▲		○	○	○	▲		▲
	8.2.6.2 物资供应与现场管理流程				○	○			▲	○	○	○		▲	▲
	8.2.6.3 工程/劳务分包方现场管理流程				○	▲		○	○	○	○	○			▲
	8.2.6.4 作业环境控制流程					▲		○	○	▲	▲	▲	○	○	▲
	8.2.6.5 分项/检验批工程施工质量控制及验收流程				○	▲	▲	▲	▲	▲	▲	▲	○	○	▲
	8.2.6.6 关键施工过程质量控制流程				○	▲	▲	▲	▲	▲	▲	▲	○	○	▲
	8.2.6.7 特殊施工过程质量控制流程				○	▲	▲	▲	▲	▲	▲	▲	○	○	▲
	8.2.6.8 施工进度控制流程				○	▲	▲	▲	▲	▲	▲	▲	○	○	▲
	8.2.7 工程变更管理流程				▲	▲		○	○	▲	○	○			▲
	8.2.8 试验检测和外委试验检测管理流程					▲			▲	▲	▲			○	▲

续表

管理体系流程 \ 职能部门		领导层管理者代表	企业策划管理部门	办公室	市场经营管理部门	工程管理部门	人力资源管理部门	设备管理部门	物资管理部门	技术管理部门	质量检查管理部门	安全管理部门	租赁分公司	物资供应分公司	项目经理部
工程项目管理流程	8.2.9 施工质量问题处理流程				○	○	○	○	○	○	▲				▲
	8.2.10 质量事故调查处理流程	▲			○	○	○	○	○	○	▲				▲
	8.2.11 分部工程施工质量验收流程					▲		○	○	▲	▲				▲
	8.2.12 单位工程施工质量验收流程					▲		○	○	▲	▲				▲
	8.2.13 项目竣工管理及移交服务流程					▲		○	○	▲	▲				▲
监测、分析与改进流程流程	8.3.1 绩效监测、分析与改进流程														
	8.3.1.1 企业绩效检查、分析与改进流程	▲	▲	○	○	○	○	○	○	○	○	○	○	○	▲
	8.3.1.2 项目绩效检查、分析与改进流程			○	○	▲	▲	○	○	○	○	○	○	○	▲
	8.3.1.3 项目履约检查、分析与改进流程			○	▲	▲	○	○	○	○	○	○	○	○	▲
	8.3.1.4 项目施工质量检查、分析与改进流程			○	○	▲	○	○	○	▲	▲	○	○	○	▲
	8.3.1.5 服务管理及工程建设有关方满意信息测评、分析与改进流程				○	▲		○	○	▲	▲				▲
	8.3.1.6 内部审核流程	▲	▲	○	○	○	○	○	○	○	○	○	○	○	○
	8.3.2 标杆管理流程		▲	○	○	○	○	○	○	○	○	○	○	○	○
	8.3.3 知识管理流程		▲	○	○	○	○	○	○	○	○	○	○	○	○
	8.3.4 信息化管理流程		▲	○	○	○	○	○	○	○	○	○	○	○	○
	8.3.5 绩效评审流程	▲	▲	○	○	○	○	○	○	○	○	○	○	○	○
	8.3.6 质量管理改进与创新流程	▲	▲	○	○	○	○	○	○	▲	▲	○	○	○	○

3）《规范》二级条款与流程对照表见附录 D，《规范》条款与流程对照表。

10. 管理体系流程作用及相互关系

（1）所有管理体系流程进行输入输出接口管理，确定流程之间的顺序和相互作用，对过程进行控制管理，确保每一流程输出均能达到预期增值目标，并被相关流程作为输入加以利用，见第 8 章按“过程方法”转换质量管理体系典型流程和管理制度要求。

（2）图 7-2 为企业典型的质量管理体系流程关联作用模块图，表示了所确定流程的输入和输出的相互作用、关联的脉络关系：

1）框①表示了企业层面的企业文化、战略、方针目标等管理流程，框③表示了人力资源管理方面诸管理流程，框②表示了与“工程项目管理流程”作用和相互关系密切的企业管理流程，如市场开发、生产组织与资源配管等，框②也包括了监测、分析与改进流程中与工程质量作用明显的施工质量检查、分析与改进流程。

2）工程项目管理流程在图 7-3 企业典型工程项目承包流程图中展开说明，它反映了企业承担施工总承包职能时典型的业务流程。其中以实线连接的过程为产品实现主导过程，由企业及项目部共同运作，有地区性分公司时，它的职能与企业总部有相似之处。

3）框④为监测、分析与改进流程。

4）另外对于所确定的每一流程，其流程文件中“管理流程图”描述了该流程的输入输出与其他相关流程的脉络关系。

11. 企业管理体系组织机构图，见图 6-1。

12. 企业典型的质量管理体系流程关联作用模块图，见图 7-2。

13. 企业典型工程项目承包流程图，见图 7-3。

14. 流程职能分配表，见表 7-1。

15.《规范》条款与流程对照表（见附录 D）。

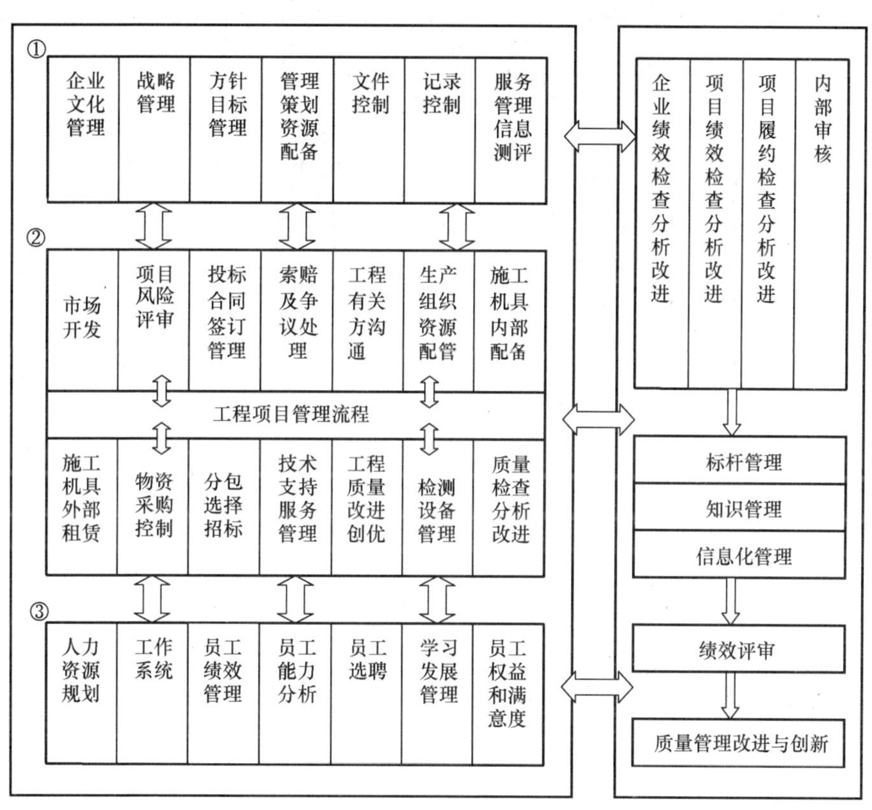

图 7-2　企业典型的质量管理体系流程关联作用模块图

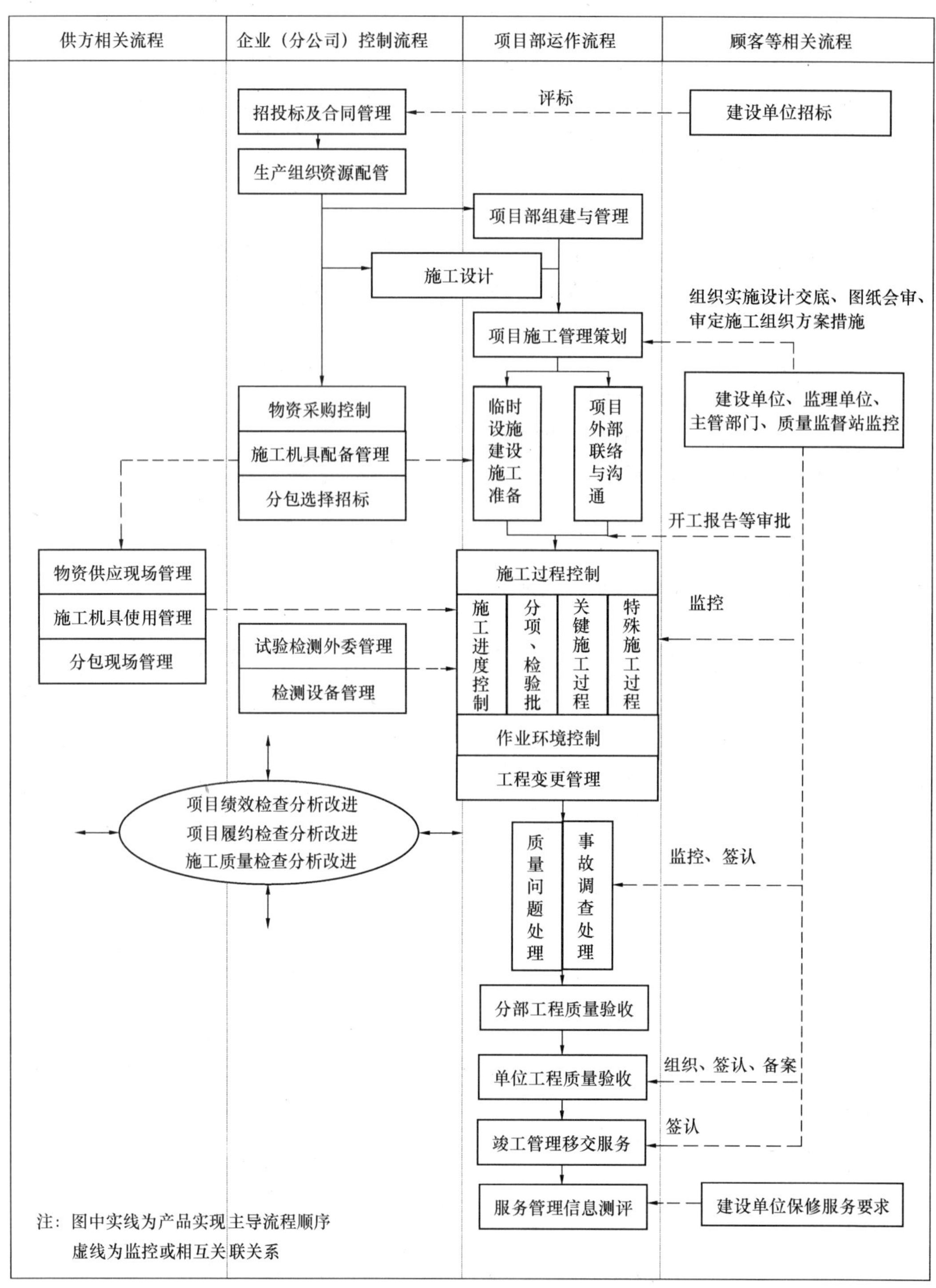

图 7-3　企业典型工程项目承包流程图

第 8 章　按“过程方法”转换质量管理体系典型流程和管理制度要求

该章内容包括：8.1 企业管理流程及管理制度要求；8.2 工程项目管理流程及管理制度要求；8.3 监测、分析与改进流程及管理制度要求等共 3 大类流程所包括的二级或三级子流程及对流程节点的管理制度要求说明。

（1）流程图

1）所确定一个流程的目的是为了增值，流程的输入通过有序的流程活动（活动不增值）增值（即达到了预期的目的）为输出；通常一个流程的输出被相关的一个或若干流程作为输入加以利用。

2）本章的流程拆分至适当的详略程度，流程中的某个活动若为增值的目的还可进一步拆分至流程加以管理。

3）▭表示活动起始，▯表示活动结束。

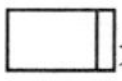

4）⬭表示所输入或输出的流程，▭表示流程活动，→表示流程或流程活动的相互顺序或作用、信息流转导向。

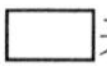

5）◇表示流程活动的检查点或评审点，▭表示流程活动需形成的文件或记录表单。

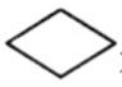

（2）管理制度要求说明

1）“1. 一般要求”为该流程的管理团队（相关职能和层次）的权责和通用要求的说明。

2）“节点”说明通常较简明，一般引用流程或流程活动控制所引用的法规标准或管理制度等规范性文件即可，但本章为了更便于企业借鉴、指导，“节点”说明详细引用了管理制度要求。

3）若流程图中有些节点标注较清晰、易于理解，则对该工作节点不再加以说明。

（3）企业管理流程、工程项目管理流程及监测、分析与改进流程等三大类流程所包括的二级或三级子流程见下表。

二级或三级子流程

1. 企业管理流程	2. 工程项目管理流程	3. 监测、分析与改进流程
1.1　企业文化管理	2.1　项目部组建与管理	3.1　绩效监测、分析与改进
1.2　战略管理	2.2　项目施工管理策划	3.1.1　企业绩效检查、分析与改进
1.3　方针和目标管理	2.3　施工设计	3.1.2　项目绩效检查、分析与改进
1.4　管理策划和资源配备	2.4　临时设施建设及施工准备	3.1.3　项目履约检查、分析与改进

续表

1.5 人力资源管理	2.5 工程项目外部联络与沟通	3.1.4 项目施工质量检查、分析与改进
1.5.1 人力资源规划	2.6 施工过程控制	3.1.5 服务管理及工程建设有关方满意信息测评、分析与改进
1.5.2 工作系统	2.6.1 施工机具使用管理	3.1.6 内部审核
1.5.3 员工绩效管理	2.6.2 物资供应与现场管理	3.2 标杆管理
1.5.4 员工能力分析	2.6.3 工程/劳务分包现场管理	3.3 知识管理
1.5.5 员工选聘	2.6.4 作业环境控制	3.4 信息化管理
1.5.6 学习和发展管理	2.6.5 分项/检验批工程施工质量控制及验收	3.5 绩效评审
1.5.7 员工权益和满意度管理	2.6.6 关键施工过程质量控制	3.6 质量管理改进与创新
1.6 招投标及合同管理	2.6.7 特殊施工过程质量控制	
1.6.1 市场开发	2.6.8 施工进度控制	
1.6.2 项目风险评审	2.7 工程变更管理	
1.6.3 投标及合同签订管理	2.8 试验检测和外委试验检测管理	
1.6.4 索赔及争议处理	2.9 施工质量问题处理	
1.6.5 工程建设有关方沟通	2.10 质量事故调查处理	
1.7 生产组织及资源配管	2.11 分部工程施工质量验收	
1.8 施工机具配备管理	2.12 单位工程施工质量验收	
1.8.1 施工机具内部配备管理	2.13 项目竣工管理与移交服务	
1.8.2 施工机具外部租赁管理		
1.9 检测设备管理		
1.10 物资采购控制		
1.11 工程/劳务分包选择招标		
1.12 施工技术支持与服务管理		
1.13 工程质量改进与创优管理		
1.14 文件控制		
1.15 记录控制		

8.1 企业管理流程及管理制度要求

8.1.1 企业文化管理流程

企业文化管理流程图见图 8.1.1-1。

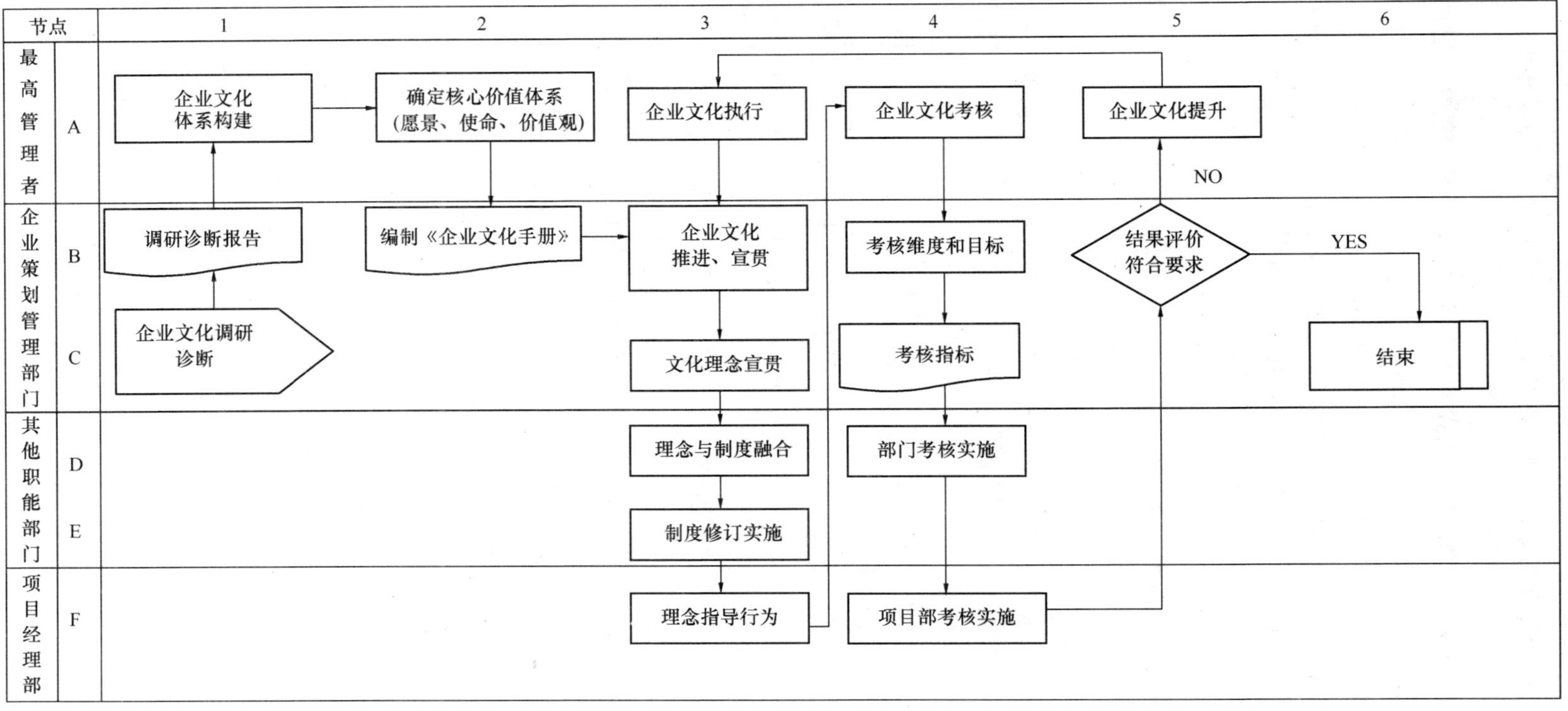

图 8.1.1-1 企业文化管理流程图

1. 一般要求

（1）由企业最高管理者领导、企业策划管理部门组织实施企业文化管理工作。

（2）企业文化内涵：

1）企业文化管理是一个循环往复、螺旋上升的过程，主要包括文化建设、文化执行、文化考核和文化提升四个阶段。

2）企业文化建设就是系统的梳理企业的管理思想，使之清晰化、系统化。

3）企业文化执行是系统工程，是文化理念的推广、渗透、转化的过程，更是企业本身成长的过程，是企业良性的、长期的、动态的演变过程。企业文化执行就是将管理思想通过一定的方法和工具应用于管理实践，将其直接作用于企业的组织行为和个人行为，最终实现组织（或者企业）的目标的过程。通过企业文化执行，将使命、愿景和价值观等核心内容固化到战略规划、品牌建设、组织架构、招聘培训、薪酬管理、绩效考核等工作当中去，实现文化对管理的引领作用。

4）企业文化考核就是对企业文化执行过程进行测评、考核。企业建立文化考核体系，考核体系一般包括考核维度、考核目标、考核指标和目标值等核心内容。企业文化的考核周期一般应为一年，考核主体由包括企业核心领导在内的企业文化管理机构来承担，考核过程是一个全员参与的过程。

5）企业文化提升就是在测评考核的基础之上予以反馈，并持续改进和提升。

2. 节点 A1“企业文化体系构建”

（1）企业文化建设就是系统的梳理企业的管理思想，使之清晰化、系统化。主要包括企业文化调研与诊断、企业文化体系构建、企业文化推进与提升等阶段，其方法是通过制定企业文化建设规划来推动实施。

（2）企业为推动企业文化建设，制定《企业文化建设实施纲要》，该纲要通过从战略高度充分认识加强企业文化建设的重要性和紧迫性、努力构建有特色的企业文化管理体系、企业文化建设的基本任务等几个方面阐述了企业文化管理的重要性、目标、任务、方法和措施。其主要架构包括：

1）从战略高度充分认识加强企业文化建设的重要性和紧迫性：

A. 企业概述。

B. 企业文化建设重要性。

C. 企业文化建设紧迫性。

2）努力构建有特色的企业文化管理体系

A. 指导思想。

B. 总体目标。

C. 工作方针。

D. 主要内容。

3）企业文化建设的基本任务

企业文化建设的任务是：推进 3 项工程，抓好 8 项工作。

其中 3 项工程为：

A. 铸企业精神。

B. 树企业品牌。

C. 建企业团队。

其中 8 项工作为：

A. 树立核心价值观，为做强做大企业奠定坚实基础。

B. 营造新时期企业精神，增强企业的核心竞争力。

C. 创新制度文化，充分发挥企业文化的管理功能。

D. 打造项目文化，推进企业文化落地。

E. 搞好文化融合，努力构建和谐企业。

F. 创建学习型企业，为企业文化建设营造良好环境。

G. 抓好塑形工程，提高企业知名度和影响力。

H. 培育“四有”新人，建设高素质的员工队伍。

4）加强对企业文化建设的领导

A. 加强领导，提供有力保证。

B. 突出重点，突出特色，注重实际效果。

C. 建立和完善长效机制，使企业文化建设规范化。

D. 抓好学习培训，提高素质和能力。

E. 制定规划，精心组织，抓好落实。

3. 节点 C1“企业文化调研诊断”

具体要通过调研了解企业所属行业氛围、地域氛围、集团文化、历程文化、综合管理、战略、领导行为、团队文化、企业文化建设诉求等。

4. 节点 A2“确定核心价值体系（愿景、使命、价值观）”

企业文化体系构建包括使命定位、愿景目标、核心价值观、经营管理理念等理念文化体系设计；及领导行为规范、管理者行为规范、技术人员行为规范、生产人员行为规范等行为文化体系设计，并通过企业文化手册设计、企业形象识别系统设计等展示和固化理念文化、行为文化、制度文化等。

5. 节点 B3“企业文化推进、宣贯”

（1）企业文化推进通过深入到各岗位中系统的、具体的、形象化的理念宣传进行渗透；通过营造整合一致的（视觉）文化环境进行熏陶；通过系统的管理和激励措施进行贯彻和引导；通过知识竞赛、系列培训、楷模标杆等措施来进行意识深化；通过建立相关网络平台、数据库等达到长期维系和互动。

（2）企业对公司未来 3～5 年的企业文化建设制定出相应的实施和执行方案，提出分阶段实施的目标、策略、建议以及相应部门的职责等。

（3）制定企业文化培训标准教材：对企业文化建设过程中所提交的各种产品进行整理和汇编，形成企业内部进行文化培训的标准教材，作为未来企业文化培训的范本。

（4）文化实施培训和辅导：对企业中高层管理者进行企业文化实施培训，为企业进行企业文化讲师和文化骨干培训，辅导和指导企业文化的具体实施活动。

6. 节点 A3“企业文化执行”

企业文化执行规划，联结着企业的各个环节，致力持续解决企业的核心问题。企业文化执行将规划出发展的方向和重点，更多的是安排好具体的执行计划和步骤，如主题是什么？针对什么问题？转变什么、如何转变、谁来转变？高层、中层、基层应怎么做？各个管理模块和管理条线如何联动？如何组织并控制过程？如何评估和改进？

7. 节点 C3“文化理念宣贯”

企业通过会议传达、教育培训、征文、演讲、媒体宣传等各种手段，加强文化理念的传播速度，让员工尽可能多的接触这些理念。加大文化理念内涵方面的宣传推广，以理念故事化、人格化等形式，使员工不仅了解理念的内容构成、要素内涵，而且深入理解理念的意义和价值。企业以文化理念为指导，营造一种强烈的、浓厚的文化氛围，让员工亲身体验、感受企业文化，增强他们对企业文化的体验态度。

8. 节点 D4“理念与制度融合"

企业将已取得的文化建设成果用规章、制度固定下来，同时也是通过规章、制度来反映文化理念，既是对员工价值观的导向，又是对其行为的制度化规范。员工对企业文化由认知认同到自觉践行，有一个从不自觉到自觉、从不习惯到习惯的过程。在这个过程中，制度文化的刚性约束与观念文化的柔性疏导相辅相成，以克服人的内在惰性，使企业文化的贯彻变得流畅而坚实。

9. 节点 F3“理念指导行为"

（1）这是员工行为的定型化和自动化过程。企业理念一旦“外化于行”，就会以强大的惯性由行为展现出来，从而超越行为学习过程中的机械感、单调感和厌倦感，而变得自然、轻松和愉快，企业经营管理也随之进入“不管不理”的至高境界。

（2）企业文化执行紧守核心价值，着手文化执行，切中问题要害，从上到下，从各个管理模块和业务条线，脚踏实地、有条不紊地全面推进，整个执行过程宣贯、对照、转变行为、解决问题，都由企业高层带头，层层展开，文化管理部门组织、协调、辅导和督促，企业的每个单元和员工都能感知到文化管理的直接影响，且与自己团队和个人的发展休戚相关，会自觉投入到系统变革中去。

10. 节点 A4“企业文化考核”

企业通过文化考核，了解企业文化的执行情况，客观地对企业文化执行结果与成效进行评价，找出经营管理实际与文化管理目标之间的差距；同时，为不断提升文化管理水平提供客观依据。企业文化考核体系一般包括考核维度、考核目标、考核指标和目标值等核心内容。

11. 节点 B4“考核维度和目标”

考核维度是指从哪几个方面来评定和分析企业的文化，每个维度一般包括考核目标、考核指标、目标值等部分。企业文化的考核，一般从股东（出资者）、客户和员工三个维度来展开，考核的目标是企业经营业绩、客户满意度和员工忠诚度的不断提高。

12. 节点 C4 考核指标的确定

（1）考核指标是衡量企业文化管理目标实现结果的定量或定性的标准。根据已经确定的考核维度和考核目标，指标也分为三个大类，具体如表 8.1.1-1 所示。

考核维度、考核目标、考核指标 **表 8.1.1-1**

考核维度	考核目标	考核指标
股东（出资者）方面	经营业绩的提高	收入增长率 利润增长率 总资产报酬率 净资产报酬率

续表

考核维度	考核目标	考核指标
客户方面	客户满意度的提高	市场份额 客户保有率 客户满意度 企业认知度 品牌美誉度
员工方面	员工忠诚度的提高	对使命和愿景的认同度 对价值观的认同度 战略清晰度 员工培训计划达成率 制度和流程建设计划达成率 关键员工离职率 员工满意度

(2) 企业的股东包括政府、合作伙伴、持股员工和股民等。作为企业的出资人，股东往往从财务角度来判断文化管理的效果，认为文化管理首先应该在经营业绩方面有所作为，而企业文化对于经营业绩的提升作用，也已经在众多知名企业中得到了验证。在经营业绩方面可选择的指标主要有收入及收入增长率、利润及利润增长率、总资产报酬率和净资产报酬率等。

(3) 客户对于企业文化管理的感知主要与企业提供产品或服务的效率、质量、价格以及企业形象有关，由此而产生的客户方面的指标主要有市场份额、客户保有率、客户满意度、企业认知度和品牌美誉度等。

(4) 员工忠诚来源于员工满意，而员工的满意则与5方面的因素有关，即动力、企业感、胜任能力、管理氛围和激励系统。员工满意度通过对使命、愿景、价值观的认同度、战略清晰度、员工培训计划达成率、制度和流程建设计划达成率、关键员工离职率、员工满意度等指标得以体现。

(5) 企业文化考核指标释义及目标值，见表8.1.1-2。

企业文化考核指标释义及目标值 **表8.1.1-2**

考核维度	考核指标	目标值	指标描述	数据来源	实际完成
股东方面	收入增长率	20%	(本期收入－上期收入)/上期收入×100%	财务部	
	利润增长率	10%	(本期利润－上期利润)/上期利润×100%	财务部	
	总资产报酬率	15%	息税前利润/资产平均总额×100%	财务部	
	净资产报酬率	35%	税后净利润/所有者权益总额×100%	财务部	
客户方面	市场份额	10%	本期营业收入额/该行业营业收入总额×100%	市场部	
	客户保有率	95%	本期末客户数量/本期初客户数量×100%	市场部	

续表

考核维度	考核指标	目标值	指标描述	数据来源	实际完成
客户方面	客户满意度	90%	客户满意人数/客户调查总人数×100%	工程部及各项目部	
	企业认知度	75%	调查中知晓人数/调查总人数×100%	工程部及各项目部	
	品牌美誉度	55%	调查中赞美品牌人数/调查中知晓人数×100%	工程部及各项目部	
员工方面	对使命和愿景的认同度	95%	认同使命和愿景人数/员工总人数×100%	问卷调查	
	对价值观的认同度	95%	认同价值观人数/员工总人数×100%	问卷调查	
	战略清晰度	95%	清晰战略人数/员工总人数×100%	问卷调查	
	员工培训计划达成率	98%	本期实际完成培训项目数/本期计划培训项目数×100%	人力资源部	
	制度和流程建设计划达成率	95%	本期实际完成制度和流程建设数/本期计划制度和流程建设数×100%	人力资源部	
	关键员工离职率	5%	本期中层以上离职人数/本期中层总人数×100%	人力资源部	

(6) 企业文化考核是对文化执行结果进行监督和控制的有效手段，它一方面对文化管理的成果进行评定和认可，具有激励的作用；另一方面也为文化的改进提供了依据，具有指引的作用。

13. 节点 A5“企业文化提升”

(1) 企业文化提升是在测评考核的基础之上，制订改进计划并实施。

(2) 企业文化提升计划在企业文化考核结果基础上沟通，认识到企业文化管理工作中哪些方面做得好，哪些方面做得不够好，目前的差距有哪些。分析原因，找出组织者和员工在工作能力、方法或工作习惯等有待改进的地方。

(3) 企业文化提升计划包括改进项目、原因、目前水平和期望水平、改进方式、期限。在制定企业文化改进计划时要注意切合实际、时间约束、具体明确。

8.1.2 战略管理流程

战略管理流程图见图 8.1.2-1。

1. 一般要求

(1) 由企业最高管理者领导、企业策划管理部门组织实施战略管理工作。

(2) 战略管理是一个计划实施和评估的过程，主要包括战略制定、战略部署、战略评估与调整三部分内容。

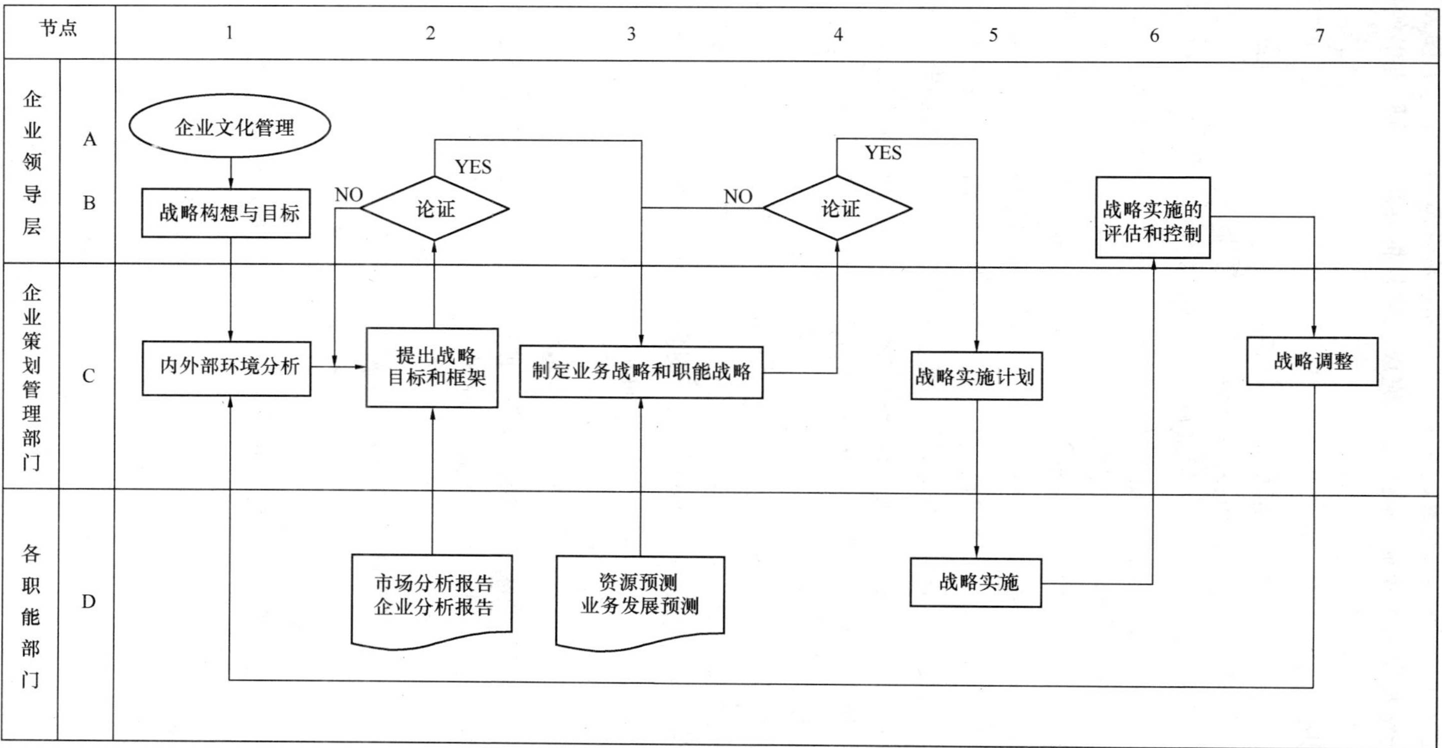

图 8.1.2-1 战略管理流程图

1）战略制定以能够充分利用企业的资源和企业外部环境的机会为准则，制定符合要求且可供选择的战略方案。寻求企业恰当的定位，获取领先于竞争对手的相对优势。战略制定一般包括：企业内外部环境分析、确定战略目标、选择战略方案、战略方案评估。

2）战略部署是贯彻落实企业战略方案、完成战略目标并取得预期成果的过程。战略部署的主要内容为：

A. 专业和职能规划。按照总体发展战略，通过专业规划、职能规划和年度工作安排等方式进行分解部署。专业规划和职能规划的具体安排，由企业策划管理部门以文件形式提出意见，经企业领导层审定后，相关部门和单位按分工制定。

B. 资源需求分析与配置。按照总体战略规划的优先次序，在各专业和职能规划中，根据经营规模和产业结构调整战略，分析人力、物力、财力和技术等资源需求，并确定提供的渠道和来源，以保证战略规划的实施。

C. 战略实施与监测。战略规划发布后，需将战略目标分解成年度工作目标，进而分解为部门年度量化工作目标和单位经营业绩考核指标，按照年度经营业绩考核办法、管理人员绩效考核办法等，对单位、部门责任人进行考核，与薪酬挂钩。重要事项纳入企业标准化管理，持续改进提高。企业策划管理部门和企业领导层负责协调战略规划关键绩效指标（KPI）的监测，各职能部门和业务板块共同参与，评价战略规划进展情况和实施效果。有关绩效监测的具体要求见流程 8.3《绩效监测、分析与改进》。

3）战略评估与调整

企业应根据所确定的关键绩效测量指标对绩效定期对战略的实施效果进行评价，找出战略计划的成功与不足之处，进一步总结经验，寻求调整方法，以便获得更大的成功。

A. 战略评估的内容包括战略实施情况，对照战略目标评价经营业绩的符合程度，对企业发展趋势进行预测，确定战略调整需求。通过收集标杆企业和竞争对手的有关信息，进行标杆对比，确定改进方向，如新的商机、新市场、产品和服务技术上的创新等；

B. 当战略规划的实施效果出现较大偏差，或内外部环境发生重大变化时，可适当进行战略调整。战略规划的调整由企业战略管理部门组织，相关部门提出建议与修订方案，经过企业策划管理部门组织评议，企业领导层审定。战略调整应充分考虑产品、服务需求的重大变化，业务和市场及运营等方面的重大变化，国家政策发生重大变化，企业资产结构、法人治理结构发生重大变化，其他影响战略实施的重要因素。

2. 节点 C1“内外部环境分析”

主要包括宏观环境分析、经营环境分析、企业内部条件分析和综合能力分析四部分。

（1）宏观环境分析一般采用 PEST 分析

PEST 分析又称环境扫描，主要是检查企业外部因素（机会、威胁）的一个结构，用于发现政治（P）、经济（E）、生态（E）、社会（S）、技术（T）领域的显著变化。

1）政治法律环境（Political Factors）政治环境主要包括政治制度与体制，政局，政府的态度等；法律环境主要包括政府制定的法律、法规。

2）经济环境（Economic Factors）构成经济环境的关键战略要素：GDP、利率水平、财政货币政策、通货膨胀、失业率水平、居民可支配收入水平、汇率、能源供给成本、市场机制、市场需求等。

3）社会文化环境（Socia cultural Factors）影响最大的是人口环境和文化背景。人口环境主要包括人口规模、年龄结构、人口分布、种族结构以及收入分布等因素。

4）技术环境（Technological Factors）技术环境不仅包括发明，而且还包括与企业市场有关的新技术、新工艺、新材料的出现和发展趋势以及应用背景。

（2）企业经营环境分析主要包括建筑行业结构分析和竞争对手分析两大部分。

1）建筑行业结构分析一般借助波特五力模型进行。在该模型中涉及的5种力量包括：新的竞争对手入侵，替代品的威胁，供应商议价能力，购买者议价能力以及现存竞争者之间的竞争。

A. 供应商的议价能力

供方主要通过其提高投入要素价格与降低单位价值质量的能力，来影响行业中现有企业的盈利能力与产品竞争力。供方力量的强弱主要取决于他们所提供给买主的是什么投入要素，当供方所提供的投入要素其价值构成了买主产品总成本的较大比例、对买主产品生产过程非常重要、或者严重影响买主产品的质量时，供方对于买主的潜在讨价还价力量就大大增强。一般来说，满足如下条件的供方集团会具有比较强大的讨价还价力量：

（A）供方行业为一些具有比较稳固市场地位而不受市场激烈竞争困扰的企业所控制，其产品的买主很多，以至于每一单个买主都不可能成为供方的重要客户。

（B）供方各企业的产品各具有一定特色，以至于买主难以转换或转换成本太高，或者很难找到可与供方企业产品相竞争的替代品。

（C）供方能够方便地实行前向联合或一体化，而买主难以进行后向联合或一体化。

B. 购买者的议价能力

购买者主要通过其压价与要求提供较高的产品或服务质量的能力，来影响行业中现有企业的盈利能力。一般来说，满足如下条件的购买者可能具有较强的讨价还价力量：

（A）购买者的总数较少，而每个购买者的购买量较大，占了卖方销售量的很大比例。

（B）卖方行业由大量相对来说规模较小的企业所组成。

（C）购买者所购买的基本上是一种标准化产品，同时向多个卖主购买产品在经济上也完全可行。

（D）购买者有能力实现后向一体化，而卖主不可能前向一体化。

C. 新进入者的威胁

新进入者在给行业带来新生产能力、新资源的同时，将希望在已被现有企业瓜分完毕的市场中赢得一席之地，这就有可能会与现有企业发生原材料与市场份额的竞争，最终导致行业中现有企业盈利水平降低，严重的话还有可能危及这些企业的生存。竞争性进入威胁的严重程度取决于两方面的因素，这就是进入新领域的障碍大小与预期现有企业对于进入者的反应情况。

进入障碍主要包括规模经济、产品差异、资本需要、转换成本、销售渠道开拓、政府行为与政策（如国家综合平衡统一建设的石化企业）、不受规模支配的成本劣势（如商业秘密、产供销关系、学习与经验曲线效应等）、自然资源（如冶金业对矿产的拥有）、地理环境（如造船厂只能建在海滨城市）等方面，这其中有些障碍是很难借助复制或仿造的方式来突破的。预期现有企业对进入者的反应情况，主要是采取报复行动的可能性大小，则取决于有关厂商的财力情况、报复记录、固定资产规模、行业增长速度等。总之，新企业进入一个行业的可能性大小，取决于进入者主观估计进入所能带来的潜在利益、所需花费的代价与所要承担的风险这三者的相对大小情况。

D. 替代品的威胁

两个处于同行业或不同行业中的企业，可能会由于所生产的产品是互为替代品，从而在它们之间产生相互竞争行为，这种源自于替代品的竞争会以各种形式影响行业中现有企业的竞争战略。首先，现有企业产品售价以及获利潜力的提高，将由于存在着能被用户方便接受的替代品而受到限制；第二，由于替代品生产者的侵入，使得现有企业必须提高产品质量、或者通过降低成本来降低售价、或者使其产品具有特色，否则其销量与利润增长的目标就有可能受挫；第三，源自替代品生产者的竞争强度，受产品买主转换成本高低的影响。总之，替代品价格越低、质量越好、用户转换成本越低，其所能产生的竞争压力就强；而这种来自替代品生产者的竞争压力的强度，可以具体通过考察替代品销售增长率、替代品厂家生产能力与盈利扩张情况来加以描述。

E. 同业竞争者的竞争程度

大部分行业中的企业，相互之间的利益都是紧密联系在一起的，作为企业整体战略一部分的各企业竞争战略，其目标都在于使得自己的企业获得相对于竞争对手的优势，所以，在实施中就必然会产生冲突与对抗现象，这些冲突与对抗就构成了现有企业之间的竞争。现有企业之间的竞争常常表现在价格、广告、产品介绍、售后服务等方面，其竞争强度与许多因素有关。

一般来说，出现下述情况将意味着行业中现有企业之间竞争的加剧，这就是：行业进入障碍较低，势均力敌竞争对手较多，竞争参与者范围广泛；市场趋于成熟，产品需求增长缓慢；竞争者企图采用降价等手段促销；竞争者提供几乎相同的产品或服务，用户转换成本很低；一个战略行动如果取得成功，其收入相当可观；行业外部实力强大的公司在接收了行业中实力薄弱企业后，发起进攻性行动，结果使得刚被接收的企业成为市场的主要竞争者；退出障碍较高，即退出竞争要比继续参与竞争代价更高。在这里，退出障碍主要受经济、战略、感情以及社会政治关系等方面考虑的影响，具体包括：资产的专用性、退出的固定费用、战略上的相互牵制、情绪上的难以接受、政府和社会的各种限制等。

行业中的每一个企业或多或少都必须应付以上各种力量构成的威胁，而且客户必面对行业中的每一个竞争者的举动。除非认为正面交锋有必要而且有益处，例如要求得到很大的市场份额，否则客户可以通过设置进入壁垒，包括差异化和转换成本来保护自己。当一个客户确定了其优势和劣势时（参见 SWOT 分析），客户必须进行定位，以便因势利导，而不是被预料到的环境因素变化所损害，如产品生命周期、行业增长速度等等，然后保护自己并做好准备，以有效地对其他企业的举动做出反应。

F. 根据上面对于五种竞争力量的分析，企业可以采取尽可能地将自身的经营与竞争力量隔绝开来、努力从自身利益需要出发影响行业竞争规则、先占领有利的市场地位再发起进攻性竞争行动等手段来对付这五种竞争力量，以增强自己的市场地位与竞争实力。

2）竞争对手分析帮助了解企业当前的经营现状和动态，为企业战略制定与调整提供依据。

A. 建筑企业的竞争者主要有两类：一类是与本企业经营业务相同或类似的企业，如资质、业务范围等；另一类是拥有相同或类似资源的企业，如机械设备、生产能力等。对竞争对手的分析可从对手的财务状况、战略决策、思想倾向、当前的战略和对手的能力等方面入手。

B. 同时还需对建筑市场需求、供给以及竞争者进行综合考虑。

C. 影响建筑企业需求量的主要因素有：建筑产品需求价格、利润、其他产品或服务的价格、收入、人口、兴趣和爱好以及国外建筑市场等。

D. 影响市场供给的因素有：建筑企业成本、建筑技术、建筑企业数量、建筑企业的发展目标、政府经济政策、建筑企业的预期等。

（3）企业内部能力分析主要内容见表 8.1.2-1。

企业内部能力分析主要内容 **表 8.1.2-1**

<table>
<tr><th colspan="2">建筑企业能力</th><th>主 要 内 容</th><th>衡量方法</th></tr>
<tr><td rowspan="6">经营管理能力</td><td rowspan="2">高层管理者的能力</td><td>内部管理能力，对外部环境的判断与应变能力</td><td rowspan="6">定性分析</td></tr>
<tr><td>决策能力，领导层的协调配合能力</td></tr>
<tr><td rowspan="2">企业战略管理水平</td><td>发展战略和经营管理是否适合自身发展需要</td></tr>
<tr><td>参与市场竞争的能力</td></tr>
<tr><td rowspan="2">组织管理完善程度</td><td>企业各部门工作之间的受控程度</td></tr>
<tr><td>企业各部门之间信息交流是否完全</td></tr>
<tr><td rowspan="6">生产能力</td><td rowspan="2">目标管理能力</td><td>质量、进度、成本等目标的管理能力</td><td rowspan="2">由实际值与计划值进行比较得出</td></tr>
<tr><td>计算机信息系统进行实时控制的实现程度</td></tr>
<tr><td rowspan="2">技术装备水平</td><td>生产能力设施的状况和技术水平</td><td rowspan="4">定性与定量分析相结合</td></tr>
<tr><td>施工技术和设备是否安排恰当</td></tr>
<tr><td rowspan="2">施工工艺先进程度</td><td>现有状况下的生产效率有无剩余</td></tr>
<tr><td>开拓、掌握筹资渠道</td></tr>
<tr><td rowspan="5">财务管理能力</td><td rowspan="2">筹资融资能力</td><td>正确分析不同渠道的筹资比例及筹融资成本</td><td rowspan="5">定量分析</td></tr>
<tr><td>分析资金的长期或短期需要</td></tr>
<tr><td rowspan="2">财务控制能力</td><td>对人、机、材、管理等方面资金支出的控制</td></tr>
<tr><td>定期交纳财务报表，资金的使用与控制情况</td></tr>
<tr><td>风险控制能力</td><td>通过财务实力和资金运用能力，规避或有效控制经营、生产风险</td></tr>
<tr><td rowspan="5">技术开发能力</td><td>研发人员素质和数量</td><td>技术创新的人力基础</td><td>研发人员数量占企业技术人员的比率</td></tr>
<tr><td>研发经费的投入量</td><td>技术创新的物质基础</td><td>研发经费占企业收入的比重</td></tr>
<tr><td rowspan="3">技术模仿创新转化能力</td><td>学习、应用先进技术能力</td><td rowspan="3">新技术开发指数
新技术产值率
专有技术的实现程度</td></tr>
<tr><td>研发新型技术、形成独特技术优势的能力</td></tr>
<tr><td>有效利用高新技术并将其转化为生产力的能力</td></tr>
</table>

续表

<table>
<tr><th colspan="2">建筑企业能力</th><th>主　要　内　容</th><th>衡量方法</th></tr>
<tr><td rowspan="6">市场开拓能力</td><td rowspan="2">市场调研能力</td><td>掌握产品销售的重点地区和关键地区</td><td rowspan="6">市场占有率
市场覆盖率</td></tr>
<tr><td>提出重点开拓的地区，加强宣传和品牌建设</td></tr>
<tr><td>信息及时获取能力</td><td>通过各种渠道及时掌握建筑产品的供求信息</td></tr>
<tr><td>社会资源协调能力</td><td>处理好各种社会资源（上下游企业及政府和主要相关方等）的协调关系</td></tr>
<tr><td>应变能力</td><td>对建筑市场或环境中出现的意外情况及时应变</td></tr>
<tr><td style="display:none"></td></tr>
<tr><td rowspan="5">人才吸引能力</td><td>对人才的吸引能力</td><td>建立在规模经济、商誉、管理水平、薪酬等方面的优势</td><td rowspan="5">定性与定量分析相结合</td></tr>
<tr><td>人才激励机制</td><td>建立、健全合理的人才激励机制和薪酬机制</td></tr>
<tr><td rowspan="3">人才培育能力</td><td>表现优秀的员工要给予精神、物质双重奖励</td></tr>
<tr><td>鼓励、培育员工学习更多的知识和专业技能</td></tr>
<tr><td>鼓励、培育员工增强信任感和忠诚度</td></tr>
<tr><td rowspan="4">品牌塑造能力</td><td>企业形象
策划能力</td><td>依靠文化资源配合企业总体经济规模、技术水平，树立企业商誉，建立产品品牌</td><td rowspan="4">定性分析</td></tr>
<tr><td>企业文化
塑造能力</td><td>树立明确的企业价值观、企业精神，全面打造企业文化形象</td></tr>
<tr><td rowspan="2">企业商誉
维护能力</td><td>以高品质建筑产品作为企业的实物广告</td></tr>
<tr><td>良好、细致的保修服务</td></tr>
</table>

（4）企业综合能力一般使用 SWOT 分析。

SWOT 分析的目的是通过对企业资源实情（优/劣势）的综合分析，探讨面对环境情况（机遇/威胁）而采取的应对策略。确定战略目标的第一步是对企业的现状进行分析，最常见的是进行 SWOT 分析，分析企业的优势、劣势、竞争对手是谁，以及竞争对手的长处和短处，挑战是什么，机会在什么地方，市场状况等。

SWOT 分析法常常被用于制定集团发展战略和分析竞争对手情况，在战略分析中，它是最常用的方法之一。进行 SWOT 分析时，主要有以下几个方面的内容：

1）分析环境因素

运用各种调查研究方法，分析出公司所处的各种环境因素，即外部环境因素和内部能力因素。外部环境因素包括机会因素和威胁因素，它们是外部环境对公司的发展直接有影响的有利和不利因素，属于客观因素，内部环境因素包括优势因素和弱点因素，它们是公司在其发展中自身存在的积极和消极因素，属主动因素，在调查分析这些因素时，不仅要考虑到历史与现状，而且更要考虑未来发展问题。

优势（S）：是组织机构的内部因素，具体包括：有利的竞争态势；充足的财政来源；良好的企业形象；技术力量；规模经济；产品质量；市场份额；成本优势；广告攻势等。

劣势（W）：也是组织机构的内部因素，具体包括：设备老化；管理混乱；缺少关键技术；研究开发落后；资金短缺；经营不善；产品积压；竞争力差等。

机会（O）：是组织机构的外部因素，具体包括：新产品；新市场；新需求；外国市场壁垒解除；竞争对手失误等。

威胁（T）：也是组织机构的外部因素，具体包括：新的竞争对手；替代产品增多；市场紧缩；行业政策变化；经济衰退；客户偏好改变；突发事件等。

SWOT 方法的优点在于考虑问题全面，是一种系统思维，而且可以把对问式的“诊断”和“开处方”紧密结合在一起，条理清楚，便于检验。

2）构造 SWOT 矩阵

将调查得出的各种因素根据轻重缓急或影响程度等排序方式，构造 SWOT 矩阵。在此过程中，将那些对公司发展有直接的、重要的、大量的、迫切的、久远的影响因素优先排列出来，而将那些间接的、次要的、少许的、不急的、短暂的影响因素排列在后面。

3）制定行动计划

在完成环境因素分析和 SWOT 矩阵的构造后，便可以制定出相应的行动计划。制定计划的基本思路是：发挥优势因素，克服弱点因素，利用机会因素，化解威胁因素；考虑过去，立足当前，着眼未来。运用系统分析的综合分析方法，将排列与考虑的各种环境因素相互匹配起来加以组合，得出一系列公司未来发展的可选择对策。

4）SWOT 分析结果

企业基于对外部环境的 PEST 分析、五力分析和内部环境的资公司内外部战略因素，应用 SWOT 分析综合归纳如表 8.1.2-2。

企业 2010 年 SWOT 分析　　　　表 8.1.2-2

优势——S S1：团结、敬业的事业团队，董事长的领导力和社会影响力，高层次人才比例逐年增大； S2：企业资质为施工总承包特级，并且具有开发房地产三级资质； S3：优质的建筑品牌，区域建筑业的龙头地位，连续数年获得鲁班奖的技术质量竞争力； S4：文化底蕴深厚； S5：良好的公共关系资源和稳定的忠诚客户； S6：法人治理结构比较科学先进，组织网络健康发展	劣势——W W1：对市场的研究能力和顾客管理能力（顾客关系管理、顾客满意度的测评）不足； W2：人力资源管理系统性不够，绩效考核体系有待完善，缺乏高端专业技术人才与具有市场、管理和技术综合能力的复合型人才； W3：融资能力有待加强； W4：信息管理的硬件尤其是软件设施滞后和人员配备不合理； W5：创新能力和核心技术不足； W6：风险管理体系不健全； W7：品牌建设的意识和系统性不足
机遇——O O1：政治经济稳定、持续发展，建筑市场规模将继续增大，重点区域：京津冀、东北、西部、长三角、珠三角市场；重点行业：市政、交通、房地产。建设规模持续增长； O2：行业政策、法规进一步规范，建筑与房地产业列入支柱产业； O3：城市化进程加快； O4：倡导绿色、环保、节能、节地、节水的建筑； O5：政府鼓励自主创新，导致产品升级改造	威胁——T T1：地方和行业保护； T2：行业内“中字头”大公司的强势； T3：行业竞争环境恶劣，利润空间小； T4：原材料和能源价格波动大； T5：劳务资源短缺； T6：人才竞争激烈； T7：社会诚信缺失

将企业 2010 年 SWOT 分析中的优势与劣势、机遇与威胁经过加权得分评价，形成‘企业 SWOT 战略分析雷达图’，如图 8.1.2-2 企业的战略重点应是 SO 战略，其次是 ST 战略，其他战略均是支持或补充，因此，企业应采取增长型战略。

基于上述 SWOT 归纳，将组织自身的资源、能力相对于竞争对手的优势和劣势同外部环境中的机会与威胁进行匹配，产生企业的 4 项 SO 战略、5 项 WO 战略、1 项 ST 战略和 2 项 WT 战略（见表 8.1.2-3）。

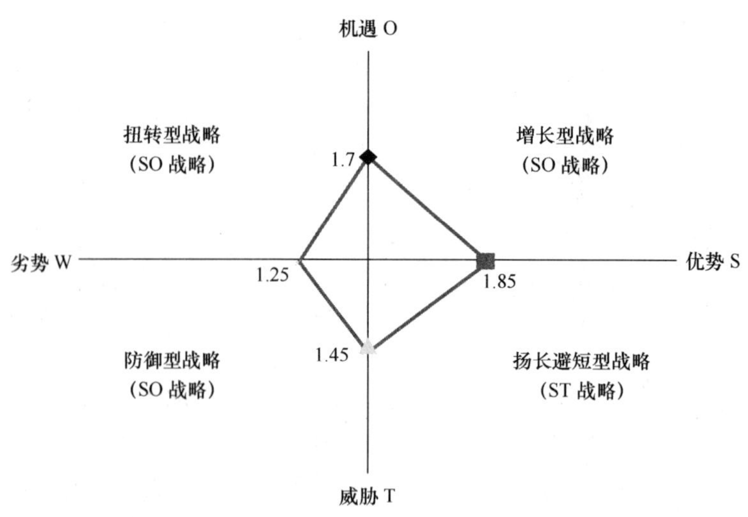

图 8.1.2-2　企业 SWOT 战略分析雷达图

企业战略方案的产生　　**表 8.1.2-3**

	优　　势	劣　　势
机遇	SO 战略： SO1：提高房屋建筑工程总承包能力（S1，S2，S3，O1，O5）； SO2：城市市政、交通基础设施领域投资融资（S1，S2，S3，S4，S5，O1，O2，O3，O4）； SO3：快速发展房地产业（S1，S2，S3，S4，O1，O2，O3，O4）； SO4：以省会为重点的市场拓展（省会战略）（S1、S2、S3、S4，S5，O1，O2，O3，O4，O5）	WO 战略： WO1：提高市场研究和顾客管理能力（W1，W8，W9—O1）； WO2：加快管理信息化建设（W4—O1，O2，O3）； WO3：拓展融资渠道和方式（W3—O1，O2，O3）； WO4：实施自主技术创新（W5—O5，O4）； WO5：卓越绩效模式推进（W1，W2，W4，W5，W9—O1，O2）
威胁	ST 战略： ST1：中高端市场拓展战略（S2，S3，T3，T4）	WT 战略： WT1：人力资源及劳务资源管理与高端人才、复合型人才的培育和引进（W2，T6）； WT2：项目成本和风险控制（W8，T4，T7）

3. 节点 C2“战略目标和框架”

所制定的战略规划，落脚点应该是可评估的、可衡量的、可操作的规划，需要一系列量化的目标。企业的市场份额要达到多少，销售额要达到多少，利润又要达到多少，要达到这些目标的时间是怎么控制的，何时实现这些目标，这些都是对目标的量化。业务战略制定通常使用的工具为波士顿矩阵模型和 KSF 分析模型。

4. 节点 C3“制定业务战略和职能战迷”

（1）需对战略进行部署，一般使用平衡积分卡。

（2）平衡记分卡是一个划时代的战略管理和战略部署工具；它不仅提出了一项企业战略，而且在该战略的开发和实施中，能有效地调动和调整各种管理要素，将战略落实到可操作的目标、衡量指标和目标值上，通过积极的平衡创造一种增量保障能力，以保障企业战略的有效实施和落实。

（3）平衡计分卡以企业的战略为基础，并将各种衡量方法整合为一个有机的整体，它既包含了财务指标，又通过顾客满意度、内部流程、学习和成长的业务指标，来补充说明财务指标，这些业务指标是财务指标的驱动因素。这样，就使组织能够一方面追踪财务结果，一方面密切关注能使企业提高能力并获得未来增长潜力的无形资产等方面的进展，这样就使企业既具有反映“硬件”的财务指标，同时又具备能在竞争中取胜的“软件”指标。

（4）平衡计分卡的指标体系包括四套指标：财务、顾客、内部过程和学习与成长，源自于组织的愿景和战略，力图平衡财务和非财务目标，平衡股东、顾客、员工等利益相关方的价值，平衡短期和长期目标，平衡领先性和滞后性指标，并层层展开，层层制订行动计划，形成各部门、团队和员工个人的平衡计分卡。

（5）企业通过SWOT战略分析后，清楚了自己所处的环境，企业成立以来已处在保持阶段，因此所设定的宗旨是充分发挥优势，使其投资产生收入最大化，努力在房地产市场继续占有重要的地位和影响。战略目标是：以企业文化为指导，以客户为导向，以一流企业为目标，建立一个全员、全程、全方位的服务体系，形成独特的服务优势。利用平衡计分卡的经典四维分法——财务、客户、内部流程、学习与成长制定战略流程，该流程自下而上的因果链条关系，最终达到提高企业净资产报酬率的目标，企业战略图如图8.1.2-3所示。

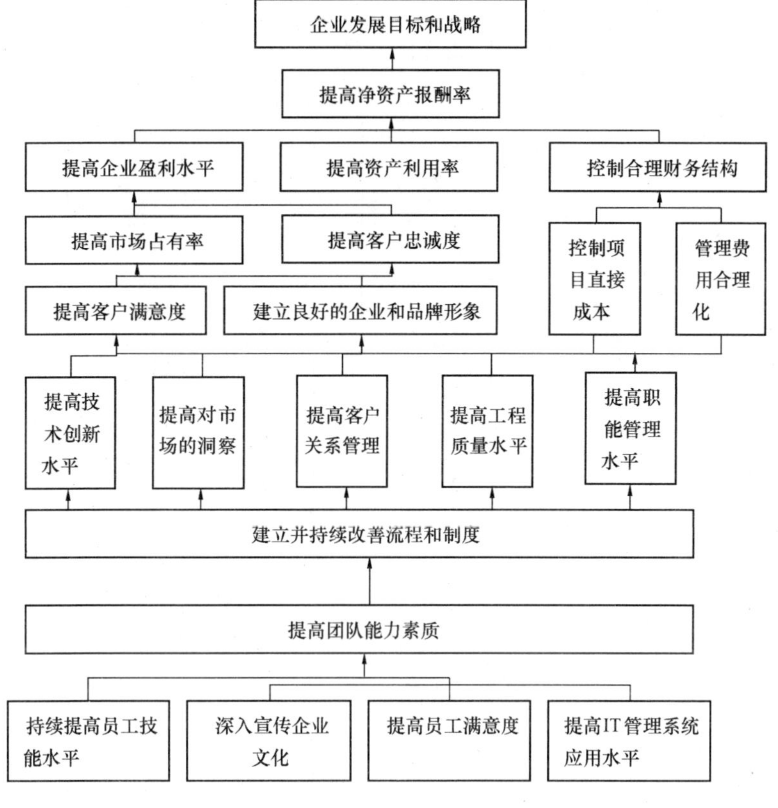

图8.1.2-3　企业战略图

5. 节点D5“战略实施”

见一般要求“战略部署”部分内容。

6. 节点C7“战略调整”

见一般要求“略评估与调整”部分内容。

8.1.3　方针和目标管理流程

方针和目标管理流程，见图8.1.3-1。

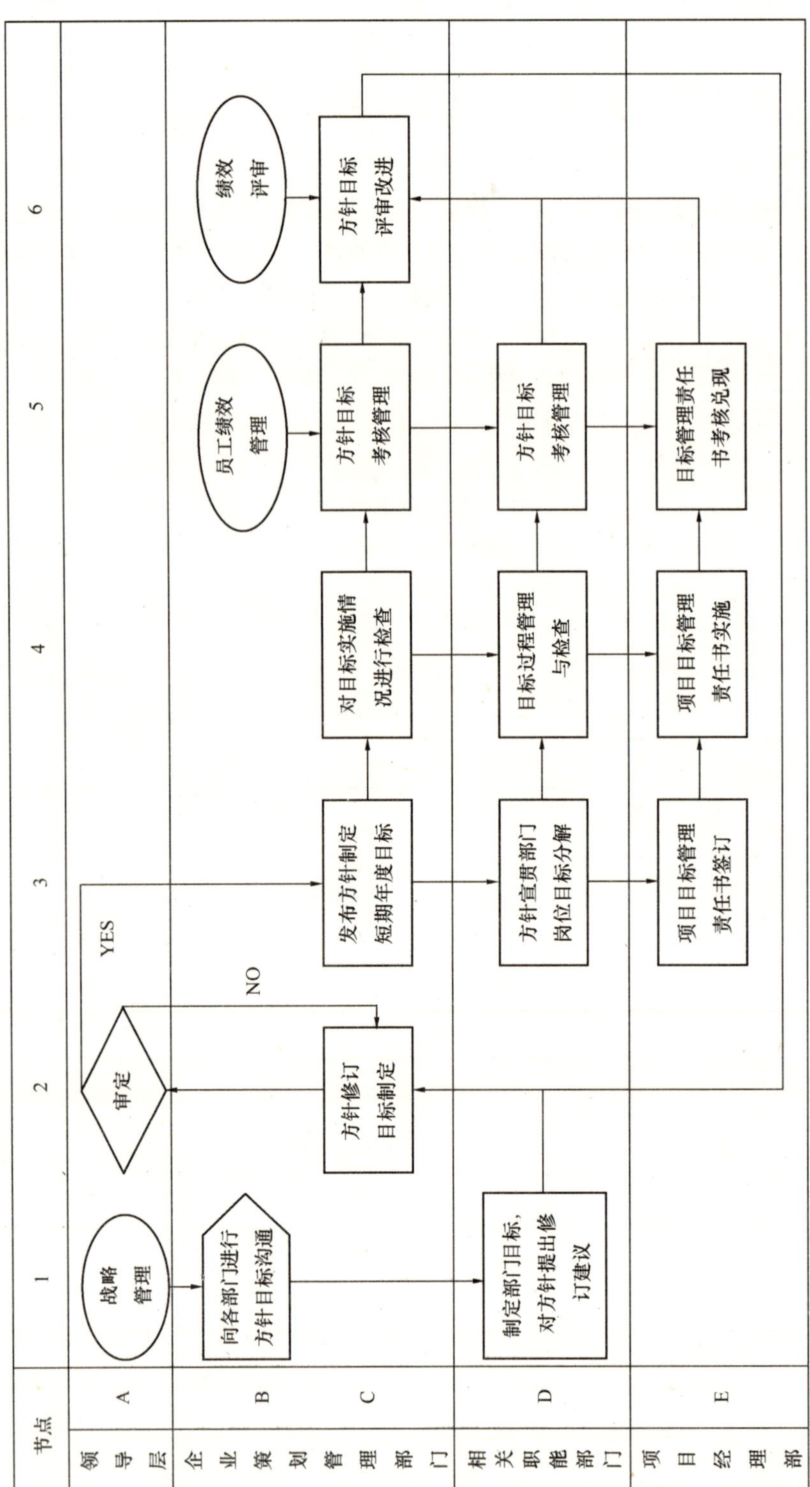

图 8.1.3-1　方针和目标管理流程

1. 一般要求

（1）方针目标管理包括方针目标的制订、分解、过程管理及考核、改进等活动。

1）方针应与企业总体战略相一致，及时进行评审修订。目标项目和目标值，按部门、职能人员依次细化分解。必须做到下级目标的总和达到或略微超过上一级目标。

2）方针目标考核包括对部门、项目和各级员工考核（可与员工绩效考核并行开展，见第 8.1.5.3 节员工绩效管理流程），考核应分阶段进行（如半年、季度、月度等）。

（2）方针目标管理权责

1）企业策划管理部门负责根据企业战略管理要求组织制订总体方针目标、中短期目标和年度目标，并组织对目标进行分解，目标实施过程中对目标进行监控管理，组织进行各阶段考核，通过对各阶段考核结果分析和方针目标评审，不断改进方针目标；

2）各职能部门负责根据企业方针目标制订部门目标，并在部门内部进行分解、实施、检查和改进工作，其中由工程管理部门组织实施对项目经理部的目标管理工作；

3）项目经理部负责实施项目管理目标建立、实施、考核兑现工作。

（3）项目目标管理责任书签订、项目目标管理责任书实施、目标管理责任书考核兑现见第 8.2.2 节项目经理部组建与管理流程。

2. 节点 C2“方针修订目标制定”

（1）方针制定步骤

1）分析企业的内外部环境。在分析内外部环境时，尤其是要注意分析顾客的要求和期望，分析企业自身的产品历史和现状，分析企业管理水平。通过分析，确定企业的质量管理和产品所应遵循的原则以及在市场中的地位和水平。

2）明确企业的质量管理思想。根据对企业内外部环境的分析结果来确定企业的质量管理的发展战略。

3）经过反复讨论、修改形成方针。方针应能反映企业的质量管理特点，而且应使各部门员工加深对企业方针的认识和理解，形成质量行为的依据，便于今后的顺利贯彻。

4）方针必须形成文字，经过最高管理者批准后才能生效。方针可以单独发布或并入企业的特定管理文件中发布。

（2）方针传达与宣贯

1）最高管理者在质量方针中对质量的承诺应是看得见的、积极的并且是被有效沟通的。企业应通过各种方式、途径向全员传达贯彻，并要确保员工理解其内涵。了解方针如何影响他们，明确他们在质量管理体系中的作用，清楚自己的本职工作与组织的方针、管理体系的关联，知道如何做才能为实现方针作出贡献。

2）传达贯彻的方法可以是会议上宣读解析方针，向每位员工发放方针及理解的小册子，利用内部刊物、标语、告示栏进行宣传等。一份公开展示的、由企业所有人签署的方针是一个可以用来表现对员工和顾客承诺的方法。

3. 节点 C3“发布方针制定短期年度目标”

（1）质量管理目标的建立应能为企业及其员工提供质量管理工作的方向，合理分配和利用资源，达到规定的结果。质量目标的制订应能实现以下目的：

1）激发员工的积极性；

2）提高工程质量，使实现质量目标的过程成为质量改进的过程；

3）提高作业的有效性；

4）提高财、物业绩，增加预防成本，降低故障成本；

5）增强发包方的满意度。

（2）目标制定前，要对企业目前的现状和所处的市场及政策环境进行全面的调查、研究，并在此基础上考虑企业未来的发展，制定企业年度、短期或中期目标。

（3）企业的总目标可以分为管理目标和经济目标两大类。

1）企业管理目标主要针对工程项目管理制定，可以进一步细化为工程项目施工预算编审率、工程项目管理目标责任书签订率、工程项目管理风险抵押金收缴率、在建工程财务状况分析率、工程项目送审决算编报率、工程项目考核决算编审率、工程项目成本归集率、工程项目竣工决算办理率、工程项目财务结算办理率、工程项目考核审计率、工程项目目标责任奖赔兑现率、资金回收率、资金周转率、工程项目合同履约率、质量管理、安全生产及文明施工、工程技术管理等指标；

2）经济目标则包括资产保值增值率和利润率等指标。

（4）目标制定原则：本着整体性、激励性、针对性、可行性的原则，达到制定科学化、指标具体化、管理系统化、实施考核化的目的。目标设定坚持以市场为导向，遵循市场价值规律、紧密联系实际，与企业中、长期发展规划相一致。目标的设定应体现在现有条件下的可行性、与历史数据相比的进步性及经过全体职工努力拼搏才能实现的挑战性。

（5）目标制定方法：

1）关键绩效指标 KPI 可以使部门主管明确部门的主要责任，并以此为基础，明确部门人员的业绩衡量指标。建立明确的切实可行的 KPI 体系，是做好绩效管理的关键。关键绩效指标是用于衡量工作人员工作绩效表现的量化指标，是绩效计划的重要组成部分。

2）平衡计分卡 BSC 是一个对企业长期战略目标进行综合评价的方法。它同时也是一个从价值和战略的角度，对企业各个部门和员工的绩效进行评价和引导，以便形成正确的决策，共同为实现企业的战略价值而努力的管理体系。

3）目标管理 MBO 是以目标为导向，以人为中心，以成果为标准，而使组织和个人取得最佳业绩的现代管理方法。目标管理亦称“成果管理”，俗称责任制。是指在企业个体职工的积极参与下，自上而下地确定工作目标，并在工作中实行“自我控制”，自下而上地保证目标实现的一种管理办法。

4. 节点 D3“方针宣贯部门岗位目标分解”

（1）总目标在企业的纵向行政管理层和横向职能部门之间进行层层分解，便形成了企业目标管理体系。首先，在纵向上可根据企业的总目标，结合各项目的具体情况制定出项目目标，再把项目目标分解形成项目员工的分目标；在横向上以项目企业目标管理为主线，落实各职能部门的目标责任，确定他们在项目部经营活动中的义务与权利，让职能部门成为项目部职能管理的支持者与监督者。通过目标的纵向与横向的分解，形成企业完整的目标体系。

（2）企业质量目标一般分为三级，第一层次由总经理审定企业总的质量目标；第二层次由各职能部门、施工项目根据总目标分解部门质量目标，由目标管理部门审定；第三层次由各部门岗位员工根据部门质量目标分解岗位质量目标。

（3）在目标体系的制定中，企业最高管理者应与项目经理——为项目目标的第一责任人之签订项目管理目标管理责任书。在项目管理目标管理责任书中应对成本、工期和质量三大目标进行量化处理，形成指标体系，明确规定公司与项目经理的权利与义务。

（4）施工企业质量目标应在相关职能和各层次机构中分解展开，建立各自的质量管理目标，使其能在相关职能和层次中具体落实，增加质量管理目标的可操作性和可评审性。质量目标可以结合各部门、各岗位的工作职责和计划加以分解和展开，具体施工项目的工程质量目标应作为企业质量管理目标分解展开的结果之一。

5. 节点 D4“目标过程管理与检查”

（1）企业各管理层次应监督、检查目标的分解、落实情况，并对其实现情况进行考核。目标制定部门应采用定期或不定期方式监督、检查各部门和项目部质量目标完成情况；各部门、项目部应通过过程监督和阶段考核方式掌控所属岗位员工目标完成情况。目标的监督、检查易与绩效考核相结合开展。

（2）实施管理目标考核时可以采取针对各管理层次由下至上的方法，管理目标的考核应符合既定的管理目标中各项指标的内涵，目标考核结果既应成为质量管理水平评价和质量管理改进的依据，又应成为重新确定和修订质量管理目标的依据。

（3）目标管理的机构应贯穿于企业的各个管理层，以监督管理质量目标的落实和分解，并对目标实现情况进行考核，同时将考核结果按照规定的要求传递，保证企业总体目标的考核评价信息的准确性。

（4）在目标实施过程中，各职能和层次按期（月、季）对目标进行自检诊断，利用PDC A 循环，对影响目标完成的因素进行分析并提出措施，不断对目标进行修正，使目标能够如期实现。认真填写和传递上报“目标管理卡”（见表 8.1.3-1），使目标始终处于受控状态。

目　标　管　理　卡　　　　**表 8.1.3-1**

<table>
<tr><td>目标项目</td><td colspan="10"></td></tr>
<tr><td>负责人</td><td colspan="2"></td><td colspan="2">责任人</td><td colspan="2"></td><td colspan="2">要求进度</td><td colspan="2"></td></tr>
<tr><td>检查标准</td><td colspan="10"></td></tr>
<tr><td>对策措施</td><td colspan="10"></td></tr>
<tr><td rowspan="2">一季度</td><td colspan="5">实际完成情况</td><td colspan="5">原因分析及改进措施</td></tr>
<tr><td colspan="5"></td><td colspan="5"></td></tr>
<tr><td rowspan="2">二季度</td><td colspan="5">实际完成情况</td><td colspan="5">原因分析及改进措施</td></tr>
<tr><td colspan="5"></td><td colspan="5"></td></tr>
<tr><td rowspan="2">三季度</td><td colspan="5">实际完成情况</td><td colspan="5">原因分析及改进措施</td></tr>
<tr><td colspan="5"></td><td colspan="5"></td></tr>
<tr><td rowspan="2">四季度</td><td colspan="5">实际完成情况</td><td colspan="5">原因分析及改进措施</td></tr>
<tr><td colspan="5"></td><td colspan="5"></td></tr>
<tr><td>进度检查及沟通记录</td><td colspan="10"></td></tr>
<tr><td>检查结果评价</td><td colspan="10"></td></tr>
<tr><td>未完成原因</td><td colspan="10"></td></tr>
<tr><td>奖罚结果</td><td colspan="10"></td></tr>
</table>

责任人：　　　　负责人：　　　　考核小组：

6. 节点 C5D5“方针目标考核管理”

（1）企业目标管理绩效考核分为三个序列

1）项目经理部执行“包死基数、确保上交、盈利分成、歉收自补、责任追溯”的考核原则；

2）分公司执行“企业目标管理、动态考核、强化协作、降低成本、提高效益”的考核原则；

3）职能部门执行“企业目标管理、动态考核、强化服务、降低成本、工作创新”的考核原则。

（2）通过层层考核，责任落实到各级部门和个人。

1）总经理依据项目目标管理责任书对项目经理进行考核，项目经理依据分目标对项目员工进行考核。

2）职能部门的目标考核不仅要由主管领导进行，还要考虑项目经理对他们服务质量的评估。依据目标完成情况和取得的结果确定员工的绩效工资。

3）有了明确的指标作为绩效考核标准，对员工工作成果的评价客观、合理，能充分调动员工的积极性，使每个员工都为实现自己的目标而努力工作，保证企业总目标的实现。

（3）目标考核结果一方面可以作为企业方针目标制定合理性的分析依据，另一方面可以作为员工职位调整、薪酬调整、职业发展、培训计划、员工聘用等工作的依据。

（4）目标考核及结果应用可参考表 8.1.3-2。

目标考核及结果应用 **表 8.1.3-2**

<table>
<tr><th rowspan="2">被考评对象</th><th rowspan="2">分类</th><th colspan="2">考评人员</th><th rowspan="2">考评方式</th><th rowspan="2">周期</th><th rowspan="2">主要内容</th><th rowspan="2">结果主要应用</th></tr>
<tr><th>责任人</th><th>参与者</th></tr>
<tr><td rowspan="2">项目部经理</td><td>岗位业绩考核</td><td>企业主管副总经理</td><td>企业总部相关部门</td><td>（1）项目绩效检查；
（2）企业领导、相关部门共同考核</td><td>每半年</td><td>年度工作目标完成情况</td><td>（1）薪酬调整及绩效薪金；
（2）职位异动</td></tr>
<tr><td>员工评价</td><td>企业策划管理部、人力资源部</td><td>项目部各部门经理</td><td>企业相关部门和项目部员工共同评价</td><td>每半年</td><td>品行、能力、知识、敬业精神</td><td>（1）职位迁动；
（2）培训等</td></tr>
<tr><td rowspan="2">职能部门负责人</td><td>岗位业绩考核</td><td>分管领导</td><td></td><td>企业绩效检查；</td><td>季度</td><td>月度或年度工作目标完成情况</td><td>（1）职位异动；
（2）薪酬调整及绩效薪金</td></tr>
<tr><td>员工评价</td><td>人力资源部</td><td>部门员工</td><td>企业领导、部属员工共同评价</td><td>年度</td><td>品行与职业素养、能力、知识</td><td>（1）职位异动；
（2）培训、合同续签</td></tr>
<tr><td rowspan="2">部门员工</td><td>岗位业绩考核</td><td>部门负责人</td><td>部门员工</td><td>部门负责人或同事评价</td><td>季度</td><td>月度工作目标完成情况</td><td rowspan="2">（1）职业生涯发展；
（2）薪酬调整及绩效薪金；
（3）培训、合同续签</td></tr>
<tr><td>员工评价</td><td>部门负责人</td><td>部门员工</td><td>部门负责人或同事评价</td><td>年度</td><td>工作品行与职业素养、行为、能力</td></tr>
</table>

7. 节点 C6“方针目标考评审改进”

（1）对方针的评审和修订是施工企业质量管理改进的重要手段之一。应根据内外部条件的变化，保持方针的适宜性。评价方针的贯彻落实是评价员工质量意识和理念是否符合企业要求的重要方法，也是衡量方针是否符合内、外部环境要求的手段。见第 8.3.5 节绩效评审流程。

（2）对贯彻实施方针的效果进行评价需收集以下信息：

1）质量目标的实现情况；

2）各项质量管理制度的执行情况；

3）发包方对工程质量和质量管理水平的评价；

4）各项质量管理要求与外部环境的适应性。

（3）对方针的调整会涉及质量目标、组织机构、职责权限、管理的范围、管理制度等方面的调整，应予以重视并确保与各项工作协调一致。

8.1.4 管理策划和资源配备流程

管理策划和资源配备流程，见图 8.1.4-1。

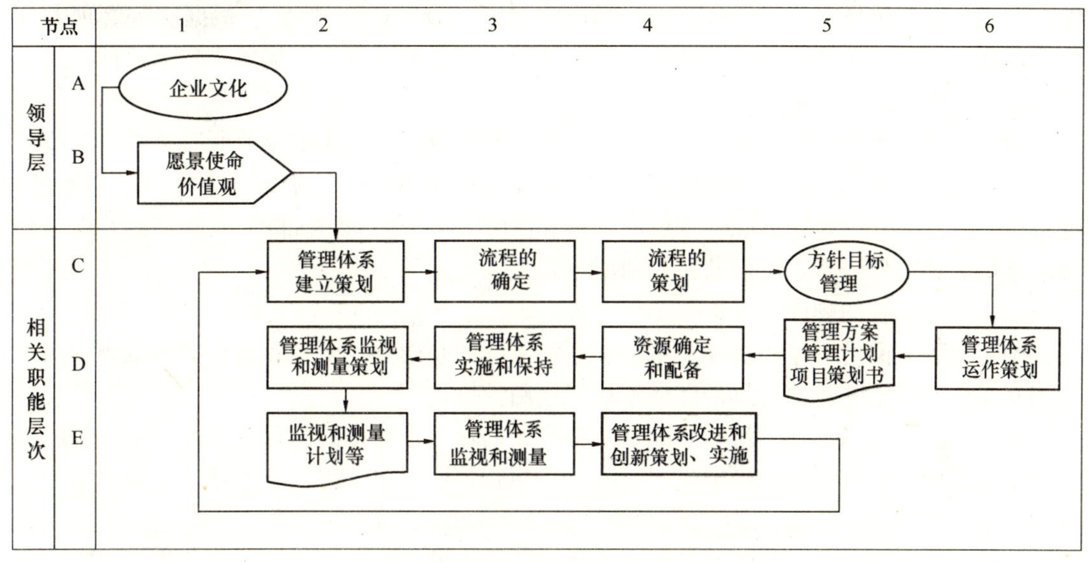

图 8.1.4-1 管理策划和资源配备流程

1. 一般要求

（1）管理策划包括管理体系建立策划、实施和保持策划、监视和测量策划及改进创新策划。各流程、活动的职能部门、项目经理部及其他相关层次负责策划及策划的实施，策划输出表现为相关的流程和活动的规定、规划、计划、方案等策划文件。

（2）策划依据主要包括方针目标、企业管理制度、法规要求、工程建设有关方要求、上一接口流程输出及改进要求等。

2. 节点 C2“管理体系建立策划”

（1）管理体系建立首先是从无到有的系统化、规范化管理初始阶段。

（2）管理体系的运行过程中需要对体系进行变更，如管理评审输出、监视和测量结果分析、目标实现情况的评价结果、内外部环境变化等都可能提出对体系进行改进，另外也可根据改进创新要求实施精细化、精益化管理，如根据卓越绩效模式的综合管理体系，这时就需要对体系的改进进行策划。管理目标可能随时间而改变，因此该层次的策划还应随目标的改变持续跟进。企业对管理体系任何变更的策划和实施都要进行管理，以保证体系各过程的正常运行，保证管理体系作为一个有机整体的系统性和完整性，使管理体系在变更中和变更后能够持续有效。

（3）管理体系建立策划包括流程的确定和流程的策划两个方面，宜使用“过程方法”原则策划建立管理体系。

3. 节点 C3“流程的确定”

（1）确定企业的宗旨。

应识别其顾客和其他相关方以及他们的需求和期望，以确定企业的预定输出。如收集、分析和确定顾客和其他相关方的要求，和其他的需求与期望；经常与顾客和其他相关方沟通来确保持续了解他们的要求、需求与期望；确定将要应用到企业内的质量管理、环境管理、职业健康与安全管理、商业风险、社会责任和其他管理体系学科的要求。

（2）确定企业管理方针与目标。

根据确定的顾客及相关方的要求、需求与期望，最高管理者应确定企业应该关注哪些外部环境（包括市场定位），制定企业的管理方针和管理目标。然后应根据这些管理方针和管理目标，为预期的输出（即产品、环境绩效、职业健康与安全绩效）建立目标。

（3）企业流程的识别

确定为实现预期目标、获得预期产品所需的所有流程，即明确企业所有流程，这些流程包括管理、资源、产品实现和测量与改进的流程与子流程，其中包括企业自己实施的，也包括外包的流程。要知道谁是流程的顾客和供方（内部的和/外部的），顾客的要求是什么，谁是流程的责任者，流程的输入和输出是什么。

（4）确定流程的顺序

确定流程之间的顺序和相互关系。在确定流程的基础上，明确各流程如何按顺序执行和相互作用，确定并建立对过程网络和相互作用的描述。

理清流程之间的顺序，就是要确定流程之间的输入、输出的流程关系。一个流程的输入通常是其他流程的输出；确定流程的相互作用就是要确定流程之间的接口关系，明确流程之间的互相影响。

企业应考虑每个流程的顾客、每个流程的输入和输出、流程之间的相互作用、流程接口及特性、相互作用的流程的时间安排和顺序、流程顺序的有效性和效率等。

管理体系中产品实现流程（将产品交付给顾客）与其他流程（如管理、测量与监视及资源提供流程）存在相互作用，企业可以使用诸如模块图、矩阵和流程图等方法和工具来帮助确定这些流程及其子流程的顺序和相互作用。

（5）确定流程的权责

最高管理者应为每个过程分配职责和权限，确定企业内各岗位的职责和权限，确保每个过程和其相互作用的实施、保持和改进。为管理流程的相互作用的组织机构见第8.1.5.2 节工作系统流程。

（6）确定管理流程的准则和方法的文件化体系

1）为了使流程能够有效运行和控制，应明确对管理流程进行控制的准则和方法，可以通过各种类型的质量管理体系文件进行规定，也可根据实际确定某些非文件化的规定。流程的准则，即流程应符合的要求或流程标准，它明确了流程预期应达到的结果；流程的方法，即如何控制流程的规定或程序。这些流程的准则和方法确定的原则要确保流程的策划和实施的有效。企业应根据下面的因素来确定哪些流程要形成文件；组织的规模和活动的类型；其流程的复杂性和它们的相互作用；流程的重要性和具有能力人员的可得性。

2）文件化体系包括：管理方针和目标、管理手册、管理制度及支持性文件、管理的各项记录。

3）流程文件表现形式可使用很多不同的方法，企业战略图如图形表示法、书面指导书、检查清单、流程图、视觉媒体或电子的方法。

4）管理手册是企业管理体系的第一层次文件，它在管理体系文件中具有统帅的作用，是企业内最高的管理法规和准则。管理手册是对企业的管理体系作系统、具体而又是纲领性的阐述，规定管理体系的基本结构，应能反映出企业管理体系的总貌，因而是企业实施和保持管理体系应长期遵循的、具有法规、政策效力的指导性文件。在企业内部，它是指导管理活动的行动准则；对企业外部，它是企业管理保证能力的文字阐述，是顾客或第三方（质量监督或认证机构）对施工企业管理体系乃至其所承建工程（产品）的质量是否能达到规定要求的评价依据。

管理手册的内容应包括：管理体系的范围，各项管理制度（或引用），各项管理活动之间相互关系、相互影响的说明。管理体系说明可采取适宜的形式和结构，可单独形成文件，也可与其他文件合并。当企业规模较小且管理层次较少时，管理手册可以和管理制度合二为一。

5）管理制度是以往实践经验的结晶，所规定活动的方法应是恰当和有效的，只要连续地按管理制度执行，便可排除人为的随意性，连续地保持各项活动的有效性，恰当而连续地控制各项活动；同时管理制度明确规定了每个流程和活动的输入、转换、输出，以及它们之间的接口关系，而且事先对失控时的纠正方法和预防措施作了安排，减少了发生质量问题的风险，确保整个体系运行具有最佳的秩序和最佳的效果，使管理体系具有预防控制和及时纠偏的能力；管理制度上承管理手册，下接作业文件，它通过对管理体系要求的策划，将管理手册规定的原则进行具体展开，成为管理手册的支持性文件。在管理体系文件中，管理制度起到主体作用，部分管理制度在合同环境下，还可作为管理体系适用性证实之用。

6）管理制度的支持性文件的对象是质量活动中的某项作业。其内容是该作业的操作、控制、验证的方法和管理要求，是技术或管理性文件。管理制度的支持性文件可以分为两类：第一类用于生产活动的操作指导文件，如工法、操作规程等；第二类用于指导具体作业管理的规章制度、工作细则等。

4. 节点C4“流程的策划”

（1）确定流程内的活动

确定达到预定的流程输出所需的活动、途径或流程。即确定流程所要求的输入和输出；确定将输入转变为所需要的输出所需要的活动；确定和规定在流程中的活动的顺序和相互作用；确定每一活动将如何开展。

（2）确定监视和测量要求

确定应在何处和如何应用监视与测量，目的是用于流程的控制和改进，以及对预定的流程输出。如确定记录结果的需求、确定流程控制和流程绩效的测量和监视准则，以确定流程的有效性和效率，可考虑下列的因素：与要求的符合性；顾客满意；供方绩效；交付及时；施工工期；故障率；质量问题；过程费用；事故频次。

（3）确定所需的资源

确定每个流程有效运行所需的资源。资源管理也是质量管理内容的重要组成部分。应根据管理的范围、深度及方法和人员、技术、资金、设备、信息等方面的情况合理地确定资源的需求。

（4）根据确定的目标验证流程

应确认已策划的流程特性和企业确立的目标是否一致，验证前述的“确定企业的宗旨”中识别的所有要求是否能够得到满足。否则，需要考虑其他流程，或者再回到管理体系流程确定的初始步骤，对流程加以改进。

5. 节点 D6“管理体系运作策划”

各相关职能和层次为有效实施和保持管理体系所进行的管理策划，如战略规划、营销计划、生产计划、各项管理工作计划、项目管理策划、施工方案技术措施等。策划内容应包括管理目标、职责、方法、时间表及所需的资源。

6. 节点 D4“资源确定和配备”

（1）为实现方针目标、增进顾客满意、实施、保持和改进管理体系有效性，管理者应确定资源要求并提供必需的、充分且适宜的基本资源。这些资源包括但不仅限于：

1）人力资源和专业技能，见第 8.1.5.1 节人力资源管理流程相关子流程。

2）技术方法、手段、工艺，见第 8.1.12 节施工技术支持与服务管理流程。

3）设计和研制设备、制造设备，施工机具、周转性材料，检验、试验和检查设备，仪器、仪表和计算机软件，见第 8.1.8 节施工机具内部配备管理流程、8.1.9-1 检测设备管理流程。

4）项目施工生产所需的暂设工程、临时设施，工作环境；见第 8.2.4 节临时设施建设及施工准备流程、第 8.2.6.4 节作业环境控制流程。

5）资金等财务资源。

（2）资源有经常性需求，当管理的内、外部环境发生变化时，资源的动态需求也需要企业予以及时解决。企业应通过体系运行，包含内审、管理评审乃至外审等活动做到：

1）有适应性地识别本企业应提供的资源内容、要求及数量；

2）及时提供所需资源。

（3）施工企业承包项目所需各类资源的确定及提供分类如下：

1）项目经理部管理人员由企业根据项目情况按项目部组建机制予以配备，见流程《项目经理部组建》。

2）所需分包、劳务人员在项目管理计划、施工组织设计中确定，按分包管理要求落实其配备，见第 8.2.1 节项目经理部组建与管理流程。

3）项目所需各类基础设施在项目管理计划、施工组织设计中确定，分别通过内部调用、购买或租赁予以提供和落实其配备，见第 8.1.8 节施工机具内部配备管理流程、第 8.1.9 节检测设备管理流程、第 8.2.4 节临时设施建设及施工准备流程。

4）项目工作环境，由项目经理部负责在项目所在场地根据项目管理计划、施工组织设计中予以落实提供，见第 8.2.6.4 节作业环境控制流程。

7. 节点 D2“管理体系监视和测量策划”

管理体系监视和测量策划见第 8.3.1.1 节企业绩效监测、分析与改进流程各子流程。

8. 节点 E4“管理体系改进和创新策划、实施”

管理体系改进和创新策划、实施见第 8.1.13 节工程质量改进与创优管理流程。

8.1.5 人力资源管理

8.1.5.1 人力资源规划流程

人力资源管理流程见图 8.1.5-1。

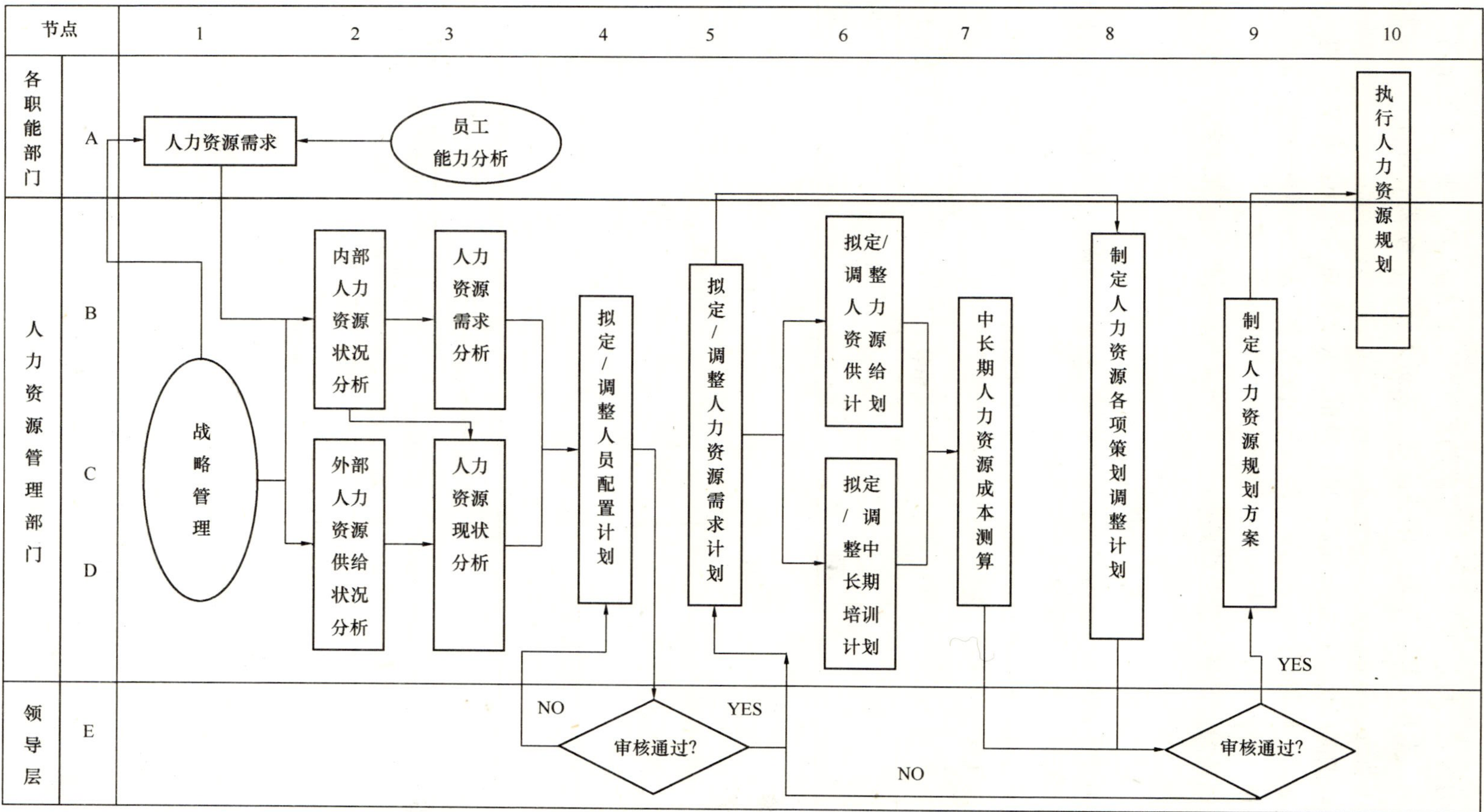

图 8.1.5-1　人力资源管理流程

1. 一般要求

（1）人力资源规划包括人力资源需求趋势预测、供给趋势预测、配备计划、补充计划、使用计划、退休及解聘计划、培训计划、接班人计划、绩效管理计划、薪酬福利计划、职能水平改进计划等。

（2）各职能部门负责对人员的需求进行分析（人员数量、能力提升等）、提出相应的人员晋升、加薪；解聘和退休、招聘；培训等相关需求。人力资源管理部门负责汇总相关需求内容，进行可行性分析，报领导层进行审批，落实相应工作。

（3）编制规划依据包括企业战略规划、绩效文件、绩效考核管理制度、薪酬管理制度等

2. 节点 A1“各部门提供人力资源需求”

（1）人力资源管理部门根据“企业战略规划”和各部门提出的人力资源需求对内部人力资源状况和外部人力资源供给状况进行分析。

（2）企业各部门根据业务发展状况和人员匹配情况填写各部门人员需求表和能力提升需求表，可参见表 8.1.5-1、表 8.1.5-2。

按类别人员需求表 **表 8.1.5-1**

人员类别按职务分	现有人员	计划人员	余缺	预期人员的损失							本期人力资源净需求
				调职	升迁	辞职	退休	辞退	其他	合计	
高层管理人员	15	18	3	1		1					
中层管理人员	32	36	4			2		1			
项目经理	18	22	4								
技术人员											
……											
合计											

所在部门： **培训需求表** **表 8.1.5-2**

人员类别	业务培训	培训时间	通识培训	培训时间	学历教育	培训时间	个人素质提升培训	培训时间	技能培训	培训时间	其他培训	培训时间
总经理级							成本管理	3月				
							激励机制	4月				
总工、副总							领导力培训	3月				
项目经理							沟通技巧	4月				
技术工人												

3. 节点 B2“内部人力资源状况分析”

内部人力资源状况分析主要是企业运作现状与未来业务发展需求之间的对比，总结出人力资源需求。供给分析涉及内部与外部的有效人力资源量。内部供给是近年来企业追求的合理化目标，涉及先有劳动力及其发挥潜力。

4. 节点 D2“外部人力资源供给状况分析”

外部供给取决于组织外的人员数，受人口趋势、教育发展以及内部劳动力市场竞争力等多因素影响。这部分将概括出有关人力需求，并为人员选拔、培训与奖励提供所需信息。

5. 节点 C4“拟定/调整人员配置计划”

（1）人力资源管理部门以公司战略规划为指导，参考目前组织结构和岗位说明书以及上述分析，提出公司未来组织结构和岗位配置调整计划（有时候组织结构和岗位配置不一定需要调整，实际操作中可以跳过这一步骤）。

（2）人力资源管理部门制定/调整人员配置计划（岗位人员定编）。经过高层领导的审批形成公司层面人力资源需求计划。

（3）该阶段工作成果为“未来组织结构和未来岗位说明书”、人员配置计划、人力资源需求计划等。

6. 节点 C7“中长期人力资源成本测算”

（1）根据人力资源需求计划，人力资源管理部门会同各相关部门负责人制定/调整人力资源供给计划（时间，数量，要求），同时制定/调整中长期培训规划（政策，需求）。人力资源部根据人力资源供给计划和长期培训规划，对总的人力成本进行评估和测算，制定公司各项人力资源政策调整计划（薪酬福利、考核等）。

（2）该阶段的工作成果为人力资源供给计划、中长期培训规划。

7. 节点 C9“制定人力资源规划方案”

（1）结合上述企业组织结构、人力资源需求、供给计划、中短期培训计划等和内部各部门的改进需求，对人力资源管理其他部分进行相应调整，如绩效管理、薪酬福利等。

（2）根据上一次规划实施情况，对人力资源管理进行分析，提出改进计划。

（3）形成人力资源规划方案，分别在各部门中实施。

（4）人力资源规划包括年度的人员配备计划、人员补充计划、人员晋升计划等，以及中长期的人员培训开发计划、员工薪酬激励计划、员工职业生涯规划等。

8.1.5.2 工作系统流程

工作系统流程见图 8.1.5-2。

1. 一般要求

（1）人力资源管理部门负责组织工作系统设计和改进。

（2）企业在建立组织结构、进行职责权限分配时使用“过程方法”能够为顾客和其他相关方创造强有力的价值。第 8.1.4 节管理策划和资源配备流程明确了按“过程方法”的管理方法和“PDCA”的管理思路建立、实施和改进质量管理体系的基本步骤，包括为每个过程分配职责和权限，确定过程责任者，即确定相应人员分工和职责来确保每个过程和其相互作用的实施、保持和改进。

（3）组织机构的建立、人员的配备以及相关职责的确定应该与企业的管理组织体系相一致。企业组织机构的设置，要坚持集权与分权统一、专业分工与协作的统一、管理层次与管理跨度的统一、管理职责和权力的统一、运行效率与运行成本的统一等原则。另外，组织机构的设置还需要具有一定的弹性。

（4）企业组织结构可采用直线职能制或矩阵事业部制。

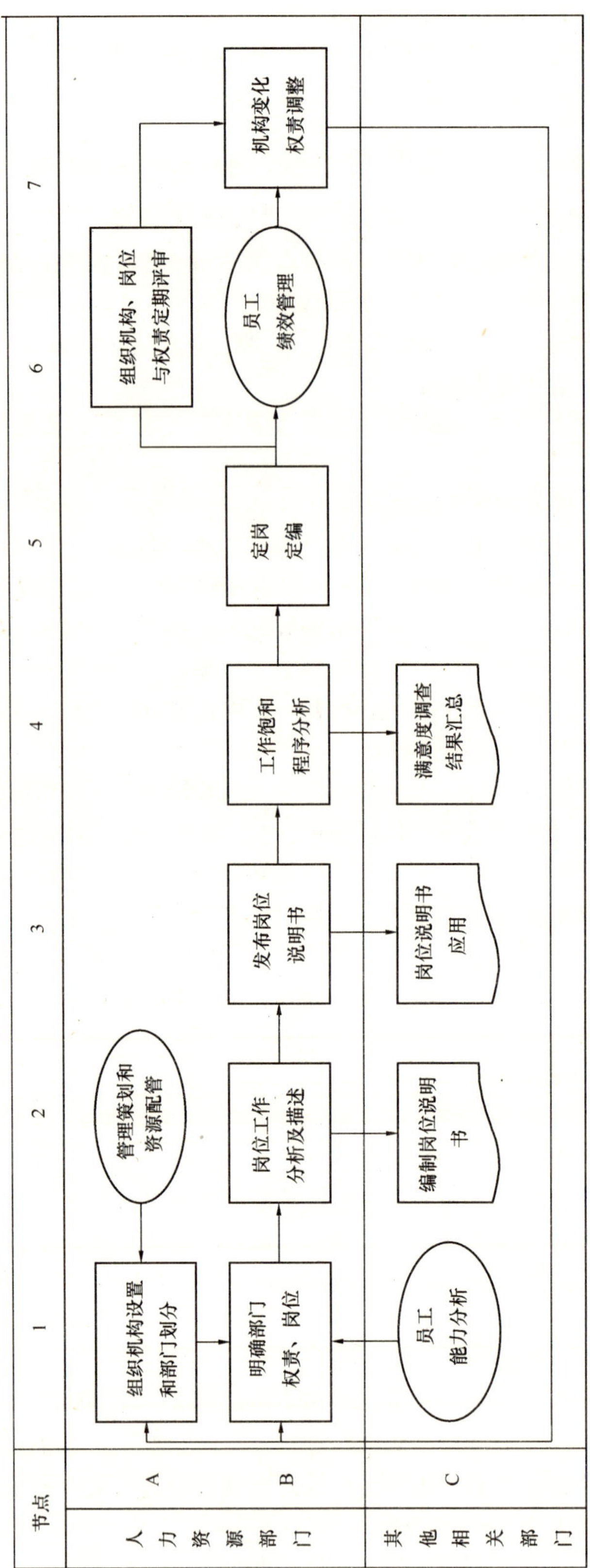

图 8.1.5-2 工作系统流程

1）直线职能制为：项目经理部→分公司→公司或项目经理→公司。直线职能制模式的优点是：职责分明，特点是纪律和服从。缺点为：

A. 管理层次较多，管理幅度较窄，造成机构臃肿、重叠，职能重复。

B. 职能部门横向联系差，相互协调困难，推诿、扯皮事情多，上下部门重叠，使高层领导人陷入日常事务之中，不能集中精力考虑和研究企业的重大问题，造成生产经营决策迟缓，工作效率不高。

C. 因为管理层次多，组织森严，下级和个人的能力和创造性往往无法得到体现和发挥。

2）矩阵事业部制适宜于目前建筑企业项目法施工的特点和建筑企业向多元化、专业化、小型化发展的趋势。矩阵事业部制管理结构模式的内容是：对企业总部区域的工程项目采用矩阵式管理，由企业总部各职能部门对口管理工程项目；对离企业总部较远并承担多个工程项目的经营区以及企业总部内的多个实体和专业化分公司（每一个利润中心）均采用事业部制。事业部拥有较大的独立经营权利，实行“政策制定与行政管理分开”的原则，企业负责制定各种政策，只行使政策监控、财务控制、监督等权力，并利用利润指标对事业部进行控制，事业部可在企业总部的政策指导下，积极主动地开展自己的生产经营活动。企业总部各职能部门，互相协调，管理控制着本区域内的项目，使之产生效益，同时制定企业的方针政策，履行职能作用，采用矩阵事业部制管理组织结构模式的优点：

A. 管理层次少，呈扁平式管理结构，避免了管理机构臃肿，人浮于事的现象，从而机构精简，人员精干，适应能力强，适合建立现代企业制度要求。

B. 有利于发挥职工的主观能动性和创造性，多个事业部有利于为优秀人才提供广阔的创业舞台和市场。

C. 符合项目法施工的要求和发展。由于企业直接管到项目，强化了“项目是成本中心，企业是效益中心”的原理。

D. 合理的分权经营，符合建筑业专业化小型化的发展，有利于企业最高管理层摆脱日常事务，成为强有力的决策机构，还有利于增强事业部领导人的责任心，发挥其积极性，增强创新应变能力。

2. 节点 A1“组织机构设置和部门划分”

（1）包括质量管理组织结构形式的选择、工作任务分工和管理职能分工的确定以及工作流程的设计与优化。这三项内容应该统筹考虑，目的是能够贯彻企业的质量方针和目标、分清质量管理的权力和责任、明确质量管理工作的主要环节及流程。

1）组织机构的结构形式选择要考虑企业管理层、项目部层、分包层等不同层次

2）工作任务分工和管理职能分工要明确划分出各管理层次中各工作部门、岗位及人员的权力和责任；

3）工作流程的设计和优化应以组织机构的设置和工作任务及管理职能分工为基础．明确各部门和岗位在质量工作中的组织关系和工作关系，以及工作的开展程序。

（2）企业质量管理的组织机构要与项目管理的组织机构相一致，最终目标是保证项目质量目标的实现。

（3）施工企业对所建立的组织机构的运行效率要进行定期评审，以便发现潜在的问题，及时进行调整和完善。

(4) 组织机构设置、质量管理人员的配备以及规定相应的职责和权限应与目标管理相结合。

(5) 组织机构设置与部门划分应遵循的基本原则是：

1) 确保企业质量管理目标的实现。

2) 实现质量管理职责的明确性和均衡性。

3) 力求质量管理部门精干和高效，避免机构臃肿。

4) 保持一定的弹性和应变能力。

5) 确保部门之间要有良好的协调和配合。

(6) 组织机构的设置还要考虑集权与分权的统一问题。在部门和岗位的设置过程中，尤其不能将质量管理的权利完全集中于某一部门或岗位，一定要通过合理的授权和分权，发挥多部门或者多岗位在质量管理中的作用，在授权的同时明确相应的职责，最有效地实现企业的质量管理任务。

(7) 组织机构的设置应与质量管理制度的要求相一致。施工企业在确定组织机构时，所设置的管理层次、管理部门和岗位均应与质量管理的需要相适应。

(8) 组织机构应综合考虑企业的战略规划、质量管理的需要、质量管理工作人员的工作能力和效率、质量管理工作的方式和手段、管理成本等因素加以设置。

(9) 管理层次的设置应力求适中。如果管理层次过多，则会引起指令路径过长、工作效率低、信息反馈速度慢，进而影响决策的及时性。如果管理层次过少，则会使每一层次上各管理部门的管理跨度过大，也会造成管理效率的降低。因此，管理层次的设置要充分考虑如何有利于提高质量管理工作效率的问题。

(10) 在部门和岗位的设置过程中，要注意各部门和岗位工作界面的划分问题，做好界面管理。在界面划分过程中，如果各部门和岗位的工作重叠严重，则不仅会造成工作分工不清楚，工作责任无法落实等弊端，同时还会影响管理工作的效率和经济性；如果出现工作的盲区，则会造成工作无人负责，工作无法顺利开展的情况，对于质量管理也是十分不利的。因此，对于涉及多项质量管理工作的部门和岗位以及涉及多部门和岗位的质量管理工作都应明确各部门和岗位的工作界面划分，并且做到权责一致。

(11) 质量管理部门和岗位的设置要兼顾人力资源管理、项目管理等其他管理工作的需要。

3. 节点 B1“明确部门权责、岗位”

(1) 企业最高管理者在质量管理方面的职责和权限应包括：

1) 组织制定质量方针和目标。

2) 建立质量管理的组织机构。

3) 培养和提高员工的质量意识。

4) 建立施工企业质量管理体系并确保其有效实施。

5) 确定和配备质量管理所需的资源。

6) 评价并改进质量管理体系。

(2) 管理者代表是最高管理者指定一名管理层成员，应有如下专门的职责和权限：

1) 确保质量管理体系所需的过程得到建立、实施和保持。

2) 向最高管理者报告质量管理体系的绩效和任何改进的需求。

3）确保在整个组织内提高满足顾客要求的意识。

（3）应在各管理层次中明确质量管理的组织协调部门或岗位，并规定其职责和权限。可考虑专门成立跨部门的机构（如管理推进部或六西格玛小组等）加强质量管理，促进部门间的横向沟通，通过信息共享和协同工作来加强企业各部门间的合作，营造合作创新的质量管理文化。也可以将质量管理组织协调工作作为某个部门的工作职能之一。同时，质量管理组织协调岗位的设置也可以采用专职或兼职的形式。

（4）应规定企业其他相关职能部门和岗位的质量管理职责和权限形成文件并传递到各管理层次。企业其他相关职能部门和岗位的质量管理职责和权限的设置应与企业各级专职质量管理部门和岗位职责和权限的设置相协调，两者间应权责分明、互为补充，并且覆盖到所有的质量管理活动。

4. 节点 B2“岗位工作分析及描述”

岗位分析或称职位分析，是一种通过系统地收集与岗位有关信息的过程，包括任职条件、工作职责、工作环境、工作强度以及工作的其他特征，以便确认岗位整体概况，对其作出正确、详尽的描述。是人力资源管理工作的基础，其分析质量对其他人力资源管理模块具有举足轻重的影响。

5. 节点 B3“发布岗位说明书”

（1）岗位说明书为整理岗位分析结果的工作描述的书面文件，包括：工作基本信息、岗位设置目的、主要职责、工作环境等，以及质量管理岗位相适应的任职条件，包括：

1）专业技能，即从事岗位工作必要的技术、方法、技巧等。

2）所接受的培训及所取得的岗位资格，即在专业工作中接受过的专门培训。

3）能力，应根据岗位的特点进一步细化为领导能力、管理策划能力、组织能力、协调沟通能力、控制能力、优化与配置能力、学习能力等。

4）工作经历，可通过相似工作经历获得。

（2）企业的项目经理以及质量检查、技术、计量、试验管理等人员应按法规要求持证上岗，规定要求注册的必须经注册后方能执业。特种作业人员应按照相关法律法规和管理制度的要求持证上岗。

（3）岗位说明书对于任职者：

1）明确本岗位的价值和主要产出。

2）清楚自己的主要产出领域及结果。

3）是任职素质提升的依据。

4）向上级寻求更有针对性的指导。

（4）岗位说明书对于管理者：

1）更加明确本部门的人员需求。

2）为合理的分派工作、制订计划提供参考。

3）绩效考核的基础工作之一。

4）为员工提供更好的辅导和支持。

（5）岗位说明书对于人力资源专业人员：

1）为企业人力资源规划提供依据。

2）匹配岗位与人的基础。

3）招聘、培训等工作的基础。

4）岗位评价的前提，薪酬制定的基础。

5）绩效考核的依据。

（6）岗位分析及岗位说明书能够把企业实现战略的职责落实到具体组织成员，确保企业正常运转，支持组织目标的实现。在人力资源管理系统中，岗位分析和岗位评估是最基础的工作，提供了建立其他各人力资源子系统的平台。只有把这项工作做扎实，其他各项工作才有依据。

（7）岗位分析的流程与方法

1）岗位分析的三条基本原则

A. 针对“岗位”，而非针对“人”。

B. 着重那些「应该」做的工作，而非「目前正在」做的。

C. 分析岗位的职责，而非岗位的明细 。

2）岗位分析的流程与方法，见表 8.1.5-3。

岗位分析的流程与方法 **表 8.1.5-3**

A 准备工作		
B 岗位信息搜集	资料研读法、问卷调查法、访谈法、观察法、工作日记法	收集有关岗位内容和岗位之间关系的信息
C 岗位信息分析	岗位分析 6 要素	对岗位信息进行分析整理，分解为几个关键部分
D 岗位信息固化	岗位说明书撰写	以简洁的方式固化岗位分析结果，通常为岗位说明书

A. 岗位分析—准备工作：

（A）建立岗位分析项目小组

建立岗位分析小组，分配进行分析活动的责任和权限，明确分析活动的流程、方法及安排，以保证分析活动的协调和顺利完成。分析人员应具有一定的经验，同时要保证他们进行活动的独立性。

（B）了解企业战略、组织、流程

岗位分析及岗位说明书的编写源于企业战略、业务流程、管理流程及组织设计，最终把实施战略的责任分解落实到员工个人。因此，参与岗位分析的人员需要对它们有很好地理解。

（C）选择被分析部门及岗位

为了保证分析结果，应选择有代表性、典型性的部门及岗位。在进行收集之前，应与有关这一工作的员工介绍岗位分析意义、目的及过程，希望他们提供怎样的配合。

（D）选择信息来源

信息来源有：组织设计、业务流程说明书、管理流程等书面文件，岗位任职者、管理监督者、内外部客户、岗位分析人员等的反馈，及相关参考资料。在收集整理信息时应注意：不同来源的信息差别；应从不同角度收集，不要有事先抱有偏见；应结合实际，不可照抄照搬。

B. 岗位分析—岗位信息收集

（A）岗位信息收集是岗位分析工作中最重要的一环。需要收集的信息包括岗位名称、工作内容及职责、工作环境、任职资格等。

（B）岗位信息收集方法：从组织、流程入手，收集到组织设计、业务及管理流程等资料，也叫资料研读法；从现岗位入手，采用问卷调查法、访谈法、观察法、工作日记法、工作实践法等。

C. 岗位分析—岗位信息分析

对岗位信息进行分析整理，分解为 6 个要素，见表 8.1.5-4。

6 个 要 素 **表 8.1.5-4**

序号	要　素	内　　容
1	基本信息	标准化岗位名称、编号、所在部门、层级等，以便于后期管理和识别
2	岗位目的	该岗位存在的主要目的和价值
3	岗位职责	该岗位的关键责任和产出成果
4	岗位工作权限	根据岗位应负的责任，赋予该岗位相应的工作权限
5	最低任职资格	通常指担任该岗位需要的最低资格和基本素质要求
6	工作关系	该岗位在组织中的位置，通常用图、表形式表现

D. 岗位分析—岗位信息固化

撰写岗位说明书。

6. 节点 B7“机构变化权责调整”

组织机构和职责可以根据内外部条件的变化和质量管理需求的改变进行适当调整。当企业组织机构出现变化或职责发生调整时，应形成文件予以公布，有关制度也必须做出相应调整。调整的结果应及时通知到相关的部门和岗位。

8.1.5.3 员工绩效管理流程

员工绩效管理流程图，见图 8.1.5-3。

1. 一般要求

（1）人力资源管理部门负责组织实施员工绩效管理工作。

（2）在企业的人力资源管理中，员工绩效管理是一个非常重要的工作，实施绩效考核是使企业不断自我提升和达成战略目标的重要保证。而员工绩效管理建立在关键业绩指标的基础上，通过业绩考核，并与相应的激励措施相结合，能促使员工努力工作，不断提高绩效，最终实现企业的目标。

（3）确认企业战略、战略目标及部门策略，调整组织结构，优化业务流程。这是设计关键绩效指标体系的基础。

（4）明确岗位或部门业务重点，确定对于企业发展有影响的个体因素或组织因素，确定每一岗位、部门和项目的职责标准，定义成功的关键因素，即满足业务重点所需要的策略和途径。

2. 节点 B3“制定绩效管理制度”

（1）目的和范围

1）在企业内部建立目标管理与绩效考评相统一的管理体系，公正、公平、合理的考

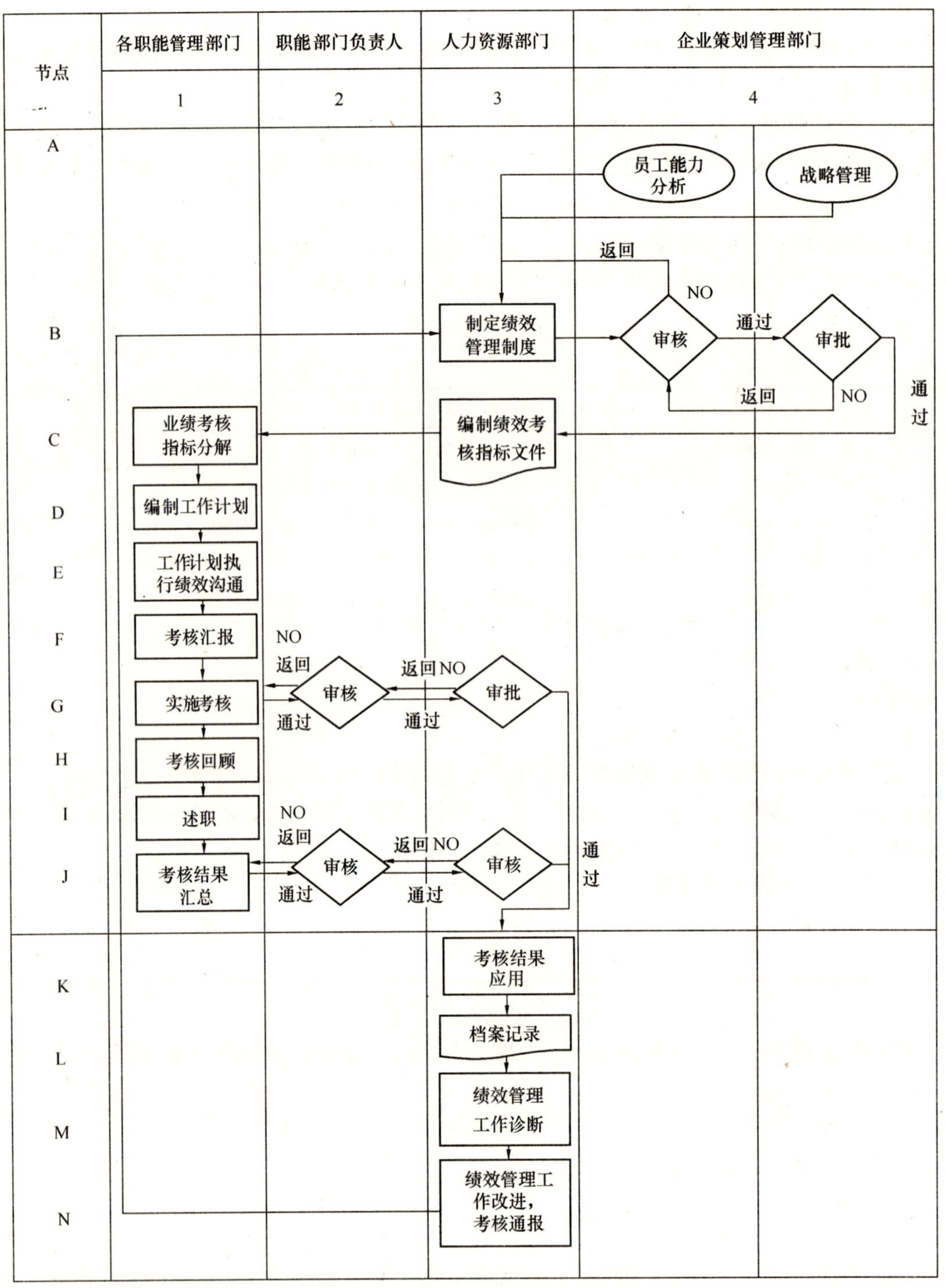

图 8.1.5-3　员工绩效管理流程图

核和衡量员工的工作能力、工作态度和工作业绩，为薪酬管理、员工调配与晋升、员工培训、奖励等提供依据，保证企业（或分公司）、职能部门（或项目经理部）和员工发展目标的实现。

2）企业实行全员绩效考评；其中见习期员工根据国家规定进行考核鉴定。

(2) 员工绩效考评分类

1) 员工绩效考评由季度岗位业绩考核与年度员工评价两部分组成，实行定量和定性考核相结合。

2) 员工岗位业绩考核每季度进行一次，重点考核员工工作成绩和效果；主要用于年度绩效薪金、培训、评先等。

3) 员工评价每年（半年）进行一次，主要考核员工工作能力、品行与职业素养、工作业绩；主要用于晋升等。

4) 员工绩效考评分类，见表 8.1.5-5。

员工绩效考评分类　　　　表 8.1.5-5

<table>
<tr><th rowspan="2">被考评对象</th><th rowspan="2">分类</th><th colspan="2">考评人员</th><th rowspan="2">考评方式</th><th rowspan="2">周期</th><th rowspan="2">主要内容</th><th rowspan="2">结果主要应用</th></tr>
<tr><th>责任人</th><th>参与者</th></tr>
<tr><td rowspan="2">企业领导</td><td>岗位业绩考核</td><td>办公室</td><td>相关职能部门</td><td>(1) 企业绩效检查、绩效评审；
(2) 企业领导、相关部门共同考核</td><td>每半年</td><td>年度工作目标完成情况</td><td>(1) 薪酬调整及绩效薪金；
(2) 职位异动</td></tr>
<tr><td>员工评价</td><td>人力资源部门</td><td>职能部门经理、员工代表</td><td>相关职能部门和企业员工共同评价</td><td>每半年</td><td>品行、能力、知识、敬业精神</td><td>(1) 职位迁动；
(2) 培训等</td></tr>
<tr><td rowspan="2">职能部门负责人</td><td>岗位业绩考核</td><td>分管领导</td><td></td><td></td><td>季度</td><td>月度或年度工作目标完成情况</td><td>(1) 职位异动；
(2) 薪酬调整及绩效薪金</td></tr>
<tr><td>员工评价</td><td>人力资源部门</td><td>部门员工</td><td>企业领导、部属员工共同评价</td><td>年度</td><td>品行与职业素养、能力、知识</td><td>(1) 职位异动；
(2) 培训、合同续签</td></tr>
<tr><td rowspan="2">部门员工</td><td>岗位业绩考核</td><td>部门负责人</td><td>部门员工</td><td>部门负责人或同事评价</td><td>季度</td><td>月度工作目标完成情况</td><td rowspan="2">(1) 职业生涯发展；
(2) 薪酬调整及绩效薪金；
(3) 培训、合同续签</td></tr>
<tr><td>员工评价</td><td>部门负责人</td><td>部门员工</td><td>部门负责人或同事评价</td><td>年度</td><td>工作品行与职业素养、行为、能力</td></tr>
</table>

(3) 员工岗位业绩考核

1) 考核指标：

员工岗位业绩考核实行基于关键业绩指标的目标管理制度；每季度进行一次。

2) 考核方式，见表 8.1.5-6。

(4) 员工年度评价

1) 员工评价每年进行一次，其中企业领导班子每半年进行一次。

2) 员工评价要素：员工评价要素分为工作业绩、品行与职业素养、能力三部分。不同职位员工其考核权重也不同。对一般员工实行一级评估，即由直接主管评估；其他员工实行二级评价。

3) 各职能层次负责人年度评价如表 8.1.5-7。

4) 员工评价等级：绩效等级：优秀、良好、可接受、需改进、不可接受。

绩效等级结果应符合正态分布。具体如表 8.1.5-8。

考 核 方 式 **表 8.1.5-6**

被考评对象	考评人员		考评方式	周期	主要内容
	责任人	参与者			
企业领导	办公室	相关职能部门	(1) 企业绩效检查、绩效评审； (2) 企业领导、相关部门共同考核	半年	年度工作目标完成情况
职能部门负责人	分管领导		关键业绩指标 目标完成情况	季度	季度或年度工作目标完成情况
部门员工	部门负责人	部门员工	部门负责人或同事评价	季度	季度工作目标完成情况

各职能层次负责人年度评价 **表 8.1.5-7**

岗位		考核项	权重	考核方式和考核责任人
企业管理总部	企业领导	年度业绩	60%	四个季度业绩考评得分平均分
		品行与职业素养	20%	人力资源管理部门评价（50%）；总经理评价（50%）
		能力	20%	人力资源管理部门评价（50%）；总经理评价（50%）
	职能部门负责人	年度业绩	80%	四个季度业绩考评得分平均分
		品行与职业素养	10%	人力资源管理部门评价（50%）；主管领导评价（50%）
		能力	10%	人力资源管理部门评价（50%）；主管领导评价（50%）
项目经理部	项目经理	年度业绩	60%	项目年度目标责任状考核得分
		品行与职业素养	25%	工程管理部门评价（50%）；主管领导评价（50%）
		能力	15%	工程管理部门评价（50%）；主管领导评价（50%）
	项目副经理职、技术负责人	年度业绩	70%	四个季度业绩考评得分平均分
		品行与职业素养	15%	工程管理部门评价（50%）；主管领导评价（50%）
		能力	15%	工程管理部门评价（50%）；主管领导评价（50%）
	项目各业务主管负责人	年度业绩	75%	四个季度业绩考评得分平均分
		品行与职业素养	15%	工程管理部门评价
		能力	10%	工程管理部门评价

绩 效 等 级 结 果 **表 8.1.5-8**

年度考评得分	90 分以上	85～90（分）	75～85（分）	60～75（分）	60 分以下
考评等级	优秀	良好	可接受	需改进	不可接受
人员比例	10%～15%	25%～30%	40%～50%	5%	5%

3. 节点 C1“业绩考核指标分解”

(1) 设立各项绩效指标。每季度由主管根据企业目标和部门工作目标进行分解，与被考核对象共同确定下季度工作目标和考核标准，分为重要目标任务和日常目标任务。

(2) 在得到的指标中，首先去除可控性和可测性很差的指标、对经济效益影响不大的指标、重复的指标及已过时的指标，再选择对经济效益影响大的指标；指标可控性要强；计算不要过于复杂；指标数量控制在 5～10 个；必须列出的但可测性、可控性不强或有重复的指标，可作为监控指标。遵循“SMART”原则，依据平衡计分卡从财务方面（选取施工产值、资产负债率、利润、工程款回收等）、战略方面（选取业主满意度、业内知名度等）、内部业务流程指标（选取停工期、工程合格率、安全事故率等）、发展指标（选取培训费用等）四个方面，确认关键绩效指标。

（3）权重设定是KPI体系构建中一个很重要的环节，KPI权重一般在5%～30%之间。另外出于简化计算难度的考虑，所取的权重一般取5的整倍数，并且得分一般利用线性变化计算比例。权重设定的方法有很多，主要有专家判定法、倍数加权法等。这里，设置关键绩效指标权重时主要考虑各指标对经济效益的影响、可控性、可测性三方面的因素。

（4）选定关键绩效指标后，就需要将指标层层分解到各部门或各相关人员，具体工作可以通过访谈或分析历史资料，以及不断沟通反馈的方法进行，并保证指标分解后的有效性、可控性和指标的可测性。

（5）根据实际执行的效果进行审核及改进，以保证这些指标能够全面、客观，形成建筑企业的关键绩效指标库。通过业绩考核实现企业内的人力资源管理。

4. 节点C3“编制绩效考核指标文件”

针对绩效考核指标的设定进行绩效考核指标文件的编制，并在绩效考核指标文件中体现：岗位员工关键绩效范围及关键绩效指标、组织重点关注周边绩效（如：企业文化落地、员工个人工作效率）、绩效改进计划、绩效结果应用、绩效结果确定等，以绩效考核指标文件作为载体，支撑组织战略实施实现，为人力资源管理其他模块提供支持与依据。

5. 节点E1“工作计划执行绩效沟通”

日常绩效管理是保证季度目标达成并最终实现年度目标的重要管理和控制步骤，是各级主管不可推卸的责任。在目标执行过程中，主管与下属应经常就目标执行情况进行沟通和反馈，并主动对下属工作给予支持或辅导。

6. 节点G1“实施考核”

（1）员工岗位业绩考核

1）季度绩效考评

A. 考核期末（每季度最后一周），员工对照岗位职责和季度绩效计划/考核表确定的工作目标进行述职，与主管讨论本季度工作目标完成情况，进行绩效考评面谈，直接上级考评，填写绩效考评表。

B. 主管对下属工作表现予以反馈，并共同分析目标达成和未达成的原因，共同提出改进计划。

2）绩效考评面谈

A. 评估面谈前：员工个人须作自我评估，填写绩效评估表，就工作目标完成情况及原因进行分析，并对个人能力和发展目标进行分析；主管应同时事先思考下属的工作及发展情况，约定面谈时间和地点。

B. 评估面谈：面谈过程中，主管和下属应本着信任、平等、公正的品行与职业素养讨论分析，帮助员工改进绩效，促进个人发展和企业目标实现；绩效面谈应做好记录，经双方签字认可。

C. 评估面谈后：面谈后，双方应相互配合改进下一步工作；绩效评估表和面谈记录交人力资源部门。

（2）员工年度评价

1）每年元月份组织进行上一年度员工评价（年度评价须在 2 月底以前结束）；各级人力资源部门具体颁布实施时间、步骤和工作要求。

2）员工与直接主管讨论年度个人工作目标完成情况，并共同分析目标达成或未达成的原因，并共同提出改进计划。

3）评估员工的技能、能力是否达到现职位要求，引导员工个人近期、长期发展。

4）考评内容

A. 年度绩效（工作目标达成）情况分析：年初确定的关键业绩指标完成情况，多大程度上完成了，哪些完成了，哪些未完成；分析关键指标完成或未完成的原因，根据原因由主管和下属共同谈论，确定下年度如何改进提高，制定出切实可行的改进计划。

B. 任职能力与品行和职业素养评估分析：对该岗位所任职能力的要求进行分析评估，哪些能力达到要求，哪些能力未达到要求，并对员工品行与职业素养、协作精神等予以评估，共同确定员工的个人发展目标。

C. 确定下年度关键业绩指标：主管与下属共同讨论制定员工下年度关键工作目标。

5）评价面谈，同员工岗位业绩考核。

7. 节点 K3“考核结果应用”

（1）企业本着吸引、保留和激励优秀员工的原则进行人力资源管理，尽可能为员工提供培训发展的机会。对不能胜任工作、绩效表现不能令企业满意的员工，即每年绩效评估等级为“需改进”和“不可接受”的员工将纳入绩效改进程序。但违反国家法律或企业规章的员工直接进行公司奖惩管理。

（2）人力资源管理部门、直接主管和需进行绩效改进的员工共同讨论绩效表现，分析造成绩效不佳的原因，并书面提出通常为 3 个月的改进计划和需要达到的目标。

（3）根据具体原因制定和实施改进计划，给予培训、调职、辅导等，同时人力资源管理部门和直接主管随时观察和记录员工在改进计划期内的表现，并适时给予积极的反馈，帮助员工改进和提升绩效表现。

（4）对于改进期满，仍不能取得令企业和主管满意绩效的员工，将给予内部调换，直至解除/终止劳动合同。

8.1.5.4 员工能力分析流程

员工能力分析流程见图 8.1.5-4。

1. 一般要求

（1）人力资源管理部门负责组织实施员工能力分析、评价工作。

（2）建立基于能力素质模型的员工能力评估系统，有识别、有区别、有针对性地对员工队伍进行能力评估，寻找企业或员工能力短板，帮助其能力提升与改进，进而加强企业核心竞争能力建设。

（3）能力素质模型就是用行为方式来定义和描述员工完成工作需要具备的知识、技巧、品质和工作能力，通过对不同层次的定义和相应层次的具体行为的描述，确定核心能力的组合和完成特定工作所要求的熟练程度。这些行为和技能必须是可衡量、可观察、可指导的，并对员工的个人绩效以及企业的成功产生关键影响。

1）能力素质模型通常包括三类能力：全员核心能力、职系序列通用能力、专业技术能力。

2）全员核心能力是指适用于企业全体员工的工作胜任能力，它是公司企业文化的表

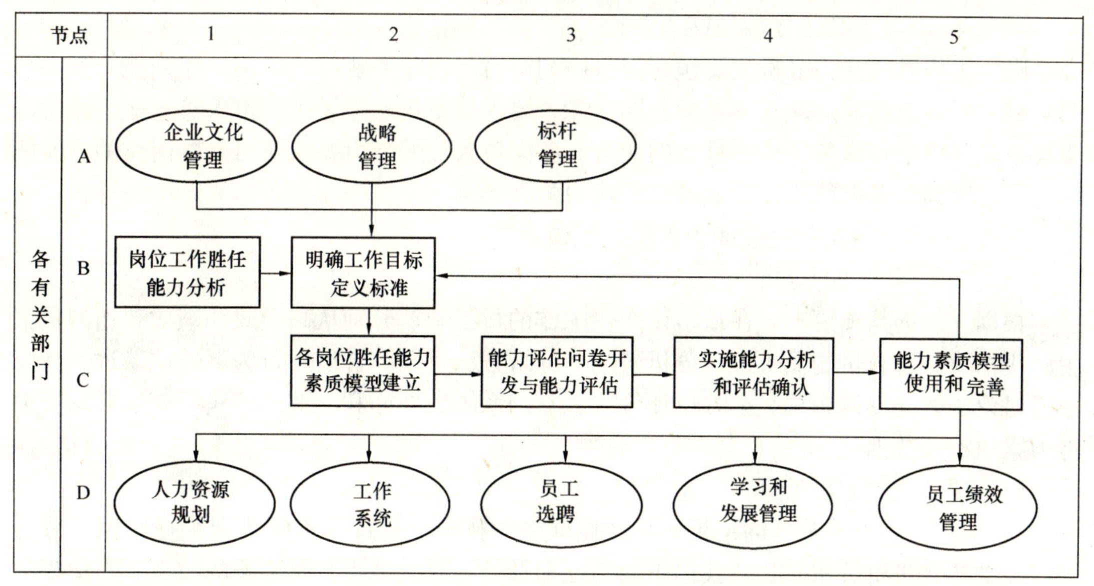

图 8.1.5-4 员工能力分析流程

现，是企业内对员工行为的要求，体现企业公认的行为方式。

3）职系序列通用能力是指在企业内一个职系多个角色都需要的技巧和能力，但重要程度和精通程度有所不同。

4）专业技术能力指某个特定角色和工作所需要的特殊的技能，通常情况下，专业技术能力大多是针对岗位来设定的。

（4）建立和实施能力素质模型的目的是找到对企业经营结果最有帮助的行为和能力，了解如何有计划地建立和培养这样的能力，建立能力素质模型并根据能力素质模型的具体内容对人员的能力进行评估，找出人员现有能力与所要求的能力之间的差距，采取针对性的措施，才能最终形成具有企业特色的以能力素质模型为核心的人才规划、选拔、发展、激励和储备的人力资源管理体系，为经营目标的实现提供切实的保障。

2. 节点 B2“明确工作目标定义标准”

（1）首先要明确当前企业高层领导关注的焦点和人力资源管理的核心问题，明确企业期望的最终结果是什么。同时，对企业目前的业务和行业特点进行深入分析，明晰企业发展战略、业务策略、企业文化、核心价值观以及员工的理解和认可状况，使得工作的重点能够放在核心能力和关键行为上，确定适合企业的能力素质模型。

（2）随着企业人力资源管理日益规范，建立了相应齐全的战略系统、文化系统。分析企业的战略与文化系统可有效鉴别企业优劣势能力，结合企业发展目标，分析企业核心能力，该能力是企业最为关键的能力所在，因此应当是企业全员都应当具备的能力要求；另外企业与高层对企业发展所应当具备的能力导向也应当充分考虑；竞争对手与标杆企业的能力分析也应当作为重要的参考依据。

（3）在此基础上，采用工作分析的各种工具与方法明确工作的具体要求，提炼出鉴别优秀的员工与工作一般的员工的标准。企业应充分考虑自身的规模、目标、资源等条件，选择合适的绩效标准定义方法。

3. 节点 B1“岗位工作胜任能力分析”

岗位工作胜任能力分析主要包含岗位序列能力与岗位专业能力区别。序列能力是一系列具有相似特点的职位间所具备的共同的能力要求。专业能力是指岗位人员完成工作所需要具备的且仅是该岗位所应当具备的能力。各岗位人员的能力要求应当是本岗位的专业能力与所在序列的序列能力及企业的核心能力的合集。

4. 节点 C2“各岗位胜任能力素质模型建立”

(1) 选取样本进行分析

根据岗位的具体要求，在从事该岗位工作的员工中，分别从高绩效和绩效普通的员工中随机抽取一定数量的员工进行分析研究。分析方法可以综合运用行为事件访谈法、专家小组讨论法、问卷调查法、全方位评价法、专家系统数据库和实地观察法等获取样本有关能力素质特征数据。

(2) 建立能力素质模型

1) 通过各种方法分析的结果，总结提炼能力特征，通过对不同能力特征在调查分析中出现的频次进行分析对比，找出不同特征和绩效结果的关系及其影响的权重。在清晰定义能力、能力级别及各级具体行为描述的基础上起草出能力素质模型。

2) 通常把企业的能力素质模型分为三层：全员核心能力、职系序列通用能力和专业技术能力。通过分析、推导任职者为了履行自己的岗位职责，必须具备哪些能力素质要求来确认岗位的任职资格。各岗位胜任能力系统建立应对能力项及该能力在本企业及该岗位所特制内容进行定义，并将能力以可衡量的行为表现方式进行分级定义。

5. 节点 C3“能力评估问卷开发与能力评估”

能力评估问卷开发与能力评估企业应针对所有能力进行可量化评价，能力评估应采取多维度评估的方式进行。

6. 节点 C3“实施能力分析和评估确认”

通过面对面评估确认到多个评估人试用，最后进行完整的心理测试，完成评估和确认能力素质模型。对不同性质的能力采用不同的方法评估：全员核心能力按照员工不同行为方式的表现频率进行评估；序列通用能力按照员工不同行为方式的表现频率进行评估；专业技术能力由经理/专家根据专业技术能力模式评审确定。

7. 节点 C3“能力素质模型使用和完善”

(1) 能力素质模型建立之后，要和人力资源管理的各项工作（如人力资源规划、工作系统、员工绩效管理、员工选聘、学习和发展管理等）进行衔接，并通过沟通、交流和培训向企业各个层级的员工宣贯、推广，打消员工的顾虑，获得理解和认同，以保证设施的效果。及时取得反馈，对发现的问题做必要的改进和培训至关重要。通过选取最初确定的绩效标准，对能力素质模型进行不断检验和完善，以保证其效度。

(2) 能力素质模型是有阶段性的。能力素质模型的行为模式对于企业的经营成功有重要的支持作用，正因为与企业经营的联系，能力素质模型具有阶段性。在企业的特定时期内，某项能力，甚至是某一组能力是至关重要的，而在另一个阶段，由于企业的经营目标或经营策略发生变化，能力模型素质就会定期随之更新和改变。

8.1.5.5 员工选聘流程

员工选聘流程见图 8.1.5-5。

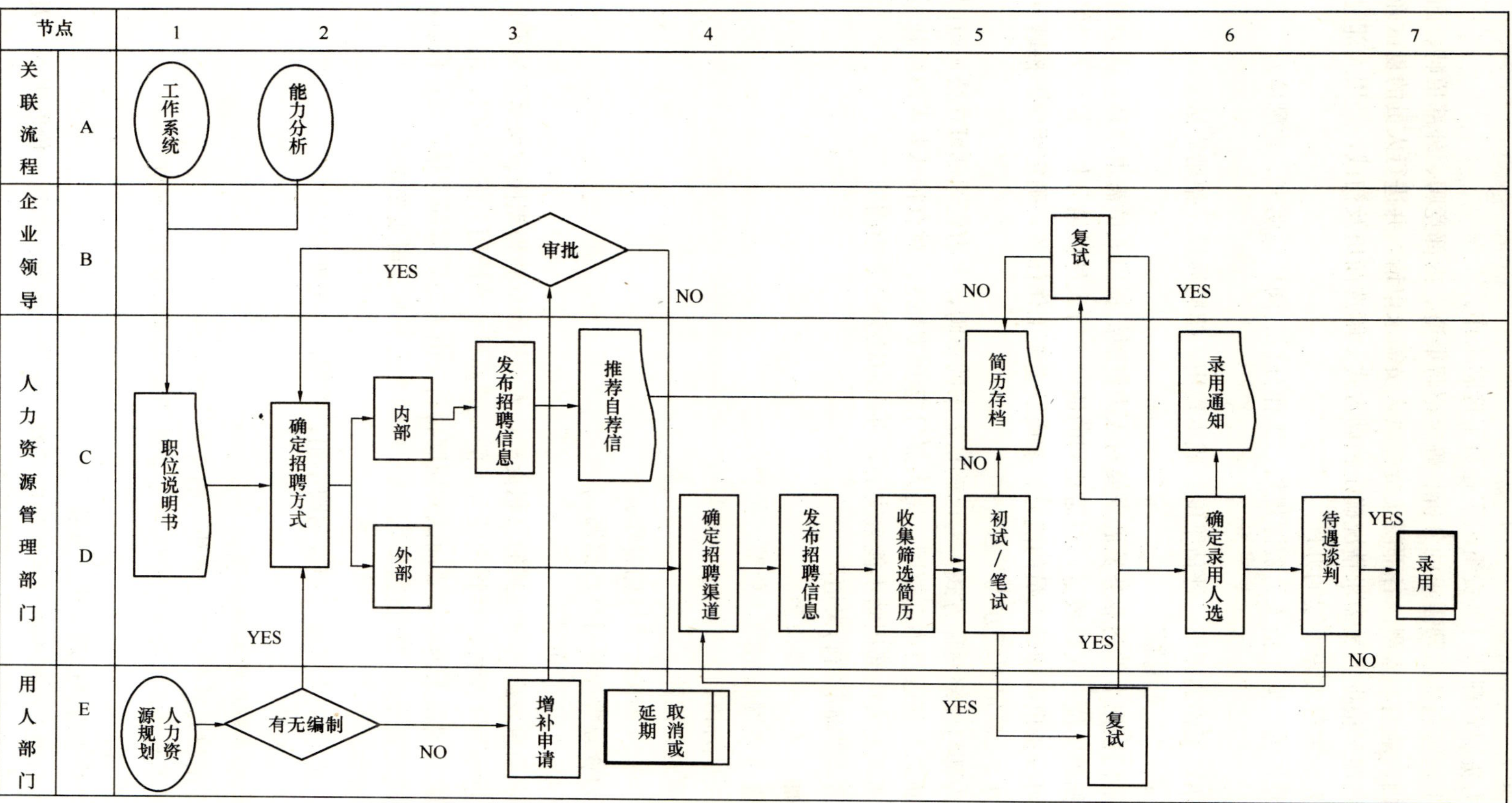

图 8.1.5-5　员工选聘流程

1. 一般要求

(1) 人力资源管理部门负责组织实施员工选聘工作。

(2) 员工选聘包括招聘需求的分析、确定招聘渠道、内部竞聘、外部招聘、面试及复试、简历存档、录用、入职。各部门负责提供人员需求申请，并进行人员的复试确定录用人员。人力资源部根据人员需求情况确定招聘方式，筛选简历及初试，经用人部门和领导审核通过的人员进行入职手续的办理。

(3) 招聘相关依据包括人力资源规划、工作分析、岗位说明书、薪酬体系、入职管理及档案管理。

(4) 对招聘工作的评估。评估维度：成本费用、招聘质量、招聘方法。

2. 节点 E2“有无编制”

各用人部门根据本部门业务发展需要对人力资源部提出人员需求申请，人力资源管理部门汇总需招聘岗位、人员数量，对需招聘的地区进行人员供给分析。根据人员需求申请中原因说明可分析出需招聘人员的能力、素质及主要工作任务，确定相应的招聘方式。

3. 节点 C2“确定招聘方式”

招聘有内部与外部两种方式。对已确认需求的招聘，人力资源部可在公司范围内优先考虑内部余缺调剂和进行内部招聘，用人部门应予以支持。对有特殊要求的增补岗位，经公司内部平衡调剂或内部招聘不能解决的，再面向社会公开招聘。

4. 节点 D4“确定招聘渠道”

(1) 参加人才招聘洽谈会。

(2) 专业人才网站招聘（免费、付费）。

(3) 报纸广告招聘。

(4) 企业内部推荐。

(5) 与学校及相关专业机构合作。

(6) 人力资源管理部门自己挖掘。

5. 节点 D5“初试/笔试”

(1) 需求信息发出后对收到的求职资料，人力资源部将根据岗位要求与应聘者的情况对应聘人员进行初步筛选，并将比较合适的应聘资料推荐给用人需求部门；用人需求部门应在接到应聘材料两天内将需要面试的应聘材料交由人力资源部安排，经审核后，人力资源部对合格应征者发出“初试通知”，通知应聘者前来本公司接受甄选。

(2) 笔试部分：

由用人部门、人力资源部组成招聘小组；并明确各方职责。

用人部门：

1) 负责提供专业技术测试题。

2) 负责招聘人员专业胜任素质项的考察、评价。

3) 协助参与涉及本业务职位人员专业胜任素质项的考察、评价。

人力资源部：

1) 负责整个招聘过程组织、安排。

2) 负责招聘人员基本胜任素质项的考察、评价（品行、态度、价值观等）及涉及企业薪酬、福利、培训发展、晋升等事项面谈。

3）负责应聘人员各项测评（笔试、机试）。

4）负责出具应聘人员综合评价意见。

（3）招聘小组各方根据笔试、机试、面试情况出具填写“面试评估表”，人力资源部根据各方评价出具综合评价意见，确定拟录用人员。

8.1.5.6 学习和发展管理流程

学习和发展管理见图 8.1.5-6。

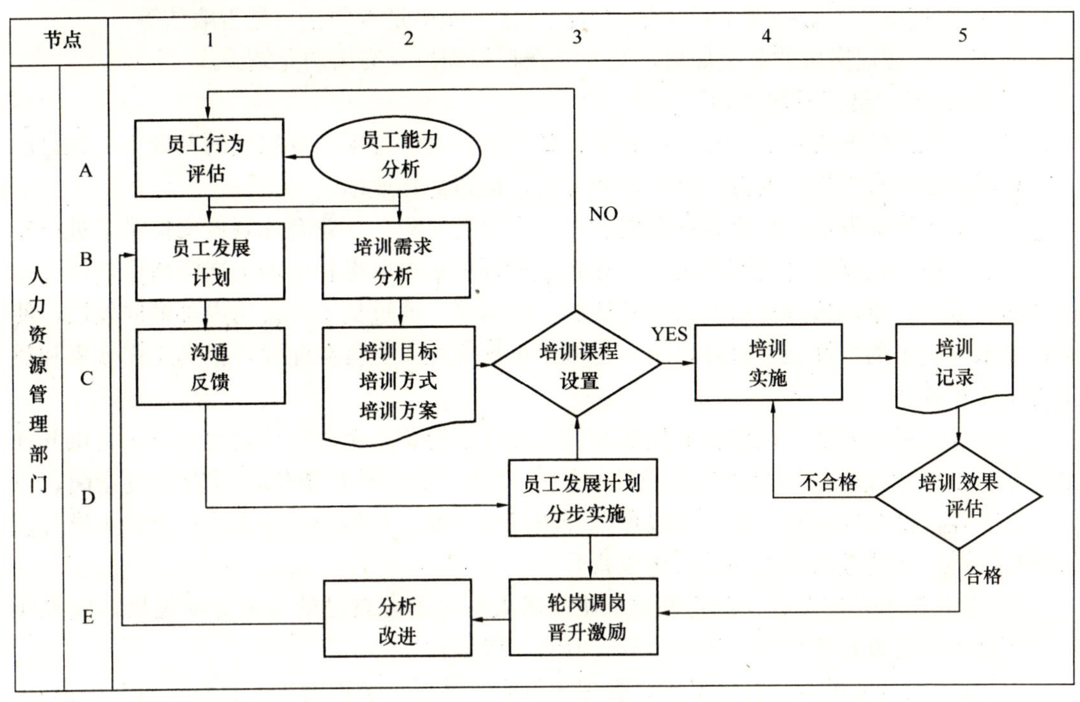

图 8.1.5-6 学习和发展管理

1. 一般要求

（1）人力资源管理部门负责组织实施员工学习和发展管理工作。

（2）制订和实施员工职业生涯发展规划，旨在充分发挥员工的聪明才智，不断提高员工综合素质，满足员工职业发展和实现自身价值的愿望，把员工个人生涯和企业成长有机结合起来，使企业与员工同步发展。

2. 节点 A1“员工行为评估”

（1）调查摸底

向员工发放“员工职业生涯发展调查表”，了解员工的兴趣、爱好、现岗位的意见、职业发展的方向等，初步了解员工的发展意向，并建立员工发展档案，对员工发展实行动态管理。

（2）员工行为评估

1）依据能力素质模型，见第 8.1.5.4 节员工能力分析流程，每年对员工的知识技能、观念道德、个性潜能以及业绩进行总体评价，结合员工发展意向，分别对每个员工拟定个性化的发展计划。除一般的评价外，还应按照高一级岗位的要求进行评价，以确定该员工是否具备发展潜力。

2）对员工的评价主要包括6个方面，评价的重点是能力、道德和绩效。

A. 基本条件：包括性别、年龄、学历、所从事的工作、健康状况等。

B. 知识与经验：目标岗位需要什么知识，其中哪些已具备，哪些不足，哪些不具备。

C. 个性：看其个性是否适合目标岗位。

D. 能力：包括一般能力和特殊能力，一般能力即智力，特殊能力是从事某项活动的能力。如语言表达能力、人际交往能力。

E. 思想道德：责任心强不强、是否遵纪守法、做事是否公正、是否廉洁等。

F. 业绩：在现岗位的业绩如何，是否能在目标岗位有突出的业绩。

3. 节点B1“员工发展计划”

（1）员工岗位发展：员工在认同企业价值理念，遵守各项规章制度的基础上，在自己的工作岗位上认真工作，发挥自己的聪明才智，创造最佳业绩。

（2）员工横向发展：根据企业发展和员工自身的愿望，企业有计划地安排员工进行轮岗、轮职。员工根据自身的实际情况，在企业计划范围内取得相应的上岗资格后，可以通过竞岗、竞聘，重新选择较适合自身发展的工作岗位。通过员工在公司内部横向发展，使岗位要求与员工的个性能力更好地结合，从而更加优化人力资源配置，提高工作效率和员工的工作积极性。

（3）员工纵向发展：根据企业发展和员工自身的愿望，企业有计划地为员工提供升迁渠道。员工职业升迁包括专业技术升迁和职务升迁。员工符合条件，可以通过竞岗、竞聘，在企业内部纵向发展。企业可以根据开拓发展需要，对列入后备人才库的员工进行直接选拔，或对才能绩效突出的员工越级晋升。

1）专业技术人员发展。企业各类专业技术人员应沿着自己的专业方向发展，隔几年上一等级。符合晋升条件的，努力争取晋升高一级职称。

2）管理人员发展。一般情况下，管理人员先下基层，表现出才能和政绩后获得提升，先担任初级管理人员，3～5年后凭个人能力和政绩，视岗位需要可提升为中级管理人员乃至高级管理人员，才能、政绩突出的，如岗位需要可直接提升为中级管理人员。

3）一般员工发展。一般员工在某一工作岗位上工作满一定时间后，表现突出，可以竞聘班（组）长，有一定管理能力的，也可以竞聘相应管理岗位。

（4）员工职业生涯发展措施

1）健全和完善激励机制。鼓励员工立足岗位多创绩效，创新发展提高能力。根据企业经营发展的实际情况，制定和完善新的激励措施办法，鼓励员工自我发展，自我提高。

2）建立后备人才库。根据经营发展的实际情况，在对员工进行全面考核评价的基础上，结合员工发展方向建立后备人才库，对后备人才进行分类培养、管理、考核、测评，保持各类人才适量储备，保证企业经营管理顺利发展。

3）强化对员工的培训。培训是员工发展的主要途径和措施。通过为员工提供针对性的培训，开发员工的潜能，搭建个性化的发展空间，提高员工的业务技能，更新员工的知识观念，帮助和促进员工不断发展、提高，使其能力不断和企业发展的要求相符合。

4. 节点C1“沟通反馈”

企业根据员工发展意向和拟定的发展计划，逐级与员工进行面谈，沟通交流，并给予员工恰如其分的评价。肯定其成绩，指出其不足，需要努力的方向。并就发展的计划与其交换意见，就发展计划达成共识。

5. 节点 D3“员工发展计划分步实施”

根据员工发展计划，人力资源管理部门制订详细的实施方案。根据分工，逐级、分步实施。逐级是指员工发展一般由其直接领导负责，后备人才和中级管理人员由人力资源管理部门负责。分步是指按照员工发展的具体措施，或激励，或培训，或转岗，或竞聘竞岗等。

6. 节点 E2“分析改进”

每一轮员工发展计划结束之后，结合下一轮计划一方面由人力资源管理部门或员工所在部门负责人与员工再次进行交流沟通，评价实施的效果；另一方面企业对前一轮发展计划进行总结。在此基础上进入下一轮发展计划。

7. 节点 B2“培训需求分析”

根据企业人力资源战略及规划对企业进行调查分析，确定企业培训需求。培训需求分析的方法有很多，如问卷法、观察法、访谈法、小组讨论法、心理测试法等。

(1) 组织层面的调查分析

1) 组织层面的调查分析需要弄清楚的问题有：一是培训的内容与企业战略是如何相关的；二是培训的内容对日常工作有影响，是提高了还是降低了；三是培训的成本与期望的收益是什么？即要明确培训的成本构成和期望的收益明确化，具体化。看两者之间是正相关，还是负相关。

2) 组织层面的调查分析需要注意的问题：一是要有预见性。这就是要预测到本企业未来在技术上、市场上及组织架构上可能要发生哪些变化，了解现有员工的知识和专业技能，并据此推测出企业将来需要哪些专业知识和技能，从而评估出企业的哪些员工需要在某些方面进行培训，以及这种培训真正见效所需要的时间。二是预测要有根据。要对企业过去的统计数据（在生产成本、开发、质量等方面）进行分析，并要全面考虑到影响这些方面的因素，在此基础上找到企业培训的真正需求。三是在需求调查时要同时注意“硬”的技术方面的问题和“软”的思想方面的问题。如员工的离职、考勤等方面的记录，通过员工的牢骚挫折，建议等反映出的员工工作态度和士气问题，有针对性的通过培训来解决和克服。

(2) 职位层面的调查分析

职位层面的调查分析需要弄清楚的问题有：一是给职位分配了什么责任、权力和利益？既要明确每个职位的责权利。二是成功的绩效需要什么的知识和技能？即要明确每个职位上的员工要达到绩效考核目标的要求，需要具备哪些专业知识和技能。三是职位工作者的工作行为状况与绩效目标之间有何差距，造成差距的原因是什么？四是与其他职位的培训需求相似性和不同的程度如何等。

(3) 个人层面的需求分析

个人层面的需求分析在与促进员工的个人行为发生期望的改变，在个人层面的需求分析要弄明白的问题：一是员工已经具备了什么样的知识和技能？二是员工是用怎样的方式方法去学习的？三是培训的员工有什么特殊的要求。

(4) 员工的培训需求分析应包括：

1) 质量管理方针、目标、质量意识。

2）相关法律、法规和标准规范。

3）企业质量管理制度。

4）专业技能和继续教育。

8. 节点 B2“培训目标培训方式培训方案”

（1）确定企业培训的目标

1）根据需求调查分析结果得出的企业培训需求确定具体且可测量的培训目标。培训目标是指培训活动要达到的目的和预测成果。

2）培训项目可以包括多层次的培训目标。针对每层次的培训目标可以制定相应的评估指标和标准。根据对培训的效果来划分可以分为反映层目标，学习层目标和行为层目标。

A. 反映层评估的培训目标可以设定为学员满意度的分值，如：用 ABCD 等级评价学员的总体满意度，至少应达到 C 级。

B. 学习层和行为层评估的培训目标应该包括：行动——告诉受训者他们在培训结束后做什么；条件——在实际工作中运用培训中所学时，受训者可能会遇到哪些限制；标准——受训者在培训后可被接受的数量和质量表现。

（2）选择培训方法和方式

1）培训的方式

培训可以采取定期或不定期的方式进行。企业的质量管理培训计划应与其他的培训计划统筹制定。对员工的培训可以根据情况采取委托培养、短期培训、研讨会、网络教育、实习指导等形式进行。

2）培训的方法通常有以下几种：

A. 信息呈现技术：如讲座、会议、系统化课程、光碟、远程学习、行为建模、系统观察、项目指导、智能训练、敏感性训练等。

B. 模仿方法：如案例教学、角色扮演、虚拟团队的互动、工作游戏等。

C. 在岗培训：如上岗培训、师徒关系、在岗培训与指导、相关岗位培训、工作轮换、预备角色安排等。

D. 为了避免员工在被动学习情况下影响学习效率，企业应在制定培训计划时充分考虑员工的职业发展路径，并通过与员工的沟通来确定培训计划，以此来激发员工学习的潜能和兴趣，增强学习的主动性，从而取得更好的学习效果。

（3）设计培训方案

1）培训方案应明确培训范围、培训层次、培训方式、培训内容、时间进度以及教师和教材等。

2）人力资源管理部门首先要了解企业的总体战略规划和在此基础上制定的企业人力资源规划，了解规划对企业不同层次人员培训的要求，确保企业培训和企业培训目标的协同性，使得企业培训能够满足企业的发展需要；其次培训管理人员应当了解各部门的实际需要，结合规划的要求，共同确定企业培训的范围和内容；最后由人力资源管理部门制定出合理的培训计划，针对不同岗位和层次的员工提出不同的企业培训方案，满足不同层次和岗位的个性化企业培训流程需求。

3）设计一个卓有成效的培训方案，应该经过仔细周密的计划，在设计培训方案时首先要明确以下问题：为什么要进行培训？谁将要接受培训？培训什么内容，如何进行培训等。

4）设计企业员工的培训方案是培训目标的具体化与可操作化，是根据既定目标具体确定培训项目的形式，培训时间的确定，培训地点的选择，培训内容的确定，培训师资，培训的负责人或负责团队的组建，培训效果的考评方式和培训费用的预算等。

5）培训方案包括：

A. 入职培训：新员工进入企业后，应接受短期的入职培训，主要是让员工了解企业整体情况、创业史、企业整体发展前景、企业文化建设、企业中长期发展规划、企业基本人事制度、激励机制、人才发展方向、员工福利待遇、企业的管理制度及各项规定，以及岗位职责、技能，使新进员工能够较快地与企业文化融合，增强员工的归属感和认同感，并初步掌握其所从事岗位的业务技能。

B. 在职培训：针对工作要求及员工在执行现有工作的不足（理念、知识、技能、意愿等），制定相应的强化培训计划并实施，以提高员工的整体素质。

C. 换岗培训：企业实行培训与上岗资格相结合，员工可以在企业计划范围内竞争其他岗位，若竞争成功，必须接受新岗位业务技能，安全操作规程等培训，培训合格才能上岗。

D. 学历培训：根据工作需要，企业推荐一些积极进取、事业心强的管理和生产骨干参加高等教育学历培训。

E. 职业资格培训：根据国家推行职业资格准入制度，逐步实行职业资格培训。对于特种作业人员的培训应符合相关管理制度的要求，并进行专项管理。

F. 继续教育培训：内容包括质量管理发展趋势、行业新动态、市场环境的变化、新规范、新工艺、新技术、新材料、新设备、有关法律法规的规定等。

G. 个性化培训：即发展培训，根据经营发展需要，企业对列入后备人才库的员工将根据拟任职务和所从事的岗位进行个性化培训。

H. 综合培训：不定期对全体员工进行职业道德、服务、企业文化、精神文明等综合培训。

9. 节点 C4“培训实施”

根据设计的培训方案的内容进行方案的实施，在实施的过程中要及时准确的收集培训效果的相关信息和内容，为企业培训效果的评估做好前期准备工作。

10. 节点 C5“培训记录”

应保持人员的教育、培训、技能、资格认可和经验的记录，如学习证明、培训记录、职称证明、工作经历等。

11. 节点 D5“培训效果评估”

（1）培训评估的含义：

培训评估是指通过建立培训效果评估指标及评估体系，对培训的效果进行考核和评价，然后将评估结果反馈给相关部门，作为下一次制定培训方案与进行培训需求分析的依据之一。

（2）企业培训效果评估的四个层次

1）第一个层次是衡量员工是否喜欢培训的内容、培训的师资及培训的设施；受培训的员工认为培训的内容是否有用和能提出什么改进的建议，对反映的评估一般采用问卷的形式来进行衡量。

2）第二个层次是知识和技能评估。知识和技能评估是让受培训者培训后与培训前进行对比，受培训者是否了解和掌握了更多的知识和技能，知识和技能比培训前提高到什么程度？对知识和技能的评估一般采用书面测试，绩效测试和通过演示或模仿来衡量。

3）第三个层次是行为评估。行为评估是衡量受培训培训前后工作中的表现差距。一般由上司、同事、客户和下属评价其绩效来衡量。

4）第四个层次是结果评估。结果评估是观察培训效果以及培训对生产效率、质量、客户服务或其他用于评估员工贡献和绩效的方法所产生的影响。一般通过预算、成本报告、人员的流动率、销售的产品、客户的调查、企业的利润、员工的士气、质量事故的发生率以及其他衡量企业绩效的方法来进行。

（3）进行系统的企业培训效果的评估

对企业培训效果采用系统的评估，系统的培训评估应由五方全部介入，培训评估的效果才会更好。

1）企业高层：不直接介入培训评估，但通过一些途径来对培训评估产生重大影响，如：批准培训评估可用的资源；要求相关人员参与培训评估；明确表示对培训评估感兴趣，调动企业员工参与培训评估的积极性。

2）培训经理：设计培训评估方案，与培训师共同实施不同层次的培训评估。是企业高层、受训者、培训师之间的纽带。

3）培训师：与培训经理共同设计培训评估方案，根据培训评估方案实施培训评估。帮助受训者的直接上级召开培训前的动员会和培训总结会。

4）受训者的直接上级：受训者的直接上级在培训评估过程中负责为员工选择最恰当的培训课程；召集学员开培训动员会；培训结束后，组织学员召开培训总结会，明确学员学习致用的行动计划，并确定可以提供的帮助。

5）受训者：正确认识培训评估的作用，在培训评估中应当把真实的想法写出来，认真地接受评估调查。并对其他受训者按一定的方法进行客观地评估。

（4）应对培训和实际效果从多个维度进行科学评价。员工的课堂效果评价对于企业培训师的改进和提高非常重要；员工对课程的评价为企业培训课程的修改和完善提供了直接的依据；员工对企业培训形式的评价有利于组织者找到更好的方式；企业对员工学习的实际效果进行评估和考核，并与激励体系挂钩，才能调动员工主动学习的积极性。及时的评估、总结和反馈，是做好企业培训流程工作必不可少的一环。

8.1.5.7　员工权益和满意度管理流程

员工权益和满意度管理流程，见图 8.1.5-7。

1. 一般要求

（1）人力资源部是公司员工权益及满意程度的归口管理单位，负责员工激励制度的管理，每年定期进行员工满意程度调查、统计、分析、利用，并将公司调查结果形成统计资料上报公司高层。

（2）其他相关部门负责组织实施员工满意程度管理，每年要组织各职能部门制定计

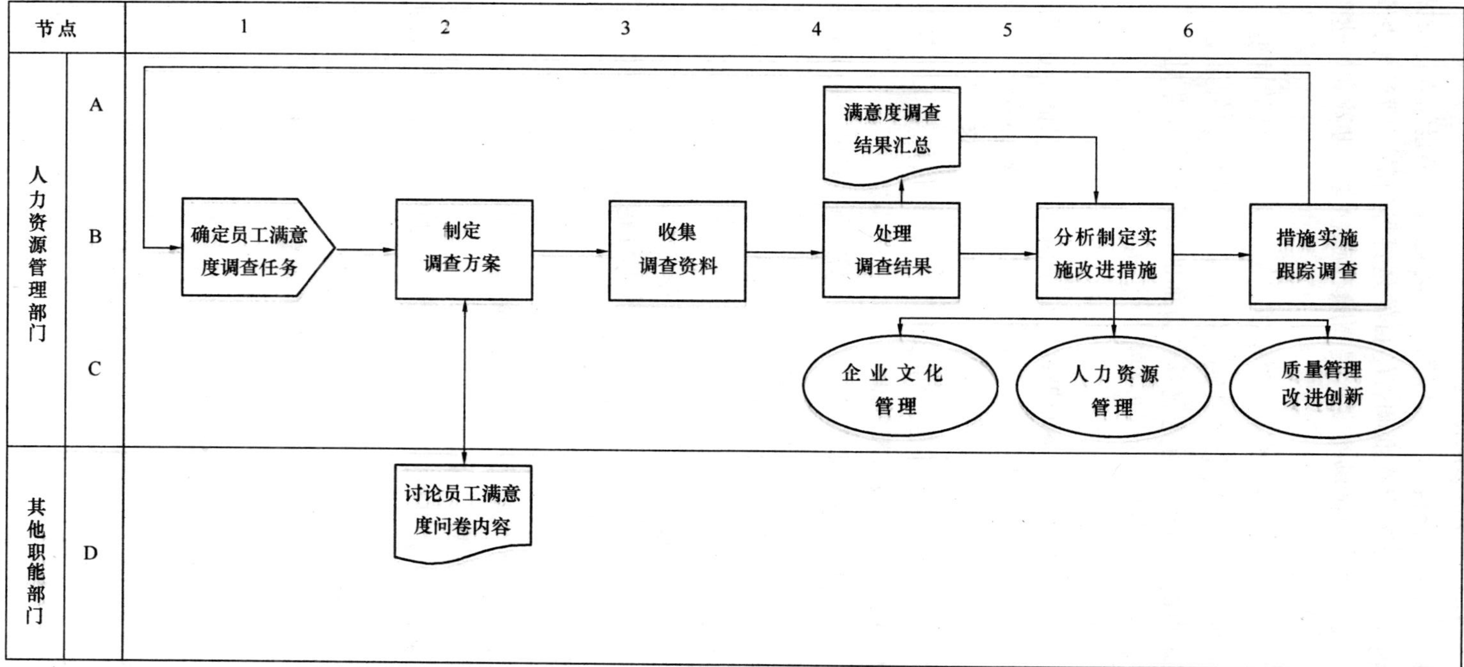

图 8.1.5-7 员工权益和满意度管理流程

划，对实施结果进行监控，并不断改进。

（3）员工满意度调查是一种科学的管理工具，它通常以调查问卷等形式，收集员工对企业各个方面的满意程度。员工满意度调查的目的是要得到员工满意与否真实结果，从而制定出具体的方针和政策提高员工满意度，提高顾客满意度、忠诚度，达到企业利润增长的终极目标。

1）通过“员工满意度调查”这个行为，企业向员工表示对其的重视。

2）搭建一个新的沟通平台，为更多真实的信息铺设一个反馈的渠道。

3）系统的、有重点的了解员工对企业各个方面的满意程度和意见。

4）明确企业最需要解决的相关问题即管理的重点。

5）检测企业重要的管理举措在员工之间的反映。

（4）进行员工满意度调查可以对企业管理进行全面审核，保证企业工作效率和最佳经济效益，减少和纠正低生产率、高损耗率、高人员流动率等紧迫问题。员工满意度调查将分别对以下几个方面进行全面评估或针对某个专项进行详尽考察。

1）薪酬：薪酬是决定员工工作满意的重要因素，它不仅能满足员工生活和工作的基本需求，而且还是公司对员工所做贡献的尊重。

2）工作：工作本身的内容在决定员工的工作满意度中也起着很重要的作用，其中影响满意度的两个最重要的方面是工作的多样化和职业培训。

3）晋升：工作中的晋升机会对工作满意度有一定程度的影响，它会带来管理权利、工作内容和薪酬方面的变化。

4）管理：员工满意度调查在管理方面一是考察企业是否做到了以员工为中心，管理者与员工的关系是否和谐；二是考察企业的民主管理机制，也就是说员工参与和影响决策的程度如何。

5）环境：好的工作条件和工作环境，如温度、湿度、通风、光线、噪声、工作安排、清洁状况以及员工使用的工具和设施，极大地影响着员工满意度。

2. 节点 B1“确定员工满意度调查任务”

企业和员工双方讨论决定调查的主要内容，之后以内容决定任务，再以任务决定方法、技术手段和测量目标。

3. 节点 B2“制定调查方案”

（1）设计调查提纲，确定调查指标，列出调查问题，确定调查范围，选取调查对象，提出调查方法，如决定是进行普查还是抽样调查。

（2）员工满意程度调查方法采用问卷形式，每年由人力资源管理部门组织各部门落实。

4. 节点 B3“收集调查资料”

实施调查过程，完成调查卷的收回，确保调查的数量和质量。

5. 节点 B4“处理调查结果”

（1）整理调查资料、归类、统计，形成调查结果、图表、文字、总体评价，提供综合调查报告。

（2）每年人力资源管理部门通过发放“员工满意度调查表”，了解职工意见和建议，并统计分析和利用，满分 10 分、较满意 8 分、基本满意 6 分，不满意 4 分。

（3）员工满意程度应达到 90 分以上，人力资源管理部门将结果进行分析、利用（计划指标与实际指标对比），并形成报告提交管理评审。

（4）人力资源管理部门对分析结果中不足部分，在第二年计划中改进。

6. 节点 B5“分析制定实施改进措施”

就发现的问题进行分析并提出如何改进、纠正的具体措施。

7. 节点 B6“措施实施跟踪调查”

包括为企业各级提供培训、咨询，为企业制定新的纪律、政策，检测员工满意度调查的实际效果，准备下一轮的调查或其他相关的、专项的调查。

8.1.6 招标投标及合同管理

8.1.6.1 市场开发流程

市场开发流程，见图 8.1.6-1。

1. 一般要求

市场经营部门负责市场开发工作，包括市场分析、信息管理、招投标及合约管理和顾客关系管理；其他相关职能部门负责工程建设有关方的沟通、所归口的合约评审工作。

2. 节点 B1“营销子战略和营销策划”

（1）在企业总体战略框架下建立营销子战略，如总承包管理战略、区域市场开发战略、专业化市场战略等。

（2）营销策划根据市场变化特点和企业营销子战略、经营布局制定企业整个经营工作计划，落实企业经营政策和合同成交额目标，加强经营团队的建设和各项相关制度建设，及时响应市场变化，增强公司抗风险能力。制定的营销目标应包括合同成交额、同比增长率及市场开发定位等。

3. 节点 C2“顾客和市场、产品要求了解、确定”

（1）确定顾客群和细分市场，考虑竞争对手的顾客及其他的潜在顾客。确定企业的关键顾客、潜在的顾客及竞争对手的顾客；对企业的施工产品进行分类和区域市场细分，如按国内区域市场甚至国际市场确定工业工程、住宅工程、公共建筑、市政道路、公路工程、装潢工程等不同产品及区域的市场定位。

（2）顾客和市场、产品要求的分类

1）明示的要求：是指发包方在招标文件、合同、图纸、技术标准及项目实施过程中工程变更等方面以书面形式明确提出的要求。

2）未明示、但应满足的要求：一方面是指施工企业行业惯例必须满足的要求。另一方面指业主由于在施工领域的知识欠缺、信息不对称等原因，可能出现在招标文件中没有明确提出相应的要求，但隐含存在某些需求的情况。通常情况下，作为施工企业在施工技术和施工组织方面都比业主能更加及时地跟踪和了解施工领域的技术、管理发展的最新动态，这时施工单位应该从履行社会责任或追求卓越绩效的角度出发，以更高的质量服务意识，识别并满足业主隐含的需求，为业主提供精品工程，以此树立施工企业的良好形象。

3）有关的法律、法规和标准规范要求：涉及施工企业各方面管理内容，如招投标、项目管理、交付保修等。应建立法规获取渠道，“知法”即确定法规体系完整性和适用性。

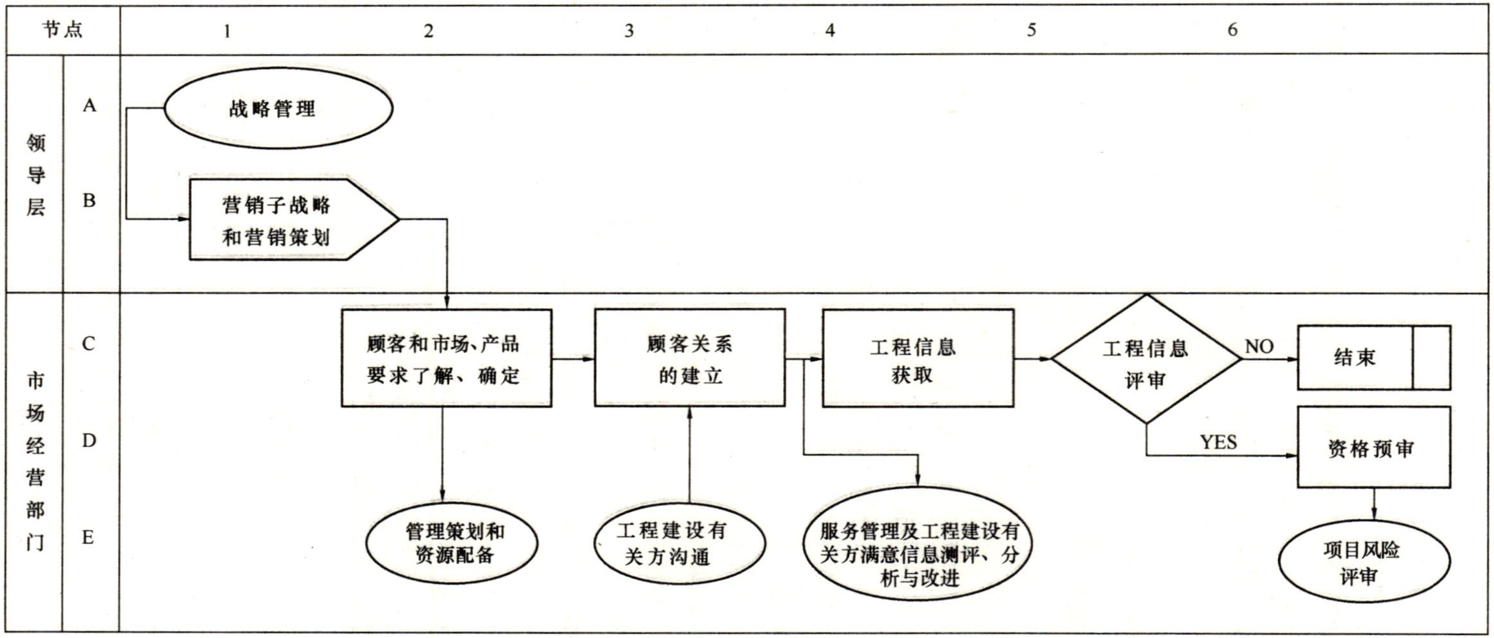

节点
1
2
3
4
5
6
领导层
A
B
市场经营部门
C
D
E
战略管理
营销子战略和营销策划
顾客和市场、产品要求了解、确定
管理策划和资源配备
顾客关系的建立
工程建设有关方沟通
工程信息获取
服务管理及工程建设有关方满意信息测评、分析与改进
工程信息评审
NO
结束
YES
资格预审
项目风险评审

图 8.1.6-1 市场开发流程

4）其他要求：包括施工企业各项内部管理要求、为使发包方满意而对其做出的承诺、对质量的创优要求等。

（3）了解关键顾客的需求和期望，以及这些需求和期望对于企业承揽工程项目的相对重要性。针对不同的顾客群采取不同的了解方法，使用当前和以往顾客的相关信息，并将这些信息用于产品和服务的策划、营销、流程改进和其他业务的开发，见图 8.1.4-1 管理策划和资源配置流程。

关键顾客可按企业类型及其所属行业或板块来确定，如国有企业、民营企业等及房地产、市政建设等板块。顾客需求和期望包括质量、安全、进度、价格、技术、环境、品牌、服务等，表达方式应确定不同顾客对这些需求和期望的关注程度。

（4）顾客和市场、产品要求了解、确定方法见表 8.1.6-1。

顾客和市场、产品要求了解、确定方法　　表 8.1.6-1

顾客和市场、产品要求了解、确定方法	直接顾客	间接顾客
上门拜访/回访	●	
电话拜访/回访	●	
召开座谈会	●	●
问卷调查	●	●
招投标及商务洽谈中与顾客及代建单位、设计单位、招标代理、监理单位等工程建设相关方沟通	●	
政府相关管理部门、行业协会、同行内部等召开的管理交流会议、年会	●	
政府相关管理部门、行业协会、同行内部网站颁布的资料、文件	●	●
来信来访、社区共建等		●
市场专项调研、走访	●	
有关的法律、法规和标准规范获取渠道、适用性确定	●	●

4. 节点 C3“顾客关系的建立”

顾客关系建立应贯穿于工程承接、实施、维护的始终，全方位扩充和提升顾客关系，即工程承接过程中建立与顾客的关系、工程实施过程中巩固与顾客的关系、工程维护过程中强化与顾客的关系，另外还应及时识别并满足顾客查询、交易和投诉的要求，建立快速投诉处理流程，条件成熟时建立实施 CRM 客户关系处理系统。与工程建设有关方的主要沟通和接触方式见第 8.1.6.5 节工程建设有关方沟通流程，评价顾客关系见第 8.3.1.5 节服务管理及工程建设有关方满意信息测评、分析与改进流程。

5. 节点 C4“工程信息获取”

信息来源包括：区域市场省市发改委、建委、规划土地局、外资办、经贸委、设计院、重要投资商、社会各界关系、已建或在建工程的后续工程信息等。

6. 节点 C5“工程信息评审”

（1）工程信息评审要点：投资来源及资金情况、业主的背景及资信情况、项目名称、规模、地理位置、项目设计情况、项目内部组织结构情况、项目的办证等前期手续情况、项目行业前景、项目的社会影响及对企业业绩和信誉度影响、与项目主要负责人关系情况等。

（2）项目承接的基本原则：鼓励积极主动融入大市场、对接大业主、承揽大项目，把目标主要锁定在资金情况优良、业主信誉度高的政府、学校、大型企业的房屋建筑、电厂、体育场馆、工业厂房及道路、桥梁等基础设施项目上，充分有效地利用各种资源，提高签约合同质量，抢占更多市场份额，尤其是大型项目这部分利润空间相对较高、风险相对较小的高端市场份额。

（3）项目承接的禁止性原则：

1）业主方资信状况差，有过不良合作记录的；

2）开发项目未经政府部门审批合格，法律手续不全的；

3）合作意向条款中双方责、权、利有失公允，且无法协商改善的；

4）经评审合议，认为风险太大，不能承受的。

8.1.6.2 项目风险评审流程

项目风险评审流程，见图8.1.6-2。

1. 一般要求

（1）市场经营部门负责组织招标文件及项目风险评审工作；其他相关职能部门负责所归口管理的评审工作。

（2）评审要求

1）工程项目要求的评审

在投标及签约前应评审以明确规定该工程项目的要求，见第8.1.6.1节市场开发流程。

2）履约风险及履约能力评价

企业应在投标和签约的过程中，对企业自身的履约能力进行评价。同时在对项目的内外部环境（项目的内部环境包括企业所具备的资源、组织机构、管理制度、工程实施的能力等；外部环境包括自然环境、社会环境、政策环境、市场环境等）进行充分调查的基础上，对履行合同的风险进行识别、分析和评价，确认是否有能力满足合同的要求后依法进行投标及签约。

3）招标文件评审内容及职责分工（表8.1.6-2）

招标文件评审内容及职责分工　　表8.1.6-2

部　门	职　责
成本部门	对投标的工程范围、重要的项目单价分析和组成、计价原则、成本测算及结算方式等进行评审，并提出意见和对策
财务部门	对工程款的支付方式、业主的资金和财务状况、承受垫资能力、开具投标保函和履约保函、保修金的约定等进行评审，并提出意见和对策；对可能转为投资的工程垫资的可行性与合理性进行评审，并提出意见和对策
物资部门	对主材的供应方式、价差的调整、周转材料工具的投入等进行评审，并提出意见和对策
人力资源部门	对工程投入的人力资源（项目班子及劳务队伍）进行评审，并提出意见和对策
法律事务部门	对招标投标程序的合法性、业主方资格的合法性、工程款给付及工程垫资的法律风险、合同条件的合法性、合理性及其担保文件（合同）进行法律评审
工程、设备、技术、质检管理部门	对工程的工期、机械设备供应方式，对施工方案的可行性、技术措施、总平面布置等是否先进可行，对工程的质量标准、违约处罚等相关条款进行评审，并提出意见和对策
安全管理部	对工程的安全文明相关条款进行评审，并提出意见和对策
市场经营部门	综合各业务部门的评审意见，对业主的资信情况、履约能力、项目风险等作出总结性评价，并提出意见和对策

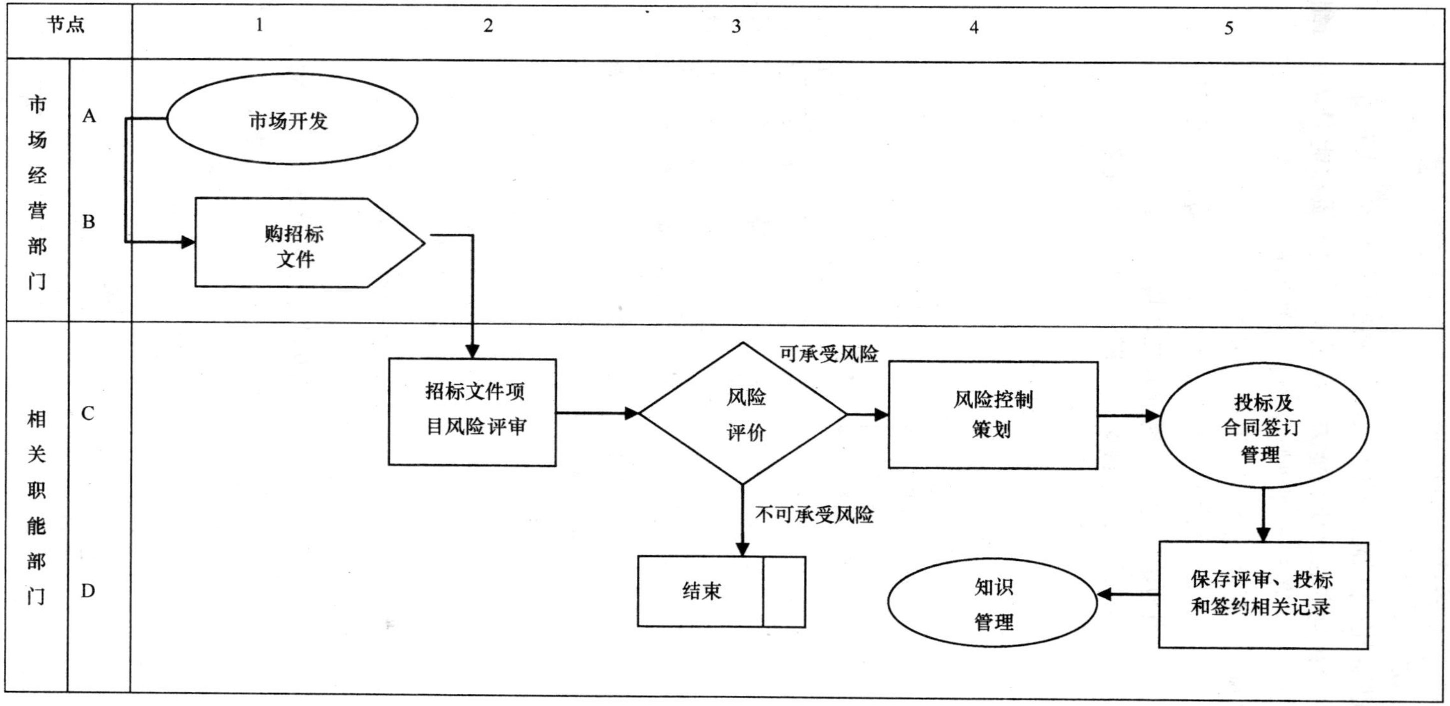

节点
1
2
3
4
5
市场经营部门
A
市场开发
B
购招标文件
相关职能部门
C
招标文件项目风险评审
风险评价
可承受风险
风险控制策划
投标及合同签订管理
D
不可承受风险
结束
保存评审、投标和签约相关记录
知识管理

图 8.1.6-2　项目风险评审流程

2. 节点 C2“招标文件、项目风险评审”

(1) 风险识别考虑因素

1) 技术风险：设计风险、施工风险（如技术、装备、人员等）。

2) 管理风险：业主的素质和能力、相关单位的素质和能力、项目组织的风险（如组织机构、人员结构和配备、管理机制、沟通机制等）。

3) 环境风险：自然环境条件、工程地质条件。

4) 经济风险：汇率风险、业主融资和支付能力风险、市场风险。

5) 社会风险：当地治安状况、周围人文环境。

6) 政治（政策）风险：国家政策重大调整、国际环境突变。

7) 风险三维分解图，见图 8.1.6-3。

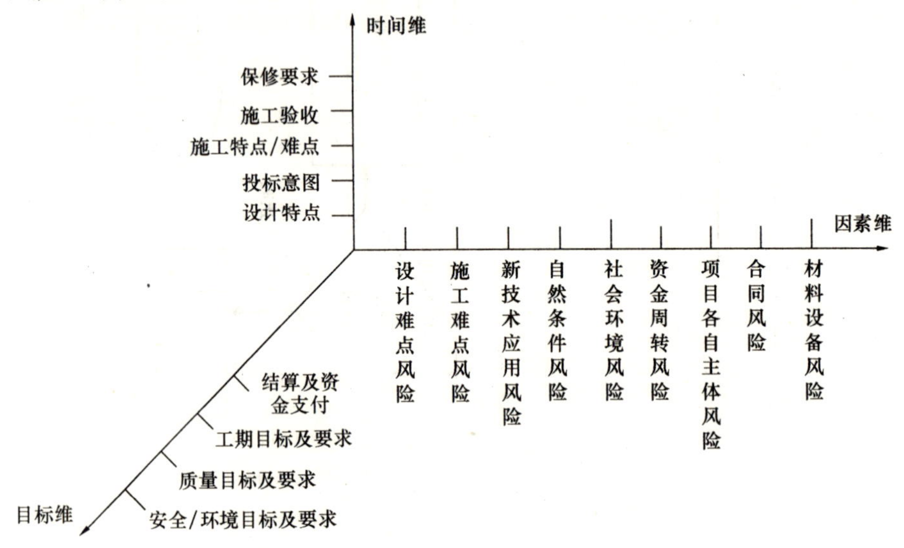

图 8.1.6-3　风险三维分解图

(2) 结合风险识别考虑因素逐条定性识别风险，建立项目风险清单。

3. 节点 C3“风险评价”

(1) 风险评价方法主要用经验定性判断法，结果分为可承受风险和不可承受风险。

(2) 建立项目风险清单，分类为不可承受风险清单和可承受风险清单。

(3) 经风险评价若出现表 8.1.6-3 所列“不可承受风险”，则应考虑放弃投标或技术性弃标。

不可承受风险　　　　**表 8.1.6-3**

序号	不可承受风险事件	理　由
1	投资主体不明确	工程进度资金难以保证
2	项目报批、立项手续不齐	违法工程不能竣工交付
3	资金来源不明确	易造成工程款拖欠
4	标价、报价低于直接费	易造成项目亏损
5	工期罚款超过造价 20%	易造成工期诉讼罚款
6	安全质量目标无法实现而罚款额度超过造价 20%	易造成高额质量罚款
7	违反国家法律法规条款	易造成巨额项目赔偿

续表

序号	不可承受风险事件	理　由
8	别墅群工程	成本高、工效低、维保风险大
9	私人房地产（小规模）	易发纠纷官司
10	垫资超过造价30%而潜在效益不到10%	资本风险巨大

（4）对于“可承受风险”，策划风险控制措施。

4. 节点C4“风险控制策划”

（1）针对典型的“可承受风险”清单，确定可能发生的风险事件，策划控制方案，包括责任人、时间表和对策措施，见表8.1.6-4。

风险控制策划 **表8.1.6-4**

序号	风险因素	风险事件	对策措施	责任人	控制时间
1	合同条款	不符合法规，标准	制定专项管理方案	成本经理	工程开工前
2	合同价格	价格低，成本亏损边缘	制定成本控制分解清单，签证索赔清单	成本经理	工程开工前后
3	工程垫资	垫资超过造价10%	提出生产资金供求计划及节点资金解决措施	财务主管	工程开工前后
4	资金支付	比例与时效影响施工正常	提起做好产值月报按比例放大，敦促审核时差	财务经理	施工过程每月报
5	工期目标	工期延误	网络图控制各节点工期，做好过程工期签证	生产经理	施工过程每天
6	质量目标	质量目标高，奖罚额度大，非总承包	制定总承包质量创优措施，影响强加到业主与各分包方	技术经理	施工前期
7	安全、环境目标	安全、环境风险大	辨识重大安全、环境因素，提出控制方案	生产经理	施工前期
8	设计	图纸不详，未考察地质条件与施工可能性	做好图纸会审，及时签证，及方案措施费	技术经理	施工前、中、后
9	施工	工艺落后，新技术应用缺乏经验	编制针对性的作业方案，先样板，再铺开	技术经理	施工前
10	业主、监理	关系复杂，协调不力	主动沟通，主动协调，选择协调能力强的人员	项目经理	施工全过程
11	工程款拖欠	月度进度款拖一月以上	调查业主融资能力及资金状况，一旦确认资金断链，报告分公司、公司生产管理部申请停工，清理索赔	项目经理	过程中
12	周边环境	社会治安不好，地头蛇严重	与当地派出所签订治安协议，情况书面反映当地政府主管部门及公司、分公司保卫部门	项目书记	工程开工前后
13	竣工验收	工程交付不办竣工	坚持交付前组织竣工验收，做好会议纪要及签字盖章，不然交付时办理书面交付报告，同时书面通知敦促组织竣工验收	项目经理	竣工交付
14	保修服务	年限超出国家规定	保修承诺遵守国家规定，超出范围书面提出有偿服务要求，签订维修承诺书及发放工程交付使用说明	项目经理	竣工交付
15	联营工程	联营方能力不够，缺乏信誉	签订劳动聘用协议书及内部承包合同，或签订劳务合同及钢筋、混凝土采购合同，规避挂靠法律风险，控制现场，保留一套完整工程资料	项目经理	工程开工前后

（2）风险控制方案作为投标方案和后续项目管理策划的依据。

5. 节点 D5“保存评审、投标和签约的相关记录”

投标及签约的有关记录应能为证实项目施工和服务质量符合要求提供必要的追溯和依据。一般包括：对招标文件和施工承包合同的分析记录、投标文件和承包合同及其审核批准记录、工程合同台账、合同变更、施工过程中的各类有关会议纪要、函件等。投标和签约记录可作为企业知识管理系统的一部分，见第 8.3.3 节知识管理流程。

8.1.6.3 投标及合同签订管理流程

投标及合同签订管理流程，见图 8.1.6-4。

1. 一般要求

市场经营部门负责招标投标及合约管理；其他相关职能部门负责所归口的合约评审工作。

2. 节点 C2“项目调查研究”

对将要投标工程的自然环境、市场环境、社会环境等信息进行调查，并安排相应的考察。内容包括施工现场的考察，如施工所在地的自然条件、工程地质条件、交通条件、供水供电条件等；工程所在市场环境的考察，如原材料的供应条件、劳动力供应条件、分包队伍的供应条件、施工机械设备的供应条件等；建设单位及相关单位情况的考察，如建设单位的资金落实情况、监理单位的能力和素质、政府主管部门的相关要求等；潜在竞争对手情况的考察等。

3. 节点 C3“复核工程量”

对于提供工程量清单的项目，需要认真复核工程量。在核算工程量时，应结合招标文件中的技术规范分析工程量中各子项和条目的具体内容和含义，避免出现错误和遗漏。

4. 节点 C4“选择施工方案”

技术标编制的关键是制定合理的施工方案。施工方案的制定是体现企业技术能力的重要内容，也是制定投标报价的依据。应根据项目调研的结果选择相应的施工方法，配备相应的施工机械、设备、管理人员和操作人员。确保所制定的施工方案能够有效保证工程的质量、安全和工期等方面的要求。并在保证工程质量、安全和工期等要求的前提下，选择经济合理的施工方案。

5. 节点 C5“投标计算”

商务标编制的关键是投标价的计算，投标价的计算应以施工方案、进度安排为依据，另外还需要根据建设单位的要求选择合理的计价方式。

6. 节点 C6“确定投标策略”

应根据自身的条件和对竞争对手的分析制定合理的投标策略，投标策略的制定会直接影响中标的可能性以及企业在该工程中将会取得的利润。在不同的背景情况下，可采取低价、缩短工期、改进设计、提供多种配合服务等方式获得中标。另外，投标策略的制定要与企业的发展战略相一致。

7. 节点 D6“投标文件评审”

（1）投标文件自检：按各自分工自查，市场经营部门对初稿进行全面审查。

（2）投标文件评审：根据项目要求是否明确和履约能力，相关部门讨论评审投标文件内容，形成意见及会签。

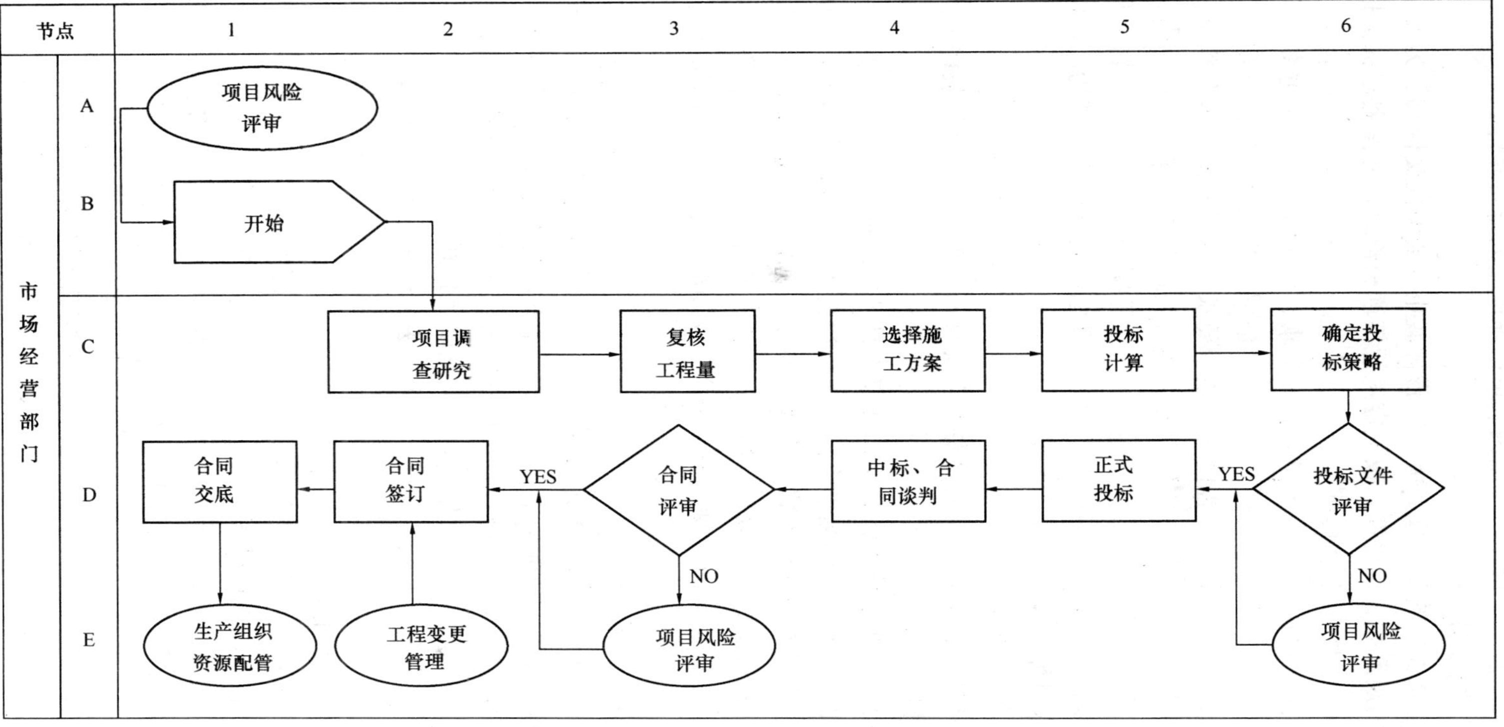

图 8.1.6-4　投标及合同签订管理流程

（3）投标文件修订：投标文件编制人员按评审意见进行修订。

8. 节点 D5“正式投标”

投标时应注意投标的截止期，务必在投标截止日期前提交标书。另外，在投标中还要注意投标文件的规范性和完整性，按规定进行签章和密封，并按要求提交投标担保。

9. 节点 D4“中标、合同谈判”

签约前的合同谈判应与建设单位就技术要求、技术规范、施工方案等问题进行进一步的讨论和确认。同时，应特别注意合同中的价格调整条款以及支付条款，必要时与建设单位进行磋商和确认。重点应对工程内容、质量要求、变更签证、工期奖罚、安全及文明施工要求、付款条件、验收结算、违约责任、纠纷处理办法、保修责任等内容着重进行详细的研究和分析，填写合同洽谈记录。另外，对于工期和维修期、违约罚金和工期提前的相关奖励、场地移交及技术资料的提供等相关条款也应通过谈判在签约前加以明确。签约前的工程项目要求可能与投标时发生改变。

10. 节点 D3“合同评审”

（1）签约前对所变化的工程项目要求应按第 8.1.6.2 节项目风险评审流程进行项目风险和履约能力评价

（2）合同的经济性、技术性、法律性审查是评审的重点。

（3）其他评审内容：合同当事人的意思表达真实；合同的内容具有合法性、可营利性与技术可行性；合同的程序和形式（格式）要合法规范；合同的条款要具体完备（当事人的名称、姓名、住所、标的、数量、质量、价款、履行期限与地点、方式、解决争议的方法和违约责任、订立合同的日期与地点等）；合同的文字表述要确切；合同业主的诚信情况。

11. 节点 D2“合同签订”

（1）所有建筑施工（总）承包合同原则上统一使用建设部发布的《建设工程施工合同》（GF－1999－0201）标准文本。但一般情况下，在招标文件中甲方已对合同协议书及合同主要条件提出具体要求或格式，工程中标后，建设单位根据招标文件的约定，提供格式合同，由企业再对该合同进行修改，在此基础上找到双方的契合点。

（2）合同签订权限限于企业法定代表人或法定代表人授权的代理人进行（一律采取书面形式）。

12. 节点 D1“合同交底”

（1）工程开工前，由市场经营部门对相关职能部门和项目经理部进行全面、系统、正式的合同交底，在合同履行过程中，也可就某一具体问题（如重大工程变更）另行交底。

（2）合同交底内容通常以企业在合同履行过程应承担的责任和义务为主，包括：

1）工程概况及合同规定的工作范围。

2）建设单位、监理单位及施工单位驻现场的负责人、职权范围、工作方式。

3）工期要求，包括总进度计划、开竣工时间及关键线路说明。

4）质量要求，包括：质量目标、验收、移交及保修方面的要求。

5）成本目标及工程款支付（预付款、工程进度款、最终付款、保证金）方面的规定。

6）安全及环保目标及控制要求。

7）主要资源配置需求及配置情况。

8）合同争议解决的约定

9）其他。

8.1.6.4 索赔及争议处理流程

索赔及净议处理流程，见图 8.1.6-5。

1. 一般要求

（1）市场经营部门负责审核索赔文件及证据，负责诉讼事宜，项目经理部负责提出索赔意向，拟定和提出索赔文件，收集现场签证等索赔证据。

（2）工程索赔的含义是：在合同的执行过程中，由于非企业过错而是建设单位承担责任导致合同状态与实际状态产生了差异，该差异导致企业出现工期延长和额外费用增加，为此企业向建设单位寻求补偿的一种合同行为。

（3）工程索赔的法律特征

1）工程索赔是双方未能协商一致的结果，是单方主张权利的要求，是单方法律行为；

2）索赔涉及的利益尚待确定，是一种期待权益；

3）索赔是要求未获确认的权利的单方主张，必须依赖于证据。

（4）工程索赔的时效性与处理程序

根据 1999 年版建设部发布的《建设工程施工合同示范文本》GF-1999-0201 的索赔相关条款规定：

1）索赔事件发生后 28d 内，向工程师发出索赔意向通知。

2）发出索赔意向通知后 28d 内，向工程师提出延长工期和（或）补偿经济损失的索赔报告及有关资料。

3）工程师在收到承包人送交的索赔报告和有关资料后，于 28d 内给予答复，或要求承包人进一步补充索赔理由和证据。

4）工程师在收到承包人送交的索赔报告和有关资料后 28d 内未予答复或未对承包人作进一步要求，视为该项索赔已经认可。

5）当该索赔事件持续进行时，承包人应当阶段性向工程师发出索赔意向，在索赔事件终了后 28d 内，向工程师送交索赔的有关资料和最终索赔报告。

6）依照工程合同的相关规定，国家、当地政策性调价文件（规定）的变化而提出的索赔。由于国家、地方的文件、规定等使工程造价增加，项目预算员（或合同主管）应及时编制政府政策性调价索赔报告，要求业主合理地补偿这部分额外费用。

7）合同外的工程变更而引起的索赔，在通常情况下，任何一个工程业主都有权进行他认为有必要的调整，补充合同外的项目工作量。项目预算员在工长的配合下编制变更预算及时送给业主审定。

8）工程款结算中业主不合理扣款而引起费用损失的索赔。在工程款结算中，业主不按合同条款执行，加大扣款比例。如材料扣款（甲供）、预付款抵扣、滞留金扣款，致使承包商想方设法贷款，从而发生了额外的费用增加，项目财务人员要计算出多扣部分的金额和相应发生的利息，并将这部分资料提供给项目预算员。

9）拖欠工程进度款，利息的索赔。业主在合同执行过程中不按时支付工程进度款，使承包商流动资金周转困难，靠贷款来完成工程施工从而增加了额外的费用，项目财务人员应整理出每期拖欠工程进度款数额，总垫付资金额和银行贷款所发生利息的书面资料提

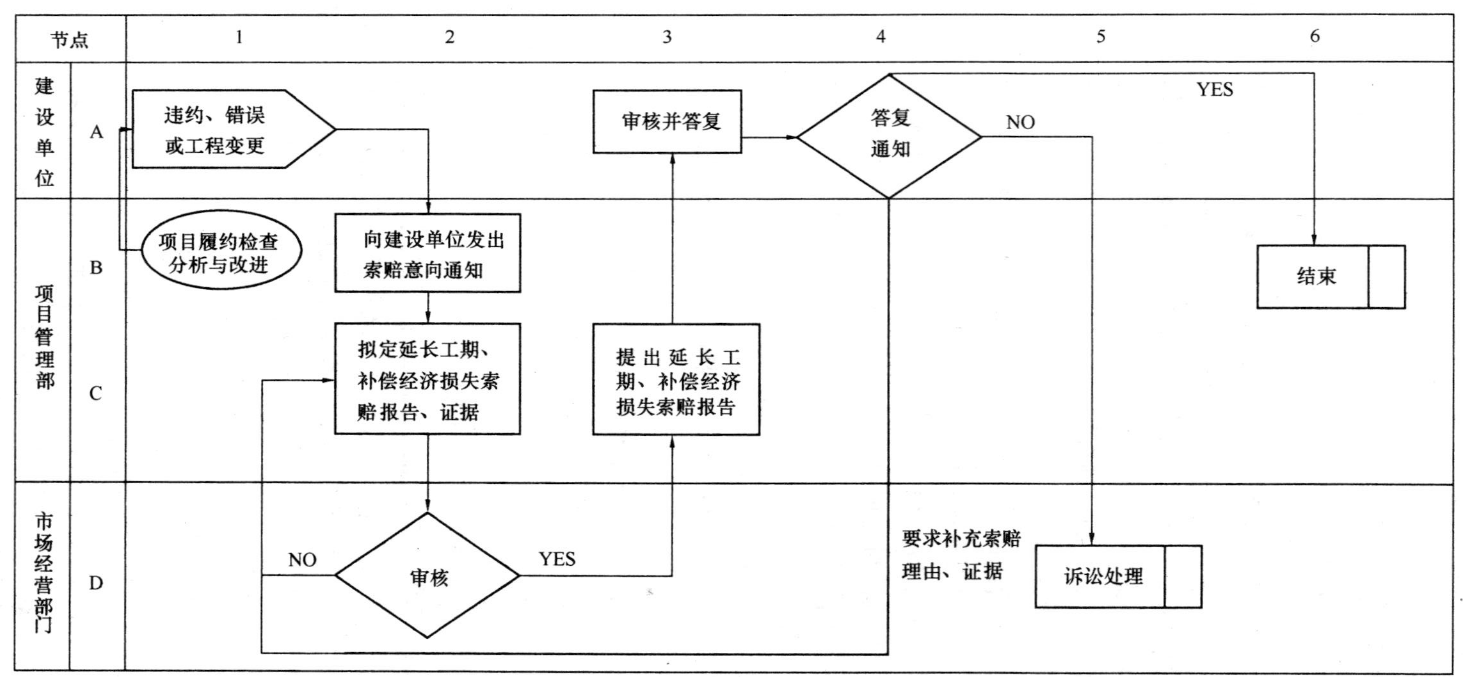

图 8.1.6-5　索赔及争议处理流程

交给项目预算员。

10）因非承包商的原因造成工期延误损失的索赔。非承包商原因造成工程延误，项目可以要求延长工期，同时可以考虑要求经济补偿。

引起工期延误的主要原因有：

A. 工程预付款迟缓支付，施工图纸不能按时提交；

B. 面积加大、结构改变、功能变更；

C. 拖欠工程进度款；

D. 材料、设备到位不及时；

E. 监理工程师的无理刁难；

F. 施工停水停电每天累计 8h 以上（含 8h）；

G. 不可抗力造成的影响；

H. 计划变更；

I. 由于业主指定的其他分包商拖延工期而影响总工期。

2. 节点 B2“向建设单位发出索赔意向通知”

（1）索赔事件发生 28d 内向建设单位发出索赔意向通知。事件持续发生时，阶段性发出索赔意向通知。

（2）索赔事件

根据 1999 年版建设部发布的《建设工程施工合同示范文本》GF-1999-0201 的索赔相关条款规定，索赔事件见表 8.1.6-5。

签证索赔事件一览表 **表 8.1.6-5**

序号	项目	内容	技术签定经办人	费用索赔经办人
1	设计变更	因原设计漏项、结构修改、装修变更、提高质量等级等	技术工程师	商务经理或结算人员
2	材料代换	因供应的材料与设计要求不符，需代换	技术员	商务经理或结算人员
3	返修、加固和拆除	因设计或建设单位等原因，需对工程进行返修、加固和拆除	现场工程师	商务经理或结算人员
4	技术措施费	合同价未包括的技术措施费和超越一般施工条件的特殊措施费用	技术员	商务经理或结算人员
5	季节性施工增加费	冬、雨期施工增加费中不包含的特殊措施费用，如防腐、耐酸、筑炉或为工期需要利用的电热、蒸汽、搭设暖棚、雨篷、大型排洪沟、抽排地下渗水等而增加的费用	技术员	商务经理或结算人员
6	交叉施工干扰增加费	由于建设单位原因，造成几家施工单位发生平行立体交叉作业，影响工效，采取措施等发生增加费	现场工程师	商务经理或结算人员
7	合同外文明施工及临时设施费用	施工工地砖围墙、进出场道路硬化，进出口道路专人清扫、保洁，现场 50m 以外的临时水管、线路、道路等发生费用	现场工程师	商务经理或结算人员
8	赶工措施费	由于建设单位要求工期提前，工程必须增加人、材、机等投入而增加的费用及夜间施工增加费	现场工程师	商务经理或结算人员

续表

序号	项目	内 容	技术签定经办人	费用索赔经办人
9	图纸资料延期交付	由于图纸资料延期交付，无法调剂施工的劳动人数，停滞的机械设备的费用	现场工程师	商务经理或结算人员
10	停窝工损失	由于建设单位责任（如供应的材料、设备器具未按时供给，未及时提出技术核定单、计划变更、增加或削减工程项目、变更设计、改变结构、停水、停电、未及时办理施工所需证件及手续等因素）造成的停窝工的	技术工程师	商务经理或结算人员
11	机具停滞损失	因建设单位原因，造成施工机具（包括解除车辆运输计划合同损失）停滞费用	机电工程师	商务经理或结算人员
12	材料多余积压或不足的损失	由于建设单位中途停建、缓建和重大的结构修改而引起材料积压或不足的损失	材料员	商务经理或结算人员
		原材料计划所依据的设计资料中途有变更或因施工图纸资料不足，以致备料的规格和数量与施工图纸不符，发生积压或不足的损失	材料主管	商务经理或结算人员
13	材料二次搬运	合同价中未包括，属建设单位责任或因场地狭窄而发生的材料、成品和半成品的二次倒运	材料主管	商务经理或结算人员
14	材料价差	属建设单位原因或甲乙双方商定由建设单位承担的材料价差（包括材料的价差、量差和运杂费等）	材料主管	商务经理或结算人员
15	检验、试验费	设备材料复检及试验费，包括新结构、新材料的实验费、建设单位供应的不带合格证的设备、材料的检验，或建设单位要求对具有出厂合格证明的材料进行检验，对构件进行破坏性试验及其他特殊要求检验、试验费用	试验主管	商务经理或结算人员
		根据设计或工艺要求增加的加工和实验费，如采用特种砂浆，特种混凝土、装修油漆等工程要做样板试验的费用	试验员	商务经理或结算人员
16	大型特殊施工机具租赁费	不属于施工单位自行配备的大型特殊施工机具需向外单位租赁的，其台班租赁费用（包括机具往返运费等）一般比定额机械台班价格要高，由此造成的费用价差	机电主管	商务经理或结算人员
17	甲供材料	甲供材料数量不足	材料主管	商务经理或结算人员
		甲供材料不符合设计要求	技术员	
18	不可抗力	不可拒绝因素，自然灾害等造成的损失	技术员	商务经理或结算人员
19	未包括费用	因建设方责任造成的未包括在预算内的费用。如：“三通一平”未能达到设计要求而造成的工期，费用的增加，设计不周而发生的基础加深、降水费、土方超运距、铲草皮、挖淤泥、流沙等	现场工程师	商务经理或结算人员
20	建设许可证	建设单位不能按期提交“建设许可证”等而造成损失	现场工程师	商务经理或结算人员
21	银行利息或罚款	建设单位未按合同规定拨款或未按期办理结算引起的信贷利息和违约金	财务主管	商务经理或结算人员

续表

序号	项目	内 容	技术签定经办人	费用索赔经办人
22	政策调整	因国家政策调整和市场价格波动引起的费用增加	造价师	商务经理或结算人员
23	设计任务变更	计划任务变更造成临时人工遣散和招募费用的损失	人力资源师	商务经理或结算人员
24	地下障碍物	现场发生的特殊情况，如地下障碍物（包括地下阴河、地下古墓、地下古井）、跨越障碍物施工、地下水位或土质与勘察设计资料不符而发生的增加费用	现场工程师	商务经理或结算人员
25	指定分包	建设方指定分包引起的总包和其他分包的损失和工期延误	技术工程师	商务经理或结算人员
26	紧急措施	由于建设方的责任，在情况紧急又无法与建设方联系时，承包商采取保证工程和人民生命财产安全的紧急措施	现场工程师	商务经理或结算人员
27	其他签证	建设单位临时租赁施工单位的机具	机电主管	商务经理或结算人员
		建设单位在现场临时委托施工单位做与合同规定内容无关的其他工作	现场工程师	
		建设单位借用施工单位的工人进行与工程无关的工作	人力资源师	

3. 节点C2“拟定延长工期、补偿经济损失索赔报告、证据”

工程索赔四大关键因素是：合同、证据、逻辑、关系，见表8.1.6-6。

工 程 索 赔　　　　表8.1.6-6

索赔因素	内容及要点		备　注
合同	合同是索赔成功的前提和依据		
	索赔就是寻找合同状态和实际状态差异，寻求补偿该差异所导致的费用增加与工期延长，而索赔的处理程序、解决方法及处理时间约定等均来自合同，所以合同是索赔的前提和依据，而订立一个有利的合同更是索赔成功的前提		
	设计变更	设计变更最易被业主接受，但在接到变更后，应及时对变更带来的间接费用增加，如返工等资源浪费、工序变化等费用增加，及该变更导致的工期延长，及时递交索赔文件，并积极收集证据	合同中有一部分内容在工程索赔中所占份额最大，且最易被为业主所接受，该类事件主要是指工程变更，包括设计变更和施工方案变更，应该是日常工作的重点和突破口
	施工方案	为了更好完成合同目标，承包商有权修改施工方案，但必须经过工程师同意，且不得要求为费用增加而索赔，如工程师无正当理由不予以批准，则可能导致一个变更指令，承包商为此可要求索赔	
		重大设计变更导致施工方案的变更，如设计变更由业主承担责任，则相应施工方案变更的责任也由业主承担	
		对不利的异常的地质条件引起的基础施工方案变更，或场地环境发生了变化所导致的施工方案变化，一般作为业主的责任	
	施工进度	施工进度的变更，虽然投标时有总工期目标和计划，但根据工程实际情况，每月、每周都可能有新的进度计划，只要新的计划是经过批准的，则新计划是有约束力的，如果业主不能按新进度计划完成按合同应由业主完成的责任，则属业主违约，应承担责任	

续表

<table>
<tr><th>索赔因素</th><th colspan="3">内容及要点</th><th>备　注</th></tr>
<tr><td rowspan="15">证据</td><td colspan="3">索赔不仅在于实情，还在于证据，证据关系到索赔的成败，证据不足或没有证据，索赔是不能成立的，所以必须有足够的证据证明自己的索赔要求</td><td rowspan="22"></td></tr>
<tr><td rowspan="3">基本要求</td><td>真实性</td><td>不实的证据会失去业主的信任，还会给其他索赔造成困难</td></tr>
<tr><td>全面性</td><td>能说明事件的全过程</td></tr>
<tr><td>及时性</td><td>指干扰事件发生时产生的记录或文件，如果有工程师的口头指令应在合同约定的时间内进行书面确认，其他后补的证据通常不容易被认可</td></tr>
<tr><td rowspan="11">种类</td><td>合同资料</td><td>包括招标文件、合同文本及附件，其他各种签约，业主认可的工程实施计划，工程图纸，技术规范等；承包商的报价文件，包括各种工程预算和其他报价依据的资料，如环境调查资料、标前澄清会议资料等</td></tr>
<tr><td>往来函件</td><td>如各方往来的工程联系函、通知、对承包商的问题答复等，及设计变更、签证、技术核定单等</td></tr>
<tr><td rowspan="8">各种会谈纪要</td><td>主要指合同执行过程中，业主、工程师和各承包商的定期例会纪要，但该纪要必须是经各方签署的才有效</td></tr>
<tr><td>施工进度计划和实际进度记录</td></tr>
<tr><td>施工现场的工程文件，如施工记录、施工备忘录、施工日志、签证等</td></tr>
<tr><td>工程照片</td></tr>
<tr><td>气候报告</td></tr>
<tr><td>工程中的检验检查报告和技术鉴定报告</td></tr>
<tr><td>工地交接记录，如场地平整、水电、路、图纸交接等，均应注明交接日期</td></tr>
<tr><td>国家法律、法令、政策文件等</td></tr>
<tr><td>归档</td><td>对于以上提到的各种证据，相关管理部门必须归档，且必须为原件。归档资料应进行分门别类地存放，并进行编码，以便在需要时快速查取，编码须规律、容易识别，在开工前完成</td></tr>
<tr><td rowspan="7">逻辑</td><td colspan="3">逻辑性主要体现在索赔报告中，主要指将索赔要求（工期延长和费用增加）与干扰事件、责任、合同条款、影响连成一条打不断的逻辑链，增强索赔的合理性、可信度</td></tr>
<tr><td rowspan="6">注意事项</td><td colspan="2">干扰事件的不可预见性和突然性，即使是一有经验的成熟的承包商对它也不可能有预见或准备，对它的发生承包商无法制止，也不能影响</td></tr>
<tr><td colspan="2">承包商已为减少损失做了最大努力，在干扰事件发生后，承包商接受了工程师的处理指令，并且为了避免和减轻干扰事件的影响和损失尽了最大努力，采取了能够采取的措施，以及该措施所产生的效果</td></tr>
<tr><td colspan="2">强调干扰事件、对方责任、工程受到的影响和索赔之间有直接的因果关系，这个逻辑性至关重要，业主反索赔通常通过否定这个逻辑关系来否定承包商的索赔要求</td></tr>
<tr><td colspan="2">索赔要求应有合同条款支持，可以直接引用相应合同条款</td></tr>
<tr><td colspan="2">索赔报告拟写时应对事件叙述清楚、肯定，不包含任何估计和猜测，不能使用“可能”、“大概”、“也许”等词语，这会使索赔要求苍白无力；用词要婉转。特别作为承包商，在索赔报告中应避免使用强硬的不友好的抗议式的语言。同时禁止使用“赔偿”两字，应使用“补偿”一词。不能因为语言而伤了和气和双方的感情，导致索赔失败</td></tr>
<tr><td colspan="2">责任分析明确，一般索赔报告中所针对的干扰事件都是由对方因素引起的，或应由对方负责的第三方因素，应将责任全部推给对方，不可用含混的字眼和自我批评式的语言，否则会丧失自己在索赔中有利地位。但也应避免出现对业主代表和监理工程师当事人个人的指责</td></tr>
</table>

续表

索赔因素	内容及要点	备　注
关系	由于索赔的解决结果受到业主及监理工程师主观性影响很大，因此，与业主、监理保持融洽、信任的关系至为重要，在日常工作中，应在生活上、工作上保持积极沟通，对于对方的个人业绩应有机的给予支持；有坚持原则的性格，也应有吃小亏的胸襟；对外关系的调节在项目内部应有事先的分工。索赔的最佳管理目标，是以索赔的理念指导、以签证的方式达到索赔成功的目的	

4. 节点 C3“提出延长工期、补偿经济损失索赔报告”

发出索赔意向通知后 28d 内向建设单位提出延长工期、补偿经济损失索赔报告及有关证据资料。如果事件持续发生，在事件终了后 28d 内递交最终索赔报告和有关资料。

8.1.6.5　工程建设有关方沟通流程

工程建设有关方沟通流程，见图 8.1.6-6。

1. 一般要求

（1）市场经营部门负责招投标及合同签订阶段沟通及客户专项沟通，工程管理部门负责项目工程管理检查期间和履约后服务工作沟通，项目部负责项目实施阶段沟通工作。

（2）沟通内容包括：

1）工程信息（包括与工程有关的要求）。

2）合同的处理，包括对其修改。

3）建设方问询的处理，建设方反馈，包括投诉。

（3）沟通方式有拜访、电话传真、会议、电子邮件、文件、回访、调查表等。

（4）各职能和层次应对所收集的工程建设有关方信息进行分析，及时调整企业战略、组织机构，及改进流程的有效性和效率。

2. 节点 A1“项目招投标阶段”

（1）资格预审文件和招标文件购买。

（2）接收发包方对招标信息的修正。

（3）参加发包方组织的现场踏勘及标前会议。

（4）合同谈判阶段就某些具体工作内容进行讨论、修改、明确或细化后形成合同补遗或会议纪要等。

3. 节点 B1“客户拜访等专项活动”

策划和实施重点或关键客户拜访、沙龙、联谊、节假日问候、客户信息发布、礼品派送等专项活动。

4. 节点 C2“工程项目外部联络与沟通”

（1）项目经理部主要负责施工准备、现场施工、竣工验收及动用前阶段与发包方沟通。沟通方式和形式包括工程例会、来往函件、变更指令、签证、电话交流、口头交流等。作为项目实施的证据，上述沟通均以双方正式签认的各种文件、记录为准。项目经理部应明确专人负责收集、保存上述沟通证据。

（2）项目经理部除了与建设单位直接沟通外，还包括与监理机构、业主委托的项目管理单位、代建单位、设计单位、政府相关主管部门及周围社区中间的沟通。项目经理部应及时传递重大信息和一般信息的处理工作。

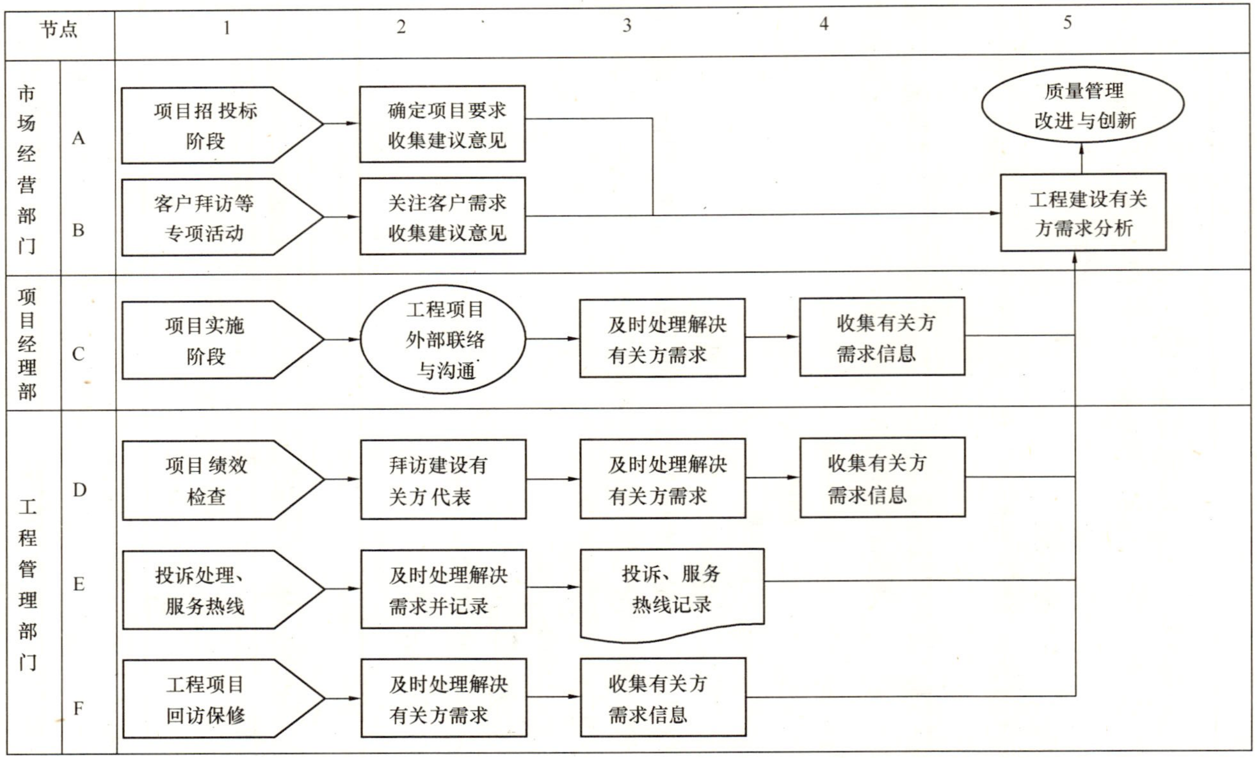

节点		1	2	3	4	5
市场经营部门	A	项目招投标阶段	确定项目要求收集建议意见			质量管理改进与创新
	B	客户拜访等专项活动	关注客户需求收集建议意见			工程建设有关方需求分析
项目经理部	C	项目实施阶段	工程项目外部联络与沟通	及时处理解决有关方需求	收集有关方需求信息	
工程管理部门	D	项目绩效检查	拜访建设有关方代表	及时处理解决有关方需求	收集有关方需求信息	
	E	投诉处理、服务热线	及时处理解决需求并记录	投诉、服务热线记录		
	F	工程项目回访保修	及时处理解决有关方需求	收集有关方需求信息		

图 8.1.6-6　工程建设有关方沟通流程

（3）工程项目外部联络与沟通见第 8.2.5 节工程项目外部联络与沟通流程。

8.1.7 生产组织及资源配置流程

生产组织及资源配置流程，见图 8.1.7-1。

1. 一般要求

（1）工程管理部门负责生产组织协调，及生产资源的调配管理；其他相关职能部门负责归口管理的生产资源配置、项目绩效监控。

（2）生产资源包括管理人员、劳动力、材料、机械、分包方等，技术资源第 8.1.12 节施工技术支持与服务管理流程，未考虑资金来源与使用管理。

2. 节点 B2“生产策划”

企业生产规模根据企业发展战略、企业资源状况及企业营销额确定，收集各业务系统项目管理考核指标计划，制定生产管理工作计划，主要内容包括年度生产目标、目标分解、生产管理主要措施等。

3. 节点 C2“生产计划、项目管理策划书”

（1）可按上一年、季、月末编制、印发下一年度、季度、月度生产计划，主要内容包括：

1）产值安排。

2）劳动力需求计划。

3）重点工程及其形象进度等要求。

4）施工项目进度计划安排（工期网络计划）。

（2）工程管理部门依据合同交底，组织编制“项目管理策划书”，项目管理策划书的主要内容有：

1）项目概况（包括项目投标活动及签订施工合同的策略及工程的特点、难点）。

2）管理目标（工期、成本、质量、安全、文明施工及其他）和指标。

3）项目目标实施条件分析（提出项目整体风险化解对策）。

4）岗位定编及岗位职责划分、权限分配。

5）施工方案（重点、难点部位）。

6）资源供应计划（资金、劳动力、材料、机械、分包方）。

7）施工进度计划，节点计划及保证措施。

8）成本目标及保证措施。

9）质量目标及创优保证措施。

10）安全目标及风险预测，标化防护要求及措施。

11）文明施工、环境保护目标及 CI、现场标化管理要求及措施。

12）项目现场管理和施工平面图。

4. 节点 C3“生产资源调配”

依据“项目管理策划书”中资源供应计划，分别协调组织相关职能部门调配生产资源。

（1）组建管理项目经理部见第 8.2.1 节项目经理部组建与管理流程。

（2）施工机具供应见第 8.1.8 节施工机具内部配备管理流程。

（3）物资供应见第 8.1.10 节物资采购控制流程。

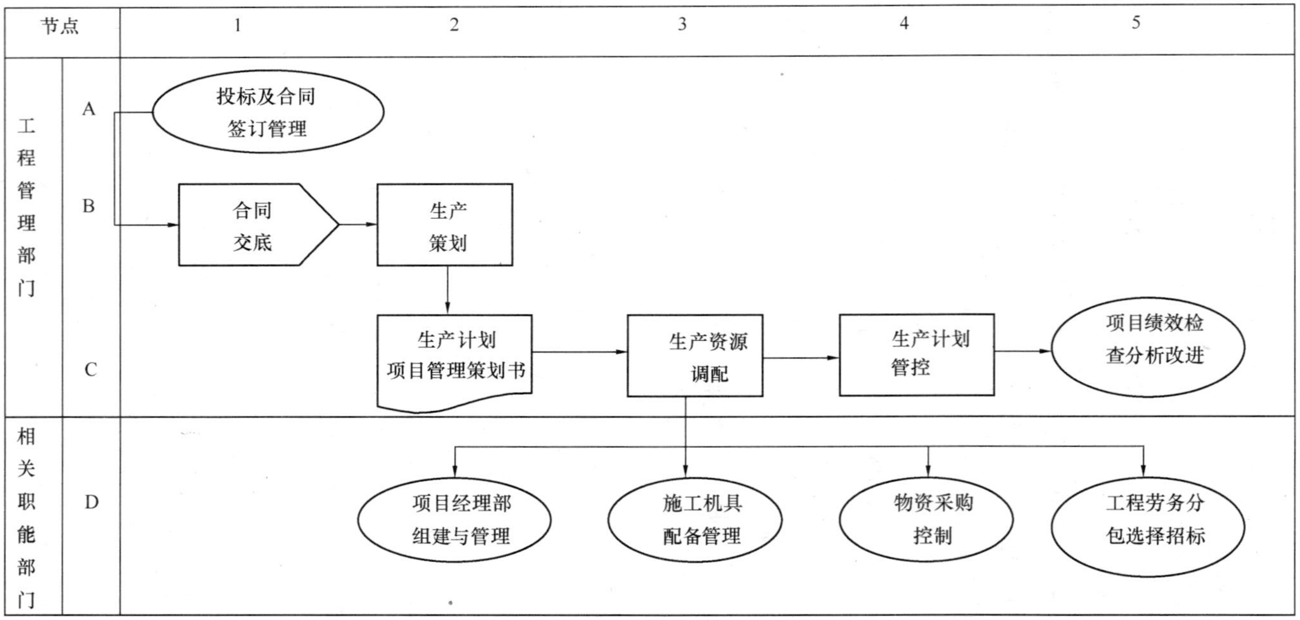

节点		1	2	3	4	5
工程管理部门	A	投标及合同签订管理				
	B	合同交底	生产策划			
	C		生产计划 项目管理策划书	生产资源调配	生产计划管控	项目绩效检查分析改进
相关职能部门	D		项目经理部组建与管理	施工机具配备管理	物资采购控制	工程劳务分包选择招标

图 8.1.7-1　生产组织及资源配置流程

(4) 劳动力和分包的供应应在项目管理策划中考虑劳动力进场计划和分包方案，即要分解项目施工结构、确定项目分包范围、选择项目分包模式、选择分包合同种类，然后选择或招标劳务队伍和专业分包，见第 8.1.11 节工程劳务分包方选择招标流程。

5. 节点 C4 “生产计划管控”

(1) 生产计划完成情况统计

1) 项目经理部每年、季、月编制生产完成情况报表，工程管理部门负责汇总编制企业月 \ 季度生产统计报表。

2) 工程管理部门每月收集各项目生产过程管理情况及重大的生产事件，分析生产计划完成情况、产值组成情况、主要工程进展情况、影响工期目标的原因等，编制生产完成情况分析报告，发放各项目经理部以作为生产管控依据。

3) 工程管理部门按月更新、编制生产台账，随生产进程随时更新项目数据库。

4) 工程管理部门根据成本部门每季度提供的工程结算单，及时调整产值，做到生产报表与成本报表每季统一。

(2) 工程管理检查与协调

1) 工程管理部门督促、协调各相关职能部门根据“项目管理策划书”要求选聘项目经理，配齐班子成员，筹集启动及运转资金，选好劳务队伍、大宗材料供应商，满足施工生产必需的施工机械设备、监视和测量设备、养护室等相关设施按计划到位。

2) 工程管理部门策划和实施在建项目施工现场工程管理检查，督促生产计划重要事项的落实。项目经理部按规定自查项目生产管理，检查结果统计分析后报送工程管理部门。

3) 工程管理部门每月以会议、远程视频或综合管理样板项目现场等形式组织召开全企业生产例会。会上反映的生产协调问题，能当场作答或处理的当场解决好；需会后专题研究或需时间解决的问题责成专人跟踪监督落实，问题处理结果在下月生产例会上通报。会议决议以纪要形式通报全公司。会议的主要内容是：

A. 传达上级（企业和政府）生产要求和精神。

B. 各项目经理部主要侧重汇报生产现状，包括项目生产实际与计划的对比、项目经理的考核结果、项目成本控制、项目结算及项目质量安全完成情况等。

C. 总结该月生产，统计分析该月生产主要问题，针对性提出改进措施。对生产运行管理出色的单位与落后单位进行讲评与适当奖罚。

D. 布置下月生产计划和保证措施。

4) 工程管理部门对项目经理部在施工过程中出现的人员调配、劳动力或资金欠缺、材料供应、设备管理以及企业内部专业工人配合等问题，应根据不同性质做好协调处理并跟踪人力资源、财务、物资等部门予以落实，做好协调记录。

5) 工程管理部门要加强对各专业分包方的管理，提高分包方的素质和实力，加强从分包合同、进度等方面的协调和控制，确保满足施工要求。

6) 对安装、土建工程施工矛盾问题，应根据影响的原因及时予以协调解决。

6. 节点 C5 “项目绩效检查、分析与改进”

项目绩效检查作为一种内部管理监督检查和考核机制，对发现问题及时纠偏、整改，确保生产计划的有效执行。详见第 8.3.1.2 节项目绩效检查、分析与改进流程。

8.1.8 施工机具配备管理

8.1.8.1 施工机具内部配备管理流程

施工机具内部配备管理流程，见图 8.1.8-1。

1. 一般要求

(1) 设备管理部门负责按机具需用计划调配施工机具，对施工机具采购进行控制，对设备资产进行管理，对项目施工机具的配备、进场验收、安装调试、使用维护活动进行指导、监督和管理；租赁分公司负责内部施工机具租赁工作；项目经理部负责编制机具需用计划和机具现场使用管理工作。

(2) 施工质量检查见第 8.3.1.4 节项目施工质量检查、分析与改进流程。

2. 节点 A3“项目部编制机具需用计划”

(1) 机具需用计划编制的依据

1) 施工技术和工艺；

2) 施工进度；

3) 工程量；

4) 人员素质；

5) 施工风险。

(2) 机具需用计划的内容

1) 施工机具的性能；

2) 数量；

3) 进场和退场时间等；

4) 施工机具作业和维护人员。

3. 节点 B3“是否需采购”

(1) 可以由公司设备管理部根据公司总体战略目标和装备战略要求提出，也可以由项目经理部或租赁公司提出，采购申请应经过企业主管领导的批准。

(2) 购置的设备，必须是取得国家生产许可证的专业生产厂家的合格产品，进口设备必须通过商检，并具有产品合格证明。不得购置国家明令淘汰的设备。

4. 节点 B1“机具供应方评价选择”

(1) 施工机具供应方的信誉和能力往往决定了施工机具的技术特性和质量水平。企业可根据施工机具的类别和对施工质量的影响程度，分别确定各类施工机具供应方的评价和选择标准。

(2) 评价施工机具供应方一般应考虑生产能力、供应表现、质量、环保、职业健康安全管理体系、顾客满意程度、服务和支持能力等：

1) 供应方的经营资格和信誉。主要是其在行业中的诚信度和影响力。

2) 供应方所提供产品和服务的质量。包括施工机具的性能、效率和持续能力，提供的维护和使用服务水平等。

3) 供货能力。一般包括：生产能力、运输能力、贮存能力、交货期的准确性等。供货能力通常体现在为施工企业提供产品和服务的绩效上。

4) 风险因素。包括机械设备质量缺陷、供货迟到和服务不到位等不确定的因素。

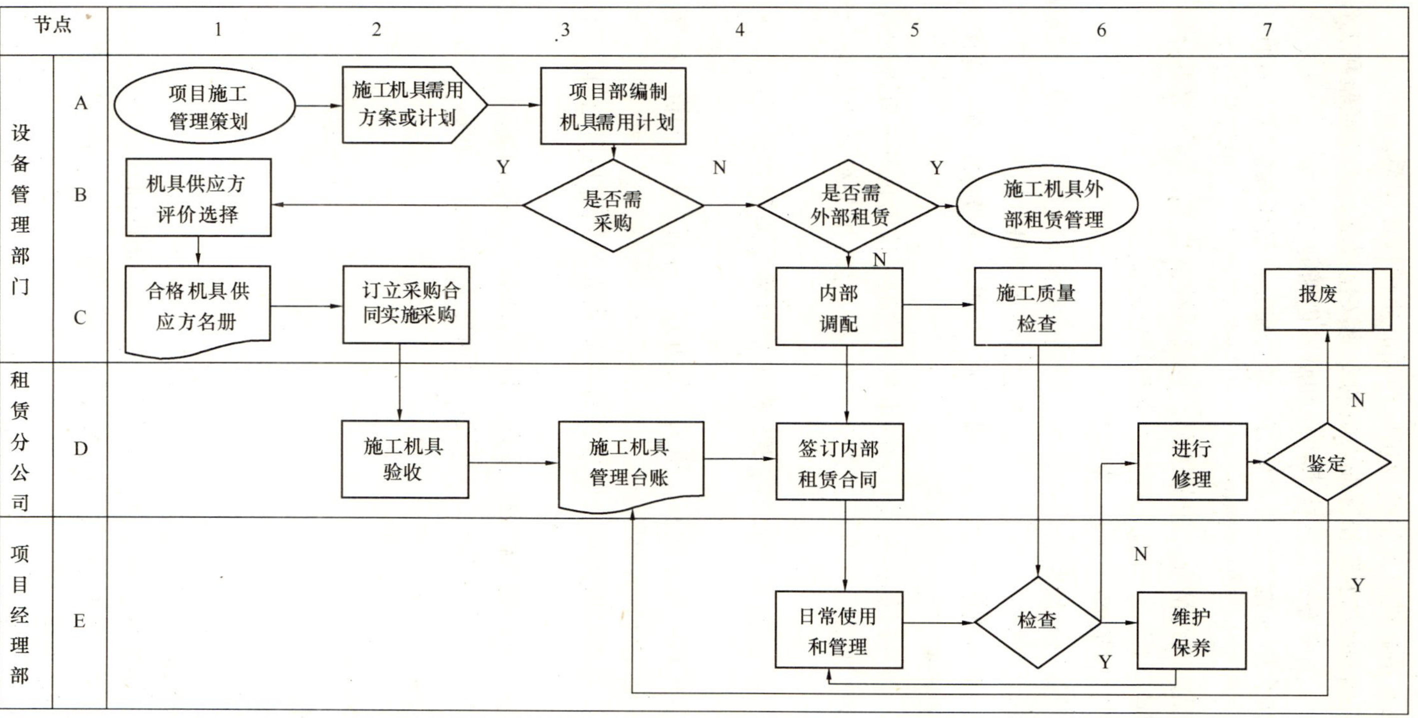

图 8.1.8-1 施工机具内部配备管理流程

5）当施工机具出现事故或是不合格的趋势时，还应考虑从供应方的以下方面进行进一步评估：

A. 质量管理体系。供应方生产或供应产品的质量管理体系。

B. 人员素质。供应方生产和管理人员的专业文化程度、工作经验和工作作风。

C. 技术水平。供应方的工艺技术特点和研发创新能力。

（3）经过评价合格的施工机具供应方，对其建立合格机具供应方名册。

（4）对于合格供应方每年再评价一次，由设备管理部门、租赁分公司、项目经理部评价其产品质量情况、履约情况、服务情况、持续供应能力等，如评价不合格应取消其合格供应方资格。见第 8.1.8.2 节施工机具外部租赁管理流程。

5. 节点 C2“订立采购合同实施采购”

（1）设备管理部门要按照法律要求和工程建设行业规定订立合约，规定相应的合作条款。合同内容包括：合同中应包括：设备名称、设备型号、质量标准、数量、价格、交付时间、运输方式、交货地点、验收方式和方法、后续服务要求、有关费用的分担和结算、有关环保和安全的要求、违约责任等。

（2）由设备管理部门负责人进行合同审核和批准。应考虑施工现场的管理能力，供销双方的责任、义务、服务范围和标准的合理性，约定的相关约束条款符合规定要求的程度等。

（3）为了确保满足施工过程的需要，施工机具采购或租赁合同应符合经审批的配备计划。

（4）采购可以采取招标采购和议招采购等方式，并对采购合同进行评审。

6. 节点 D2“施工机具验收”

（1）由设备管理部门组织项目经理部技术负责人和施工机具管理人员进行施工机具验收。

（2）应根据施工机具配备计划、采购或租赁合同、工程施工进度等，对施工机具进行验收。有关管理人员必须按照施工机具的性能和特点实施进场验收，内容包括：

1）数量；

2）技术参数；

3）安全防护装置；

4）使用手册；

5）维修说明；

6）备用件；

7）其他特殊要求。

（3）验收人员应根据合同及“装箱清单”或“设备附件明细表”等目录进行清点，包括设备、备件、工具、说明书、合格证等文件；重要施工机具的随机文件应作为施工机具档案按照相关制度的规定归档管理。

（4）项目经理部应保存验收记录以便需要时进行追踪。自有、购置或租赁的施工机具均应根据合同、设备清单、使用手册和附件明细表等进行清点、验收。

（5）有些特殊施工机具应该按照有关规定实施专门验收。需编制安装或拆卸方案的施工机具，包括盾构机、塔吊、外用电梯、脚手架和搅拌机等，其安装（或拆除）方案的内容由安装（或拆除）的方法、验收和安全保护措施等组成。该方案应按照规定要求经批准后实施。需要按照方案通过专门试验的施工机具，经过国家有关授权单位或监理验收合格后方可使用。

7. 节点 D3“施工机具管理台账”

(1) 施工机具管理台账应包括设备的状态、设备的保养和检修周期、使用单位等内容。

(2) 设备管理部应根据设备管理台账的相关信息，下发设备的大、中、小修计划，要求租赁分公司或项目经理部进行相应的修理。

8. 节点 C4“签定租赁合同”

(1) 设备管理部门根据管理台账负责组织施工机具内部调配，审批项目经理部提出设备租赁申请。租赁分公司负责按设备管理部门调配出租施工机具。

(2) 租赁分公司与项目经理部签定设备租赁合同，明确设备名称、技术指标、租赁期限、租金、租赁方式、租赁期间服务内容、双方的责任等；

(3) 租赁分公司无法满足项目部设备租赁要求时，应执行设备外部租赁管理流程。

9. 节点 C5“施工质量检查”E5“检查”

设备管理部门和项目经理部应及时检查合同履行情况，及时进行诊断、纠纷处理和合同中止等工作。项目管理人员应定期对施工机具供应方履行合同的过程进行检查，发现违反合同规定时，要及时按照合同要求进行处理。

10. 节点 D7“鉴定”

(1) 租赁分公司应组织对老旧设备进行设备的鉴定工作。

(2) 设备鉴定应由有资格的设备鉴定部门或人员组成鉴定组，实施鉴定工作。

(3) 鉴定后可以使用的设备应重新确定使用期限和鉴定周期，并纳入管理台账。

(4) 无法使用的设备应申请报废。

8.1.8.2 施工机具外部租赁管理流程

施工机具外部租赁管理流程，见图 8.1.8-2。

1. 一般要求

(1) 设备管理部门负责按机具需用计划调配施工机具；租赁分公司负责组织外部施工机具租赁工作；项目经理部负责编制机具需用计划和机具现场使用管理工作。

(2) 施工机具外部租赁管理其他要求见第 8.1.8-1 节施工机具内部配备管理流程。

2. 节点 B3“是否需外部租赁”

(1) 评审企业现有设备是否能满足项目需要，以决定是否需要外租。

(2) 企业现有设备可以满足项目部使用要求时，按自有设备内部配备管理流程执行。

3. 节点 B1“机具租赁方评价选择”

(1) 对可以提供机具设备的租赁方进行评价时，应包括以下内容：经营资格和信誉；产品和服务的质量；供货能力；风险因素等。

(2) 评价结果可以形成合格设备租赁方名册。

(3) 租赁设备应先从合格租赁方中选择，选择方式可以采取公开招标、邀请招标、直接租赁的方式。

(4) 当现有合格租赁方不能满足要求时，应对新的租赁方进行评价、选择。

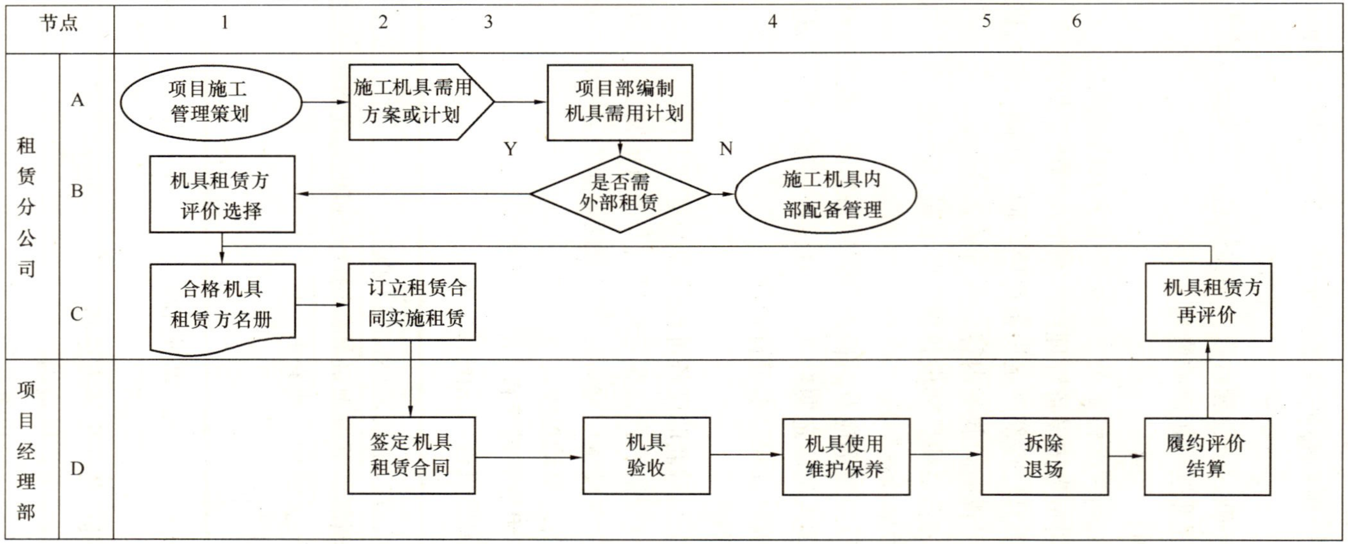

图 8.1.8-2　施工机具外部租赁管理流程

4. 节点 C2“订立租赁合同说是租赁”

（1）租赁合同可以根据租赁设备的重要程度、使用周期等确定。临时、短期使用设备的租赁合同可以适当简单一些。如：临时租用汽车吊进行吊装作业的合同就可以采用简化的租赁合同样本。

（2）所有的租赁设备均应签订租赁合同，以规定双方权利、义务和责任等内容。

（3）租赁合同的内容一般应包括：名称、数量、用途、租赁期限、租金及支付方式、租赁物维修等条款。

5. 节点 D3“机具验收”

（1）验收的依据包括：设备配备计划；租赁合同；租赁合同中约定的质量标准或其他技术要求；产品合格证、检验单、使用手册；其他要求。

（2）验收记录中应表明施工机具的名称、规格、型号、数量、供应方、实物检查及技术文件检查情况、签收人的签字、设备交接清单等。

（3）重点关注租赁的设备应按照合同的规定验证其施工机具型号、施工机具技术状态、随行操作人员的资格证明等。对于安装试运行出现问题或验收不合格的施工机具应按照合同的约定予以处理。

6. 节点 D6“履约评价结算”

设备使用完成后，由项目经理部对设备出租方提供的设备使用情况进行评价、结算，并将评价结果报送租赁分公司，作为再评价的依据。

7. 节点 C6“机具租赁方再评价”

（1）必要时，可对施工机具供应方进行再评价。再评价的内容包括：合同执行情况、施工机具的技术状态、服务及时性等。

（2）再评价重点分析施工机具供应方提供的产品和服务的变化情况、可靠程度等。具体包括：

1）技术更新水平；

2）管理服务提升层次；

3）应急响应能力；

4）信息沟通渠道；

5）风险预防措施。

（3）在评价过程中发现施工机具供应方出现质量和服务问题时应了解产生的原因，并进行评价。

8.1.9 检测设备管理流程

检测设备管理流程，见图 8.1.9-1。

1. 一般要求

设备管理部门负责按检测设备需用计划调配检测设备，对检测设备采购或租赁进行控制，对项目检测设备的配备、使用维护、周期检定活动进行监督和管理；项目经理部负责编制检测设备需用计划和检测设备现场使用管理工作。

2. 节点 B1“是否需采购租赁”

（1）对于项目经理部或试验室的申请需用计划进行评审，以决定是否需要采购或外部租赁。

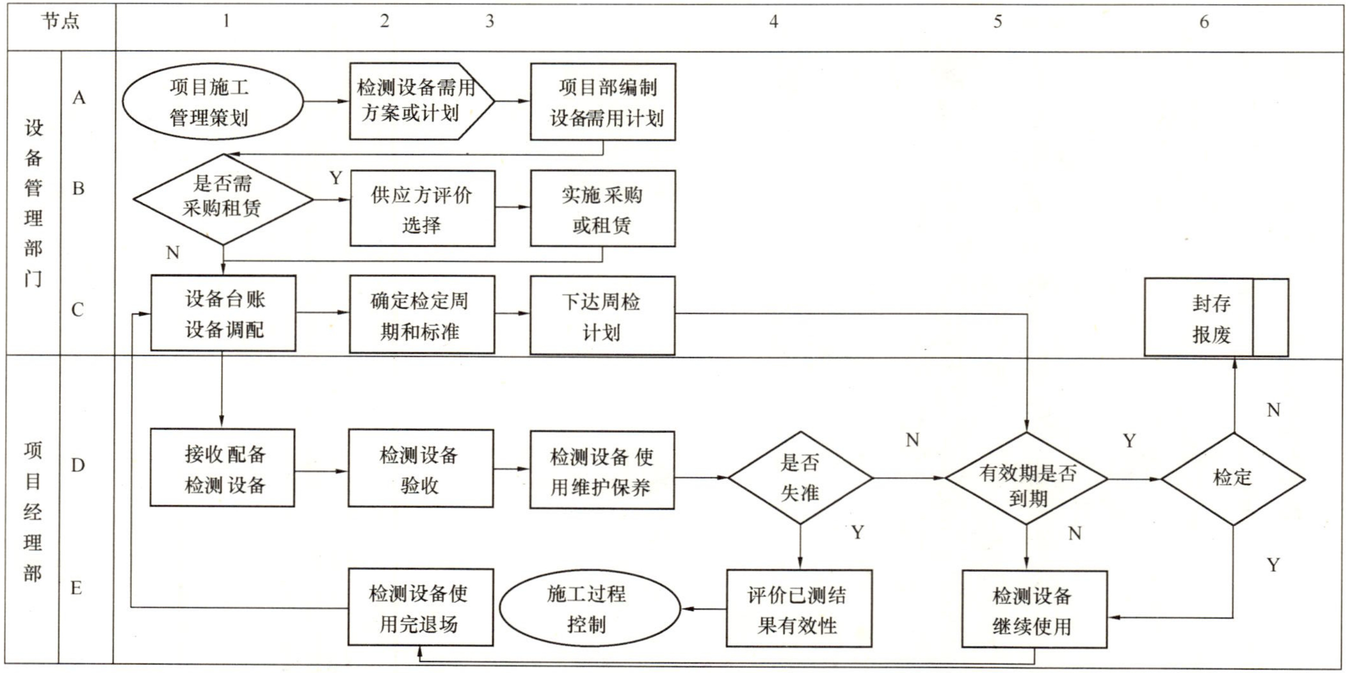

节点 1 2 3 4 5 6

设备管理部门
A
项目施工管理策划
检测设备需用方案或计划
项目部编制设备需用计划
B
是否需采购租赁
Y
供应方评价选择
实施采购或租赁
N
C
设备台账设备调配
确定检定周期和标准
下达周检计划
封存报废

项目经理部
D
接收配备检测设备
检测设备验收
检测设备使用维护保养
是否失准
N
有效期是否到期
Y
检定
N
Y
N
Y
E
检测设备使用完退场
施工过程控制
评价已测结果有效性
检测设备继续使用

图 8.1.9-1　检测设备管理流程

（2）原则上对于可以内部调配使用的设备不采取采购和租赁方式解决。

（3）自有设备一般采取调拨或租赁使用的形式进行配置。

（4）自有设备的数量、精度无法满足要求时可以采取采购或租赁方式解决。

3. 节点 B2“供应方评价选择”

（1）应在合格供应方名册中优先选择采购或租赁方，见第 8.1.8-1 节施工机具内部配备管理流程。

（2）应与采购或租赁方签订采购或租赁合同，明确设备要求。

（3）检测设备的供应方应具有政府计量行政部门颁布的《制造计量器具许可证》，其生产或销售的设备应带有 CMC 标记。

（4）检测设备的验收包括：合格证书，制造许可证，技术资料，厂名，厂址等，同时还要验证配带的专用工具、附件等，对外观进行检查。

（5）对采购设备确认合格后，做合格标记验证通过。

4. 节点 C1“设备台账设备调配”

（1）无论自有设备还是租赁使用的检测设备均应建立管理台账。台账内容应包括：名称、型号、精度、设备编号（出厂编号）检定周期，上次检定时间，设备状态（在用、停用、封存、报废）、合格证编号等。

（2）对于租赁使用或劳务队伍自带设备的管理可以由项目经理部进行控制。但应满足企业关于检测设备的管理要求。

（3）检测设备配备

1）无论采取何种方式，施工生产开展之前，应保证相应的检测设备的配备满足要求，并经检定和校准。

2）配备方式：自行采购、租赁、企业调拨、分包方自带等。

5. 节点 C2“确定检定周期及标准”

（1）国家或地方行业主管部门有强制性检定要求的检测设备按要求确定检定周期和合格标准。

（2）有国家计量标准的可以采取量值传递的方式，自行检定。

（3）无国家检定方法和标准的，可以根据企业的实际情况自行确定检定方法和检定标准。

（4）对于使用计算机软件的检测设备，可不制定检定标准，但当软件升级或检测设备、对象、条件、要求等发生变化时，应对软件进行再确认。

（5）保存鉴定或校准记录。

6. 节点 D2“检测设备验收”

（1）使用前，检测人员应核实检测设备的精度及检定标志，符合要求后，可以使用。

（2）对检测设备所使用的软件在使用前检测人员应予以确认。

（3）验收时发现设备精度不满足要求时，应进行更换。

（4）发现有设备失准时及时进行检定和校准。

7. 节点 D3“检测设备使用维护保养”

（1）设备的保管和维护人员应经过相应的培训。检测设备使用人员应对设备进行日常维护和保养，保持其完好状态。

（2）设备经长途运输或长时间停用后，再重新使用时，无论其是否在检定有效期内，检测人员必须对其进行校准，必要时送检。

（3）项目结束或检测工作结束后，将设备退回提供方。

8. 节点 D4“是否失准”

当发现检测设备不符合要求时，应对以往测量结果的有效性进行检查、评价和记录，并按评价结果修订和实施施工过程控制要求。

9. 节点 D5“有效期是否到期”

（1）检测设备应按规定的周期进行校准，使其准确度、稳定性、量程、分辨率等符合施工质量检查的要求。

（2）当出现下列情况时，应对设备进行检定或校准：

1）设备已到检定周期，包括法定周期和企业自行规定的检定周期；

2）经长途运输或长时间停用，认为必要时；

3）使用中发现设备已失准；

4）计算机软件修改、升级或检测对象、条件、要求等发生变化时。

10. 节点 D6“检定”

检定结论为不合格的检测设备，通过评审可以采取以下几种方式进行处理：

（1）经修理后，再检定；

（2）封存；

（3）报废。

8.1.10 物资采购控制流程

物资采购控制流程，见图 8.1.10-1。

1. 一般要求

（1）物资管理部门负责组织建筑材料、构配件和设备供应厂商的评价、重新评价和建立合格建筑材料、构配件和设备供应厂商名录、审查重大物资采购方案或计划、组织采购合同评审、中标通知书审核及对建筑材料、构配件和设备供应厂商选择招标进行监督检查工作；项目经理部负责确定物资采购方案或计划、编制物资需用计划，及实施授权范围内物资采购工作，包括编制物资采购计划、选择或招标选择供应厂商及采购合同谈判、签订等工作；企业物资供应分公司负责重要和大宗物资集中采购和供应工作。

（2）采购控制既包括对建筑材料、构配件和设备的控制，也包括对提供这些物资的供应厂商的控制。这些采购产品或直接构成最终产品，或对最终产品质量有重要影响。应针对不同的采购产品类型和数量确定不同的控制类型和程度，同时明确选择和评价供方的准则，包括必要时对已确定的供方进行再评价的准则。

（3）建筑材料、构配件和设备的采购方式应该按照分层次、分种类的方式进行，重点把握影响工程核心质量的关键采购过程。各类建筑材料、构配件和设备采购计划审批的权限和授权采购权限如下：

1）对于采购产品，按对建筑质量、施工安全及环境影响程度分为 A、B、C 三类。如表 8.1.10-1。

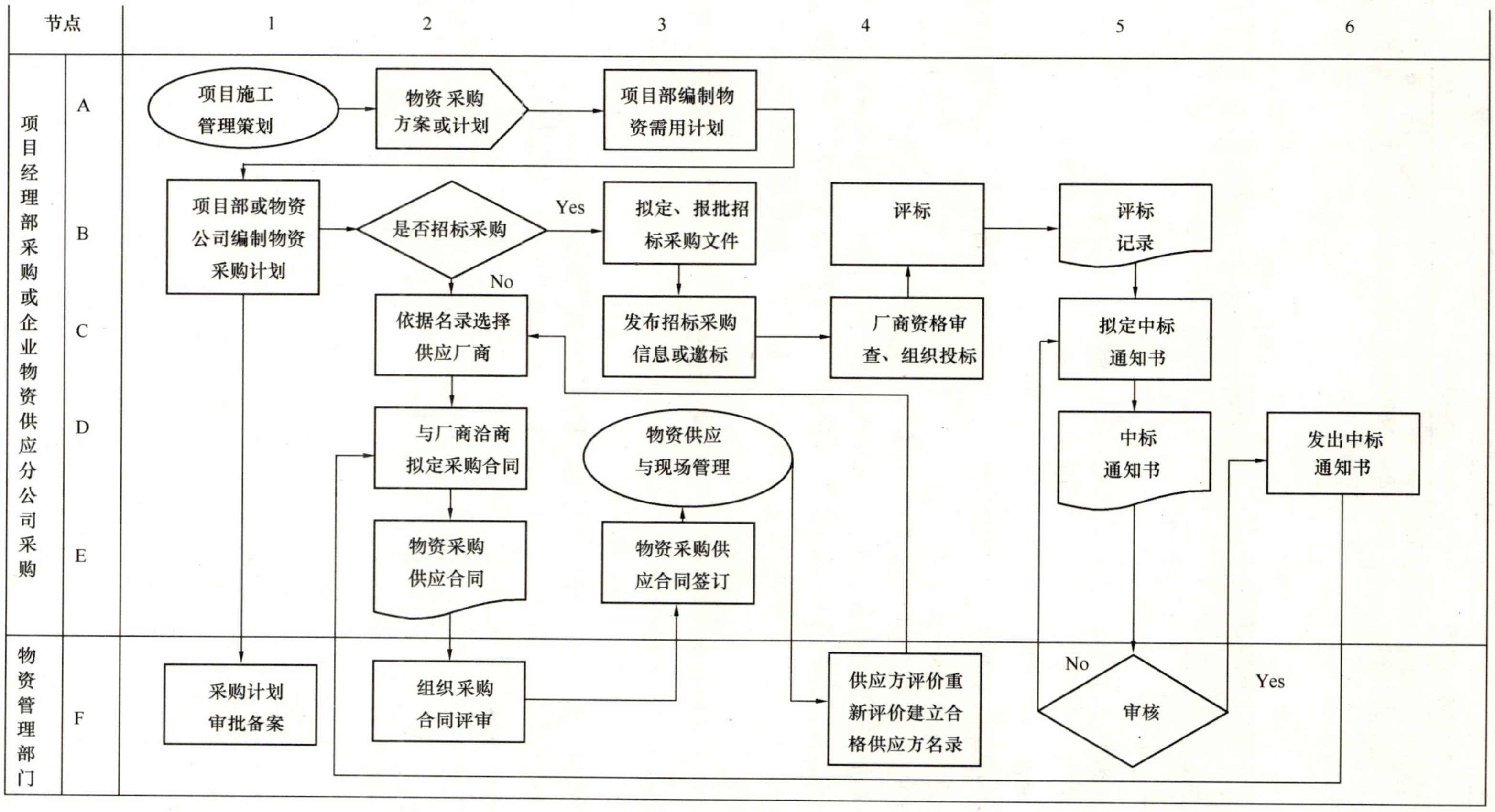

图 8.1.10-1 物资采购控制流程

产　品　分　级　　表 8.1.10-1

产品分级	建筑结构与装饰	水电暖通	其他
A	钢筋、水泥、外加剂、砖砌块、商品混凝土、防水材料、结构中重要构配件	制冷设备、空调系统、水泵、变配电设备	电梯、钢管、模板、安全帽、安全带、安全网、漏电开关、保险装置
B	砂石料、焊条焊剂、门窗材料、胶结材料、保温材料、装饰材料	管道、阀门、卫生器具、电线电缆及其他大宗配件	灭火器、脚手片、临时设施用材等
C	施工中用料较少的材料；施工辅助所用的低值易耗品		

2）涉及金额 10 万元以下或 C 类物资，项目经理部直接采购。

3）50 万元以下 A 类物资、100 万元以下 B 类物资，项目经理部采购，采购计划报物资管理部门审批。

4）50 万元以上 A 类物资、100 万元以上 B 类物资，物资供应分公司集中采购供应，采购计划报物资管理部门审批。

2. 节点 F4“供应方评价重新评价建立合格供应方名录”

（1）可根据所采购的建筑材料、构配件和设备的重要程度、金额等分别制订评价标准和规定评价的职责。应分别针对供货厂家、经销制订不同的评价标准。供应方的信誉可从其社会形象、其与本施工企业合作的历史情况等方面反映；供货能力包括储运能力、交货期的准确性等。

1）A 类产品由物资管理部门组织评价，物资供应分公司、项目经理部予以配合实施。

2）B 类产品由物资供应分公司、项目经理部组织评价，报物资管理部门备案。

3）C 类产品由项目经理部直接采购。

（2）考虑如下供应方的评价内容，建立供应方评价准则：

1）经营资格和信誉。包括国家工商部门批准的经营许可和建设部门核准的企业资质、经营业绩和影响力。

2）建筑材料、构配件和设备质量。包括供应方采购的建筑材料、构配件和设备的质量。必要时应考虑安全健康和环保的要求。

3）供货能力。包括数量和交付能力。

4）建筑材料、构配件和设备的价格。包括相应的性价比。

5）售后服务。包括服务的及时性和满意程度。

6）人员素质。包括人员的专业文化程度、工作经验和培训情况。

7）质量管理体系。包括过程能力的情况。

（3）根据所提供产品的重要程度不同，对供货厂家评价时，一般应在如下范围内收集可以溯源的证明资料：

1）资质证明、产品生产许可证明；

2）产品鉴定证明；

3）产品质量证明；

4）质量管理体系情况；

5）产品生产能力证明；

6）与该厂家合作的证明。

（4）对经销商进行评价时，一般应在如下范围内收集可以溯源的证明资料：

1）经营许可证明；

2）产品质量证明；

3）与该经销商合作的证明。

（5）对发包方指定的供应方也应进行评价。当从发包方指定的供应方采购时，发包方在工程施工合同中提出的要求、直接或间接地在各种场合、以各种方式指定供应方的记录都应成为选择供应方的依据。

（6）对供应方评价应形成记录。内容包括：

1）经营许可和资质、生产许可证等证明文件；

2）对供应方的各种形式的调查记录，质量管理体系审核记录；

3）评审的会议记录、传阅记录；

4）合格供应方名册；

5）招标过程的各项记录；

6）其他记录。

（7）对供应方的选择

企业对供应方进行选择可采用招标、组织相关职能部门实施评审，对供应方提供的资料进行评定，对供应方的供应能力进行现场调查等方法。

1）供应方的资格审查。

2）供应方考察：根据需要可组织对供应方作必要的考察。采取到供应方总部、在建工程以及与其合作过的单位进行调查，以了解其供货能力、供货业绩、履约能力、信誉、财务资金状况等。

（8）物资管理部门根据供应方评价选择结果，选择合格的物资供应厂商建立名录，作为项目物资采购供应工作承接的候选单位。

（9）根据对工程项目供应方履约评价结果，物资管理部门定期组织实施供应方重新评价，修订、发布最新的合格物资供应方名录。见第 8.2.6.2 节物资供应与现场管理流程。

3. 节点 A3“项目部编制物资需用计划”

（1）项目经理部可根据需要分别编制建筑材料、构配件和设备（需求）申请计划，应确定所需计划的类别，明确各类计划中应包含的内容。

（2）计划编制人员应明确计划编制的依据和要求，并确定各类计划编制和提供的时间要求。

（3）建筑材料、构配件和设备需用计划中应包括所采购产品的种类、规格、型号、数量、交付期、质量要求以及采购验证的具体安排。项目专职技术人员根据施工图及方案编制其负责区域的建筑材料、构配件和设备申请计划。

（4）需用或申请计划应明确：需要的建筑材料、构配件和设备名称、类别、规格、等级、计量单位、数量、技术质量要求、交付期、涉及的图纸编号或样本（品）的编号等。

（5）项目经理部的采购负责人负责将项目经理部的需用或申请计划实施汇总，报项目经理批准，并按照规定及时传递信息。

（6）应确保所采购的建筑材料、构配件和设备符合有关职业健康、安全与环保的要求，特别是新材料、新构配件和新设备的职业健康、安全与环保性能，需要在需用或申请计划乃至采购计划进行重点关注和管理。主要包括：

1）相关方的直接要求和期望；

2）国家已经明令淘汰和禁止的建筑材料、构配件和设备；

3）施工企业的社会责任体现的相关要求。

4. 节点 B1“项目部或物资公司编制物资采购计划”

（1）按授权采购权限，对项目经理部提出的建筑材料、构配件和设备申请计划实施审核、汇总和平库以后，编制形成采购计划和供应计划。

（2）采购计划包括：需采购的建筑材料、构配件和设备名称、类别、规格、等级、计量单位、数量、技术质量要求、涉及的图纸编号或样本（品）的编号、建筑材料、构配件和设备的交付期。

（3）供应计划包括把建筑材料、构配件和设备供应（含企业内部调剂的物资）到现场的安排。

（4）B 类物资采购计划和供应计划等在实施前由物资供应分公司负责人或项目经理批准，报物资管理部门备案。A 类物资采购计划和供应计划等在实施前报物资管理部门批准。

5. 节点 B2“是否招标采购”

（1）采购方式按采购实施主体划分，可分为：

1）企业采购，即由企业物资供应分公司组织采购；

2）项目经理部采购；

3）发包人采购（属于顾客提供财产范畴），发包人采购的方式和范围应在工程承包合同中规定。

4）分包方采购，分包方采购和管理的方式应在分包合同中规定，见第 8.2.6.3 节工程/劳务分包方选择招标流程。

（2）采购方式按按采购方法划分，可分为：

1）招标采购。企业以招标文件的方式，约请采购策划名单中的多家供应方投标，经过评标，选择最佳供应方。对于大宗物资、工程设备以及采购金额较大的，宜采用招标采购。

2）邀标采购。企业以招标的方式邀请特定的供应方投标，用招标方式确定供应方。对于批量小、价值较低以及不宜招标的，可采用询价招标。

3）直接采购。对于零星材料或较困难实施质量、价格对比的，或单项物资价值低的（如低于 10 万元）可考虑直接采购。

（3）选择和确定建筑材料、构配件和设备供应方和采购的要求选择和确定提供影响工程核心质量的 A 类物资的供应方，必须采用以下招标采购或邀请采购方式中的一种，其他供应方的选择和确定可以灵活些，包括直接采购。

1）招标采购：企业组织编制招标文件。实施公开投标、开标，并与供应方作技术及价格谈判。

2）邀请采购：采购主办人员组织编制并向拟定供应方发出投标邀请函。其内容主要包括：项目概况、报价范围、报价要求、报价时间、技术质量要求、合同文本等。采购主办人会同有关人员，与供应商进行价格及合同谈判。

3）直接采购：直接采购应在合格供应方范围内进行，在保证质量的基础上关注价格和服务的水平。采购人员按批准的供应方和价格，向供应方发出采购订单。在订单中须明确：物资名称、规格型号、数量、付款方式、到货时间、保证金等。

4）报批样本/样品：对于需要进行样本/样品报批的建筑材料、构配件和设备，采购人员在与项目经理部相关人员沟通后，选送供应方产品样本/样品报项目监理、设计、业主等相关方。项目经理部主管负责人办理有关手续，并向采购人员及时通报报批结果，以确定是否采购。

6. 节点C2“依据名录选择供应厂商”

依据合格物资供应厂商名录选择供应厂商直接采购。

7. 节点B3“拟定、报批招标采购文件”

招标文件包括：投标邀请书、投标方须知、技术标准及要求、合同文本等。招标文件经项目经理、采购负责人会审后，报送物资管理部门批准。

8. 节点C4“厂商资格审查、组织投标”

1）供应厂商的资格审查

对于拟招标的候选供应厂商，若已在合格物资供应厂商名录中，则无须再进行资格审查，即可直接进入投标阶段。对于未纳入企业合格物资供应厂商名单的，则须对其进行资格审查，资格审查合格的方可参加投标。

2）供应厂商考察

根据需要，可组织对供应厂商作必要的考察。

9. 节点B4“评标”

（1）组织对投标供应厂商的技术标进行评价。评价的内容主要为产品质量的等级和质量标准、供货与储运能力、交货方式和时间等。

（2）组织对投标供应厂商的商务标进行评价。商务标的评价内容主要是价格，原则应是合理最低价中标，即供应厂商的价格不偏离成本价格的最低价。

（3）根据招标的评价原则确定中选供应厂商。如果各投标供应厂商的最终报价均大幅度偏离标底，或招标过程中发生明显不利于定标的异常情况，应该向物资管理部门报告，以决定招标是否有效或是否重新招标。

（4）建立和保存评标记录。

（5）供应厂商的确定

采购授权人对确定的供应方批准后，企业可以以口头或书面的方式通知供应方，并组织签订采购合同及办理具体采购事宜。

10. 节点D2“与厂商洽商拟定采购合同”

（1）采购合同是实施采购计划的重要工作，特别是主要材料由于质量要求高、数量大和交付期紧必须通过采购合同避免风险。

（2）企业物资供应分公司和项目经理部应根据采购计划订立采购合同。合同应包括名称、规格型号、品种、数量、计量单位、包装、付款方式、到货时间、明确的技术质量指标和保证金等内容。

(3) 有些质量要求不高的零星建筑材料、构配件和设备可以根据采购计划的规定直接采购，而不需要订立采购合同。

11. 节点 F2“组织采购合同评审”

(1) 在完成规定的供应方选择评价活动后，经物资管理部门组织评审、批准，可签订采购合同。发现问题时，物资管理部门应及时实施改进措施。

(2) 如果因为采购合同的原因需要修改采购计划时，要经过授权人批准。采购合同必须符合国家的有关法律法规和企业的相关规定。

8.1.11 工程/劳务分包方选择招标流程

工程/劳务分包方选择招标流程，见图 8.1.11-1。

1. 一般要求

(1) 工程管理部门负责组织分包方评价、重新评价和建立合格工程/劳务分包方名录、审查工程和劳务分包方案或计划、组织分包合同评审、中标通知书审核及对项目工程/劳务分包方选择招标进行监督检查工作；项目经理部负责确定项目分包范围、选择项目分包模式、选择分包合同种类、招标及分包合同谈判、签约等工作。

(2) 企业负责工程项目的管理和协调工作，分包方负责具体的作业活动；企业负责整体工程项目包括分包工程的质量责任，负责赔偿整体工程项目（含分包工程）质量事故造成的损失；分包方负责分包工程的具体质量责任，并负责赔偿由其质量事故造成的损失。

2. 节点 F4“分包方评价重新评价建立合格分包方名录”

(1) 评价、选择的分包方的质量水平是决定分包管理效果的重要内容。评价和选择的方法，包括：分包方信息搜集、招标，工程管理部门组织相关职能部门实施评审，对分包方提供的资料进行评定，对分包方的施工能力进行现场调查等，必要时可对分包方进行管理体系审核。

(2) 考虑如下分包方评价的内容，建立分包方评价准则：

1) 经营许可和资质证明，包括国家工商管理部门的经营许可和建设主管部门的企业资质核定；

2) 专业能力，包括施工实施、设备租赁和技术服务能力；

3) 人员结构和素质，包括文化程度、技术等级、工作经验等；

4) 机具装备，包括工程能力、数量、技术参数等；

5) 技术、质量、安全、施工管理的保证能力，包括施工管理体系的水平；

6) 工程业绩和信誉，包括施工项目的质量、安全、环保、进度和合同履约情况。

7) 如果评价的证据不充分、不确切，需要现场进行了解时，可对分包方进行质量管理体系审核。

(3) 对分包方评价应形成记录。内容包括：

1) 经营许可和资质证明文件；

2) 质量管理体系审核记录；

3) 评审的会议记录、传阅记录；

4) 合格分包方名册；

5) 招标过程的各项记录；

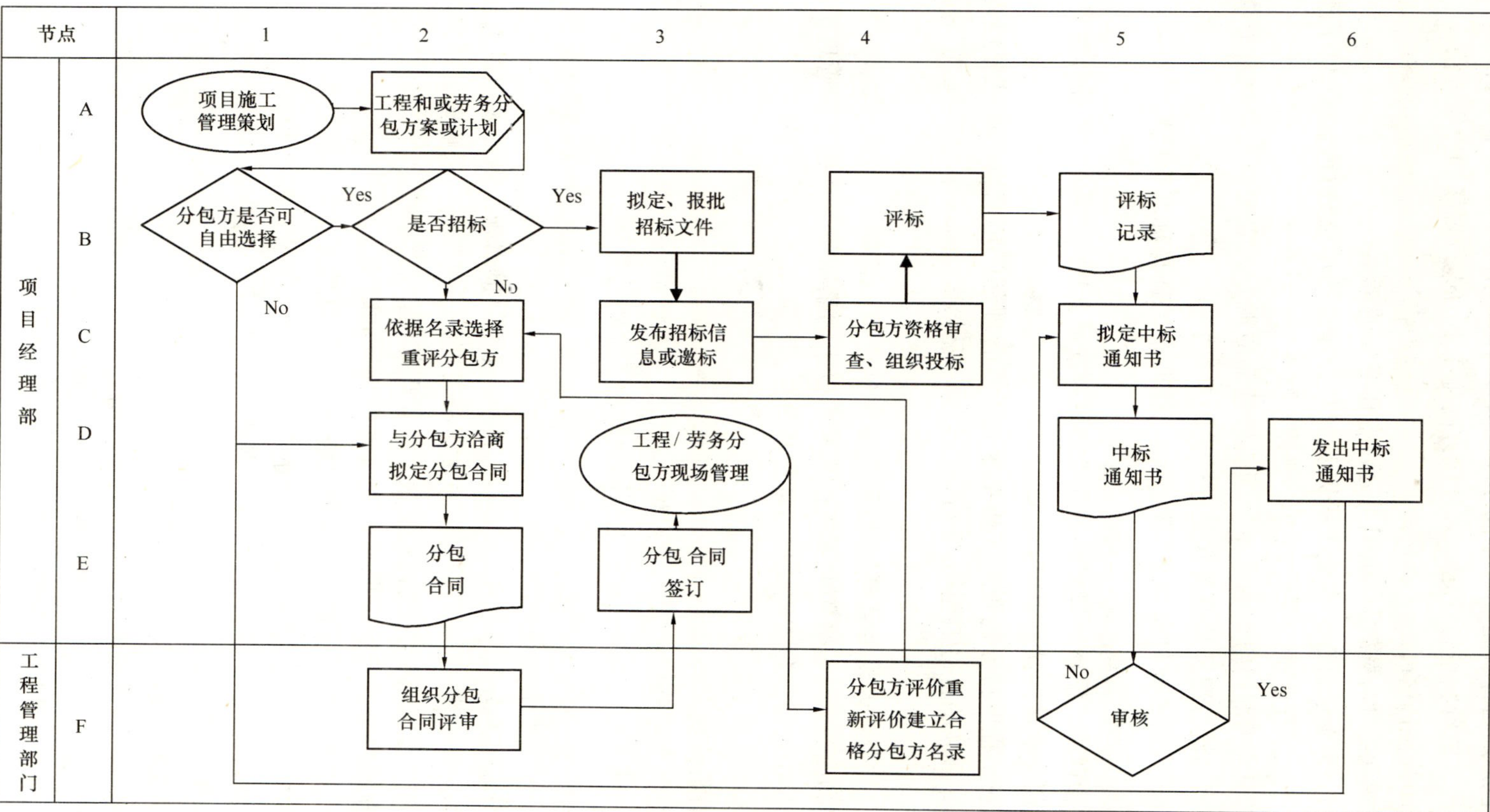

图 8.1.11-1　工程/劳务分包方选择招标流程

6）其他记录。

（4）对分包方的选择。企业对分包方进行选择可采用招标、组织相关职能部门实施评审，对分包方提供的资料进行评定，对分包方的施工能力进行现场调查等方法。

1）分包方的资格审查。

2）分包方考察：根据需要可组织对分包方作必要的考察。

A. 采取到分包企业总部、在施工程以及与其合作过的单位进行调查，以了解其施工能力、管理水平、工程业绩、履约能力、信誉、财务资金状况等。

B. 对于工程管理部门组织的考察，项目经理部应派专人参加，必要时对分包商的技术管理、施工机具设备配置情况等作更进一步的考察。

C. 分包可分为劳务分包和专业工程分包，这两个的选择标准应该有所不同，在评价内容上也应有不同的侧重点。

（5）工程管理部门根据分包方评价选择结果，选择合格的工程/劳务分包方建立名录，作为项目分包任务承接的候选单位。

（6）根据对工程项目分包履约评价结果，工程管理部门定期组织实施分包方重新评价，修订、发布最新的合格工程/劳务分包方名录，见第 8.2.6.3 节《工程/劳务分包方现场管理流程》。

3. 节点 B1“分包方是否可自由选择”

（1）工程和或劳务分包采购方案或计划考虑以下因素制定，并报工程管理部门审核、确定是否企业集中选择分包或授权项目部选择分包：

1）企业无专业施工资质；

2）当地有特殊要求；

3）建设单位指定分包；

4）项目经理部根据经济、合理地原则组织施工生产的需要。

（2）分包采购计划

1）分包方采购申请计划

A. 项目分包方的分包内容和范围应在合同中规定。根据施工需要及进度安排编制项目分包方采购申请计划。当项目分包方系由工程管理部门组织统一采购时，项目须将经项目经理批准后的分包方采购申请计划上报工程管理部门。

B. 分包方采购申请计划需明确：分包方类别（如降水、土方、基础、主体、装修、机电等），暂估造价，合同形式，分包方的资质要求，付款方式，特殊要求（如：分包方注册地址的要求、对分包方负责采购物资的要求、对分包方考察的要求等）。

C. 项目经理部可推荐候选分包方，但须在分包方采购申请计划中列明分包方的名称、联络方式等信息。

2）分包方采购计划的审核及实施

A. 工程管理部门审核项目经理部提出的分包方采购申请计划，确定候选分包方名单，根据候选分包方的评审结果提出确定分包方的建议并实施。

B. 分包方采购计划主要包括：采购实施部门，采购方式，合同形式，候选分包方，分包方报价原则，采购工作的起止时间。

4. 节点 B2“是否招标”

分包采购是指企业按照规定的评价准则和评价办法依法选择合适的分包方。分包采购按以下因素考虑采购方法：

A. 招标采购：企业以招标文件的方式，约请采购策划名单中的多家分包方投标，经过评标，选择最佳分包方。对于工程大或分包工程金额较大的，宜采用招标采购方式确定分包方。

B. 邀标采购：企业以招标的方式邀请特定的分包方投标。对于工程量较小、承包额较低的以及不宜招标的，可采用邀标采购方式确定分包方。

C. 独家议标采购：主要适用于发包人直接指定分包方。在特殊情况下若市场上仅有一家或直接确定一家有利于项目管理目标实现，可采用独家议标的方式确定分包方。

D. 依据合格工程/劳务分包方名录直接选择采购。

5. 节点C2“依据名录选择重评分包方”

依据合格工程/劳务分包方名录直接选择采购适宜的分包方，必要时分包方进行重新评价或横向比较选择。

6. 节点B3“拟定、报批招标文件”

项目经理部组织编制招标文件，并报工程管理部门审批。招标文件中应明确：分包工程范围；工期要求；技术要求；质量要求及工程创优要求；人员要求；机具设备要求；环保及职业健康安全管理要求。

7. 节点C4“分包方资格审查、组织投标”

1）分包方的资格审查

对于拟招标的候选分包方，若已在合格工程/劳务分包方名录中，则无须再进行资格审查，即可直接进入投标阶段。对于未纳入企业合格分包方名单的，则须对其进行资格审查，资格审查合格的方可参加投标。

2）分包方考察

根据需要，可组织对分包方作必要的考察。

8. 节点B4“评标”

（1）组织对投标分包方的技术标进行评价。评价的内容包括：施工组织设计，技术方案，进度计划等。

（2）组织对投标分包方的商务标进行评价。商务标的评价内容主要是价格，原则应是合理最低价中标，即分包商的价格不偏离成本价格的最低价。

（3）根据招标的评价原则确定中选分包方。如果各投标分包方的最终报价均大幅度偏离标底，或招标过程中发生明显不利于定标的异常情况，应该向工程管理部门报告，以决定招标是否有效或是否重新招标。

（4）建立和保存评标记录。

9. 节点D2“与分包方洽商拟定分包合同”

（1）在选择确定分包方后，施工企业要按照总包合同的约定，依法订立分包合同。分包合同包括专业分包合同、土建分包合同、劳务分包合同等。

（2）分包合同依据分包工程的难易、大小可简可繁。对某一项小的单项分包工程，可能只有简单的几项内容，但对于大的分包工程项目，分包合同应内容详尽，权利、义务明确。具体的订立分包合同的方法有：根据分包合同条件草拟工程分包合同，与分包进行合同谈判，使用工程分包合同标准文本等。

(3) 施工企业与分包方订立分包合同时，应以工程总承包合同为基础。分包合同应：

1) 符合法律法规的规定；

2) 符合建设工程总承包合同或专业施工合同的规定；

3) 明确施工或服务范围、双方的权利和义务，质量职责和违约责任；

4) 明确分包工程或服务的工艺标准和质量标准；

5) 明确对分包方的施工或服务方案、过程、程序和设备的签认、审批要求；

6) 明确分包方从业人员的资格能力要求。

(4) 分包的标准合同和非标准合同。

分包的合同形式主要是标准合同，但在特殊情况下可以订立非标准合同。

1) 标准合同的内容以《建设工程施工专业分包合同示范文本》GF-2003-0213 和《建设工程施工劳务分包合同示范文本》GF-2003-0214 为准。

A. 合同格式；

B. 合同形式；

C. 支付方式；

D. 保函；

E. 保险；

F. 材料供应和检测；

G. 工程范围和时间；

H. 临时工程和设施的使用；

I. 施工现场、通道或便道的使用；

J. 工程变更；

K. 保留金和维修期限；

L. 税务；

M. 总包商接管权利的行使；

N. 争议的解决。

2) 非标准合同（特殊情况下）的内容

与分包方订立的非标准文本合同至少应包括：所协议分包的内容、时间、质量、安全、文明施工等要求、结算方式与付款办法、交工后必须提供的服务、违约处理意见等。非标准合同的内容必须符合国家的合同管理要求。

(5) 独家议标采购分包合同

1) 独家议标采购主要适用于业主直接指定分包方。发包人指定分包方有两种情况：第一种是分包工程范围不在项目经理部的承包范围，分包方是发包人选择的，但发包人有书面文件规定由项目经理部与分包方签署合同或签署三方合同，并纳入项目经理部的管理范围；第二种是分包内容在项目经理部的承包范围，但发包人有文件指定了唯一的分包方。

2) 对于第一种情况，项目经理部可组织直接签订合同。

3) 对于第二种情况，项目经理部在向工程管理部门提交分包采购申请计划时，同时提交有关业主指定分包商的文件。对于第二种情况的分包方采购仍然需履行招标采购形式所规定的程序。

4）对于非发包人指定的分包方，在特殊情况下宜采用独家议标方式时，仍需履行招标采购形式所规定的程序，由工程管理部门批准。

10. 节点 F2“组织分包合同评审”

在完成规定的分包方选择评价活动后，经工程管理部门组织评审、批准，可签订分包合同。

8.1.12 施工技术支持与服务管理流程

施工技术支持与服务管理流程，见图 8.1.12-1。

1. 一般要求

技术管理部门负责组织编制或审核批准项目施工组织设计方案措施等技术质量文件，策划和实施施工技术支持服务管理活动，包括技术问题诊断解决、科技成果推广及技术成果创新和研究开发、技术基础管理的支持服务等；项目经理部负责编制施工组织设计方案措施等技术质量文件，按照方案措施要求施工生产和进行过程控制。

2. 节点 B2“施工技术支持服务管理策划”

技术管理部门按年度、季度或月度根据工程项目施工生产进度和风险情况等定期编制施工技术支持服务计划，如“四新”科技成果推广应用计划等，主要包括施工组织设计的编制和审批、科技成果推广及科技创新、科技示范工程的申报和验收、重点技术攻关项目及专利工法编制申报、技术系统交流培训、施工质量检查等的策划，并分解到具体单位和项目，落实责任人。

3. 节点 B3“组织编制或审核批准”

（1）施工组织设计、方案、措施编制内容要求见第 8.2.2 节项目施工管理策划流程、图 8.2.6-6 关键施工过程质量控制流程。

（2）施工组织设计编制审批制度

1）特大型项目（建筑面积 10 万 m^2 以上）、特殊或重点工程项目的施工组织设计由项目经理部编制，企业总工程师组织技术管理部门等相关部门审核、总工程师批准。

2）大型项目（建筑面积 6 万 m^2 以上）和重点工程项目的施工组织设计由项目经理部编制，技术管理部门组织相关部门审核后经总工程师批准。

3）中型项目（建筑面积 3 万 m^2 以上）、小型项目（建筑面积 3 万 m^2 以下）的施工组织设计由项目经理部编制，技术管理部门组织相关部门审核后经总工程师授权人批准。

（3）施工方案编制审批制度

施工方案、技术措施等技术质量文件原则上由项目技术负责人审核，项目经理批准后实施，但以下部位的施工方案必须报技术管理部门组织审核、总工程师或其授权人审批后实施，如：基坑支护与降水；地基处理工程；土方开挖；1000m^2 以上的土方回填；大体积混凝土；模板工程；脚手架工程；起重吊装工程；大型或重要的设备基础及塔吊、施工电梯基础；临时用电施工方案；屋面工程；外墙装饰；拆除爆破工程；特殊部位及工艺；重（难）点、关键或特殊过程的施工方案等。

4. 节点 B4“施工质量检查”

（1）施工质量检查见第 8.3.1.4 节项目施工质量检查、分析与改进流程。

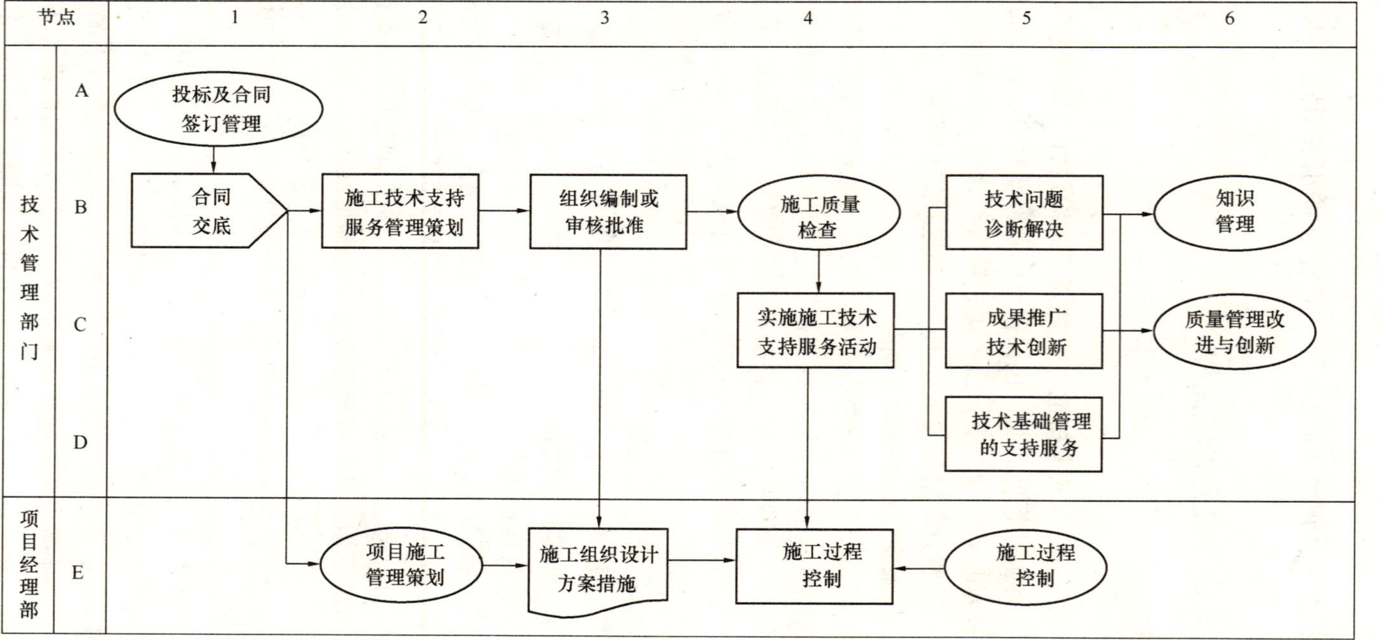

图 8.1.12-1　施工技术支持与服务管理流程

（2）施工质量检查重点内容是施工组织设计、施工方案或技术措施等技术质量文件实施的有效性。

1）技术管理部门定期对在建工程项目施工组织设计的实施情况进行检查并形成记录，并汇总分析施工组织设计实施情况和检查结果以及施工组织设计发生重大调整的项目情况，随时掌握项目技术管理情况，且每年在项目绩效检查中对项目经理部的施工组织设计的管理情况进行复核。

2）技术管理部门定期了解在建工程施工方案或技术措施的编制、审批、实施情况。对工艺要求比较复杂或施工难度较大的分部、分项工程及易出现质量通病的部位，必须检查项目编制的专项施工方案或作业指导书。

5. 节点C4“实施施工技术支持服务活动”

（1）施工技术支持服务管理活动，包括技术问题诊断解决、科技成果推广及技术成果创新和研究开发、技术基础管理的支持服务等。

（2）实施施工技术支持服务管理活动，既可在技术管理部门日常管理工作中进行，也可在技术管理部门对项目经理部施工质量检查工作和专项服务活动中进行。

6. 节点B5“技术问题诊断解决”

技术管理部门通过项目施工质量检查和专项内部沟通获悉项目施工技术问题和难关，尤其是项目“四新”科技成果推广应用和技术研发过程中发生的技术问题和难关，可通过如下措施加以解决：

（1）技术管理部门内部及时实施诊断解决。

（2）技术管理部门组织有关人力和技术资源，修订或编制、实施专项施工方案或技术措施。

（3）总工程师组织技术专项攻关。

7. 节点C5“成果推广技术创新”

（1）成果推广技术研发是施工组织设计得以实施的有力的技术支持和保障，同时也是提升企业科技实力的有效手段。在工作中应紧紧围绕降低成本，提高效率，改进工艺，提高质量，培养科技人才，提升企业整体科技实力来工作。企业鼓励全体员工技术创新，项目部在编制施工组织设计或专项施工方案时，要有技术创新意识，从管理和技术上大胆创新。

（2）工法编制与技术总结管理

1）工法编制与技术总结是施工组织设计实施后的输出和总结之一，也是对同类工程施工经验的积累和创新。项目经理部根据年度施工技术支持服务计划将指标分解到指定项目，并应根据中标情况及时补充，并指定人员实施，且每年和项目竣工后一个月内对项目上报的技术总结和工法进行审核。

2）技术管理部门定期在项目绩效检查中对项目工法编制与技术总结管理实施情况进行检查。技术管理部门负责组织评审上报的技术总结和工法，在编辑、整理后录入工法与论文资料库，纳入企业知识管理系统，对符合申报三级以上（含三级）工法条件的推荐上报。

（3）科技成果推广管理

1）科技成果推广是新的先进的施工方法或技术在工程中的应用，在施工组织设计的编制和实施中都应有反映。项目经理部根据上报的科技推广“四新”计划和年度科技工作计划，落实责任人及完成时间，并作好科技推广结果和管理的记录工作，且定期审核、汇总技术进步经济效益与节约三材计算等情况。

2）技术管理部门及时汇总项目科技成果推广实施情况以监控企业科技成果推广应用活动，定期组织项目绩效检查，对项目的科技成果推广应用实施情况进行抽查。

（4）科技推广示范工程管理

1）科技推广示范工程管理应严格执行示范工程的立项审核、实施与监督，应用成果验收评审，以及推荐申报省部级示范工程的工作程序。

2）项目经理部根据新承接工程实际情况和年度科技工作计划，落实责任人及完成时间，并配合项目作好上级科技推广示范工程的立项申报、实施监督、验收评审工作，且每季度对科技推广示范工程进行检查并每半年书面报告科技推广示范工程的进展情况。

3）技术管理部门对申报和验收资料进行审核并上报，且定期组织项目绩效检查，对项目科技推广示范工程的实施和完成情况进行检查。

（5）科技攻关与成果管理

1）科技攻关与成果，如对属于企业重点发展方向、有较大经济效益、在本行业领先或超前的重大科研攻关开发项目，对企业具有整体指导意义的科技规划、技术标准、工法、科技信息等的软科学研究课题等，是按照企业总体战略对有条件的项目的科技成果及项目攻关采用的新工艺、新技术的管理。

2）技术管理部门每年根据行业发展状况和企业所属项目的情况，确定进行科技攻关的项目，成立科技攻关团队，制定科技攻关实施计划，确保科技攻关工作顺利开展和科技攻关计划的实施。

3）项目经理部作好对符合申请攻关开发项目的工程的申请立项、实施与管理以及成果鉴定申请工作，并配合作好科技成果的申报工作。

4）技术管理部门对攻关开发项目申请立项、申请资料和成果鉴定进行审核并上报，并配合作好科技成果的申报资料审核工作。

（6）专利技术的管理

1）专利是指发明专利、实用新型专利以及外观设计专利等。企业的专利管理目标是促进企业技术创新能力，鼓励员工发明创造的积极性，积累专利资产；在企业内牢固树立专利意识。

2）总工程师主管和统筹企业专利工作；技术管理部门为专利管理的执行机构。在专利管理工作中，必要时可从社会中介机构聘请专业人员帮助企业开展专利工作，并对该方面工作实施管理。

3）技术创新工作应当与企业的专利管理紧密结合，对应该申请专利的技术创新成果及时提出申请。技术管理部门每年根据行业发展状况和企业所属项目的情况，确定专利立项和申请项目。

4）对于已经提交的专利申请和已经获权的专利，由技术管理部门负责跟踪监控，技术管理部门负责企业专利保护的市场监视工作，及时掌握本行业专利申请及授权情况，对出现的侵权行为，由技术管理部门进行综合分析后提出和组织实施应对措施建议。

8. 节点 D5“技术基础管理的支持服务”

(1) 技术标准的管理

1) 企业采用的技术标准不得低于国家和行业标准的规定，并必须执行国家强制性标准。

2) 技术管理部门根据国家、行业、地方及企业技术标准的颁布及修订情况，适时地发布技术标准的有效版本清单，并根据收集的标准颁布和修订的信息及时发布标准更新信息。

3) 项目经理部应根据企业有效版本清单以及自行收集的地方标准，适时地发布项目经理部有效版本清单，并及时更新，同时向上级部门反馈相关的技术标准信息，以便在企业范围内形成信息共享。

4) 各项目经理部在收到现行标准、规范的有效版本清单或标准更新信息后，应及时更新各自的有效版本清单。在日常检查中，各项目经理部对项目使用的标准的有效性进行复核。

5) 项目经理部在项目施工前期准备阶段应对所要使用的标准、规范按有效版本清单进行审核，督促项目配齐与工程施工相关的所有有效的标准、规范，并检查项目所有技术人员对技术标准学习的记录。

(2) 图纸会审管理

1) 图纸会审是对工程设计的复核，也是对施工组织设计编制依据的复核，企业总工程师和技术管理部门应参与大型及其以上工程或特殊工程的图纸会审。

2) 图纸会审管理工作见第 8.2.2 节项目施工管理策划流程。

(3) 设计变更及技术核定管理

1) 设计变更是设计单位出具的具有法律效应的对工程的实质性变化，同时也将对施工组织设计提出修改要求，并影响整个工程的施工安排及造价，因此应对设计变更予以重视。

2) 在施工过程中，由项目施工要求改变设计时，应出具技术核定单，送交建设单位和设计单位，经同意签字盖章后方可按变更要求施工。对人工、材料、工期或其他影响较大的，应报上级部门批准后，方可开具技术核定单。

3) 若工程结构及安全设施等方面将发生重大设计变更或技术核定，应对实施的施工组织设计进行重大调整。

4) 设计变更和技术核定管理工作见第 8.2.7 节工程变更管理流程。

(4) 技术交底管理

1) 技术交底是施工组织设计和施工方案（作业指导书）能够实现的基础，是确保每一工序在受控状态下进行施工的前提。

2) 技术交底管理工作见第 8.2.6 节施工过程控制流程。

(5) 技术资料管理

1) 施工技术资料分竣工档案类和内部管理类两大类，是施工组织设计实施效果和工程实体质量的证据，工程施工过程中应对工程技术资料实施分类管理，并符合《建设工程文件归档整理规范》GB/T 50328—2001 要求。

2) 项目经理部应定期对所属项目施工技术资料管理情况进行检查，并督促整改，确保技术资料与工程施工进度同步，资料完整、齐全。

3）具体管理要求见第 8.1.15 节记录控制流程。

（6）季节性施工技术方案或技术措施管理

1）当项目进入季节性施工阶段时，技术管理部门应组织编制和实施专项季节性施工方案或技术措施。

2）季节性施工技术方案或技术措施管理见第 8.2.6.4 节作业环境控制流程。

（7）技术团队建设

1）企业各级技术部门应建立和维护技术人员数据库，并定期上报技术管理部门形成全企业技术系统团队数据库。

2）技术管理部门负责建立和维护网上技术交流平台（主要是技术资源库、技术系统团队数据库和经验交流区等），企业各级技术部门定期提供各类技术资料和技术成果，以便于网上技术交流平台的建设和资料更新。

3）技术管理部门每年根据施工技术发展方向、企业所属项目的特点和实际情况组织召开各级科技人员的技术交流会和技术培训会，企业各级技术部门和技术人员应经常通过网上技术交流平台进行技术交流，创造科技人员交流的渠道和氛围，提高科技人员的交流能力和业务综合水平。

4）企业各级科技人员每年应进行技术总结，编写科技论文，科技论文应上报或向社会各级科技杂志投稿，技术管理部门每年将对本年度所有科技论文进行评比，并对获奖论文和在社会各级科技杂志上发表的论文进行奖励。

5）为了提高科技人员的积极性，企业执行提高各级科技人员的待遇政策，技术管理部门积极协助人力资源部对本系统人员的考核分级工作。

（8）技术基础管理工作的检查

技术管理部门定期对在建工程施工组织设计的实施与过程管理的各项工作运行情况进行检查，并作为年终考评的依据。

9. 节点 C6“质量管理改进与创新”

（1）信息的来源

1）企业各级技术部门应定期收集在建工程项目施工组织设计和施工方案的实施情况，以及施工过程中的各项技术管理工作的完成情况等信息。

2）企业各级技术部门及项目技术人员平时还应注意外部信息的收集和传达。如：国家、行业、地方和上级部门的有关指令，业主、设计及监理等单位对工程质量、安全、工期、造价等的要求或变更等信息。

（2）对信息的来源的分析与改进

1）技术管理部门对各种信息进行归类、分析和总结，定期发布企业技术工作动态信息。

2）项目经理部平时应对项目的施工组织设计的实施情况以及施工组织设计将发生重大调整的情况、重（难）点及关键或特殊工序的施工方案的实施情况、施工组织设计的实施与技术过程管理中各项工作的完成情况、科技攻关及科技推广实施情况，以及技术系统人员思想动态等进行分析，发现不正常情况时应制订对策并上报技术管理部门进行会审。

3）各级技术人员应注重对有可能影响工程质量、安全、工期、造价、施工工艺等方面的信息进行重点分析，对可能引起施工组织设计发生重大调整的情况进行上报和会审。

4）各级技术人员还应参与工程质量问题的调查和处理，对重大事件应及时上报和配合处理。

8.1.13 工程质量改进与创优管理流程

工程质量改进与创优管理流程，见图8.1.13-1。

1. 一般要求

（1）施工质量检查管理部门负责组织编制或审核批准项目创优计划等技术质量文件，策划和组织实施工程质量改进创优活动，包括QC小组活动和成果发布、工程质量改进专项活动（如工程质量专题分析会或观摩会、质量月活动、工程质量大检查或专项检查等）、工程创优活动等；项目经理部负责编制施工组织设计方案措施、项目创优计划等技术质量文件，按照方案措施和项目创优要求进行施工生产、施工过程质量控制及工程创优质量控制。

（2）施工质量检查见第8.3.1.4节项目施工质量检查、分析与改进流程。

2. 节点B2“工程质量改进创优管理策划”

施工质量检查管理部门根据企业整体战略和产品质量目标制定工程创优计划、QC成果活动实施计划、工程质量改进专项活动计划、施工质量检查计划、项目施工质量保证体系健全完善计划和措施等，并分解到具体单位和项目，落实责任人。

3. 节点B3“组织编制审核批准项目创优计划”

（1）工程项目创优策划原则

为实现创优工程，施工前期的策划是必不可少的核心环节之一。项目前期的策划体现了作为施工管理层对项目整个运作过程的通盘思考和缜密安排，工程项目的创优策划应遵循以下基本原则：

1）项目的实施要有明确的质量目标，在管理过程形成之初即要有强烈的目标导向，作为日后指导项目运作的基础和前提。

2）对于工程项目的实施要有事前总体的把握，对于项目的各个关键阶段点，阶段性的管理目标做到统一整体的规划，从一开始就把项目管理纳入到系统化的模式之中。

3）根据企业目前的技术能力和成本水平以及整合目前社会资源的能力，从技术经济角度对项目的运作进行优化，提出技术合理、经济可行的实施方案。

4）工程项目的管理体现：前期策划→目标体系的建立→流程控制→阶段考核→总结和信息反馈→持续改进的整体思路，并贯彻到流程中的每一个目标点。

5）通过建立和完善一整套目标指标体系来确定项目的各项管理目标并通过引入适当的绩效考核措施对项目管理工作进行评估，达到对过程的整体分解和对结果的结合统一。

6）项目的管理应按照项目法的要求组织并体现现代管理对于流程控制的要求，项目经理部各部门职能随项目展开要逐渐从按部门职责划分转变为面向流程的划分，在执行过程中，淡化各主要职能部门的接口及管理界限，提高全员对流程管理的参与程度，建立强有力的项目管理体系，以适应项目运作的要求。

7）在项目经理部内部推行程序化的办公模式，完善内部管理机制业务流程规划，用比较完善的程序分解和对分解后子程序的界定，规范员工的职务行为和办公模式，用制度化的行为代替个人行为，体现公司管理的统一性，使员工“做正确的事”。

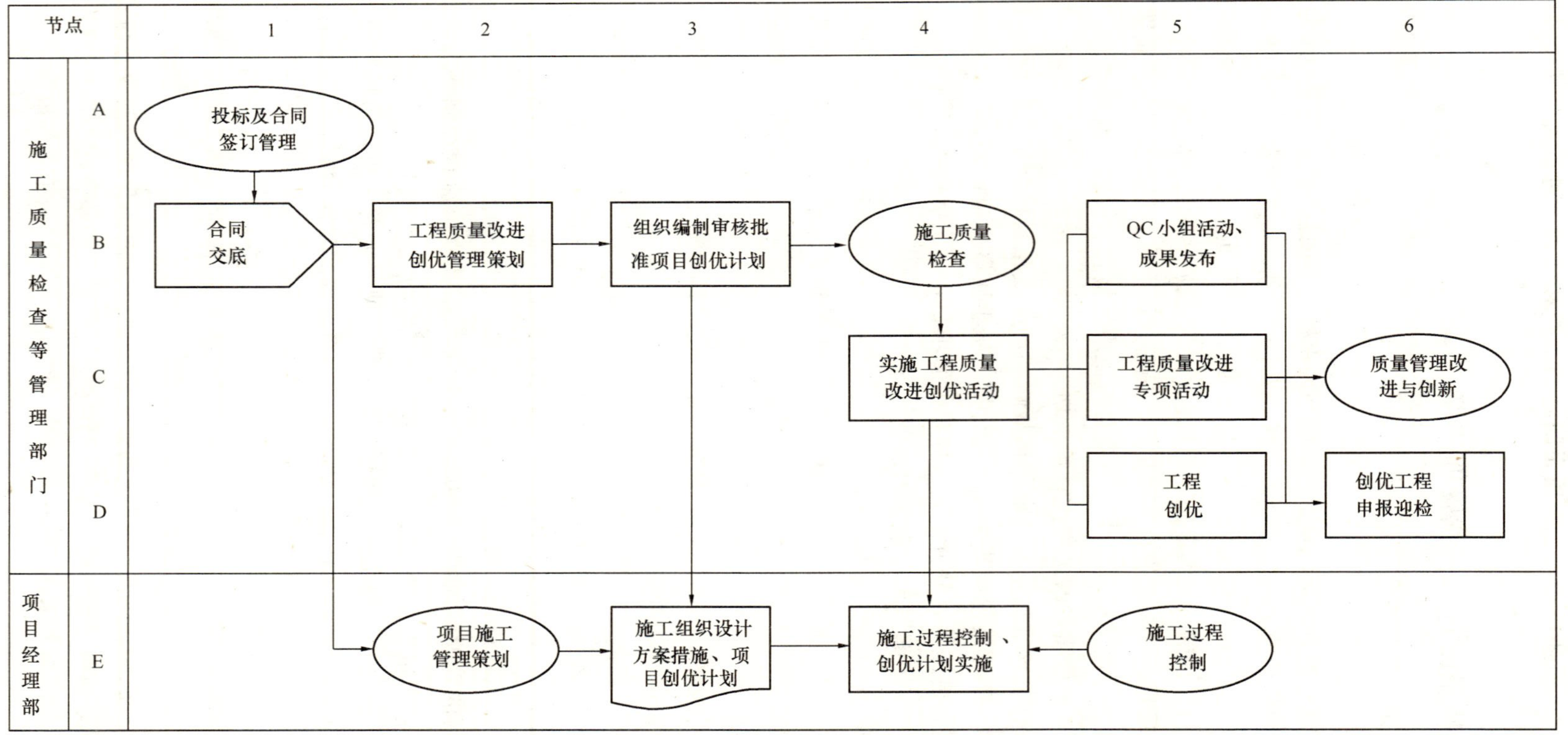

图 8.1.13-1 工程质量改进与创优管理流程

8）建立并明确文件化的管理体系和管理程序，做到流程控制有规划，有记录，保证过程控制的可追溯性。

9）通过合理的资源整合及配置达到实现创优工程的要求。

10）通过推行企业内部及现场的CI战略，规范企业的对外形象。为企业的精品战略服务。项目的人员，组织，物资，办公环境的设置均应按企业统一的CI形象落实。

11）通过引入电子化的办公模式以提高工作效率，促进企业内部的资源共享，完善总部的服务控制职能，实施异地及远程的同步监控，以便于施工企业从总体上把握项目的情况，并对项目的运作给予支持和指导。

（2）创优工程项目策划书的编制

创优工程策划书是总结多年创优工作的经验，将创优工作标准化、程序化。创优工程策划书是对整个施工全过程创优工作作出系统安排。能够统一指导项目创优工作，便于项目明确目标、细划责任、程序化运行，避免走不必要的弯路。在工程前期许多图纸还未到达，针对这种情况，可根据工程的具体情况将创优工程策划书分为基础阶段、主体阶段、装饰阶段来编制，通过各阶段的策划活动，使创优工程的目标能够按既定的计划顺利实施。

创优工程策划书编制主要内容：

1）工程概况；

2）质量、工期、环境、安全目标及各项目标的细化分解；

3）本工程施工的工序流程；

4）工程的难点重点、关键工序及其控制要求；

5）本工程所需的控制文件（设计要求、施工组织设计、专项施工方案、技术交底、遵循的法律法规、验收准则）；

6）需要做深化设计的内容及其要求；

7）需用的人、机、料资源计划及其要求；

8）需要做验证、确认的过程（例如：物资、机械、人员）；

9）需要做检验、试验、监视的过程（例如材料、机械、人员、工序）；

10）工程回访制度及保修制度；

11）工程施工过程管理和控制必须提供的记录等等。

4. 节点C4“实施工程质量改进创优活动”

工程质量改进创优活动包括QC小组活动、工程质量改进专项活动、工程创优活动等。

5. 节点B5“QC小组活动、成果发布”

（1）各级施工质量检查管理部门负责针对系统管理及不同在建项目施工、管理的特点、难点，新技术、新材料、新工艺的应用，及其他要求攻关的课题提出QC小组实施计划并指导实施。

（2）各级施工质量检查管理部门根据QC普及教育安排，联合人力资源部门组织安排培训教育，并做好普及教育人员的取证、统计、存档及上报工作。

（3）各级施工质量检查管理部门每半年（季度）与项目绩效检查同步对注册登记的QC小组活动进行检查、指导并做好检查记录。

(4) 每年四季度各级施工质量检查管理部门催收、预选计划QC成果，次年一季度组织一次QC成果发布会，评定名次，并对一、二等奖成果指导修改，逐级推荐参加更上级QC成果发布会。

(5) 施工质量检查管理部门每年三季度对企业荣获各级别优秀QC成果统计，行文通报表彰并给予物质奖励。

6. 节点C5“工程质量改进专项活动”

(1) 质量专题会（现场会）

1) 各级施工质量检查管理部门每年各组织策划召开1～2次质量（现场）专题会议，通过现场观摩和交流，借鉴先进经验和做法，在企业内部推广。

2) 项目经理部积极培育、开发观摩工程，协助企业开好质量专题会。

3) 各级施工质量检查管理部门视质量事故发生频次，事故对工程、社会影响程度及提出预防措施的必要性，阶段性组织召开质量事故发生原因处理分析会，形成的决议整理后发全企业通报。

(2)“质量月”活动

各级施工质量检查管理部门负责策划、组织“质量月”活动，并总结、通报。

(3) 质量通病预防

各级施工质量检查管理部门根据在建项目施工、管理的特点，视质量通病可能发生机率，提出预防措施的必要性，组织召开潜在质量通病原因处理分析会，形成的预防措施发各项目部贯彻实施。

7. 节点D5“工程创优”

(1) 工程创优原则

分析工程项目的难点，采用新技术成为工程的特点，通过先谋后施，过程控制，突出特色，注重细节，一次成优，培育工程的亮点，从而取得显著的社会和经济效益。

(2) 工程创优机制

“目标管理、创优策划、过程监控、阶段考核、持续改进”等五个机制。

(3) 工程创优活动

1) 目标管理

目标管理是创优活动的开始。在工程投标阶段，根据业主的要求和工程的具体情况，来确定工程的总体质量目标和各阶段的目标，向业主提供工程的质量目标和创优计划，制定出各分部、分项工程质量保证措施，使业主对企业的质量保证体系和保证能力有充分的认识，对工程质量充满信心。在确定工程的质量目标时，一方面要考虑目标实现的难易程度，兼要考虑投标竞争的需要、工程造价、社会影响，另一方面，由于各类创优名额有限，在确定单体项目质量目标的同时，还要注意协调平衡企业总体创优计划。目标是指引企业前进的方向，应十分注意确定目标的科学性和可行性，目标一旦确定，就要强调其严肃性，在投标时确定的质量目标，就是对业主、对社会的承诺，要不折不扣地兑现。

2) 创优策划

目标确定后，如何实现？即是创优策划阶段所要解决的问题。创优工程的最终诞生，受到方方面面因素的影响，如项目经理部的技术水平与施工管理能力、分包队伍的操作水平、材料质量、业主与监理的认知程度、工程的社会影响等。为保证质量目标的实现，根据工程的特点，做好以下几方面的工作：

A. 建立完善的项目质量保证体系

在组建项目经理部时，对每个部门、每个岗位的设置要求科学合理，职责分明。人员选配上要由有创优经验、组织能力强、有责任感、技术过硬的管理人员组成能打硬仗的项目管理班子。各项目建立完善的质量岗位责任制，在项目开工之初或阶段工程开始时，制定项目质量岗位责任制度，明确领导班子成员的责任，确定每个部门的职责，最后落实到项目每个管理人员，并签订相应的质量岗位责任状，与个人收入挂钩，形成一个由项目经理为主责任人、项目总工和现场经理领导监控、各职能部门执行监督、分包队伍严格实施的网络化的项目组织体系。

B. 质量计划、创优计划、质量检验计划的编制

项目质量计划编制的目的是为了确保企业质量方针在工程施工过程中自始至终得以认真贯彻执行，并通过严谨的技术管理与质量保证措施最终确保项目质量目标的顺利实现。一般情况下，质量计划在项目经理部完成质量策划、确定资源配置和明确部门岗位管理职责后即着手编制并尽快编制完毕，以便尽早贯彻执行。另外，由于各个工程的情况不同，如有的工程前期许多图纸还未到达，有的工程还分阶段招标，如果只编制一个质量计划，到工程中、后期指导意义已经不大，针对这种情况，根据工程的具体情况将质量计划分为基础阶段、主体阶段、竣工阶段来制定和实施。

项目创优计划明确了工程的难点、特点，创优保证措施等。项目质量检验计划明确了分部、分项工程每道工序质量检验的工具、检测手段和标准。针对工程质量控制的难点和重点，制定工程创优控制措施、创优控制计划，并在施工中严格执行。

3）过程监控

由于产品质量水平是由企业的技术实力、生产水平、项目管理水平及企业文化等多方面要素构成，企业的质量保证能力也是由技术保证能力、项目管理能力、服务能力等构成。企业总部职能部门应充分发挥服务控制的职能，确立以培训、服务拉动项目质量管理的策略，根据部门管理重点，坚持有计划、有系统、有针对性地开展服务工作，以求实创新的思想，全力围绕总部服务控制的职能，为工程施工提供全方位、高品质的服务。实践证明，总部的质量服务控制已成为项目施工质量和工程创优成功的巨大的推动力量。

通过“过程监控”来保证精品工程目标在实施过程中不发生偏差，或在发生局部偏差时能得到有效的纠正，以各种有效的手段和措施，对项目施工全过程进行有效的监控。

A. 项目前期培训和交底

为了保证工程质量有一个良好的开端，新开工的项目特别是创优项目，要求在开工伊始就将项目工程质量管理纳入有序状态，使项目质量管理体系和环境管理体系能够迅速、有效地运行，在项目开工后，项目管理人员基本配备齐全时，便要组织各部门有关岗位对项目进行交底和指导，如质量计划、创优计划的编制，优质工程检查重点，创优实施要点等，并可编制一系列幻灯片培训教材。

B. 工程创优预检

在优质工程检查之前，对创优工程根据创优检查的要求和程序对项目进行内部预检。

C. 现场协助与指导

当企业有某一重点工程出现重大质量问题，或因缺少质量管理人员而影响工程质量时，总部应根据需要及时派人到该项目蹲点协助和指导项目进行质量管理工作，并做全面质量诊断，帮助项目查清问题，以便直接有效地促进项目提高质量意识，加强质量管理能力，解决质量问题。通过这种方式也使总部人员能够深入第一线，全面深入了解项目施工管理现状和各方面需求，从而不断调整对项目服务的内容和方式方法，使服务和控制内容更具针对性。

D. 季度考核

为加强企业在施工程项目过程质量控制，每季度组织“项目施工质量大检查”活动，以便于及时发现质量隐患，促进各项目加强质量意识，加强相互竞争，每次过程质量检查都进行实测实量，采集大量的数据和资料，然后进行打分，打分包括实体不合格点率、观感质量、技术保证资料、质量评定资料、质量体系运行情况等，根据检查情况对各项目进行打分排名，并在全企业通报检查结果，使企业领导及各员工及时了解各项目的质量情况，也使各项目能发现自己的位置，感受竞争的危机，使之转化为前进的动力，为企业创更多的过程精品工程。检查结果还将作为考核成绩，进行相应的奖励和处罚，以促进各项目加强质量管理。

4）阶段考核

阶段性考核实行质量成本双否决制度，即工程质量虽已达到计划指标，但考核期内成本无结余，则实行否决，反之亦然。在阶段考核期内，每月基本奖只发一部分，考核合格后补发另外部分。

A. 当项目的一个施工阶段完工后，如项目的基础工程（±0.00以下地下室）或主体工程完工，（对一般工程是指整个项目，而非一个单位工程，如特大项目或群体，以一个单位工程考核）在具备下列条件后即可对项目进行阶段性考核：

（A）业主、监理已对结构工程进行了验收，并具有业主、监理签字认可的完备的验收资料；

（B）企业财务部向项目提供了考核阶段的成本核算报告；

（C）项目经理部在核算报告基础上进行了成本分析并提出了成本分析报告。

B. 考核期内（基础或主体）工程质量达到计划指标且成本有结余（阶段期间实际成本发生费用额与相对应的预算制造成本之比率）：

C. 阶段考核期内如被质量或成本否决则处罚如下：

（A）不补发所有季度考核中尚未发放每月预借基本奖；

（B）追查项目经理的责任，由企业总经理签署“黄牌警告令”予以警告，在下一次阶段考核中如仍未达到计划指标要求，则将视具体情况予以行政警告、降职、调离职务或撤销职务处分。

5）持续改进

A. 促进质量管理交流：每年组织项目进行各种交流活动。其中包括：

（A）组织企业项目内部观摩学习，包含管理体系运行、创优等方面；

（B）创优检查时，组织其他项目到场参观，以便使各创优项目更直接地了解评优检查的程序和重点，同时学习别的项目的先进经验，借鉴其好的做法，对照别人找出自己的差距；

(C) 组织外部创优项目观摩；

(D) 搜集整理每个创优工程的相关资料，及时将好的范本或存在的问题传递到其他创优项目，使其资料编写少走弯路；

(E) 组织召开创优经验交流研讨会等。

B. 进行质量管理和控制，重点突出“三个细”：

(A) 细化质量策划、设计工作。充分考虑最终用户的需求，目标分解和质量控制要点的策划要细。对影响使用功能、观感质量和耐久性的重要分部分项工程进行充分策划，并对水、电、暖、煤气管线布局是否合理及材料的环保指标等向设计或业主方提出合理化建议。

(B) 严格细化过程控制管理。精细的前期质量策划和设计靠严细的过程管理控制得以实现。控制严、管理细，切实落实质量责任。坚持样板制度，提倡做综合样板间，条件成熟时先选择一个单元做样板间，并让样板间真正发挥作用：一是反映施工效果与设计方案有无偏差，使用功能与观感效果是否达到要求，并把出现的问题及时纠正；二是样板一旦最终确定，就是大面积施工的实物质量标准，实体施工时不能偏离或降低这个标准。

(C) 细化施工操作。在严细的过程控制管理之下，操作人员仔细进行每道工序的施工，尤其是细部处理。项目经理部对操作人员的技术质量交底应有很强的可操作性，达到什么样的效果要明确，必要时对操作人员的技术、技巧能力进行严格的培训，能力达不到不允许进行细部施工，培养和教育施工操作人员创优意识，使其工作具体体现在每道工序，每个细部处理的操作之中。

8. 节点 C6“质量管理改进与创新”

(1) 信息来源：

1) 质量报表反映的质量动态和变化趋势。

2) 项目施工质量检查、绩效检查所反映的项目质量管理、工程实物质量检查结果。

3) 管理体系运行内审、外审及管理评审结果。

4) 不定期产品及过程监视与测量结果，包括回访、服务、顾客满意度调查结果。

5) 上级质量检查通报、顾客质量投诉、政府关于质量的来信来函。

6) 工程创优与申报及团队建设方面的反馈。

(2) 各级施工质量检查管理部门安排专人分类统计分析，找出当期质量管理活动中的关键及严重的问题、带规律性的问题，提出改进的要求，并督促改进。

(3) 各级施工质量检查管理部门不定期收集、分析项目质量管理中存在的共性或突出的个性问题，提出解决或处理意见，下发整改单，督促其整改完善。

8.1.14 文件控制流程

文件控制流程，见图 8.1.14-1。

1. 一般要求

(1) 按文件的来源渠道一般分为内部文件和外来文件（包括法律、法规、标准规范等）。所控制的文件通常包括：企业的方针、目标、质量管理体系说明、职能行政文件（质量管理制度）、质量管理制度的支持性文件及外来文件等。

(2) 文件的控制内容应包括：

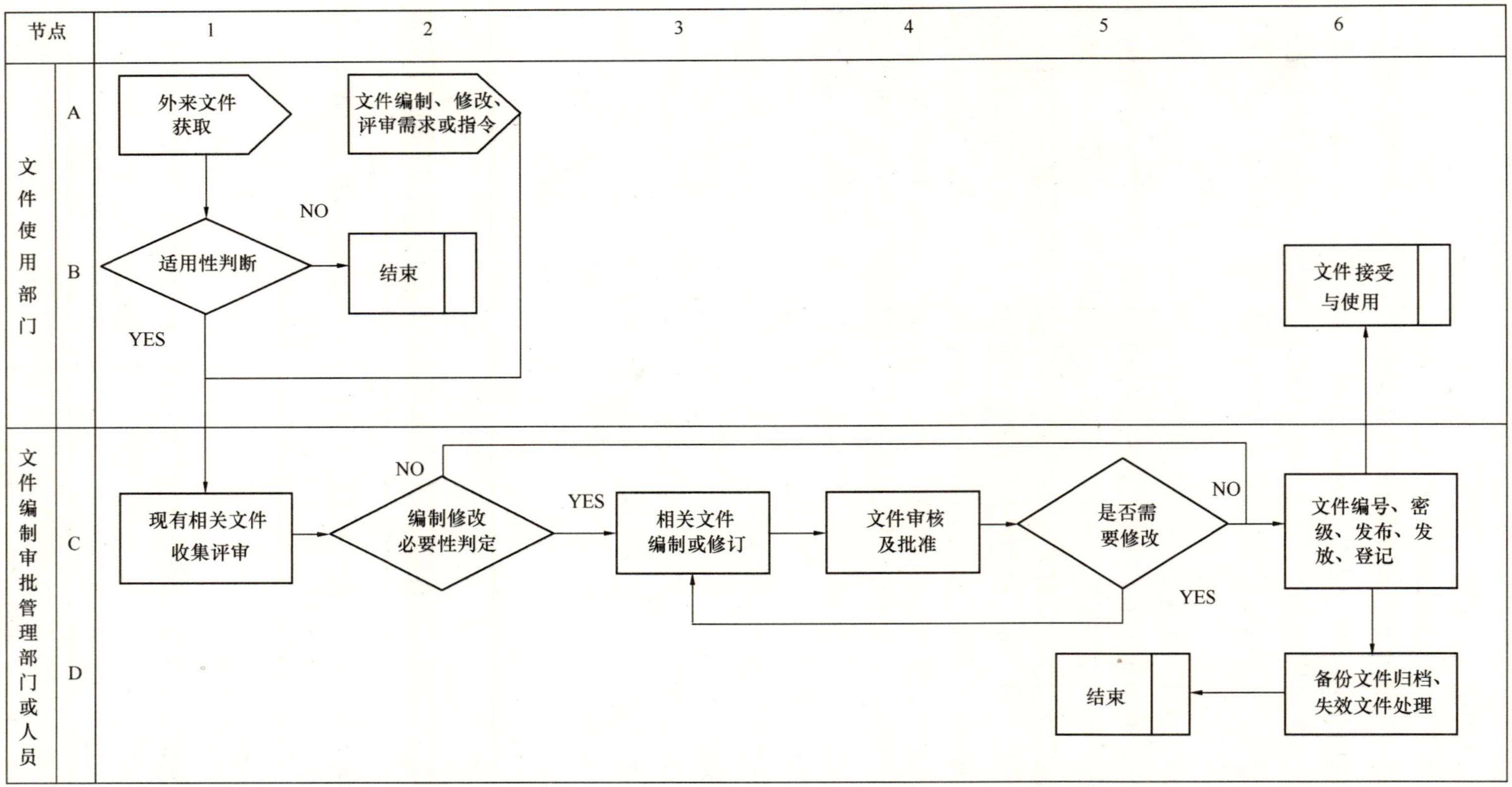

节点 1 2 3 4 5 6

文件使用部门 A B

外来文件获取

文件编制、修改、评审需求或指令

适用性判断

NO

结束

YES

文件接受与使用

文件编制审批管理部门或人员 C D

现有相关文件收集评审

NO

编制修改必要性判定

YES

相关文件编制或修订

文件审核及批准

是否需要修改

NO

YES

文件编号、密级、发布、发放、登记

备份文件归档、失效文件处理

结束

图 8.1.14-1 文件控制流程

1）文件的批准和修改后的重新审批要求。

2）文件的定期评审要求，以持续满足适宜性。

3）文件的发放、传递要求，以及时获得有效版本。

4）作废文件的处理和标识，防止误用。

5）文件的编号、内容、格式要求。

6）外来文件的获取、更新和传递等。

7）电子文件的控制。

（3）文件编审批控制权责

1）方针、企业总体目标、质量管理体系说明等由企业总经理批准发布。

2）企业职能行政文件由办公室组织职能部门编制、审核，归口管理的领导层批准发布。

3）项目管理策划文件控制见第 8.1.12 节施工技术支持与服务管理流程。

4）工程项目外来设计文件控制见第 8.2.2 节项目施工管理策划流程。

2. 节点 A1“外来文件获取”

（1）外来文件主要包括：

1）强制性或推荐性要求的法律法规规程规范标准、行业协会或上级公司的规范文件及标准、新技术新知识新科技成果新管理思想、公开出版物或电子媒体登载的文件等。

2）工程项目设计文件、建设单位、监理单位及其他相关方的有关文件等。

（2）外来文件获取渠道

各职能部门和项目经理部应建立必要的渠道、确定责任部门及时获取这些文件和信息。

3. 节点 A2“文件编制、修改、评审的需求信息或指令”

文件编制需求或指令源于：

（1）法律法规规程规范、建筑施工企业质量管理规范、管理体系规范、顾客及其他相关方等外部要求；

（2）企业管理体系运行、员工学习培训、企业定期文件评审、企业管理体系改进和创新（含内审、管理评审、绩效评价等）、知识管理等内部需求或指令。

4. 节点 C1“现有相关文件收集评审”

（1）管理各过程以及各个文件间有着内在的必然联系，无论出于外部要求还是内部需求，某个或某些文件的编制或修订都可能涉及其他有关文件。各职能和层次应收集和评审现行及关联文件，确定编制、修改的必要性。

（2）在满足使用及有关强制性要求的前提下，文件的繁简程度应视文件对应事项的风险程度以及文件使用者的教育、知识和能力水平。

（3）文件应该达到增值效果。切忌造成文件新旧版本同时运行、切忌造成两张皮甚至多张皮现象。并非所有要求都需要形成文件。

（4）文件应由经授权的具备能力的人员进行评审、编制、修改、审核、批准。

5. 节点 C3“相关文件编制或修订”

（1）通常情况下，内部文件的编制应符合外部文件特别是法规文件、有合同约定的客户文件的要求。某个层次文件的编制，应符合上层次文件的要求。

（2）不要在多份文件中对某个事项重复规定，更不能规定不一致。为此可以利用“导引”或“查询”相关文件的方式，这种方式还有利于避免因一份文件的修订或编制导致其他文件的修改需求。

（3）为便于使用者学习和使用，对于流程性较强的过程或流程文件，最好每份文件对应编制一份或数份流程图。

（4）文件的形式宜与时俱进。一些优秀企业已经在某些场所或领域应用图片、流程图、内部计算机网络、甚至录像等媒体形式。无论何种形式，其目的应使文件的要求得到高效应用。

6. 节点 B6 文件接收与使用

文件关键在于应用。各相关场所宜在新的或修改的文件正式发布实施前，对有关人员进行必要的培训或要求其自学。文件的发放应确保文件使用者可以方便获取或查阅。文件的要求要应用于质量管理有关过程。

7. 节点 D6“备份文件归档、失效文件处理”

（1）工程管理部门和办公室等档案管理部门应进行相应文件备份存档。

（2）文件管理的其他要求（包括保密级别等）见第 8.3.3 节知识管理流程。

（3）工作场所的失效文件应给予标识、或用其他措施处理。

8.1.15 记录控制流程

记录控制流程，见图 8.1.15-1。

1. 一般要求

（1）记录档案是一类特殊文件，它是管理体系运行信息及绩效信息的记载，必要时用于证明与法规要求及管理体系要求的符合性（如质量安全事故调查、外部审核或评价等），也是企业重要知识资源。记录必须具有可追溯性。

（2）记录通常包括体系过程运行形成的记录和施工过程形成的工程项目档案资料两个部分。关于工程技术档案管理的技术性要求详见《建设工程文件归档整理规范》GB/T 50328—2001 的规定。

（3）记录控制包括对记录的填写、标识、收集、保管、检索、保存期限和处置等要求。

（4）记录控制权责：

1）工程管理部门负责工程档案符合性审查、外部移交、内部存档保管。

2）项目经理部负责工程档案整编归档工作，见第 8.2.13 节项目竣工管理及移交服务流程。

3）办公室负责归档保存行政文件档案。

4）各职能和层次按要求建立和保存相关记录。

2. 节点 D1“规定记录名称、条款、样式、密级、保管、归档、填写、审核、传递、归档、保存期限等要求和权限”

（1）记录管理涉及各管理部门和岗位的职责，应根据不同岗位和工作内容，策划应形成的记录，编制相应的表单，并经授权人员批准后使用。

（2）应根据质量记录档案的不同类型和内容、根据知识管理、法律及合同责任追溯期、《档案法》等要求，确定记录档案的保存期限。

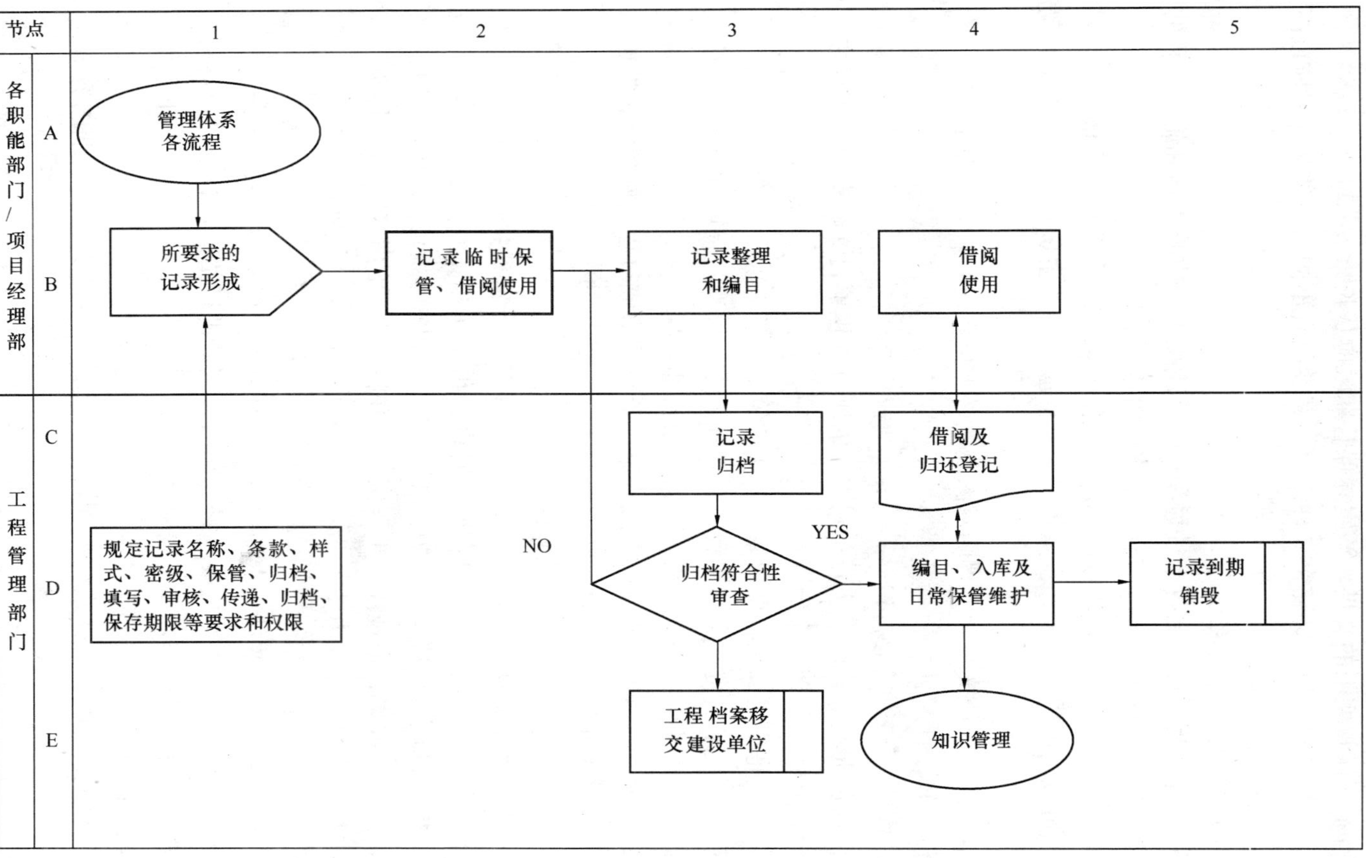

图 8.1.15-1　记录控制流程

1）通常情况下，用于证实体系有效运行的一般管理性记录保管不得少于 3 年。

2）工程档案保存期限包括永久、长期和短期 3 种。永久是指工程档案需永久保存。长期是指工程档案的保存期限等于该工程的使用寿命。短期是指工程档案保存 20 年以下。同一案卷内有不同保管期限的文件，该案卷保管期限应从长。

（3）密级分为绝密、机密、秘密 3 种。同一案卷内有不同密级的文件，应以高密级为本卷密级。

3. 节点 B1“所要求的记录形成”

（1）在质量管理及项目施工各个过程和环节，应根据要求将工作和施工过程的信息形成文件或记录。形成文件和记录应与有关工作同时进行。

（2）记录或文件应完整，字迹或图标应清楚便于识别，确保有关信息的可追溯性。记录的媒体形式可包括纸质、电子、音像等形式，但应符合业主、发包方及法规的规定，并妥善保管。

（3）一旦形成记录或文件，不得随意涂改。必须更改时，应确保原记录信息清晰，并签字盖章，注明修改日期。

4. 节点 B3“记录整理和编目”

（1）项目部负责收集、积累从开工到竣工的所有工程项目文件资料，工程竣工时，应及时进行整理、立卷、归档，做到资料齐全、准确。

（2）项目经理是项目部工程资料管理工作的第一责任人。

（3）项目专业技术负责人主管工程资料管理工作，根据工程项目特点，明确工程资料管理要求，确保必要的资源提供。指导、监督项目部工程资料员的管理工作，确保工程项目资料收集、整理、归档工作质量。对工程施工资料的形成过程实施控制，按施工阶段划分对工程资料的形成进行监督检查。负责对竣工工程资料的审核工作，确保资料的准确、完整。

（4）项目资料员负责收集、积累、整理项目部的工程资料，做到及时、准确、清楚、完整。对施工过程中形成的工程资料，要及时进行预立卷并妥善保存。负责对分包工程资料的检查、收集、整理、存档工作，并做好记录。工程竣工后负责竣工资料的立卷、装订、移交工作。负责收集、整理停工工程资料，并将整理后的资料会同基层单位资料员送公司档案室寄存保管。

5. 节点 D3“归档符合性检查”

（1）工程管理部门以及各有关责任人员，要对工程归档文件、体系运行其他记录进行审查，符合要求方可归档，否则应要求送档部门及人员进行整改，直至符合要求。

（2）归档文件符合性检查，以工程项目施工归档文件为例，应考虑如下方面要求，其他文件参照执行：

1）工程项目资料必须经过系统整理，所有文件、各种资料、图纸内容齐全，力求完整。

2）工程项目资料应真实、准确，与工程实际相符合，具备原件或能够反映原貌的要素。

3）工程项目资料书写应符合规定要求，字迹清楚，图样清晰，图表整洁，签字盖章手续完备，保存的文件应采用不易褪色的书写材料。

4）实施总承包管理的工程项目归档竣工资料时，应尽可能归档原件。无法归档原件的，允许归档复印件，但复印件必须具备“三要素”（即原件存放单位、复印单位专用章、复印人）。

5）以专业分包形式完成的工程项目归档竣工资料时，应尽量归档原件，无法归档原件的，允许归档复印件。复印件的要求同上条。

6）归档的特殊载体应保证载体的有效性。

（3）工程项目竣工后，项目施工档案已经符合归档要求并归档，项目经理部的施工图和其他无保存价值的资料销毁应经项目经理审查后报工程管理部门负责人批准后销毁。

6. 节点 D4“编目、入库立卷及日常保管维护”

（1）档案分类编目及立卷

档案整理应遵循工程项目文件资料的自然形成规律，保持卷内文件资料之间的有机联系起来，便于利用和保管。一个建设工程由多个单位工程组成时，工程文件应按单位工程组卷。施工文件可按单位工程、分部工程、专业、阶段等组卷；竣工图可按单位工程、专业等组卷。竣工验收文件按单位工程、专业等组卷。

1）卷内文件排列：一般文字在前、图样在后；批复在前、请示在后；译文在前、原文在后；正件在前、附件在后；印件在前、定稿在后。

2）编目方法：页号：卷内文件正反面有字的均应编写页号，正面在右下角、反面在左下角。

3）卷内目录：序号，以文件为单位；文件编号，应填写文件文号或图号；责任者，应填写文件形成部门或主要责任者；文件题名，应填写文件标题全称；日期，应填写文件形成日期；页号，应填写文件起号，最后一份文件填写起止号。

4）卷内备考表：主要标明卷内文件件数、页数和组卷情况。

5）案卷封面：案卷题名，由项目名称、结构、阶段和文件名称组成；立卷单位，应填写文件组卷部门或项目负责部门；起止日期，应填写卷内文件形成的起止日期；保管期限，应依据有关规定填写组卷时划定的保管期限；档号，按建工集团企业档案分类方法。

6）装订方法：案卷装订采用线装法，钻三孔，孔与孔之间相隔 7.5cm。案卷内不应有金属物。案卷装具按《科学技术档案案卷构成的一般要求》GB/T 11822—2000。

7）声像材料整理：工程照片，须装照片档案册，附工程项目简介，每张照片应注明拍摄的时间、地点、内容等。

8）工程荣誉资料：实物荣誉资料须拍摄成照片，连同实物一起归档。

9）工程录像资料：应有简要说明，包括工程名称、内容、录制人、审核人等。

（2）档案及档案库管理

1）档案及档案库管理应防火、防潮、防水、防虫蛀、防阳光直射、防盗、防有害气体侵蚀、防地震及其他自然灾害，应保持适当的室温。

2）应对档案库实施有关储藏环境条件的监视和记录。

（3）企业质量管理涉及的其他部门，在各自日常工作中形成的文件，应根据存档要求，定期整理文件记录，并归档。

7. 节点 E3“工程档案移交建设单位”

（1）工程管理部门组织将工程项目形成的工程文件立卷后向建设单位移交。

（2）建设工程项目实行总承包的，总包单位负责收集、汇总各分包单位形成的工程档案，并应及时向建设单位移交；各分包单位应将本单位形成的工程文件整理、立卷后及时移交总包单位。建设工程项目由几个单位承包的，各承包单位负责收集、整理立卷其承包项目的工程文件，并应及时向建设单位移交。

（3）应接受城建档案管理机构对工程文件的立卷归档工作进行监督、检查、指导。在工程竣工验收前，接受其对工程档案进行预验收，并获得工程档案认可文件。

8. 节点 B4“借阅使用”

（1）归档档案记录是企业重要的资源，应制定鼓励有关人员使用。

（2）根据保密要求和审批权限，必须时，经有关领导批准方可借阅。借阅和归还应履行签字手续。

（3）应规定借阅的期限，限期未归还者，档案管理人员应督促归还。

（4）借阅者应妥善使用和保管借阅的档案，避免档案和材料损坏或丢失。

（5）尚保存在项目部或其他部门的档案记录（见节点 B2），参照上述要求执行。

9. 节点 D5“记录到期销毁”

（1）应成立档案销毁鉴定工作小组，由总工程师、有关专业部门的技术人员和档案人员组成。

（2）按档案鉴定工作的规定，对超过保管期限的工程项目档案进行直接鉴定，写出鉴定工作报告和鉴定意见。

（3）销毁档案必须严格掌握。销毁档案必须经过鉴定，经鉴定确无保存价值，提出销毁报告，同时造具销毁清册，报主管领导批准。销毁档案送有关造纸厂实行监销，监销人须在销毁清册上签字。

（4）过了记录档案保存期间，但经鉴定具有继续保存价值的记录档案，应重新定义保存期限。

8.2 工程项目管理流程及管理制度要求

8.2.1 项目经理部组建与管理流程

项目经理部组建与管理流程，见图 8.2.1-1。

1. 一般要求

人力资源管理部门负责项目经理部人员审批和绩效考核，工程管理部门负责组织项目目标责任书签订和考核，项目部负责项目机构设立、制度建设和项目目标的实施工作。

2. 节点 E1“项目前期准备、评审”

（1）由工程管理部门牵头，组织召开项目前期准备、评审会议，确定生产要素和资源配置，技术等职能管理部门和项目经理部候选领导班子等参加。

（2）工程管理部门介绍项目大小、特点、难易程度、资金情况、风险大小等项目实际情况。

（3）会议讨论解决如下问题：

1）项目领导班子的组成人选，项目定员数量或方案；

2）土建、装饰、机电主要分包模式；

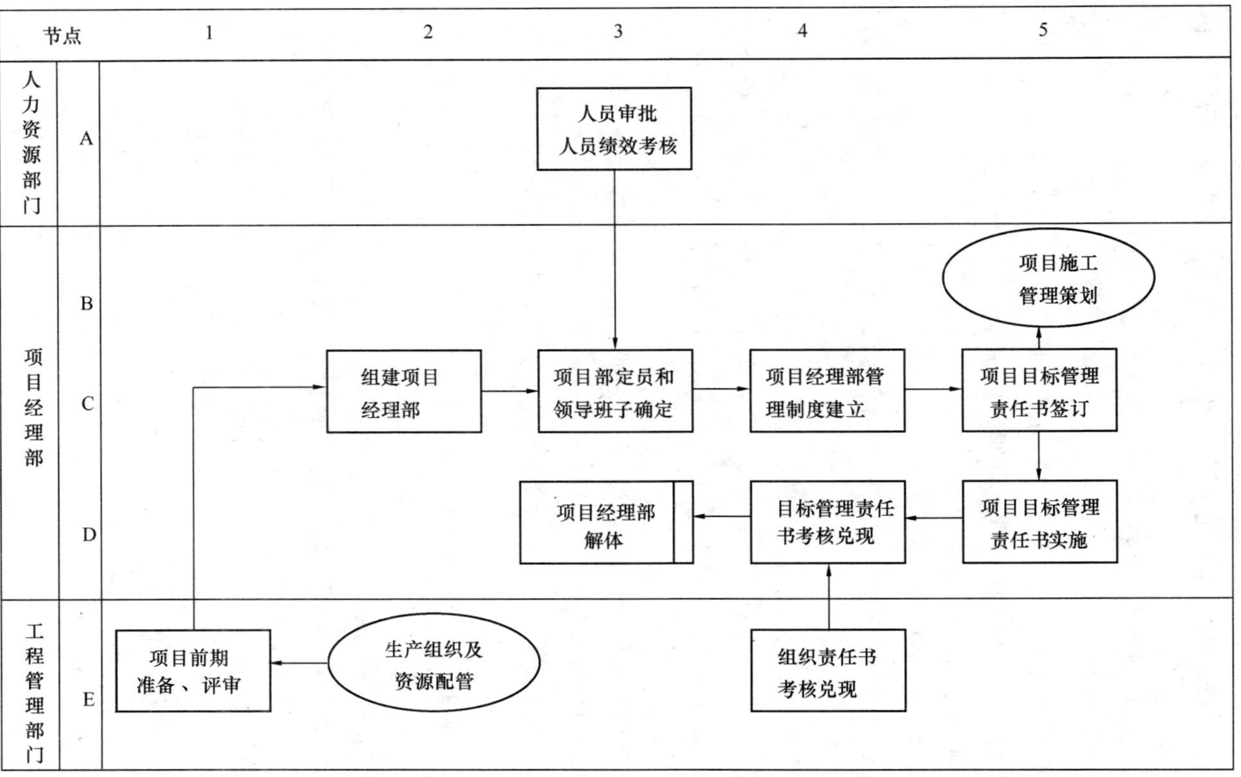

图 8.2.1-1　项目经理部组建与管理流程

3）主要材料和机械的分包模式；

4）业主合同交底；

5）明确各专业在项目上应做的工作；

6）各职能部门就前期准备工作提出计划和意见；

7）其他需要解决的问题。

（4）会议讨论的决议由工程管理部门负责落实。没有达成决议的问题也由工程管理部门会后负责解决和落实。

3. 节点 C2“组建项目经理部”

（1）项目经理部职能

1）工程项目是建筑企业为客户提供服务的载体。项目经理部是企业为履行与业主签订的工程合同而设立的授权组织，其主要使命是在构筑产品的同时对投入产出进行管理与同步核算，进而创造经济效益和社会信誉。

2）项目经理部的主要权责：

A. 对外代表企业履行与业主（客户）签订的工程承包合同，为业主服务，追求客户满意。

B. 对内以项目的安全、质量、工期、成本、文明施工等五大目标为中心，对项目生产要素实行优化配置、动态管理，全面履行项目经理部与企业签订的目标管理责任书。

C. 贯彻“经营理念（业主至上）、过程控制、成本核算（标价分离）、CI 形象、项目文化”的项目管理模式。

（2）人力资源管理部门会同工程管理部门根据项目前期准备、评审会议结果共同组建项目班子并选聘项目管理人员。

（3）人力资源管理部门将项目经理部组建结果报企业相关领导批准后，形成聘任文件正式发布。

4. 节点 C3“项目部定员和领导班子确定”

（1）项目岗位设置

1）项目岗位设置与定编

项目只设岗位，不设部门；各岗位由项目班子成员分别直接领导。项目实行定编定岗。

2）项目岗位分为项目经理、技术质量负责人、生产安全负责人等领导班子，资料员、施工员（工长）、质检员、试验员、测量员、安全员、造价员、材料员及合同员、劳资员、财务员、库管员等管理岗位。

3）根据项目规模大小、重要性，确定管理人员定编人数。中小型项目岗位可视生产情况兼职担任。可参见表 8.2.1-1。

（2）项目岗位职责与岗位说明书

1）项目岗位职责和岗位说明书明确各岗位的主要职责、工作关系、岗位准入条件等，是岗位绩效考核、薪酬标准、岗位招聘（外部招录、内部竞聘）、晋升聘任、岗位考核等级等的主要依据。

2）项目经理、施工质量检查人员、特种作业人员等应按法规要求和住房和城乡建设部《建筑工程施工现场专业管理人员职业标准》持证上岗。

项目岗位与定编人员 **表 8.2.1-1**

<table>
<tr><th rowspan="2">序号</th><th rowspan="2" colspan="2">岗　位</th><th colspan="4">定编人数</th></tr>
<tr><th>特大型建筑面积
10 万 m^2 以上</th><th>大型建筑面积
6 万 m^2 以上</th><th>中型建筑面积
3 万 m^2 以上</th><th>小型建筑面积
3 万 m^2 以下</th></tr>
<tr><td rowspan="4">1</td><td rowspan="4">项目班子</td><td>项目经理</td><td>1</td><td>1</td><td>1</td><td>1</td></tr>
<tr><td>生产安全负责人</td><td>1</td><td>1</td><td rowspan="3">2</td><td rowspan="2">1</td></tr>
<tr><td>技术负责人</td><td>1</td><td>1</td></tr>
<tr><td>商务负责人</td><td>1</td><td>1</td><td>—</td></tr>
<tr><td>2</td><td colspan="2">工长、质检员、内业技术或资料员、试验员、测量员等</td><td>8～12</td><td>6～9</td><td>3～5</td><td>2～3</td></tr>
<tr><td>3</td><td colspan="2">造价员</td><td>3～4</td><td>1～2</td><td>1～2</td><td>1</td></tr>
<tr><td>4</td><td colspan="2">安全员</td><td>3～5</td><td>2～3</td><td>1～2</td><td>1</td></tr>
<tr><td>5</td><td colspan="2">材料员/库管员</td><td>2～3</td><td>1～2</td><td>1～2</td><td>1</td></tr>
<tr><td>6</td><td colspan="2">综合事务员</td><td>1</td><td>1</td><td>—</td><td>—</td></tr>
<tr><td colspan="3">定编人数</td><td>20/30</td><td>12/20</td><td>8/12</td><td>4/7</td></tr>
</table>

(3) 项目经理选聘

特大型、大型工程的项目经理在项目开工前面向全企业经竞聘选拔提出候选人，报企业工程等有关部门认可，主管领导审核，同意后行文聘任；中小型项目经理区域范围内竞聘选择后报人力资源管理部门与工程管理部门审核，主管领导同意后行文聘任。

(4) 项目班子成员选聘

由工程管理部门根据岗位任职条件公开竞聘产生候选人，征求已聘项目经理意见后报主管领导同意后行文聘任。

(5) 项目管理人员选聘

根据定编规定和岗位任职条件公开竞聘后聘任，人力资源管理部门主办。

5. 节点 C4 “人员审批人员绩效考核”

(1) 项目过程考评

项目过程考评以项目绩效检查为主要方式，见第 8.3.1.2 节项目绩效检查、分析及改进流程。项目过程考评结果是项目计发绩效薪金的依据之一。

(2) 项目岗位绩效考评

岗位绩效考评分季度业绩考核与年度员工评价两部分，见第 8.1.5.3 节员工绩效管理流程。

6. 节点 C4 “项目经理部管理制度建立”

(1) 描绘项目经理部组织机构图：根据项目岗位设置情况及领导班子分工，项目经理部绘制“项目经理部组织机构图”。

(2) 项目经理部的规章制度应包括下列各项：

1) 项目管理人员岗位责任制度；

2) 项目技术管理制度；

3) 项目质量管理制度；

4) 项目安全管理制度；

5）项目计划、统计与进度管理制度；

6）项目成本核算制度；

7）项目材料、机械设备管理制度；

8）项目现场管理制度；

9）项目分配与奖励制度；

10）项目例会与施工日志制度；

11）项目分包及劳务管理制度；

12）项目组织协调制度；

13）项目信息管理制度。

7. 节点 C5“项目目标管理责任书签订”

（1）项目综合目标的确定

项目综合目标的确定主要是依据对业主的合同承诺，结合企业发展规划及工程项目应产生的社会效益和经济效益三个方面来确定。项目的综合目标至少应该包括以下方面：

1）安全目标

杜绝重大伤亡事故、火灾事故和人员中毒事件的发生，是每个项目必须保证的目标。

2）质量目标

确保质量“合格”，是每一个项目经理部应实现的基本目标。可分解为以下方面控制目标：

A. 工程设计及图纸二次深化设计。

B. 设备材料选型及其质量标准的确定。

C. 对设备材料加工制造过程的监控。

D. 施工现场质量管理和实施控制。

3）成本控制和资金回收目标

可分解为以下方面控制目标：

A. 优选分包队伍，完善分包合同；

B. 制订成本实施计划，做好成本预测和核算；

C. 健全项目内部管理，实现成本的过程控制；

D. 加强合同管理，重视签证索赔；

E. 加强资金管理，合理支出各项费用；

F. 严格履行对业主的合同承诺，确保资金到位。

4）工期目标

在确保合同工期的前提下，力争提前竣工。

5）现场文明和 CI 形象目标

按照当地政府和企业关于现场文明施工的规定和要求，达到现场文明施工的标准，符合施工现场 CI 达标要求，这是最基本的目标。争创地方乃至全国文明施工样板工地是更高层次的追求。

6）技术目标

技术创新应建立在实用、经济、先进、合理和高效的水准之上，使之真正成为支撑工程项目优质高效运行、完善和提高项目管理水平、实现成本效益目标的手段。可分解为以下方面控制目标：

A. 结合工程制订新技术推广工作计划和技术创新项目计划。

B. 健全项目技术创新管理体系。

C. 重大工程应用的新技术要做好总结，提升为集团工法标准。

D. 做好项目商业技术积累，服务于经营市场。

7）员工培训和教育目标

一个项目要培养一批人才，项目经理部要有计划、有目的地培养项目管理的优秀人才。

8）公共关系目标

积极、主动、高效为业主服务，处理好与业主、监理、设计、各专业分包、相关政府部门及周边居民的关系，使工程各方形成一个团结协作、高效和谐的有机整体，形成合力共同促进项目综合目标的实现。公共关系目标和计划由项目经理部自己制定，并在项目经理的监督下实现。

9）成果总结目标

项目经理部要根据项目的特点和项目综合目标，有计划地做好系列化的成果总结。总结的目的在于认真吸取项目管理的经验和教训，积累宝贵的基础资料和总结成果，使之真正成为企业的财富，不断丰富、完善项目管理的内涵。

（2）项目目标管理责任书签订

1）项目目标管理责任书的定义：

项目目标管理是通过企业与项目签订的项目目标管理责任书来体现的。责任书是明确项目与分支机构责、权、利关系，规定项目班子在项目施工期间的工作目标（各类管理目标和经济目标）和具体工作要求的指令性文件。

2）项目目标管理责任书种类与使用范围，见表 8.2.1-2。

项目目标管理责任书种类与使用范围　　　　表 8.2.1-2

<table>
<tr><th>类　别</th><th colspan="2">使用范围</th><th>签订方式</th></tr>
<tr><td rowspan="3">目标管理责任书</td><td rowspan="3">总承包管理工程</td><td>施工图纸齐全、经济指标明确的项目</td><td>整体测算或分节点确定毛利率签订</td></tr>
<tr><td>无图纸、投标时有工程量清单的项目</td><td>先按清单量整体或分节点确定毛利率签订，根据图纸作调整</td></tr>
<tr><td>“三边”工程或费率投标工程</td><td>根据合同条件暂定合同毛利率整体签订，根据图纸作调整</td></tr>
<tr><td>目标管理责任书（扩大分包）</td><td colspan="2">扩大劳务分包工程</td><td>项目开支费用包干</td></tr>
</table>

3）制订项目目标管理责任书的原则、依据、内容，见表 8.2.1-3。

项目目标管理责任书的原则、依据、内容　　　　表 8.2.1-3

项　目	内　　容
原　则	满足工程施工合同与企业管理的原则
	可测量和可评价原则
	可控与可实现的原则

续表

项　目	内　　容
依　据	与业主签订的工程承包合同
	项目管理策划书
	项目制造成本测算书（自营）或项目目标成本测算书（扩大劳务）
	企业有关项目管理规定
内　容	承包模式、承包范围、经济和技术指标、管理目标、双方责权与义务、考核与兑现标准、风险抵押与考核兑现标准等

4）目标管理责任书由工程管理部门组织与项目经理部签订。责任书作为各部门过程控制、成本目标和绩效检查的依据。

8. 节点C5“项目目标管理责任书实施”

（1）项目目标管理责任书作为项目经理及管理成员考核兑现的重要依据，一旦签订，任何单位或个人不得随意更改。

（2）项目实施过程中，各部门应根据责任书中确定的成本费用项目、标准进行跟踪、检查和指导，同时对变更部分进行审核把关。

（3）主体施工完工后，其成本费用项目若发生变化，项目应根据原始资料和项目实际情况（设计变更单、技术核定单、签证索赔单或其他有效资料）编制节点制造成本调整表报工程管理部门进行会签、批准。

（4）项目完工后，工程结算办理完毕，其制造成本在施工过程中若发生变化，项目应根据原始资料和项目实际情况（设计变更单、技术核定单、签证索赔单或其他有效资料）编制项目终结成本测算调整表报工程管理部门进行会签、批准。批准后的调整表作为项目总结效益审计、考核和兑现的依据。

9. 节点D4“项目目标管理责任书考核兑现”

（1）一般规定，见表8.2.1-4。

一　般　规　定　　　　**表8.2.1-4**

项目	内　　容	备　　注
原则	客观、公正的原则	
	过程考核与竣工考核相结合的原则	
	审计一个、考核兑现一个的原则	
对象	主体完工	主体结构通过验收且核算成本降低
	工程竣工	工程内、外结算办理完
	其他	根据实际情况临时决定
内容	工程质量、工期、安全与文明、收入与成本、工程款回收、技术总结、合同履约情况、档案资料归档情况等	附考核表
要求	考核与兑现应在项目审计的基础上，应形成书面兑现报告	
	项目绩效考核由工程管理部门组织	

（2）考核机构和条件，见表 8.2.1-5。

考核机构和条件 **表 8.2.1-5**

项　目	内　容
考核兑现小组	由主管领导和工程管理部门等职能部门组成
依据	工程合同项目管理策划书、项目管理目标责任书、岗位责任合同、项目经理部提供的总结、企业管理层日常监督与检查收集的信息、项目审计书面报告
考核与兑现条件	项目按规定签订《项目目标管理责任书》
	项目按要求交纳风险抵押金
	办理完交竣工手续
	实物等资产清理完
	项目经济效益审计完成
	整个项目资金回收率已达 80%以上

（3）考核与兑现

经过审计、考核，分为月度绩效预支、主体完工预兑、结算审计完成初兑、维保与尾款回收结束兑完四个阶段进行兑现。

8.2.2 项目施工管理策划流程

项目施工管理策划流程，见图 8.2.2-1。

1. 一般要求

技术管理部门负责审核或批准项目管理部施工组织设计等技术质量文件，工程管理部门负责审批项目管理部项目管理计划等策划文件，项目经理部负责接受设计文件，编制和动态管理项目管理和技术质量管理等文件及向建设单位报审工作，参加图纸会审和设计交底工作。

2. 节点 C1“接受设计文件”

（1）收取设计文件

施工合同签订后，项目经理部应指定专门（或兼职）资料管理员，按合同规定的分阶段提供图纸的期限和提供图纸的套数，向建设单位（甲方）收取设计图纸、技术资料、设计变更文件，并公布有效文件目录。

（2）设计文件验证

1）对收到的施工图应对照供图清单进行检查验证。查验内容包括：

A. 工程名称；

B. 建设单位；

C. 设计单位；

D. 施工图设计负责人签字/印章；

E. 建委统一颁发的工程建设施工出图专用章；

F. 图纸类型、数量。

2）图纸与供图清单不相符时，应及时向供图单位/人员提出，要求补齐或更正。

3）图纸验证符合各项内容后应保持以下记录：

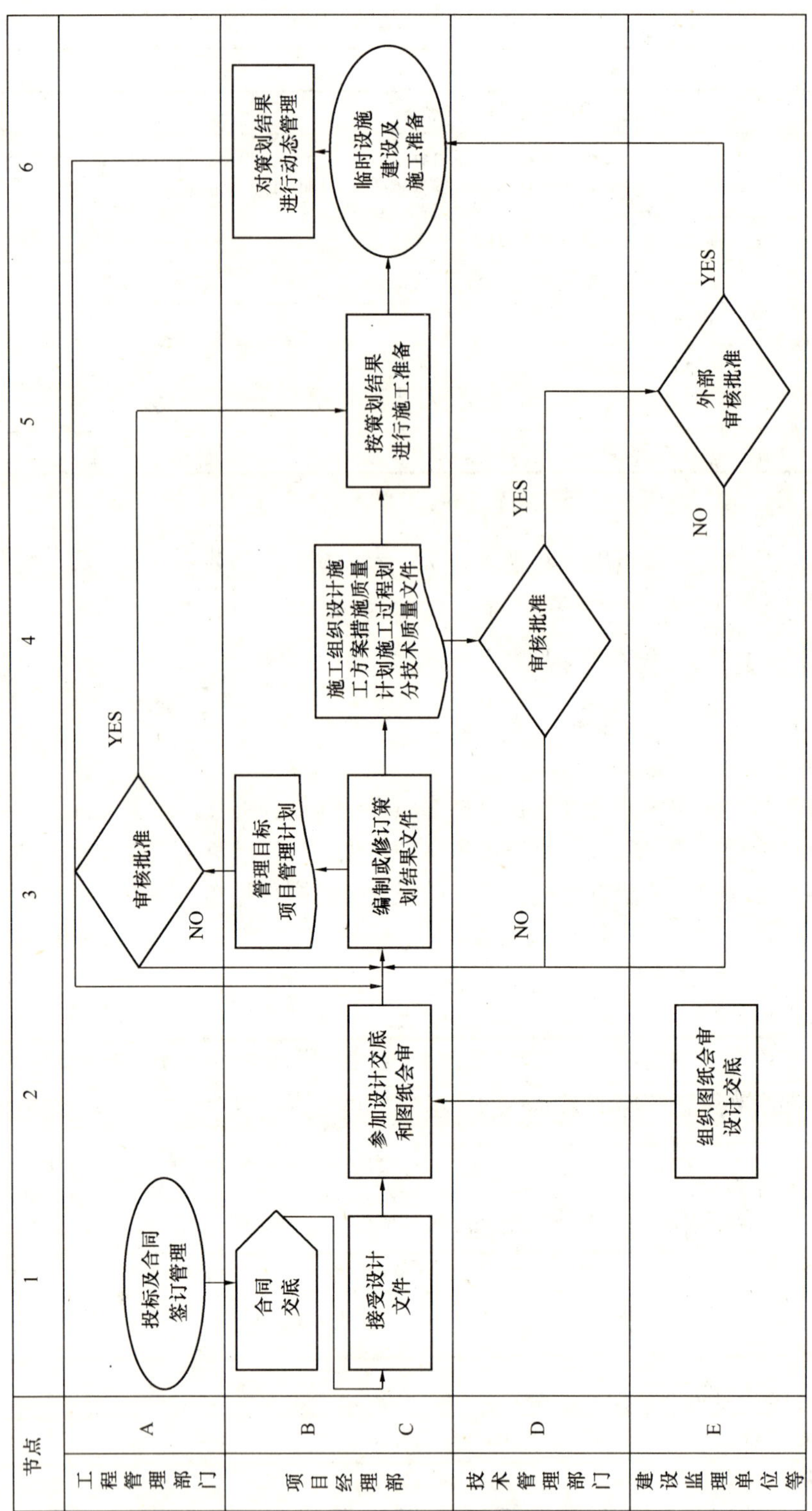

图 8.2.2-1 项目施工管理策划流程

A. 收图日期；

B. 收图套数

C. 图纸编号、类别；

D. 有效性标识。

(3) 设计文件发放

1) 资料管理员在发放图纸时应建立发放登记台账（卡），按规定的范围发放。

2) 资料管理员在发放图纸时应填写好签收记录，并将记录保管好。

3) 资料管理员应要求领用图纸人妥善保管图纸，保持原有标识和图纸的清晰。

(4) 设计文件保管

1) 资料管理员应将保管的施工图装入资料袋/柜内，做好索引以便查阅。

2) 需归档的图纸，按归档要求编写图纸目录，按工程档案管理规定，填写归档移交单，送企业档案室归档。

3) 合同规定需向甲方提供竣工图的，由资料管理员负责在竣工前做好图纸收集整理、保管等工作，工程竣工后交项目工程师绘编竣工图。

(5) 修改/变更/作废图纸的处理

1) 当发放修改/变更图纸时，资料管理员应及时将修改/变更的图纸按规定的程序传递到持原图纸的人员。同时将原图纸从现场撤回。

2) 当建设单位通知施工图作废时，资料管理员应及时将作废图纸撤出施工现场。并妥善保管。

3) 当甲方通知要求收回作废的施工图时，资料管理员应将废图移交甲方处理。建立并保持移交清单。

(6) 工作检查

项目部资料管理员对检查图纸持有者手中的图纸予以日常检查，防止误用失效/或作废的图纸。

3. 节点 C2 “参加设计交底和图纸会审”

(1) 参加设计交底

1) 设计交底由建设单位组织、设计单位、监理单位参加，可同图纸会审一并进行。职能部门和项目负责人及技术、预算、质检和工长等有关人员参加。

2) 通过设计交底应了解的基本内容：

建设单位对本工程的要求，施工现场的自然条件（地形、地貌），工程条件与水文地质条件等；设计主导思想，建筑艺术要求与构思，使用的设计规范，抗震烈度和等级，基础设计，主体结构设计，装修设计，设备设计（设备选型）等；对基础、结构及装修施工的要求，对建材的要求，对使用新技术、新工艺、新材料的要求，以及施工中应特别注意的事项等；设计单位对承包单位和监理单位提出的施工图之中问题的答复。

3) 设计交底应有纪录，会后由建设单位或建设单位委托监理单位负责整理，工程变更应经建设单位、设计单位、监理单位、企业签认。

(2) 参加图纸会审

1) 图纸会审内审：项目经理部接到工程图纸后应组织有关人员进行审查，全面了解设计要求，结合现场情况、施工能力和设备状况，对图纸进行必要的审核和计算，对设计疑问及图纸存在的问题按专业加以汇总后报建设单位，由建设单位提交设计单位做好图纸会审准备。

2）图纸会审内容

A. 设计是否符合国家现行有关政策，是否符合本地区实际情况。

B. 工程的结构是否符合安全、消防、可靠性、经济合理的原则，是否需要改进。

C. 设计图纸与说明是否齐全，标注有无遗漏。

D. 涉及深度是否满足施工要求，是否具备可施性。

E. 同一部位各图纸之间的几何尺寸、平面位置、标高、图纸说明是否一致。

F. 工程的建筑、结构、设备安装、管线工程等各专业图纸之间是否有矛盾，细节部位与预埋节点是否符合施工要求。

G. 各种管道的走向是否合格，是否与地上地下建筑物、构筑物相交叉。

H. 施工现场能否满足大型构件、设备的吊装要求。

I. 有无分期供图的时间表等。

3）图纸会审外审

A. 由建设单位负责组织，项目经理部、设计、监理公司参加，重要工程要通知企业总工程师、工程管理部门、技术管理部门、质量检查部门、安全管理部门及分包施工单位的技术领导和工程负责人等参加。

B. 对会审中涉及的所有问题要按专业进行汇总、整理，形成图纸会审记录，记录中要明确记录会审时间、地点、参加单位、参加人姓名、职务、提出问题以及解决问题的办法。

C. 图纸会审记录由设计单位、建设单位、监理单位和项目部相关负责人签认，形成正式的图纸会审记录。不得擅自在会审记录上涂改或变更内容。施工图纸会审记录是工程施工的正式设计文件，不允许在会审记录上涂改或变更其内容。

4. 节点 C3“编制或修订策划结果文件”

（1）项目施工管理策划结果可根据项目的规模、复杂程度分阶段实施。策划结果所形成的文件可以是一个或一组文件，如包括项目管理计划、项目管理实施计划等项目管理文件及施工组织设计、施工方案、专项施工方案或技术措施、质量计划等一系列技术质量文件。

（2）项目质量管理策划的依据

1）工程项目的情况与特点；

2）合同及业主要求；

3）项目设计文件；

4）项目管理范围；

5）与质量有关的标准和技术规范；

6）国家及行业的法律法规及标准规范；

7）企业的质量方针与质量目标。

（3）项目质量管理策划的结果

1）项目管理目标（如成本效益等）、质量目标和要求

A. 质量目标和要求包括施工过程中的单位工程、分部、子分部、分项工程、检验批

的优良率及合格率的目标。

B. 确定项目管理目标、质量目标并进行分解，在项目部领导层面、管理部门或管理人员层面、分包单位和作业队层面分级分层建立、签订工作目标或责任状。

2）项目质量管理组织和职责

具体包括部门和岗位职责、权限以及与其他岗位的相互关系。其中应明确规定分包的管理职责。相应的规定应围绕质量目标计划的要求展开。项目人力资源提供必须满足质量管理机构、职责与权限的规定要求。

3）施工管理依据的文件

包括法律法规和各地方、行业的规定、要求，以及企业自身的管理要求等。只有系统全面地了解和掌握这些要求，质量管理规划才能真正到位。

4）施工过程的资源提供要求

包括符合施工进度要求的人力、材料、设备工具、图纸规范和资金配备等。在实现合同要求的基础上，不同层次的施工企业提供的资源可以是不同的；不同规模和质量要求的项目资源的提供方式和品质也常常是不一样的，应该有机地体现这种项目质量管理的适宜性和差异性。

5）场地、道路、水电、消防、临时设施规划

结合施工现场的自然情况和地质条件策划场地、道路、水电、消防、临时设施规划，充分兼顾质量、安全、进度、环保、成本和技术方法等因素的要求，施工的长期和短期需求相结合，合理确定施工的基础准备工作。

6）影响施工质量的因素分析及其控制措施

识别施工过程影响项目质量的所有关键部位，协调和匹配施工的交叉作业，集成关键性的施工技术和管理活动的措施。尤其是应确定关键过程和特殊过程及其控制方法，关注检验试验和采购等过程对它们的关联影响。企业应发挥集成优势，研究关键过程和特殊过程控制的专门课题，开发适宜的高端技术和管理标准，引领行业的质量管理。确定工序的质量控制点。施工企业应在施工过程中确定关键工序，明确其质量控制点及控制措施。影响施工质量的因素包括与施工质量有关的人员、施工机具、建筑材料、构配件和设备、施工方法和环境因素。

7）进度控制措施

特别注意在质量管理策划的过程中处理好质量与施工进度协调的策划问题。必须有机地处理质量与施工进度的辩证关系。进度计划编制完成后，应由技术负责人协调通过后，报经项目经理审批，重要的进度计划必须上报，由企业审批。项目经理部的策划人员必须加强与政府和社会各方面的协调，强化与业主、监理、设计和各参建单位的沟通和协作，建立起和谐、高效的合作关系，为工程营造良好的施工条件。

8）施工质量检查、验收及其相关标准

明确与施工阶段相适应的质量测量指标与测量方法（包括检验、试验、测量、验证要求），预检、隐检、交接检的时间、频次和方法。策划结果应考虑检验人员的素质和数量情况，规定相应的测量指标与测量方法。企业要研究开发新工艺、新材料施工的质量测量指标与测量方法，加快与国际先进工程质量水平接轨的步伐。

9）突发事件的应急措施

明确当项目出现突发事件，或发生施工进度滞后和质量事故的趋势比较明显时的应急措施，包括事故报警、抢救险情、事故调查、调整进度计划和返工返修等。

10）对违规事件的报告和处理

规定项目不合格品和质量问题的控制要求，包括施工过程的质量问题及质量事故的评审、处置和改进措施。要大量应用数据分析的方法，实现工程项目质量的趋势管理。

11）应收集的信息及其传递要求

策划项目质量信息交流渠道，规定所有信息沟通传递的方法。为了便于信息的沟通和交流，在形成书面记录的基础上，项目策划的所有手段应尽可能应用电子计算机和网络方式，同时要考虑信息安全的策划要求。只要能够满足质量管理的需要，在某些特殊的情况下，企业可以采用传统的手段实施信息传递。

12）质量管理和技术措施

围绕企业质量目标确定影响项目施工质量的所有活动和过程，尤其是规定实现质量要求的专门控制方法和措施。包括新技术、新工艺的应用和施工流程、施工方法的统筹、计算等。企业应努力开展项目创新，把质量管理策划与企业技术、管理升级结合起来，开发先进的施工技术和工艺，实现质量成本低、质量等级高的管理效果。

13）与工程建设有关方的沟通方式

施工管理的有关方是影响工程质量的重要因素。应明确与工程建设有关方进行沟通的方式和方法，规定相应的沟通渠道和手段，分清职责，界定责任。

14）施工管理应形成的记录

具体规定相关的记录要求，包括记录的内容和保存要求。

15）施工企业质量管理的其他要求

包括企业提出的合同以外的要求，比如：创优质工程等。同时项目质量管理策划应该考虑施工过程的成本、环保、进度、社会责任和安全健康管理的客观需要。要确保项目质量管理与这些管理之间的协调和匹配，以实现工程项目整体的系统目标。

5. 节点 B3“管理目标和项目管理计划”

（1）项目管理目标

主要根据《项目目标管理责任书》制定，见第 8.2.1 节项目经理部组建与管理流程，包括工程质量、工期、安全与文明、收入与成本、工程款回收、技术总结、合同履约情况、二次营销、档案资料归档情况等。

（2）项目管理计划

1）编制依据

A. 企业与业主签订的工程施工合同；相关方的要求；适用的法律法规；

B. 设计文件、工程特点与现场基本情况；

C. 公司资源状况和条件；

D. 项目目标管理责任书，有价值的历史数据；

E. 施工组织设计及项目经理的能力与水平；

F. 有关市场信息。

2）编制内容

A. 项目概况；

B. 项目范围管理规划；

C. 项目管理目标规划；

D. 项目管理组织规划；

E. 项目成本管理规划；

F. 项目进度管理规划；

G. 项目质量管理规划；

H. 项目 HSE 管理规划；

I. 项目采购与资源管理规划；

J. 项目信息管理规划；

K. 项目沟通管理规划；

L. 项目风险管理规划；

M. 项目收尾管理规划等。

(3) 项目管理实施计划

1) 项目管理实施计划是项目管理计划的细化文件，具有可操作性。可单独编制，也可结合施工组织设计和质量计划等编制、替代。

2) 项目管理实施计划内容

A. 项目概况；

B. 总体工作计划；

C. 组织方案；

D. 技术方案；

E. 进度计划；

F. 质量计划、HSE 管理计划；

G. 成本计划；

H. 资源需求计划；

I. 项目采购与资源管理规划；

J. 信息管理计划；

K. 沟通管理计划；

L. 风险管理计划；

M. 收尾管理计划及现场平面布置图；

N. 项目目标控制措施；

O. 技术经济指标等。

6. 节点 C4“施工组织设计施工方案措施质量计划施工过程划分技术质量文件”

(1) 施工组织设计内容

1) 项目施工组织总设计

A. 工程概况；

B. 总体施工部署；

C. 总体施工方案；

D. 施工总进度计划与资源配置计划；

E. 施工总平面布置。

2）单位工程施工组织设计

A. 工程概况；

B. 施工部署；

C. 主要施工方案；

D. 施工进度计划；

E. 施工资源配置计划；

F. 施工现场平面布置。

3）分部（分项）工程施工方案

A. 工程概况；

B. 施工部署；

C. 施工方法；

D. 施工进度计划；

E. 施工资源配置计划；

F. 施工现场平面布置。

4）管理与控制

A. 一般规定；

B. 质量管理；

C. 现场环境管理；

D. 职业健康安全管理；

E. 进度控制；

F. 成本控制；

G. 其他管理措施。

（2）施工方案

除需编制主要分部（分项）工程施工方案外，其他需编制专项施工方案措施见第8.2.6.6节关键施工过程质量控制流程。

（3）项目施工过程划分及检验试验计划见第8.2.6节施工过程控制。

（4）作业环境控制策划文件见第8.2.6.4节作业环境控制流程。

（5）其他技术质量文件见相关流程管理要求。

7. 节点D4“审核批准”

（1）实施项目技术质量文件分级审核批准制度，项目经理部应将项目施工组织设计、重大专项施工方案提交技术管理部门审批。

（2）下列重大专项施工方案须经专家论证：

1）深基坑工程：

包括地下结构达三层的基坑工程；开挖深度达5m的基坑工程，或深度虽未达5m，但地质条件、周围环境或地下管线复杂的工程；采用土钉墙作围护的基坑工程等。

2）地下暗挖工程：

包括隧道工程；土体冻结法施工工艺；逆作法施工工艺等。

3）高大模板工程：

包括水平混凝土构件模板支撑系统高度达8m及以上；跨度达18m及以上，施工荷载大于 10kN/m^2，或集中线荷载大于 15kN/m 的模板及其支撑系统。

4）高空作业，高度在 30m 及以上的工程。

5）大江、大河中深水作业的工程。

6）城市房屋拆除爆破和其他土石爆破工程。

7）临时性建筑物不应超过 2 层，如必须搭设三层，则底层应为砖混结构或混凝土结构，且轻钢结构、砖混结构或混凝土结构的连接应通过设计计算和专家论证。

8）非常规起重设备、装拆设备和装拆作业方法的施工工程。

8. 节点 E5“外部审核批准”

项目经理部应按建设工程监理及相关法规的要求将项目质量管理策划文件向发包方或监理方申报，将工程项目质量管理策划的结果得到发包方或监理方的认可。如果对方提出不同意见时应该及时进行修改和完善。

9. 节点 B6“对策划结果进行动态管理”

（1）对工程项目质量管理策划的结果实行动态管理，可考虑以下影响质量的因素：

1）项目管理和作业人员变化。特别是分包人员的素质和意识。

2）材料和机电设备、现场施工机械设施设备。包括分包提供的关键设备状况。

3）施工工艺和方法。包括分包策划并编写的质量文件。

4）作业环境。包括施工条件和运作因素。

（2）对项目质量管理策划的结果实行动态管理时，要重点关注关键过程、特殊过程和其他重要过程质量管理策划的适宜性、预见性和可操作性。项目经理部应围绕这些过程从施工推进和监视测量等方面对策划结果的执行情况进行管理。

（3）有关职能部门和项目经理部应组织专业人员及时实施策划过程能力的确认，保证对质量管理策划结果的变更控制。

（4）应根据修改的质量管理策划结果及时调整相关文件。调整的文件包括施工组织设计、质量计划、施工方案、技术交底等；调整方法包括：

1）文件补充；

2）文件修改；

3）文件作废，另外重新策划编写；

4）其他；

5）所有修改的质量管理策划结果及调整的相关文件应由原批准人确认，或按照授权进行批准。

（5）应监督施工活动按照新的策划结果实施。

8.2.3 施工设计流程

施工设计流程见图 8.2.3-1。

1. 一般要求

（1）设计管理部门负责施工设计策划、施工设计成果审批和对施工设计项目组的设计控制进行监控工作，施工设计项目组负责实施施工设计项目的输入、输出、评审、验证、确认、更改的控制及对施工设计分包的控制工作。

（2）设计管理部门接到施工设计项目时，应成立施工设计项目组，明确项目设计负责

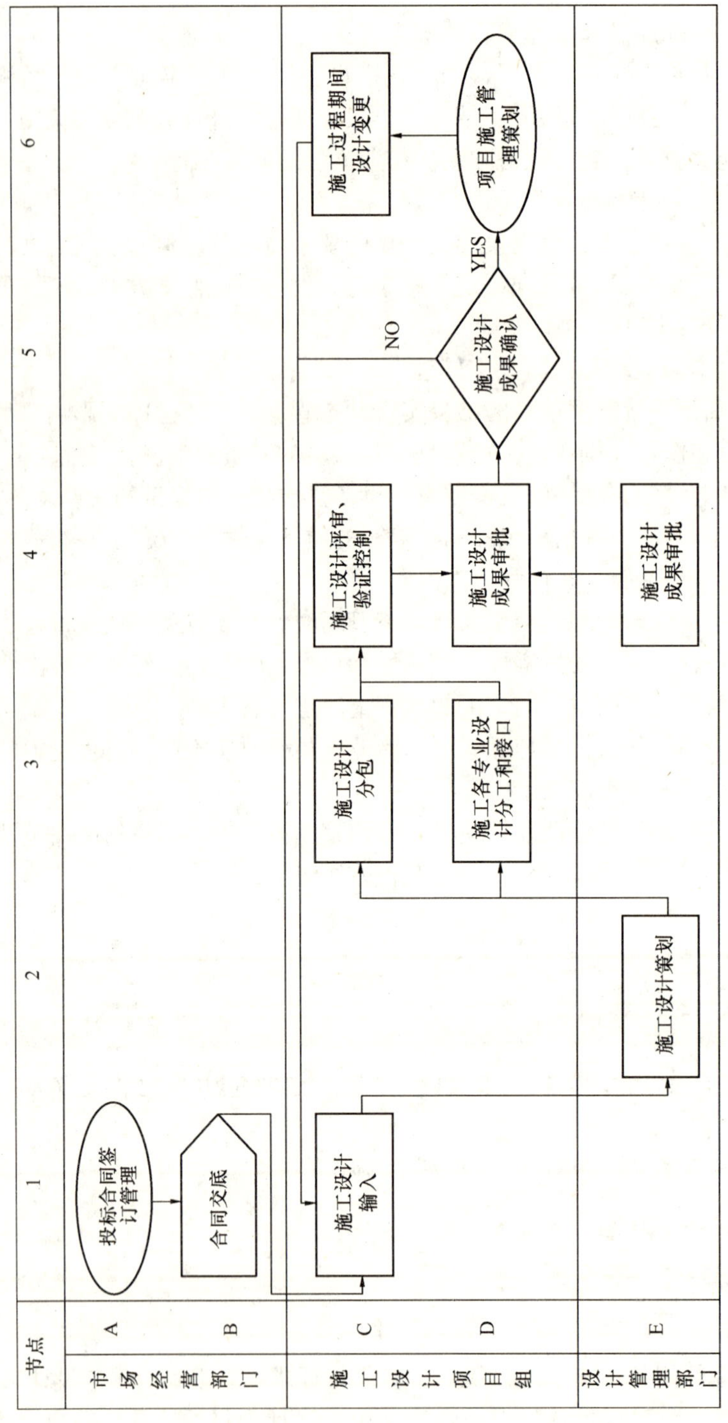

图 8.2.3-1 施工设计流程

人；对于不具备相应设计资质的活动，应委托设计，进行设计分包。

（3）对于工程施工详图（Shopdrawing）的深化或细化设计，应经设计单位审批后才能用于施工。

1）项目经理部应具备对设计单位设计的施工图纸进行管理的能力，包括在施工图纸的设计、评审、验证和确认中有效控制与施工组织需求相适宜的设计质量，在施工过程中及时分析施工风险，预测图纸问题，控制设计变更过程的能力。

2）有条件的施工现场，项目经理部应该配备具有设计资格的设计人员，把设计与施工组织有机地结合起来。施工图设计只有与项目施工组织设计相结合，将工程需求与资源优化相接口，才能提高项目管理的策划和实施的技术层次。

3）项目经理部应安排有能力的施工技术人员（包括相关专业人员）对设计方提出的图纸进行全面评价和审核，找出图纸中的风险，为施工设计人员制定纠正措施提供输入条件。

2. 节点C1“施工设计输入”

（1）应明确施工设计的输入，并对其内容进行评审。施工设计输入的评审主要是指对设计输入的充分性和适宜性进行评审，识别和解决不完整的、不清晰的或自相矛盾的问题，设计项目负责人应参与评审。

（2）设计的输入应准确、全面和适宜。依据的内容是与产品有关的信息，包括客户要求，设计依据如功能和性能要求，适用于产品的法规要求和标准规范及图集，可将以前类似的设计成果直接作为输入，企业认为必要的要求。

3. 节点E2“施工设计策划”

（1）设计计划内容应包括：设计组主要成员及分工、设计进度计划、项目的设计起止日期、设计输入下达时间、设计评审时机及方式、工作接口、项目会审（签）时间、设计验证方法等。

（2）设计计划由设计项目组编制，项目负责人报设计管理部门负责人审批。

（3）设计管理部门负责人应定期检查设计计划的实施情况。

（4）随着工程设计的进展，项目设计负责人应根据实际情况，对设计计划进行调整、补充或修改。修改后的设计计划应按审批程序重新进行审批、下达和实施。

4. 节点C3“施工设计分包”

（1）需委托设计时，应按规定评价选择合格的分包设计单位，对其营业许可、业绩、设计人员和设施、服务质量等进行评价。

（2）审批设计分包提供的设计计划，并按其对施工图出图时间进行控制，对设计过程进行跟踪，对设计成果进行评审和确认。

5. 节点D3“施工各专业设计分工和接口”

为了有效开展相关活动，设计项目组的工作可包括以下活动：

（1）协调沟通

1）设计协调沟通流程分为内部流程和外部流程两部分。其中内部流程主要是项目内部的流程，包括设计流程和各专业协调流程等，而外部流程则是设计图纸经过项目内部审核之后，进入外部图纸报批工作。

2）为方便专业间及时全面地沟通，定期召开全体小组成员（或有关责任人员）及协作单位负责人参加的设计协调例会，开会前各专业提交设计进度和计划例会汇报单，至技术负责人，会后由专人整理会议纪要，分发各部门。例会主要解决计划、沟通、流程等，对于较大且滞留比较长时间没有解决的问题，可以提出清单，以便在会后进行专题会议。

3）协调沟通内容为：

A. 各专业汇报图纸评审、审核情况；

B. 各专业提出目前与其他专业及与业主、设计院和监理之间交叉存在的问题。提出问题的同时应相应提出建议解决方案。

（2）专题会议

对于设计过程涉及其他专业且复杂的问题，需要各专业协调解决的问题，应组织相关方召开专题会议解决。主要内容是设计评审所涉及的设计方案和图纸中的各种风险，以及设计过程满足设计要求的能力问题。专题会议为非例会性会议，应根据设计（或审核）进度随时召开。

（3）图纸会签

1）设计审核形成会签制度，每次设计出图时需首先经过部门内部审核和确认。合格后的图纸由本部门决定由哪些相关配合专业进行校核，相关专业部门校核后在图纸审核签字表相应的栏目内填写审核意见，当所有涉及专业（含商务人员）均同意，该图纸方可进入外部报批程序。若未报给相关涉及专业审核而出现问题时应由本部门负责。

2）由于施工设计的专业特点和工程项目的规模、复杂程度不同，因此企业应经过风险识别后将施工设计和管理活动进行适宜的增加或减少。

6. 节点 C4“施工设计评审、验证控制”

（1）在设计的适当阶段进行设计评审，以确定该阶段的结果是否满足要求的能力，并找出设计中存在的问题，采取措施予以改进。评审的时机在设计策划时确定安排，可在不同的阶段进行。评审的形式可以是会议、会审、分级评审等，如各级校审等。评审不仅要有参加设计的人员，还应包括负责项目施工生产的人员。

（2）对设计输出的证据应开展验证活动，确保设计输出满足设计输入的要求。验证的时机应安排在设计的结果输出之前，验证的方法可与以前类似的设计进行比较、文件评审、演示、计算、试验证实等。验证的结果未达到输入的要求，应采取相应的措施。

7. 节点 D4“施工设计成果审批”

（1）设计成果应形成文件，如设计说明、图纸、验收规范、设计变更、工程洽商等。设计文件完成后，设计项目负责人应组织各级校审，输出的结果应在投入使用前得到施工设计主管领导的批准。

（2）设计输出结果应满足输入的要求，给出后续的采购、施工生产和服务提供过程的必要信息，明确工程产品的接收准则，明确产品安全和正常使用所必需的产品特性等。

（3）项目设计负责人确定输出文件的子项目编号和名称、审查输出文件的完整性、组织会审及会签和验证、归档。

8. 节点 D5“施工设计成果确认”

（1）应对项目施工图在使用前进行确认，使企业有机会找出施工图纸在使用方面的问题，防止造成损失。确认的结果应反馈到设计过程的有关阶段，进行必要的改进，应形成记录。

（2）设计确认的方式包括：方案设计的审查批复、施工图审查和顾客的确认。

9. 节点 C6“施工过程期间设计变更”

(1) 设计变更及其批准方式、授权人员：

根据设计变更的风险，合理地规定批准方式和授权人员：

1) 常见的设计变更可以授权给设计负责人实施；

2) 可能引起质量风险的重大设计变更应由企业技术负责人组织实施；

3) 批准应该采用书面的方式进行。

(2) 当内、外部人员经过确认或评价提出设计变更要求时，应由原项目设计负责人(或经过授权的人员)进行评估，严格控制设计变更过程。

(3) 当变更可能造成施工质量影响时要及时实施评审、验证和确认活动，由设计管理部门组织设计人员针对需要变更的问题进行分析，评估所有可能的影响，根据评估结果安排适宜的施工设计活动。

(4) 由于设计工作的风险性和可追溯性要求，所有设计变更的情况应该由规定的责任人进行记录，并予以保存。

8.2.4 临时设施建设及施工准备流程

临时设施建设及施工准备流程见图 8.2.4-1。

1. 一般要求

工程管理部门等有关职能部门负责审批、配置和调拨项目施工准备所需生产和技术资源，项目经理部负责项目临时设施建设及施工准备工作。

2. 节点 B1“临建方案(含临水临电)”

(1) 临时设施设计施工方案应包括的主要内容有：

1) 临建设施的结构形式和材料类型。

2) 临建设施的施工工程图纸。

3) 临时设施现场总平面布置图。

4) 临建设施的施工安全技术措施。

5) 临时用电、塔机等专项施工方案。

(2) 施工现场的平面布置与划分

施工现场的平面布置图是施工组织设计的重要组成部分，必须科学合理地规划，绘制出施工现场平面布置图，在施工实施阶段按照施工总平面图要求，设置道路、组织排水、搭建临时设施、堆放物料和设置机械设备等。

1) 施工总平面图编制的依据

A. 工程所在地区的原始资料，包括建设、勘察、设计单位提供的资料；

B. 原有和拟建建筑工程的位置和尺寸；

C. 施工方案、施工进度和资源需要计划；

D. 全部施工设施建造方案；

E. 建设单位可提供房屋和其他设施。

2) 施工平面布置原则

A. 满足施工要求，场内道路畅通，运输方便，各种材料能按计划分期分批进场，充分利用场地；

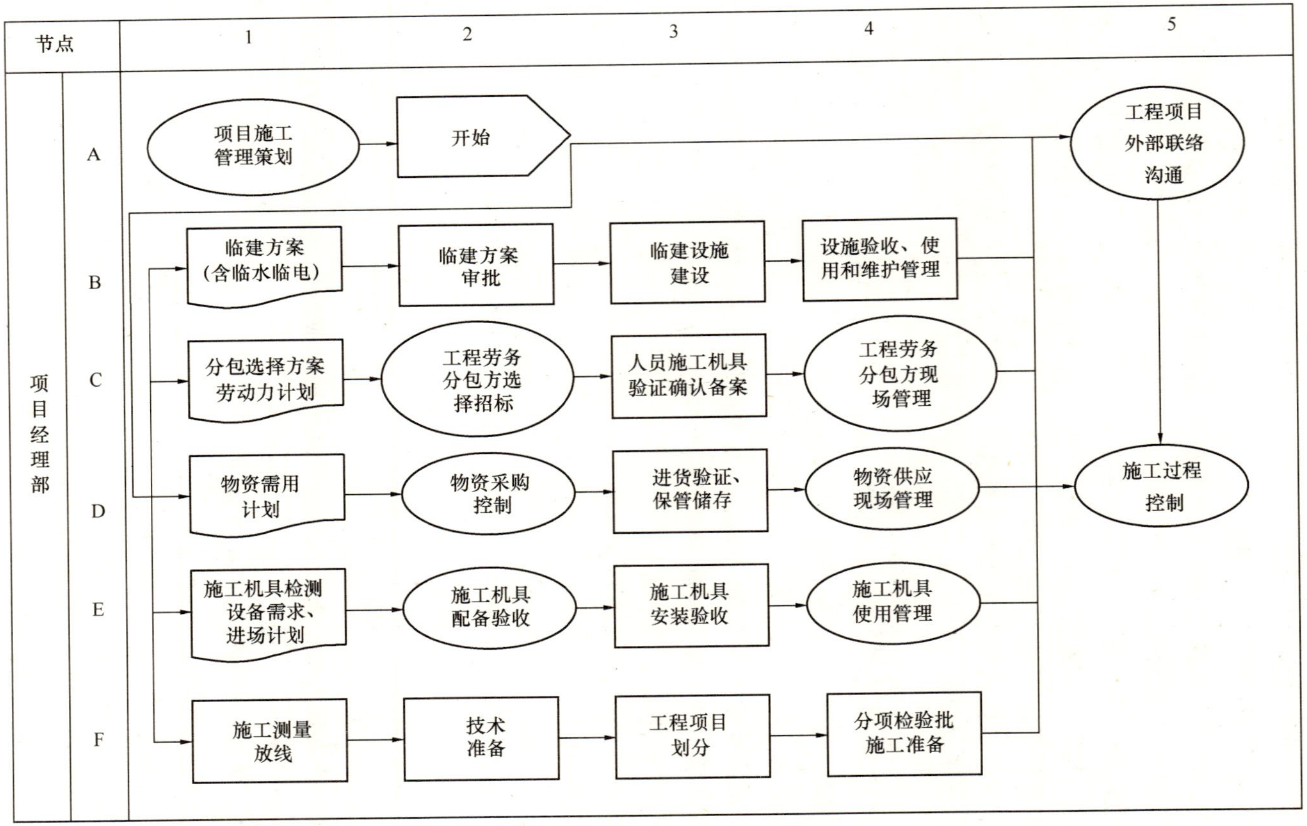

节点		1	2	3	4	5
项目经理部	A	项目施工管理策划	开始			工程项目外部联络沟通
	B	临建方案（含临水临电）	临建方案审批	临建设施建设	设施验收、使用和维护管理	
	C	分包选择方案劳动力计划	工程劳务分包方选择招标	人员施工机具验证确认备案	工程劳务分包方现场管理	
	D	物资需用计划	物资采购控制	进货验证、保管储存	物资供应现场管理	施工过程控制
	E	施工机具检测设备需求、进场计划	施工机具配备验收	施工机具安装验收	施工机具使用管理	
	F	施工测量放线	技术准备	工程项目划分	分项检验批施工准备	

图 8.2.4-1　临时设施建设及施工准备流程

B. 材料尽量靠近使用地点，减少二次搬运；

C. 现场布置紧凑，减少施工用地；

D. 在保证施工顺利进行的条件下，尽可能减少临时设施搭设，尽可能利用施工现场附近的原有建筑物作为施工临时设施；

E. 临时设施的布置，应便于工人生产和生活，办公用房靠近施工现场，福利设施应在生活区范围之内；

F. 平面图布置应符合安全、消防、环境保护的要求。

3）施工总平面图表示的内容

A. 拟建建筑的位置，平面轮廓；

B. 施工用机械设备的位置；

C. 塔式起重机轨道、运输路线及回转半径；

D. 施工运输道路、临时供水、排水管线、消防设施；

E. 临时供电线路及变配电设施位置；

F. 施工临时设施位置；

G. 物料堆放位置与绿化区域位置；

H. 围墙与人口位置。

4）施工现场功能区域划分要求

施工现场按照功能可划分为施工作业区、辅助作业区、材料堆放区和办公生活区。施工现场的办公生活区应当与作业区分开设置，并保持安全距离。办公生活区应当设置于在建建筑物坠落半径之外，与作业区之间设置防护措施，进行明显的划分隔离，以免人员误入危险区域；办公生活区如果设置在在建建筑物坠落半径之内，必须采取可靠的防砸措施。功能区的规划设置时还应考虑交通、水电、消防和卫生、环保等因素。

生活区是指建设工程作业人员集中居住、生活的场所，包括施工现场以内和施工现场以外独立设置的生活区。施工现场以外独立设置的生活区是指施工现场内无条件建立生活区，在施工现场以外搭设的用于作业人员居住生活的临时用房或者集中居住的生活基地。

（3）场地

施工现场的场地应当整平，清除障碍物，无坑洼和凹凸不平，雨季不积水，暖季应适当绿化。施工现场应具有良好的排水系统，设置排水沟及沉淀池，现场废水不得直接排入市政污水管网和河流；现场存放的油料、化学溶剂等应设有专门的库房，地面应进行防渗漏处理。地面应当经常洒水，对粉尘源进行覆盖遮挡。

（4）道路

1）施工现场的道路应畅通，应当有循环干道，满足运输、消防要求；

2）主干道应当平整坚实，且有排水措施，硬化材料可以采用混凝土、预制块或用石屑、焦渣、砂头等压实整平，保证不沉陷，不扬尘，防止泥土带入市政道路；

3）道路应当中间起拱，两侧设排水设施，主干道宽度不宜小于 3.5m，载重汽车转弯半径不宜小于 15m，如因条件限制，应当采取措施；

4）道路的布置要与现场的材料、构件、仓库等堆场、吊车位置相协调、配合；

5）施工现场主要道路应尽可能利用永久性道路，或先建好永久性道路的路基，在土建工程结束之前再铺路面。

(5) 封闭管理

施工现场的作业条件差，不安全因素多，在作业过程中既容易伤害作业人员，也容易伤害现场以外的人员。因此，施工现场必须实施封闭式管理，将施工现场与外界隔离，防止“扰民”和“民扰”问题，同时保护环境、美化市容。

1) 围挡

A. 施工现场围挡应沿工地四周连续设置，不得留有缺口，并根据地质、气候、围挡材料进行设计与计算，确保围挡的稳定性、安全性；

B. 围挡的用材应坚固、稳定、整洁、美观，宜选用砌体、金属材板等硬质材料，不宜使用彩布条、竹笆或安全网等；

C. 施工现场的围挡一般应高于 1.8m；

D. 禁止在围挡内侧堆放泥土、砂石等散状材料以及架管、模板等，严禁将围挡做挡土墙使用；

E. 雨后、大风后以及春融季节应当检查围挡的稳定性，发现问题及时处理。

2) 大门

A. 施工现场应当有固定的出入口，出入口处应设置大门；

B. 施工现场的大门应牢固美观，大门上应标有企业名称或企业标识；

C. 出入口处应当设置专职门卫保卫人员，制定门卫管理制度及交接班记录制度；

D. 施工现场的施工人员应当佩戴工作卡。

(6) 临时设施

施工现场的临时设施较多，主要指施工期间临时搭建、租赁的各种房屋临时设施。临时设施必须合理选址、正确用材，确保使用功能和安全、卫生、环保、消防要求。

1) 临时设施的种类

A. 办公设施，包括办公室、会议室、保卫传达室；

B. 生活设施，包括宿舍、食堂、厕所、淋浴室、阅览娱乐室、卫生保健室；

C. 生产设施，包括材料仓库、防护棚、加工棚（站、厂，如混凝土搅拌站、砂浆搅拌站、木材加工厂、钢筋加工厂、金屑加工厂和机械维修厂）、操作棚；

D. 辅助设施，包括道路、现场排水设施、围墙、大门、供水处、吸烟处。

2) 临时设施的设计

施工现场搭建的生活设施、办公设施、两层以上、大跨度及其他临时房屋建筑物应当进行结构计算，绘制简单施工图纸，并经企业技术负责人审批方可搭建。临时建筑物设计应符合《建筑结构可靠度设计统一标准》GB 50068、《建筑结构荷载规范》GB 50009 的规定。临时建筑物使用年限定为 5 年。临时办公用房、宿舍、食堂、厕所等建筑物结构重要性系数 $\gamma_0=1.0$。工地非危险品仓库等建筑物结构重要性系数 $\gamma_0=0.9$，工地危险品仓库按相关规定设计。临时建筑及设施设计可不考虑地震作用。

3) 临时设施的选址

办公生活临时设施的选址首先应考虑与作业区相隔离，保持安全距离，其次位置的周边环境必须具有安全性，例如不得设置在高压线下，也不得设置在沟边、崖边、河流边、强风口处、高墙下以及滑坡、泥石流等灾害地质带上和山洪可能冲击到的区域。

安全距离是指，在施工坠落半径和高压线防电距离之外。建筑物高度 2～5m，坠落半径为 2m；高度 30m，坠落半径为 5m（如因条件限制，办公和生活区设置在坠落半径区域内，必须有防护措施）。1kV 以下裸露输电线，安全距离为 4m；330～550kV，安全距离为 15m（最外线的投影距离）。

4）临时设施的布置原则

A. 合理布局，协调紧凑，充分利用地形，节约用地；

B. 尽量利用建设单位在施工现场或附近能提供的现有房屋和设施；

C. 临时房屋应本着厉行节约，减少浪费的精神，充分利用当地材料，尽量采用活动式或容易拆装的房屋；

D. 临时房屋布置应方便生产和生活；

E. 临时房屋的布置应符合安全、消防和环境卫生的要求。

5）临时设施的布置方式

A. 生活性临时房屋布置在工地现场以外，生产性临时设施按照生产的需要在工地选择适当的位置，行政管理的办公室等应靠近工地或是工地现场出入口；

B. 生活性临时房屋设在工地现场以内时，一般布置在现场的四周或集中于一侧；

C. 生产性临时房屋，如混凝土搅拌站、钢筋加工厂、木材加工厂等，应全面分析比较确定位置。

6）临时房屋的结构类型

A. 活动式临时房屋，如钢骨架活动房屋、彩钢板房；

B. 固定式临时房屋，主要为砖木结构、砖石结构和砖混结构；

C. 临时房屋应优先选用钢骨架彩板房，生活办公设施不宜选用菱苦土板房。

3. 节点 B2“临建方案审批”

项目经理部应根据施工现场实际情况和有关标准规范，组织专业人员进行设计，编制临时设施设计施工方案，并经技术管理部门、成本核算管理部门等对施工方案及设施配置标准、造价等审查合格。

4. 节点 B2“临时设施建设”

（1）修建或拆除临时设施，应按临时设施设计施工方案组织专业班组进行修建或拆除，施工过程中应安排专业技术人员监督指导，修建或拆除前应向作业人员作详细的安全交底。

（2）办公室

施工现场应设置办公室，办公室内布局应合理，文件资料宜归类存放，并应保持室内清洁卫生。

（3）职工宿舍

1）宿舍应当选择在通风、干燥的位置，防止雨水、污水流入；

2）不得在尚未竣工建筑物内设置员工集体宿舍；

3）宿舍必须设置可开启式窗户，设置外开门；

4）宿舍内应保证有必要的生活空间，室内净高不得小于 2.4m，通道宽度不得小于 0.9m，每间宿舍居住人员不应超过 16 人；

5）宿舍内的单人铺不得超过 2 层，严禁使用通铺，床铺应高于地面 0.3m，人均床铺面积不得小于 1.9m×0.9m，床铺间距不得小于 0.3m；

6）宿舍内应设置生活用品专柜，有条件的宿舍宜设置生活用品储藏室；宿舍内严禁存放施工材料、施工机具和其他杂物；

7）宿舍周围应当搞好环境卫生，应设置垃圾桶、鞋柜或鞋架，生活区内应为作业人员提供晾晒衣物的场地，房屋外应道路平整，晚间有充足的照明；

8）寒冷地区冬季宿舍应有保暖措施、防煤气中毒措施，火炉应当统一设置、管理，炎热季节应有消暑和防蚊虫叮咬措施；

9）应当制定宿舍管理使用责任制，轮流负责卫生和使用管理或安排专人管理。

（4）食堂

1）食堂应当选择在通风、干燥的位置，防止雨水、污水流入，应当保持环境卫生，远离厕所、垃圾站、有毒有害场所等污染源的地方，装修材料必须符合环保、消防要求；

2）食堂应设置独立的制作间、储藏间；

3）食堂应配备必要的排风设施和冷藏设施，安装纱门纱窗，室内不得有蚊蝇，门下方应设不低于0.2m的防鼠挡板；

4）食堂的燃气罐应单独设置存放间，存放间应通风良好并严禁存放其他物品；

5）食堂制作间灶台及其周边应贴瓷砖，瓷砖的高度不宜小于1.5m；地面应做硬化和防滑处理，按规定设置污水排放设施；

6）食堂制作间的刀、盆、案板等炊具必须生熟分开，食品必须有遮盖，遮盖物品应有正反面标识，炊具宜存放在封闭的橱柜内；

7）食堂内应有存放各种佐料和副食的密闭器皿，并应有标识，粮食存放台距墙和地面应大于0.2m；

8）食堂外应设置密闭式泔水桶，并应及时清运，保持清洁；

9）应当制定并在食堂张挂食堂卫生责任制，责任落实到人，加强管理。

（5）厕所

1）厕所大小应根据施工现场作业人员的数量设置。

2）高层建筑施工超过8层以后，每隔四层宜设置临时厕所。

3）施工现场应设置水冲式或移动式厕所，厕所地面应硬化，门窗齐全。蹲坑间宜设置隔板，隔板高度不宜低于0.9m。

4）厕所应设专人负责，定时进行清扫、冲刷、消毒，防止蚊蝇孳生，化粪池应及时清掏。

（6）防护棚

1）施工现场的防护棚较多，如加工站厂棚、机械操作棚、通道防护棚等。

2）大型站厂棚可用砖混、砖木结构，应当进行结构计算，保证结构安全。小型防护棚一般钢管扣件脚手架搭设，应当严格按照《建筑施工扣件式钢管脚手架安全技术规范》要求搭设。

3）防护棚顶应当满足承重、防雨要求，在施工坠落半径之内的，棚顶应当具有抗砸能力。可采用多层结构。最上材料强度应能承受10kPa的均布静荷载，也可采用50mm厚木板架设或采用两层竹笆，上下竹笆层间距应不小于600mm。

（7）搅拌站

1）搅拌站应有后上料场地，应当综合考虑砂石堆场、水泥库的设置位置，既要相互靠近，又要便于材料的运输和装卸。

2）搅拌站应当尽可能设置在垂直运输机械附近，在塔式起重机吊运半径内，尽可能减少混凝土、砂浆水平运输距离。采用塔式起重机吊运时，应当留有起吊空间，使吊斗能方便地从出料口直接挂钩起吊和放下；采用小车、翻斗车运输时，应当设置在大路旁，以方便运输。

3）搅拌站场地四周应当设置沉淀池、排水沟：

A. 避免清洗机械时，造成场地积水；

B. 沉淀后循环使用，节约用水；

C. 避免将未沉淀的污水直接排入城市排水设施和河流。

4）搅拌站应当搭设搅拌棚，挂设搅拌安全操作规程和相应的警示标志、混凝土配合比牌，采取防止扬尘措施，冬期施工还应考虑保温、供热等。

（8）仓库

1）仓库的面积应通过计算确定，根据各个施工阶段的需要的先后进行布置；

2）水泥仓库应当选择地势较高、排水方便、靠近搅拌机的地方；

3）易燃易爆品仓库的布置应当符合防火、防爆安全距离要求；

4）仓库内各种工具器件物品应分类集中放置，设置标牌，标明规格型号；

5）易燃、易爆和剧毒物品不得与其他物品混放，并建立严格的进出库制度，由专人管理。

（9）施工现场的卫生与防疫

1）卫生保健

A. 施工现场应设置保健卫生室，配备保健药箱、常用药及绷带、止血带、颈托、担架等急救器材，小型工程可以用办公用房兼做保健卫生室；

B. 施工现场应当配备兼职或专职急救人员，处理伤员和职工保健，对生活卫生进行监督和定期检查食堂、饮食等卫生情况；

C. 要利用板报等形式向职工介绍防病的知识和方法，做好对职工卫生防病的宣传教育工作，针对季节性流行病、传染病等；

D. 当施工现场作业人员发生法定传染病、食物中毒、急性职业中毒时，必须在2h内向事故发生所在地建设行政主管部门和卫生防疫部门报告，并应积极配合调查处理；

E. 现场施工人员患有法定的传染病或病源携带者时，应及时进行隔离，并由卫生防疫部门进行处置。

2）保洁

办公区和生活区应设专职或兼职保洁员，负责卫生清扫和保洁，应有灭鼠、蚊、蝇、蟑螂等措施，并应定期投放和喷洒药物。

3）食堂卫生

A. 食堂必须有卫生许可证；

B. 炊事人员必须持有身体健康证，上岗应穿戴洁净的工作服、工作帽和口罩，并应保持个人卫生；

C. 炊具、餐具和饮水器具必须及时清洗消毒；

D. 必须加强食品、原料的进货管理，做好进货登记，严禁购买无照、无证商贩经营的食品和原料，施工现场的食堂严禁出售变质食品。

(10) 五牌一图与两栏一报

施工现场的进口处应有整齐明显的“五牌一图”，在办公区、生活区设置“两栏一报”。

1) 五牌指：工程概况牌、管理人员名单及监督电话牌、消防保卫牌、安全生产牌、文明施工牌；一图指：施工现场总平面图。

2) 各地区也可根据情况再增加其他牌图，如工程效果图。五牌具体内容没有作具体规定，可结合本地区、本企业及本工程特点设置。工程概况牌内容一般应写明工程名称、面积、层数、建设单位、设计单位、施工单位、监理单位、开竣工日期、项目经理以及联系电话。

3) 标牌是施工现场重要标志的一项内容，所以不但内容应有针对性，同时标牌制作、挂设也应规范整齐、美观，字体工整。

4) 为进一步对职工做好安全宣传工作，所以要求施工现场在明显处，应有必要的安全内容的标语。

5) 施工现场应该设置“两栏一报”，即读报栏、宣传栏和黑板报，丰富学习内容，表扬好人好事。

(11) 警示标牌布置与悬挂

1) 施工现场应当根据工程特点及施工的不同阶段，有针对性地设置、悬挂安全标志。

2) 安全标志平面布置图

项目经理部应当根据工程项目的规模、施工现场的环境、工程结构形式以及设备、机具的位置等情况，确定危险部位，有针对性地设置安全标志。施工现场应绘制安全标志布置总平面图，根据施工不同阶段的施工特点，组织人员有针对性地进行设置、悬挂或增减。安全标志设置位置的平面图，是重要的安全工作内业资料之一，当一张图不能表明时可以分层表明或分层绘制。安全标志设置位置的平面图应由绘制人员签名，项目负责人审批。

3) 安全标志的设置与悬挂

根据国家有关规定，施工现场入口处、施工起重机械、临时用电设施、脚手架、出入通道口、楼梯口、电梯井口、孔洞口、桥梁口、隧道口、基坑边沿、爆破物及有害危险气体和液体存放处等属于危险部位，应当设置明显的安全警示标志。安全警示标志的类型、数量应当根据危险部位的性质不同，设置不同的安全警示标志。如：在爆破物及有害危险气体和液体存放处设置禁止烟火、禁止吸烟等禁止标志；在施工机具旁设置当心触电、当心伤手等警告标志；在施工现场入口处设置必须戴安全帽等指令标志；在通道口处设置安全通道等指示标志；在施工现场的沟、坎、深基坑等处，夜间要设红灯示警。安全标志设置后应当进行统计记录，并填写施工现场安全标志登记表。

(12) 塔式起重机的设置

1) 位置的确定原则

塔式起重机的位置首先应满足安装的需要，同时，又要充分考虑混凝土搅拌站、料场位置，以及水、电管线的布置等。固定式塔式起重机设置的位置应根据机械性能、建筑物的平面形状、大小、施工段划分、建筑物四周的施工现场条件和吊装工艺等因素决定，一般宜靠近路边，减少水平运输量。有轨式塔式起重机的轨道布置方式，主要取决于建筑物的平面形状、尺寸和四周施工场地条件。轨道布置方式通常是沿建筑物一侧或内外两侧布置。

2）应注意的安全事项

A. 轨道塔式起重机的塔轨中心距建筑外墙的距离应考虑到建筑物突出部分、脚手架、安全网、安全空间等因素，一般应不少于 3.5m；

B. 拟建的建筑物临近街道，塔臂可能覆盖人行道，如果现场条件允许，塔轨应尽量布置在建筑物的内侧；

C. 塔式起重机临近的高压线，应搭设防护架，并且应限制旋转的角度，以防止塔式起重机作业时造成事故；

D. 在一个现场内布置多台起重设备时，应能保证交叉作业的安全，上下左右旋转，应留有一定的空间以确保安全；

E. 轨道式塔式起重机轨道基础与固定式塔式起重机机座基础必须坚实可靠，周围设置排水措施，防止积水；

F. 塔式起重机布置时应考虑安装与拆除所需要的场地；

G. 施工现场应留出起重机进出场道路。

（13）材料的堆放

1）一般要求

A. 建筑材料的堆放应当根据用量大小、使用时间长短、供应与运输情况确定，用量大、使用时间长、供应运输方便的，应当分期分批进场，以减少堆场和仓库面积；

B. 施工现场各种工具、构件、材料的堆放必须按照总平面图规定的位置放置；

C. 位置应选择适当，便于运输和装卸，应减少二次搬运；

D. 地势较高、坚实、平坦、回填土应分层夯实，要有排水措施，符合安全、防火的要求；

E. 应当按照品种、规格堆放，并设明显标牌，标明名称、规格和产地等；

F. 各种材料物品必须堆放整齐。

2）主要材料半成品的堆放

A. 大型工具，应当一头见齐；

B. 钢筋应当堆放整齐，用方木垫起，不宜放在潮湿和暴露在外受雨水冲淋；

C. 砖应丁码成方垛，不准超高并距沟槽坑边不小于 0.5m，防止坍塌；

D. 砂应堆成方，石子应当按不同粒径规格分别堆放成方；

E. 各种模板应当按规格分类堆放整齐，地面应平整坚实，叠放高度一般不宜超高 1.6m；大模板存放应放在经专门设计的存架上，应当采用两块大模板面对面存放，当存放在施工楼层上时，应当满足自稳角度并有可靠的防倾倒措施；

F. 混凝土构件堆放场地应坚实、平整，按规格、型号堆放，垫木位置要正确，多层构件的垫木要上下对齐，垛位不准超高；混凝土墙板宜设插放架，插放架要焊接或绑扎牢固，防止倒塌。

3）场地清理

作业区及建筑物楼层内，要做到工完场地清，拆模时应当随拆随清理运走，不能马上运走的应码放整齐。各楼层清理的垃圾不得长期堆放在楼层内，应当及时运走，施工现场的垃圾也应分类集中堆放。

5. 节点 B4“设施验收、使用和维护管理”

（1）临时设施施工完成后，项目经理部应会同相关单位进行验收，未经验收或验收不合格的临时设施不得投入使用。对于塔机等特种设备，还需上报有关部门验收。

（2）对临时设施按有关规程、规定定期进行检测、维护和保养。

（3）临时设施应在工程开工前建设完成，如需增加或迁建的，必须另行设计方案。

6. 节点 C1“分包选择方案劳动力计划”

按方案选定分包方，依据劳动力计划组织分包方人员进场，并进行验证、确认。见第 8.1.11 节工程/劳务分包方选择招标流程、第 8.2.6.3 节工程/劳务分包方现场管理流程。

7. 节点 D1“物资需用计划”

按采购方案选定供应商，确定工程材料设备选型、报批，依据物资需用计划组织材料、构配件和设备进场，并进行验证、储存。见第 8.1.10 节物资采购控制流程、第 8.2.6.2 节物资供应与现场管理流程。

8. 节点 E1“施工机具检测设备需求、进场计划”

按施工机具检测设备需求计划确定设备选型，选定供应商或租赁单位，组织采购或租赁，依据进场计划组织施工机具检测设备进场，并进行安装、验收。见第 8.1.8.1 节施工机具内部配备管理流程、第 8.2.6.1 节施工机具使用管理流程。

9. 节点 F1“施工测量放线”

（1）建设单位持规划许可证及规划局审批过的总平面图至测绘院，由测绘院提供红线桩及高程点测量成果。

（2）项目经理部应依据设计文件和设计技术交底的工程控制点进行复测。当发现问题时，应与业主协商处理，并应形成纪录。

（3）项目经理部应将施工测量方案、红线桩的校核成果、水准点的引测结果填写“施工测量放线报验表”并附工程定位测量纪录报监理查验。

（4）承包单位在施工现场设置平面坐标控制网（或控制导线）及高程控制网后，应填写“施工测量放线报验表”并附基槽验线记录报监理查验。

（5）项目经理部应对红线桩、水准点、工程的控制桩等采取有效的保护措施。

10. 节点 F2“技术准备”

包括熟悉施工图纸，编制各项实施性生产和技术质量管理方面实施计划、方案或措施，绘制施工详图等。

11. 节点 F3“工程项目划分”

见第 8.2.6 节施工过程控制流程。

12. 节点 F4“分项检验批施工准备”

见第 8.2.6.5 节分项/检验批工程施工质量控制及验收流程。

13. 节点 A5“工程项目外部联络沟通”

项目经理部经过施工准备，确认具备开工条件后，向监理方和建设单位提交开工申请或报告，见第 8.2.5 节工程项目外部联络与沟通流程。

8.2.5　工程项目外部联络与沟通流程

工程项目外部联络与沟通流程，见图 8.2.5-1。

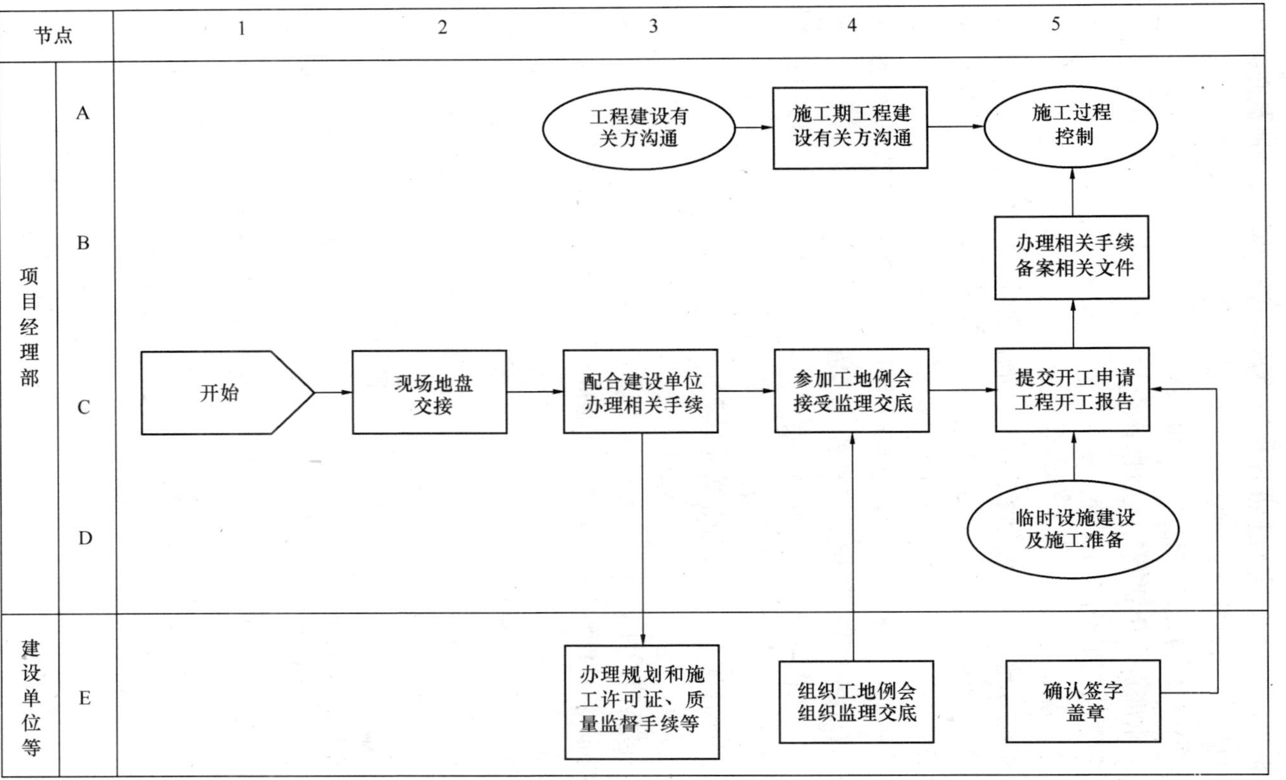

图 8.2.5-1 工程项目外部联络与沟通流程

1. 一般要求

（1）项目经理部负责工程项目外部联络与沟通工作。

（2）设计交底和图纸会审见第 8.2.2 节项目施工管理策划流程。

2. 节点 C2“现场地盘交接”

（1）经理部进驻现场后，应马上办理现场地盘交接，并填写“地盘交接单”。

（2）现场地盘交接内容如下：

1）红线范围及红线与建筑物轮廓线的关系；

2）红线桩、水准点、位置及有关数据；

3）水源、电源及施工道路的位置；

4）场地平整情况；

5）场内障碍物情况（原有建筑物、树木、地下管线、人防等）；

6）除将简要情况在表内说明外，还应绘制平面图，将上述有关内容在平面图中标明；

7）其余需说明事宜可在备注中予以补充说明；

8）地盘交接后，经理部应根据现场情况同建设单位协商，落实未完成的工作，组织地下管网的保护或迁移工作。以便尽快具备开工条件；

9）施工时发现文物、古迹、爆炸物、电缆等，应当停止施工，保护好现场，及时向有关部门报告，按照有关规定处理后方可继续施工。

3. 节点 C3“配合建设单位办理相关手续”

（1）规划许可证

规划许可证包括建设用地规划许可证和建设工程规划许可证。在开工前由业主方负责提供给项目经理部，项目经理部将规划许可证报工程管理部门备案。

（2）施工许可证

1）建设工程开工前，建设单位应当按照国家有关规定向工程地县级以上人民政府建设行政主管部门申请领取施工许可证。

2）申请施工许可证，应当具备下列条件：

A. 已经承保了“建筑施工人员意外伤害保险”；

B. 已经办理该建筑工程用地批准手续；

C. 在城市规划区内的建筑工程，已经取得规划许可证；

D. 需要拆迁的，其拆迁进度符合施工要求；

E. 已经确定建筑施工企业；

F. 有满足施工需要的施工图纸及技术资料；

G. 有保证工程质量和安全的具体措施；

H. 建设资金已经落实，满足法律、行政法规规定的其他条件。

3）建设单位应当在领取施工许可证之日起 3 个月内开工。因故不能按期开工的，应当向发证机关申请延期。

4）在建的建筑工程因故中止施工的，建设单位应当自中止施工之日起一个月内，向发证机关报告，并按照规定做好建筑工程的维护管理工作。

5）建筑工程恢复施工时，应当向发证机关报告；中止施工满一年的工程恢复施工前，建设单位应当报发证机关核验施工许可证。

(3）质量监督

工程具备开工条件后，由建设单位携带有关文件，到质量监督站办理质量监督手续及缴纳质量监督费用。

4. 节点 C4“参加工地例会接受监理交底”

(1）第一次工地会议

1）第一次工地会议由建设单位主持，在工程正式开工前进行。

2）第一次工地会议应由下列人员参加：

A. 建设单位驻现场代表及有关职能人员；

B. 项目经理部经理及有关职能人员、分包单位主要负责人；

C. 监理单位项目监理部总监理工程师及全体监理人员。

3）会议主要内容：

A. 建设单位负责人宣布项目总监理工程师并向其授权；

B. 建设单位负责人宣布承包单位及其驻现场代表（项目经理部经理)；

C. 建设单位驻现场代表、总监理工程师和项目经理相互介绍各方组织机构、人员及其专业、职务分工；

D. 项目经理汇报施工现场施工准备的情况；

E. 会议各方协商确定协调的方式，参加监理例会的人员、时间及安排。

4）其他事项：

第一次工地会议后，由监理单位负责整理编印会议纪要，分发有关各方。

(2）施工监理交底

1）施工监理交底由总监理工程师主持，中心内容为贯彻项目监理规划。

2）参加人员：

A. 承包单位项目经理部经理及有关职能人员、分包单位主要负责人；

B. 监理单位项目监理部总监理工程师及有关监理人员。

3）施工监理交底的主要内容：

A. 明确适用的国家及本市发布的有关工程建设监理的政策、法令、法规；

B. 阐明有关合同约定的建设单位、监理单位和承包单位的权利和义务；

C. 介绍监理工作内容；

D. 介绍监理控制工作的基本程序和方法；

E. 提出有关表格的报审要求及有关工程资料的管理要求。

4）项目监理部应编写会议纪要，发承包单位。

5. 节点 C5“提交开工申请工程开工报告”

(1）项目经理部认为达到开工条件应向监理申报“工程开工报审表”，经批准后方可开工。

(2）项目经理部确认开工条件应符合：

1）政府主管部门已签发“建设工程开工证”，施工图纸和工程地质勘察报告已经审查符合规范要求；

2）施工组织设计已经项目总监理工程师审批；

3）建筑红线已获规划局批准，施工放线已经检验，测量控制桩已查验合格；

4）承包单位项目经理部管理人员已到位，施工人员、施工设备已按计划进场，主要材料供应已落实并验收合格；

5）施工现场道路、水、电、通信等“七通一平”已达到开工条件，各种手续已办妥；

6）工人安全三级教育已进行，各工种已进行施工安全、技术交底，已进行质量教育及技术交底；

7）现场安全防护措施已完备。

（3）监理工程师审核认为具备开工条件时，由总监理工程师在项目经理部报送的“工程开工报审表”上签署意见，并报建设单位。

（4）工程开工报告

“工程开工报告”由项目经理部填写，在开工当日送建设单位签章后，双方签章单位各执一份，应注意保存作为交工资料。由于建设单位变更设计等通知停工，而后经解决再通知复工，亦填写此表。

6. 节点 B5“办理相关手续备案相关文件”

（1）施工扰民补偿协议

1）施工扰民补偿协议的签订依据为当地有关法规要求。建设工程所在地区的建设行政主管部门负责组织公安交通、环保部门和街道办事处、公安派出所单位协助建设单位和施工单位做好工程周围居民的工作，共同维护正常的施工秩序，以保证城市建设工程的顺利进行。在各区、县政府的领导和有关街道办事处的组织下，由街道办事处、居民代表、派出所、建设单位、施工单位参加，共同开展创建文明工地活动。

2）国家和地方重点工程、一般建设项目的土方工程以及按照设计要求必须连续施工的工程，需要在 22 时至次日 6 时进行施工的，项目经理部在施工前必须向工程所在地区的建设行政主管部门提出申请，经审查批准后到工程所在地区的环保部门备案。未经批准，禁止施工单位在 22 时至次日 6 时进行超过国家标准噪声限值的作业。

3）施工单位在施工前应公布连续施工的时间，向工程周围的居民做好解释工作。

4）开挖土方量 10 万 m^3 以上或者需连续运输土方 15 日以上的深基础作业，由项目经理部提出申请，经工程所在地的建设行政主管部门审核批准后，报公安交通管理部门核发指定行车路线的专用通行证。

5）居民以施工干扰正常生活为由，对经批准的夜间施工提出投诉的，建设单位、项目经理部应当向工程所在地的环保部门申请，由环保部门按国家规定的噪声值标准进行测定。施工噪声超过标准值时，环保部门应当确定噪声扰民的范围，并出具测定报告书。

6）凡经环保部门测定，并确定补偿范围和签定补偿协议的，签约双方应当按照协议认真执行，不得以任何理由违约。

7）建设单位对确定为夜间施工噪声扰民范围内的居民，根据居民受噪声污染的程度，按批准的超噪声标准值夜间施工工期，以每户每月一定的标准给予补偿。

8）因各类抢险施工造成噪声扰民的，对附近居民不予补偿。由抢险工程所在地的政府负责组织有关部门做好工程周围居民的工作，确保抢险工程顺利进行。

9）建设单位应当在当地建设行政主管部门和街道办事处的组织下与接受补偿的居民签定补偿协议，补偿费由工程所在地的街道办事处组织发放。

（2）施工现场消防安全许可证

1）建设工程施工现场的消防安全由项目经理部负责。项目经理部开工前必须向公安消防机构申报，经公安消防机构核发“施工现场消防安全许可证后”，方可施工。

2）下列建设工程的施工组织设计和方案，由项目经理部报送市级公安消防机构：

A. 国家重点工程；

B. 建筑面积2万m^2以上的公共建筑工程；

C. 建筑总面积10万m^2以上的居民住宅工程；

D. 基建投资1亿元人民币以上的工业建设工程；

E. 上述范围以外和市级公安消防机构指定监督管理的建设工程的施工组织设计和方案，由项目经理部报送建设工程所在地的区、县级公安消防机构。

（3）项目管理人员安全生产资格证书

1）项目管理人员必须经过安全资质培训、考核，取得安全资质，持行政主管部门统一印制的“安全生产资质证书”后方可上岗。

2）安全资质培训和考核，统一由安全管理部门负责。

3）分包单位必须持有《施工企业安全资格审查认可证》方可承揽企业工程。该证由分包单位自行办理，进场后交项目备案。同时备案的还有：营业执照（复印件）、企业技术资质等级证书、安全管理组织体系、安全生产管理制度、外省市施工企业施工许可证等。

（4）分包单位劳务用工注册手续

1）外地建筑企业异地施工，应到地方建委管理办公室办理登记注册。外地建筑企业的营业范围，由地方建筑业管理办公室根据该企业等级和曾承建的工程质量等情况核定。外地建筑业应按企业等级和核定的营业范围经营。

2）由工程管理部门协助分包单位到社会劳动保障局办理企业职工就业证。

3）外地建筑企业异地施工期间，必须遵守下列规定：

A. 向施工所在区、县建委办理施工管理备案，并按规定向市和区、县建委报送统计资料；

B. 按规定向公安机关办理企业职工暂住户口登记，申请暂住证，签订治安责任书；

C. 按规定向劳动部门申领安全生产合格证；

D. 按规定办理企业职工健康证。

7. 节点A4“施工期工程建设有关方沟通”

（1）沟通主要内容有：

1）管理体系方针及有关要求；

2）法律、法规及其他要求的信息；

3）与国家、地方政府、行业主管部门和上级单位的沟通；

4）主动与相关方（顾客、监理方、设计方、供方、媒体、社区等）的沟通，以及相关方反馈的信息及其投诉等；

5）其他外部信息，如从各种权威报刊、杂志上获取的有关技术创新、企业管理改进技术等方面的信息。

（2）沟通渠道

可以是各种会议、文件、板报、宣传栏、刊物、电子媒体、通信工具、互联网等一切可以传播利用的工具。

（3）沟通的实施与控制

1）项目技术负责人负责与工地所属质量监督站和协会进行沟通，及时收集有关的质量管理规定（特别是有关优质工程申报的规定），及时联系并办理各项业务工作。

2）项目安全负责人负责与工地所属安全监督站、协会和环境管理部门进行沟通，及时收集有关的管理规定（包含评优的规定），及时联系并办理有关各项业务工作。

3）项目办公室负责人与工地所属城管大队、派出所、环卫部门、新闻媒体及社区进行沟通，了解有关的信息并进行处理。

4）项目资料员负责与地方政府主管部门、城市建设档案馆等进行沟通，及时了解有关的信息并进行处理。

5）在施工的前期，项目技术负责人组织技术部、工程部人员熟悉图纸，找出设计存在的问题和施工疑难，积极和建设单位、设计单位、监理单位、勘察单位取得联系，认真参与由业主组织的图纸会审，仔细领会设计单位的设计交底。

6）及时向建设单位（监理单位）进行有关的报验，如：项目质检员或工长负责施工质量的报验。材料员负责进场原材料、半成品和工业设备的报验；机电专业负责人负责施工用设备、机具和施工用电的报验。

7）工长和预算员应及时办理有关的签证。

8）各岗位负责针对监理通知和建设单位函件中有关自己工作内容的回复。

9）项目经理、生产经理等有关的人员应参加建设单位或监理单位组织的协调会，沟通的主要内容有：本周的生产情况（包含了质量、安全、进度）、下周的生产安排以及需要协调的问题。

10）来自国家、地方政府、行业主管部门和上级单位信息由对应的岗位负责处理、反馈，并传递到分管领导及相关岗位。当其检测或检查结果出现不符合时，按照第 8.2.9 节施工质量问题处理流程要求进行处理。

11）各岗位直接从权威报刊、杂志上获取有关技术创新，企业管理等重要信息，及时反馈到相关部门，分类整理，根据需要再酌情传递。

12）各岗位在接到相关方的信息后应及时传递并处理，如遇重大问题应向主管领导或项目经理汇报。

8.2.6 施工过程控制流程

施工过程控制流程，见图 8.2.6-1。

1. 一般要求

（1）定义：

1）施工过程：施工过程是通过生产要素投入（管理人员和劳动力、施工机具和检测设备、建筑材料构配件和设备、技术方法、方案措施、标准规范、工艺标准及施工图纸等设计文件、作业环境，实施一系列有序的工序生产和服务活动（过程中的工序活动不增值），将上一个过程所输出的过程产品（如钢筋分项工程）转化为本过程输出的过程产品（如混凝土分项工程，过程增值了）。施工过程可划分为分项检验批施工过程、关键施工过程和施工过程。

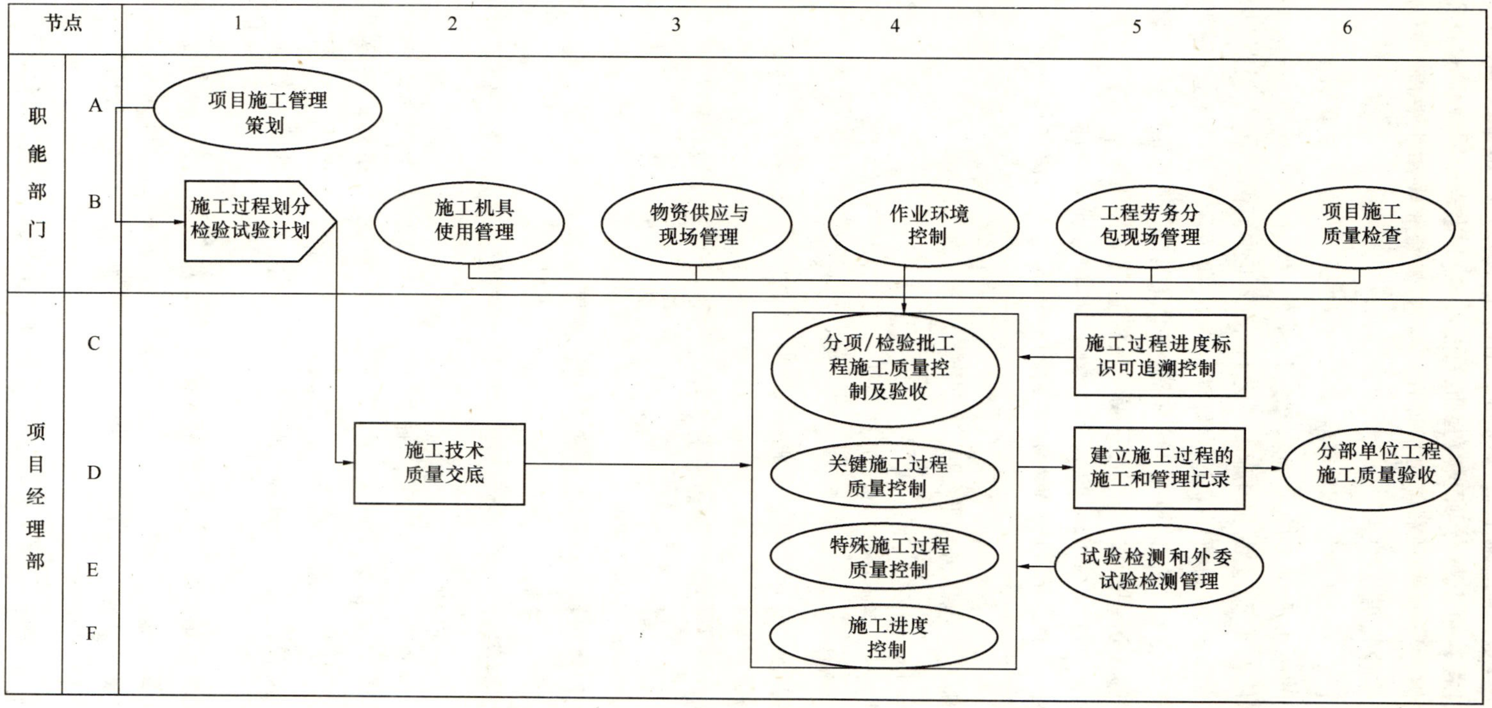

节点 1 2 3 4 5 6

职能部门

A 项目施工管理策划

B 施工过程划分检验试验计划

施工机具使用管理

物资供应与现场管理

作业环境控制

工程劳务分包现场管理

项目施工质量检查

项目经理部

C D E F

施工技术质量交底

分项/检验批工程施工质量控制及验收

关键施工过程质量控制

特殊施工过程质量控制

施工进度控制

施工过程进度标识可追溯控制

建立施工过程的施工和管理记录

试验检测和外委试验检测管理

分部单位工程施工质量验收

图 8.2.6-1　施工过程控制流程

2）分项检验批施工工程：按有关施工质量验收规范标准对分部工程划分至分项或检验批工程，且该分项或检验批施工工程控制依据通用施工工艺标准或作业惯例即可。

3）关键施工过程：可以是分项或检验批工程，也可以是分项或检验批工程中某个关键工序活动，且它们的控制依据不仅包括通用施工工艺标准或作业惯例，还需专门编制专项施工方案措施或作业指导文件。

4）特殊施工过程：可以是分项或检验批工程，也可以是分项或检验批工程中某个关键工序活动，它们的施工质量不能准确或完全依据相应工程施工质量验收标准规范加以判定或接受；其控制依据不仅包括通用施工工艺标准或作业惯例，及专门编制专项施工方案措施或作业指导文件，还需另行编制过程确认控制准则（含特殊施工过程控制结果质量判定准则）；通过这些依据有目的地进行确认控制并保存质量判定准则所要求的控制客观证据，就可判定特殊施工过程所输出的工序或分项检验批工程施工质量了。

（2）技术管理部门负责企业技术质量交底的组织和策划的管理工作，相关职能部门负责项目施工质量检查工作，项目经理部负责组织实施项目部技术质量交底、施工过程控制工作。

2. 节点 B1“施工过程划分检验试验计划”

（1）施工过程划分

1）工程项目划分：将整个工程逐级划分为单项工程、单位工程、分部工程、分项工程和检验批，并逐级编号，以便控制、检查、评定和监督。

2）施工过程界定：按分项检验批施工工程、关键施工过程、特殊施工过程进行界定。

（2）检验试验计划

分为物资构配件和设备进货阶段验收、施工过程控制阶段检验和试验、工程施工质量验收三个层面，计划应包括项目、内容、人员、时机、方法和准则、记录等。

3. 节点 D2“技术质量交底”

（1）交底的依据应包括：项目质量管理策划结果、专项施工方案、施工图纸、施工工艺及质量标准等。

（2）交底的内容一般应包括：质量要求和目标、施工部位、工艺流程及标准、验收标准、使用的材料、施工机具、环境要求及操作要点。

（3）交底分为企业技术质量交底和项目部技术质量交底两个层面。总之应在施工前通过交底确保被交底人了解本岗位的施工内容及相关要求。交底可根据需要采用口头、书面及培训等方式，分层次、分阶段地进行。交底的层次、阶段及形式应根据工程的规模和施工的复杂、难易程度及施工人员的素质确定。对于小型、常规的施工作业，交底的形式和内容可适当简化。

（4）企业的技术质量交底主要针对重大施工项目并在项目开工前进行。技术交底按照企业、分公司、项目等层次依次实施。内容主要包括公司的质量目标、技术管理要求、项目质量管理策划结果、重要的专项施工方案、施工图纸、施工工艺及质量标准等。

（5）项目部技术质量交底要求：

1）项目技术质量交底是项目施工管理人员向项目管理人员、分包管理人员和施工操作班组实施的交底。交底内容包括工序质量目标、施工部位、施工工艺流程及标准、施工技术工艺、质量验收标准、安全措施、使用的材料、施工机具、环境要求及操作要点等。

技术交底可以分层次、分专业实施，包括施工组织设计交底、施工专项技术交底等。形式包括会议交底和现场交底等。项目应保证在单位工程、分部工程、分项工程、检验批施工前进行技术交底。

2）项目技术交底的重点是施工过程工序技术交底，其内容应符合各层次项目质量管理策划的基本要求。要采用合理的、先进的施工工艺、先进的施工技术和新材料，按照科学的施工方法，尽量保证均衡施工速度，提高工序验收合格率，节省施工过程成本；重要工序要开展跨专业图纸会审，提前进行深化设计，据施工的实际需要及时完成关键部位的节点详图；应进行重点、难点方案的讨论，实施多方位的技术经济比较，在编制各种专项技术方案的基础上及时做好交底。各专业人员应提前针对施工作业人员的人体功效和工艺风险编制专项的技术交底，并及时向施工班组进行有针对性的交底。

3）项目交底工作一般通过由企业或授权项目召开的例会制度实施。一般情况下，每日或定期由总包方召集的工作例会是项目经理部实施技术交底的主要手段，通过对日施工计划和交底的检查落实保证项目控制性计划的达成。

4）施工现场经常性的施工过程工序技术交底由专业人员及时进行。为确保提高现场总体协调水平和技术交底的严肃性，各方相关人员必须参加相应的会议。项目经理部参加人员：项目班子成员、部门经理、现场责任工程师；其他参加人员：各分包方、分供方的现场负责人和相关人员。

5）每次会议交底应该形成记录，会议内容包括汇报技术交底执行情况及出现的问题、施工计划安排及需协调解决的问题。需协调解决的问题由项目生产经理或现场经理对问题进行裁决和处理。

6）现场技术交底的执行效果由专业管理人员负责。土木、安装、装饰、市政和其他专业管理人员对照交底的要求管理本专业的实施活动，特别是关注各专业之间的接口和匹配情况，发现问题及时实施改进措施。如果在执行过程中发现技术交底存在修改的需求时，应该由原策划（或授权人）和交底人员进行完善。

4. 节点 C4“分项/检验批工程施工质量控制及验收”

另见第 8.2.6.5 节分项/检验批工程施工质量控制及验收流程，通用要求如下：

（1）正确使用施工图纸、设计文件、验收标准及适用的施工工艺标准、作业指导书。

开工之初，项目经理部要努力解决好正确使用施工图纸、设计文件、验收标准及适用的施工工艺标准、作业指导书的问题，合理确定质量标准和施工能力的接口。特别是注意图纸会审中发现的问题与相关质量管理策划文件的协调接口问题。如果图纸错漏百出，就无从谈起以图纸为蓝图的工程质量。因此，一方面要善于发现不同专业的图纸中不相符之处，发现图纸与技术规程、工程量清单之间的不符合之处，尽快解决，确保图纸质量；另一方面应根据相关图纸会审中的确定结果编制和完善项目质量管理策划文件、创优计划、质量检验计划等。

（2）调配符合规定的操作人员。

1）相关规定包括：人员的数量、质量和进场时间。其中人员的质量包括人员满足持证上岗要求和质量责任要求的程度。企业要充分保证合理的人力资源投入，调配符合规定的现场操作人员，例如配备有规定资格的特殊施工操作人员、符合要求的一般操作人员和工序质量控制人员等。调配的操作人员必须能够胜任各自岗位质量责任规定的工作。为了保证调配符合规定的操作人员，岗位质量责任可以与工作任务需求相匹配，配套实行技术交底挂牌、施工部位挂牌、操作管理制度挂牌的方式，以明确操作人员的责任并便于实施考核。

2）增强全体员工的质量意识是保持调配的操作人员符合要求的重要措施之一。项目可定期组织质量讲评会，同时组织到创优内外部单位进行观摩和学习，并邀请外部质量专家进行集中培训和现场指导；做好规范、标准和技术知识的培训工作，促使项目人员的素质不断得到保持和提高，从人的因素上消除产生质量问题的源头。

（3）按规定配备和使用建筑材料、构配件、施工机具和检测设备，见第 8.2.6.2 节物资供应与现场管理流程、第 8.2.6.1 节施工机具使用管理流程等。

1）根据质量管理策划的要求，提供和配置需要的建筑材料、构配件、施工机具和检测设备，及时进行进场验收和检验。同时应按照规定的施工要求，使用建筑材料、构配件、施工机具和检测设备。

2）要严格控制进场材料的紧急放行，凡是影响结构安全性能的材料（水泥、钢材和混凝土等）未经检验试验一律不得投入工序。在重要施工工程部位，包括结构施工阶段模板加工与制作、钢筋原材、装修材料及加工成品采用等均应采用全方位、多角度的选择方式，以产品质量优良、材料价格合理、施工成品质量优良为材料选型、定位的标准。材料、半成品及成品进场要按规范、图纸和施工要求严格检验，不合格的立即退货。

3）项目经理部应与分包方之间签订合同/责任状，按计划目标明确规定分包应该配备和使用的建筑材料、构配件、施工机具和检测设备。

（4）按规定施工并及时检查、监测，见第 8.3.1.4 节项目施工质量检查、分析与改进流程。

1）施工过程各种因素变化多样，要根据施工需要精心修改和完善质量管理策划结果，调整时要严格按照有关规定要求，掌握施工组织设计的指导性、施工方案的部署性、技术交底的可操作性、质量计划（有条件的企业含创优计划）的引导性，做到四者互相对应、相互衔接、相互交圈，层次清楚、严谨全面，符合规范。这里的核心是如何从工艺上降低达到质量标准（有条件的企业含创优标准）的难度，如何保持一个合理的质量成本。需要时应做好施工图的深化设计。

2）要确保按质量管理策划的相关方案施工。施工中只要有了完备的施工组织设计和可行的施工方案，以及可操作性强的措施交底，就能保证全部工程整体部署有条不紊，施工现场整洁规矩，机械配备合理，人员编制有序，施工流水不乱，分部、分项工程方案科学合理，施工操作人员严格执行规范、标准的要求，有力地保证工程的质量和进度。

3）应该做好施工过程的变更交底。项目有关人员针对施工变化及时实施技术交底。变更交底主要针对施工因素的变化情况进行策划和安排，明确工艺、方法、材料和程序的变更要求。要及时办理变更交底手续。需要时，应该进行配套的培训工作。

4）施工现场要认真落实检查验收制度：

A. 对施工过程予以标识，标示出验收合格、不合格或待检状态。对于施工过程中的质量问题，项目质量员或工长应及时下发《质量整改单》，并跟踪整改到位。

B. 按照进度计划组织质量检验。检验机构、人员和设备均应具备相应的资格和能力。定期或在人员、材料、工艺参数、设备发生变化时，重新进行确认。

C. 在施工过程中坚持检查上道工序、保障本道工序、服务下道工序，做好自检、互检、交接检；遵循分包自检、总包复检、监理验收的三级检查制度；严格工序放行管理，没有通过规定检查的工序，不能转入下一个工序。认真做好所有检验试验的相关记录。

（5）依据现场管理有关规定对施工作业环境进行控制，见第 8.2.6.4 节作业环境控制流程。

1）对施工作业环境的控制包括：安全文明施工措施、季节性施工措施、现场试验环境的控制措施、不同专业交叉作业的环境控制措施以及按照规定采取的其他相关措施。

2）施工过程控制的关键是从形成工程质量的环节入手，把自然环境条件和施工准备工作结合起来，有效控制和监督施工作业环境的关键参数，包括施工粉尘、温度、湿度、风力和地理位置等。

（6）采取半成品、成品保护措施并监督实施。

1）要确保在整个生产过程中对产品进行有效的防护，向顾客提交满意的产品。

2）产品防护的范围是从企业内部产品实现过程到交付到顾客的所有过程，包括最终产品，也包括中间产品和采购的产品。

3）应对施工工程实施如下的产品防护要求：

A. 搬运。对特大、特重、超长的构件或设备，对易燃、易爆、有毒及贵重物资运输应配备必要的设备和工具，人员经训练合格，符合法规规定和企业管理制度。对容易混淆错用的物资应做好标识。尤其要关注构件吊装，现场水平垂直运输时的防护和安全。

B. 贮存。材料、半成品设备等外来物资在仓库或施工现场都必须有适当的贮存环境和防护措施。针对不同物资应保证必要的防雨、防潮、温控、防火、防盗、防爆、防污染等防损坏措施。做好防护标识，对贮存的产品应定期盘点。针对大型钢筋混凝土预制构件、金属构件等应制定专门的堆放贮存方案。

C. 时效性强的、易燃、易爆、有毒或贵重的物资发放、保管和使用应有针对性的管理制度。严格执行制度的规定，以确保人员的安全，为物资和工程提供保护。

D. 施工半成品的保护。应针对工程特点建立防护责任制，规定防护方法。工序交接应包含防护的交接。特殊建筑产品的防护应符合设计要求，必要时应在施工组织设计中明确措施。施工中还应避免颠倒作业或不合理的立体交叉作业，以防止交叉污染或损坏。

E. 竣工验收期保护。应设专人对竣工尚未交付的产品进行保护。设备设施未经许可不得擅自启用，防止设备或设施损坏。

4）成品和半成品防护的范围应包括供企业使用或构成工程产品一部分的发包方财产，这些财产不仅包括发包方提供的文件资料、建筑材料、构配件和设备，还包括：

A. 企业作为分包单位时，发包方提供的未完工程。

B. 企业作为总包单位时，发包方直接分包的工程。

5）以上防护活动应贯穿于施工的全过程直至工程移交为止。项目经理部要根据工程的特点、规模、质量标准及业主的要求，制定出成品保护措施。科学、合理安排施工生产，减少交叉作业等人为因素造成的成品破坏。在与各分包方签订合同或协议书时，应在条款中明确规定分包方所承包的施工项目在成品保护方面应承担的责任。

6）建立工作面半成品、成品保护移交制度，落实工序交叉作业或上下工序作业时成品保护的责任人。建立 24h 值班制度，预防不测事件的发生。特别要注意防盗、防火、消防及供水管线系统的监控及对卫生洁具的保护；要建立巡回检查制度，提高警惕，预防有意识的破坏活动的发生。

（7）强化施工分包和工程监督管理，见第 8.2.6.3 节工程/劳务分包现场管理流程。

1）要严格保证施工分包方的科学使用，从施工业绩、工程质量、人员素质、管理水平、安全情况、服务能力和团队文化等方面分析已经选定的供应方施工特点，确定风险环节，在此基础上考虑适宜分包方的作业方法。一方面要严格控制分包人员按照施工策划要求实施工序活动，从作业人员的技能、意识、经验和反应能力等环节进行过程监督。比如在大体积混凝土施工中要全面控制模板工艺、混凝土泵送技术、混凝土浇筑活动、施工安全条件等重要因素与作业人员的结合状态，观察施工过程各种因素的变化趋势，及时调整工艺方法和管理方式；另一方面要严格控制分包人员的无序流动和不适宜的管理惯例，形成作业现场合理的梯形人员结构，保证施工人员的技能和经验在整体上是稳定的，防止施工的过程能力失去控制。

2）项目对分包方主要管理人员也要定期进行质量管理的培训，对分包方班组长及主要施工人员，按不同专业进行技术、工艺、质量综合培训，未经培训或培训不合格的分包队伍不允许进场施工。项目责成分包方建立责任制，并将项目的质量保证体系贯彻落实到各自施工质量管理中，并督促其对各项工作落实。

3）项目经理部应在施工全过程对分包方进行动态的监督管理和使用评价，发现问题及时进行处理。

5. 节点 D4“关键施工过程质量控制”

见第 8.2.6.6 节关键施工过程质量控制流程。

6. 节点 E4“特殊施工过程质量控制”

见第 8.2.6.7 节特殊施工过程质量控制流程。

7. 节点 F4“施工进度控制”

见第 8.2.6.8　施工进度控制流程。

8. 节点 C5“施工过程进度标识可追溯控制”

（1）企业应对在施工生产中涉及的产品标识、状态标识、可追溯性标识三种标识进行管理，使员工恰当地使用这些标识。

1）产品标识是在产品或服务容易混淆时，要采取适宜的方法标识产品或服务，产品标识应能区别产品的不同特征。标识的内容有：类型、材质、尺寸、形状、批次、生产厂家、产品技术状态等。产品标识的目的是防止相似而不相同的产品相互混淆错用。

2）产品状态标识是在产品实现或服务提供全过程中，针对监视测量活动中，所进行的监测状态（结果）的标识。其目的是确保只有合格的产品才能使用或进入下道工序，或交付。检验和试验状态通常包括：待检、已检待定、合格和不合格。

（2）企业针对产品标识和状态标识，通常有下面的一些方法：

1）外来材料、半成品、工程设备（包括自己采购和建设单位提供的），可采用标牌、存放地点、进货验收单、进货台账、保管台账、合格证、检验报告等。

2）施工半成品，如各类分部分项工程，可采用任务单、技术交底记录、工序交接记录、各类检验记录、隐蔽工程施工及检验记录、施工日记、特殊过程确认记录等。

3）工程成品，可采用工程技术档案、施工管理资料、各种检验报告、主管部门认可文件、工程竣工报告、监理资料及工程质量评估报告、勘察设计单位的质量检查报告等。

（3）当企业、顾客或法规有追溯性要求时，产品应有唯一性标识。根据唯一性标识追溯原材料和部件的来源、加工过程的历史、产品交付后的分布和场所。

（4）施工企业在界定可追溯性产品的范围时，可考虑下列情况：

1）对最终产品质量有较大影响的产品，如现浇钢筋混凝土结构、商品混凝土等；

2）建设单位、监理单位必做验证的产品，如隐蔽工程施工及验收记录；

3）容易发生质量通病，有待改进的产品；

4）采用了新材料、新技术、新工艺、新设备的产品；

5）法规规定严格控制的易燃、易爆或有毒产品等。

（5）企业的各种检验记录、过程控制记录、竣工验收资料等要符合行业、地方法规及承包合同的要求。

（6）标识在生产过程中如果发生了变化，应做好标识的转移。

（7）为了有效识别和控制施工质量，随着施工进度的变化，施工过程和进度状态是需要及时进行标识的。施工企业可通过任务单、施工日志、施工记录、隐蔽工程记录、各种检验试验记录等表明施工工序所处的阶段或检查、验收的情况，确保施工工序按照策划的顺序实现。

（8）相应的标识方式包括有形的和无形的两种。有形方式可包括书面方式（施工日记、检验试验记录等）和其他有形方式，如颜色、尺寸、大小等。无形的方式包括位置、惯例等。施工工程一般情况下需要进行书面的标识，影响结构安全性能的过程还应该具有可追溯性，特别是质量检验和不合格的返工记录，以便有效管理质量风险。在没有规定要求的情况下则可能采用无形的方式进行标识。

（9）施工现场标识的管理包括标识的建立、转移、改变和撤销：

1）建立：针对施工过程的特点形成适宜的标识；

2）转移：根据施工进度的变化调整标识的位置；

3）改变：依据施工突发情况的发生改变标识的内容；

4）撤销：完成施工活动后对标识进行的撤销。

（10）标识的管理必须与施工进度相匹配，与施工过程需求相适宜。对施工过程及进度进行标识的目的在于使施工过程具有必要的可追溯性。

9. 节点 D5“建立施工过程的施工和管理记录”

（1）施工记录应符合相关施工依据规定的要求，以满足施工过程质量控制的追溯性要求和质量改进的预防和纠正措施信息的需求。施工过程中的质量管理记录应包括：

1）施工日记和专项施工记录；

2）交底记录；

3）上岗培训记录和岗位资格证明；

4）施工机具和检验、测量及试验设备的管理记录；

5）图纸的接收和发放、设计变更的有关记录；

6）监督检查和整改、复查记录；

7）质量管理相关文件；

8）工程项目质量管理策划结果中规定的其他记录。

（2）项目经理部可以通过任务单、施工日志、专项施工记录、隐蔽工程记录、各种检验试验记录等表明施工工序所处的阶段或检查、验收的情况，确保施工工序按照策划的顺序实现。

（3）施工日记是项目基本情况的综合反映。内容应包括：气象情况、施工内容、施工部位、使用材料、施工班组、取样及检验和试验、质量验收、质量问题及处理等情况。施工日记如果记录的质量较高将有效地减少其他记录的工作量。

（4）质量管理信息存在方式多种多样，主要有：谈话、口头协议、书面资料、其他媒介形式（音像、电话等），记录是其中非常重要的一部分，当然还有很多信息无法或不适合用记录的方式表达的情况。质量管理记录是项目信息的重要存储方式。

（5）企业质量管理记录的管理主要包括记录的收集、传递，信息加工、处理等。记录应填写及时、完整、准确；字迹清晰、内容真实；按照规定编目并保存。记录的内容和记录人员应能够追溯。

（6）质量管理记录渗透到项目管理的方方面面，具有明显的广泛性。监理、生产例会等记录的收集，将影响到项目的决策和项目内外对项目的评价与反映，关系到项目的质量管理绩效。同时项目质量的范围可能涉及各个方面，因此更加需要相关信息的及时传递。项目质量管理过程，就是一个物质流和信息流相互作用的过程，因此质量管理记录是同项目其他管理同时并存的。

（7）随着计算机、网络和多媒体技术的普及，物质流的信息化程度和信息的保真程度和处理速度越来越快，对信息流的分析处理能力越来越强。同时通过信息流监督和控制物质流的过程，使项目质量信息越来越快捷、方便，与外界包括相关方的质量交流也越来越灵活和及时了。当然多媒体信息的保密也显得更加重要了。因此应尽快建立和有效实施项目的质量信息和信息安全系统，使之发挥应有的作用。

10. 节点 E5“试验检测和外委试验检测管理”

见第 8.2.8 节试验检测和外委试验检测管理流程。

8.2.6.1 施工机具使用管理流程

施工机具使用管理流程见图 8.2.6-1。

1. 一般要求

（1）租赁分公司负责组织提供施工机具和设备修理工作；项目经理部负责施工机具现场使用管理工作。

（2）施工机具使用管理其他要求见第 8.1.8 节施工机具内部配备管理流程、第 8.1.8.2 节施工机具外部租赁管理流程。

2. 节点 B1“施工机具来源确定”

（1）项目部应明确所需机具设备的配备来源。包括：向租赁分公司租赁、向外部租赁、劳务分包方自带等。

（2）项目开工前应落实机具来源，并提出租赁申请。

3. 节点 E3“工程或劳务分包合同”

（1）分包合同中应明确劳务自带机具的要求

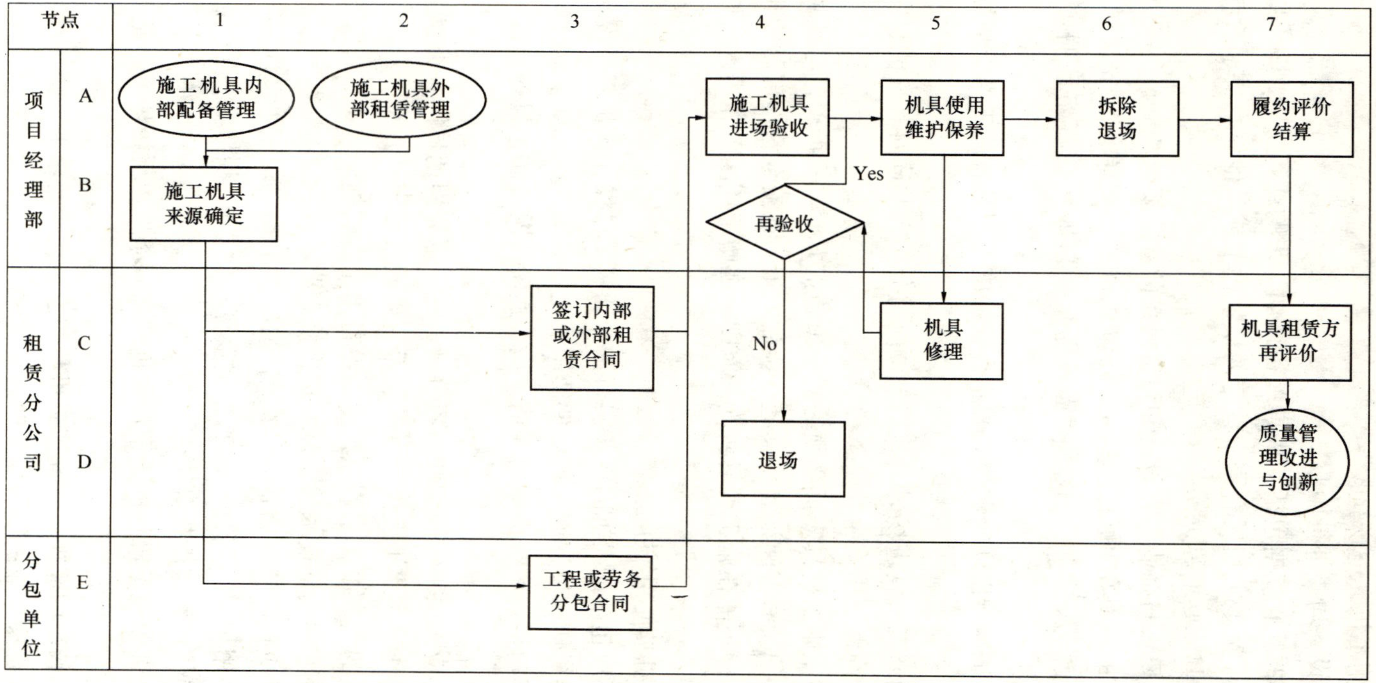

图 8.2.6-1　施工机具使用管理流程

（2）分包合同中应规定机具的名称、型号、数量、技术要求、质量要求、进场验收方式和标准等。

（3）明确施工机具管理的责任、日常管理要求等。

4. 节点 A4“施工机具进场验收”

（1）所有进场设备均要进行验收。

（2）施工机具的验收依据包括：机具配备计划、采购或租赁合同；供应方的发货单、装箱单及其他凭证；采购或租赁合同中约定的质量标准或其他技术要求；产品合格证、检验单、使用手册；其他要求等。

（3）其他验收要求与企业自有设备和租赁设备的验收要求相同。

（4）对于租赁的机具由项目经理部、分包单位、出租单位和安装单位共同进行验收，验证其规格、型号、数量、技术状态、随行操作人员的资格证明等是否符合相关要求。

（5）对于安装试运行出现问题或验收不合格的施工机具，施工企业应按照租赁合同的约定予以处理。

（6）分包合同施工机具进场时，施工单位应与分包方共同对其性能、安全防护装置等进行严格验收，以确保使用安全。

（7）对于大中型施工机具安拆必须编制专项施工方案，安拆单位必须具备相应的安装资质，安拆人员必须持有上岗证。机具经自检后，报当地安全管理部门验收或备案。

（8）因设备大修不能在施工现场实施，原则上在施工期间可能进入大修期的设备不得进场验收。

5. 节点 A5“机具使用维护保养”

（1）合理使用应包括：人机固定；实行操作证制度；操作人员坚持设备例行保养；建立机具档案；培养操作人员；遵守走后期使用规定等。

（2）例行保养包括：保持机械的清洁；检查运转情况；防止机械腐蚀；按技术要求润滑等。

（3）强制保养应按照一定周期和内容分级进行。保养周期根据各类施工机具的磨损规律、作业条件、操作维护水平及经济性等四个主要因素确定。

（4）施工机具的大、中、小修原则上由设备出租方实施。但项目经理部的设备管理人员有责任监督出租方的设备技术状态。并提供修理要求。

（5）使用管理应包括：人机固定；实行操作证制度；操作人员必须坚持做好例行保养；遵守走合期使用规定；实行单机或机组核算；建立机具档案制度；合理调配施工机具；做好操作人员培训和技能提高工作。

（6）项目经理部为施工机具的正常使用创造良好条件。现场环境、施工平面布置应适合机械作业要求。

（7）加强使用情况的巡视，保证施工机具在安全操作要求下工作，及时制止操作人员的违章作业、发现带病作业的设备应及时制止。

（8）对于租赁设备及劳务分包方自带设备应定期进行抽查，发现问题要求其他及时整改，直至要求其退场。

（9）制定施工机具应急管理措施。内容包括：紧急处置、报警、撤离、抢修、恢复运行和事故调查等。

6. 节点 C5“机具修理”

(1) 按照设备管理规程的要求进行设备的修理。

(2) 设备修理分为定期修理(大修、中修、小修)、状态修理、抢修等，特殊设备也可包括项修。

(3) 项目部设备管理员，应掌握大中型设备的台账及所处的技术状态，及时提醒设备提供方进行设备的三级修理。

(4) 设备使用超期，或因施工要求无法进行相应修理时，应由有专业资格的人员对设备技术状态进行鉴定，以决定是否可以使用。

(5) 在施工准备阶段制定施工机具的修理计划，内容应包括：设立维修现场，配备维修设备、配件、人员，确定修理的方法；

7. 节点 B4“再验收”

(1) 设备经修理或抢修后，应进行设备的再验收，验收内容与进场验收相同。

(2) 经验收仍不符合要求的，应要求限期退场。

8.2.6.2 物资供应与现场管理流程

物资供应与现场管理流程，见图 8.2.6-2。

1. 一般要求

(1) 物资管理部门负责对项目物资供应与现场的管理进行监督检查、物资供应方重新评价和管理改进工作；项目经理部负责实施物资供货验收、不合格物资的处理工作，及物资现场管理工作，包括物资储存保管和搬运防护、发包方提供的物资控制、项目物资供应方履约评价等。

(2) 施工质量检查与验收见第 8.3.1.4 节项目施工质量检查、分析与改进流程。

(3) 建筑材料、构配件和工程设备的现场管理包括物资收、发类的事务性工作和现场服务、协调、信息反馈等管理工作。如日常管理、出入库管理、报表和其他管理等。

1) 项目部现场管理和保管人员应配套配置，其职责主要是建筑材料、构配件和工程设备从进入工地、现场储存到发放使用的全过程管理，保证建筑材料、构配件和工程设备的品种、数量和外观质量等，使施工生产顺利地进行。

2) 项目经理部应动态策划随着施工进度而变化的建筑材料、构配件和工程设备现场管理方法，包括材料堆放、设备维修场地、仓库、加工车间、作业场地及其设施的动态安排等。对于有可追溯性要求的物资收、发类的事务性工作和现场服务、协调、信息反馈等要明确具体的程序、标识方法和要求。

2. 节点 B2“物资供货验收”

(1) 建筑材料、构配件和设备验收的目的是检查其数量和质量是否符合采购的要求。没有经过验收的建筑材料、构配件和设备不能进入施工过程。

(2) 建筑材料、构配件和设备进场验收的策划见第 8.2.2 节项目施工管理策划流程，可单独形成文件，作为物资进场验收的依据。

(3) 进货的试验检测见第 8.2.8 节试验检测和外委试验检测管理流程。

(4) 建筑材料、构配件和设备进场验收前应做好相应准备工作。验收时需要准确核对各类凭证，确认其是否齐全、有效、相符，并按照合同要求检查数量和质量。

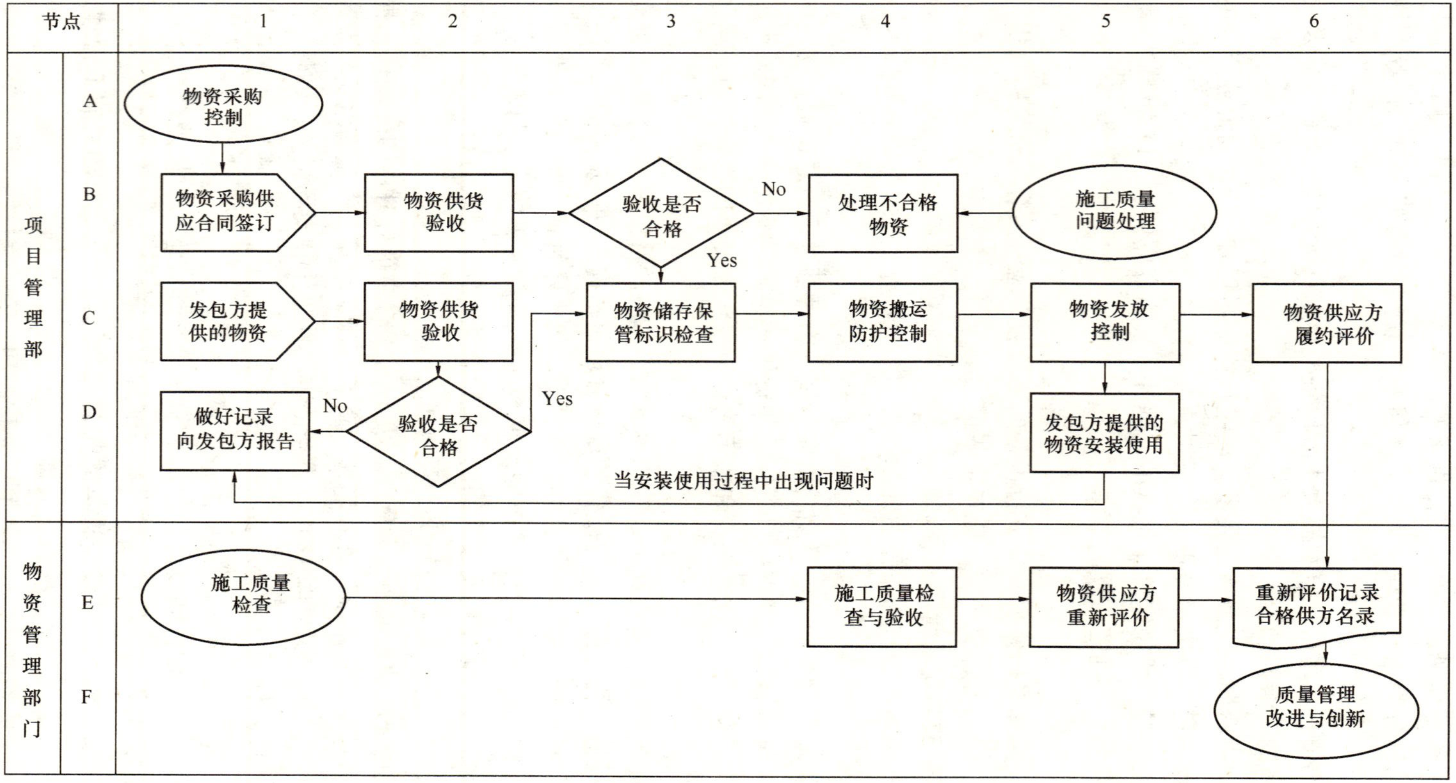

图 8.2.6-2　物资供应与现场管理流程

(5) 应按照有关规定和质量标准对发包方提供的建筑材料、构配件和设备进行验收。发包方提供的建筑材料、构配件和设备是指与发包方订立的合同中所确定的由发包方提供的建筑材料、构配件和设备。

(6) 当施工过程需要时，某些特殊的建筑材料、构配件和设备的验收（如锅炉、电梯和起重设备等)，项目经理部可到供应方的现场进行验证。验收的过程、记录和标识应符合有关规定。

(7) 物资进货验证内容

1) 产品合格证；

2) 质量证明文件（包括出厂检验、试验报告)；

3) 数量、规格、型号；

4) 产品标识；

5) 产品包装；

6) 外观质量；

7) 必要的复验。

(8) 物资进货验证应确保所采购的建筑材料、构配件和设备符合有关职业健康、安全与环保的要求。

(9) 物资进货验证方法

1) 对合格证、质量证明文件逐一核查。

2) 对包装、标识、外观质量进行检查。对实物质量抽查的比例执行相关物资标准规定，在无具体规定时，由企业自己制定内部标准或与供应商协商确定抽查比例。

3) 对规格、型号、数量核查。

4) 对于进口物资，一般须全部检验，且保证检验周期不得超过合同规定的赔偿期限。对于规格整齐划一、包装完整的，也可实施一定比例的抽查。

5) 当进口物资属于国家法定检验的商品，则应由商检机构进行法定检验，并索取《质量检验证书》。

6) 验证人员需根据企业规定和监理要求，填写验证记录或报验记录。

7) 当验证后确认物资为不合格品时，应按第 8.2.9 节施工质量问题处理流程进行处置。

8) 项目部组织复验。有下列情况之一时，项目经理部要责成专人填写复验委托记录，组织对建筑材料、构配件和设备的复验：

A. 有关法规性文件规定须作复验的。

B. 无质量证明文件或文件不齐全的。

C. 对供应商提供的物资质量及其质量文件有怀疑的。

D. 质量证明文件与所提供的物资不一致的。

E. 项目专职技术人员协同物资管理部门人员共同抽取样本。在相关法规要求实施见证取样时，应邀请监理或设计、业主等第二方人员监督取样工作，并按规定做出标识，送交至有资格的见证试验单位试验，见第 8.2.8 节试验检测和外委试验检测管理流程。

F. 复验报告作为验证的内容之一。

3. 节点 B4“处理不合格物资”

（1）项目经理部应对验收有问题的建筑材料、构配件和设备进行重新检验，以确定建筑材料、构配件和设备不合格的特性。对经重新检验确定不合格的建筑材料、构配件和设备必须及时采取处理措施，以防止被错误使用。

（2）对于经过验收不合格的建筑材料、构配件和设备，可以与有关方（分包方和监理）协商后统筹安排，策划综合利用的方法。尽可能做到废旧利用，节能环保。

（3）不合格建筑材料、构配件和设备有如下几种情况：

1）不符合国家规定的验收标准；

2）不符合发包方的要求；

3）不符合计划规定的要求。

（4）项目经理部对不合格建筑材料、构配件和设备可采取以下处理措施：

1）拒收；

2）加工使其合格后直接使用；

3）经发包方及设计方同意改变用途使用；

4）降级使用；

5）限制使用范围；

6）报废。

（5）对验收不合格的建筑材料、构配件和设备的处理，应按照规定的职责、权限和方式进行标识、隔离和退货处理，并记录处理结果。

4. 节点 C3“物资储存保管标识检查”

（1）建筑材料、构配件和工程设备保管应保证其数量、质量，堆放场地和库房满足相应的贮存要求。要结合建筑材料、构配件和工程设备的特点及时实施适宜的贮存、保管和标识。

（2）可以根据物资的特点采用露天（场地堆放）和室内（封闭堆放）的贮存方式。保管可分为长期、短期和临时保管。也可分为保管员专门管理和操作班组临时管理。标识可分为有形和无形标识。

（3）要根据成品和半成品的管理要求，把容易破损的建筑材料、构配件和工程设备合理科学地贮存，把容易混淆的建筑材料、构配件和工程设备进行明显标识要及时进行项目贮存、保管和标识的相应检查，发现问题及时采取处理措施。处理的方式包括：

1）改进贮存条件；

2）完善保管方式和程序；

3）改进标识方法；

4）其他。

（4）现场物资堆放见第 8.2.4 节临时设施建设及施工准备流程。

5. 节点 C4“物资搬运防护控制”

（1）针对易燃、易爆、易碎、超长、超高、超重、容易破损和容易混淆的建筑构料、构配件和工程设备应明确搬运要求，实施严格控制，防止损坏、变质、变形。

（2）特殊搬运活动在实施前要制定专门的搬运方案。搬运方案应包括搬运及防护的技术参数、搬运方法等要求。由于搬运活动及防护需要修改施工方案时，应该由原策划人或授权人及时实施。必要时，修改的搬运及防护活动施工方案应进行再次交底。

（3）搬运及防护过程的施工机具配备应考虑特殊的质量要求，操作人员要按照施工方案的规定进行运作。当建筑材料、构配件和工程设备的搬运及防护过程出现不合格时，应按照作业规定实施改进措施。

6. 节点 C5“物资发放控制”

（1）项目经理部要建立建筑材料、构配件和工程设备的进出库记录和发放台账，规定相应的领用程序，做到账、物、卡三者一致。

（2）发放过程要确保施工使用要求得到有效满足。发放过程发现不合格时要进行评审，及时采取处置措施。

（3）大型重要设备的出库办理应实施开箱检查和当面发放的方式。有时限要求的物资，如水泥、电焊条、外加剂和油漆等应采取先进先出的原则，混凝土应采用随到随发的原则发放。

（4）有关责任人员形成的发放记录应具有可追溯性。可追溯性主要涉及影响工程安全质量特性的建筑材料、构配件和工程设备的记录内容。建筑材料、构配件和工程设备的可追溯性可以通过连续的记录等方式进行体现。

7. 节点 C2“供货验收”

（1）发包方提供的建筑材料、构配件和设备包括：

1）发包方提供的通过产品实现过程转化为产品的原材料。

2）发包方提供的构成产品的部件或组件。

3）发包方委托管理的设备设施或物品资料。

4）发包方委托临时保管的物品。

（2）项目经理部必须对发包方提供的建筑构料、构配件和设备按照国家规定进行合格性验收。验收的内容与施工企业采购建筑材料、构配件和设备的验收相同，包括规格、数量、进场时间、质量特性等。

（3）如果发现发包方提供的建筑材料、构配件和设备有状态不明的情况，则应及时进行规定的检验试验，并与发包方进行沟通。

（4）应该针对发包方提供的建筑材料、构配件和设备建立专门的管理台账和验收记录。

8. 节点 D1“做好记录向发包方报告”

对发包方提供的建筑材料、构配件和设备在验收、施工安装、使用过程中出现问题的管理要求如下：

（1）在验收建筑材料、构配件和设备时，应注意相关的内在质量，也应关注相关的外观质量。

（2）在施工安装时，应注意在作业过程中的建筑材料、构配件和设备的工艺和操作问题，尽可能地分析和预测可能的风险。

（3）在使用过程中，应观察建筑材料、构配件和设备的使用效果，判断相应的功能符合情况。

（4）对发包方提供的建筑材料、构配件和设备在验收、施工安装、使用过程中出现的问题，应进行评审，采取标识、隔离等措施，做好记录并及时与发包方协商。可以采取纠正的措施包括：退货、返工和降级使用（必须符合国家法规和获得发包方的同意）。具体包括：

1）在验收中出现问题时，要及时进行隔离和标识，实施退换；

2）在施工安装出现问题时，要立即停止作业，标明问题部位，实施返工；

3）在使用过程中出现问题时，要及时中止使用，标明使用过程的问题部位，实施返工。

(5) 发包方供应提供材料的控制，应扩展到为发包方采购材料的规划提出建议直至最后的验收工作。

9. 节点 C6“物资供应方履约评价”

(1) 企业应对物资供应方履约情况进行评价并保存记录。

(2) 物资供应合同履约完毕或履约过程中，物资管理部门可以会同项目经理部，对物资供应方进行履约情况评价，内容包括：

1）产品质量的合格率；

2）供货及时性和服务质量；

3）合同履行情况等。

10. 节点 E5“物资供应方重新评价”

(1) 在汇总分包项目履约评价的基础上，对分包方进行重新评价。

(2) 企业在面临以下情况时要适时对供应方进行重新评价：

1）由于供应方的原因导致质量问题时；

2）需长期使用某一供应方的重要产品和服务时；

3）需要使用过去放弃的供应方时。

(3) 供应方重新评价的内容：

1）质量水平和相应的稳定性；

2）服务的及时性和满意度；

3）技术更新的程度；

4）质量管理体系的变化情况；

5）行业中的信誉。

(4) 供应方重新评价的关键是应考虑继续或重新使用该供应方可能带来的风险，特别是应考虑国家有关环境保护、技术进步和质量升级的法规要求，并保存相应的符合法律法规要求的评价记录。

(5) 供应方重新评价的结果应及时进行确认或验证，以确保供应方重新评价的质量水平。

(6) 在实施上述活动工程中应该持续进行物资采购供应管理工作的改进，包括：发现并处理供应方管理中的问题；重新确定、批准合格供应方；修订供应方管理制度等。

8.2.6.3 工程/劳务分包方现场管理流程

工程/劳务分包方现场管理流程，见图 8.2.6-3。

1. 一般要求

(1) 工程管理部门负责对项目工程/劳务分包方现场管理进行监督检查、分包方重新评价和管理改进工作；项目经理部负责实施对项目工程/劳务分包方现场管理。

(2) 施工质量检查与验收见图 8.3.1-4 项目施工质量检查、分析与改进流程。

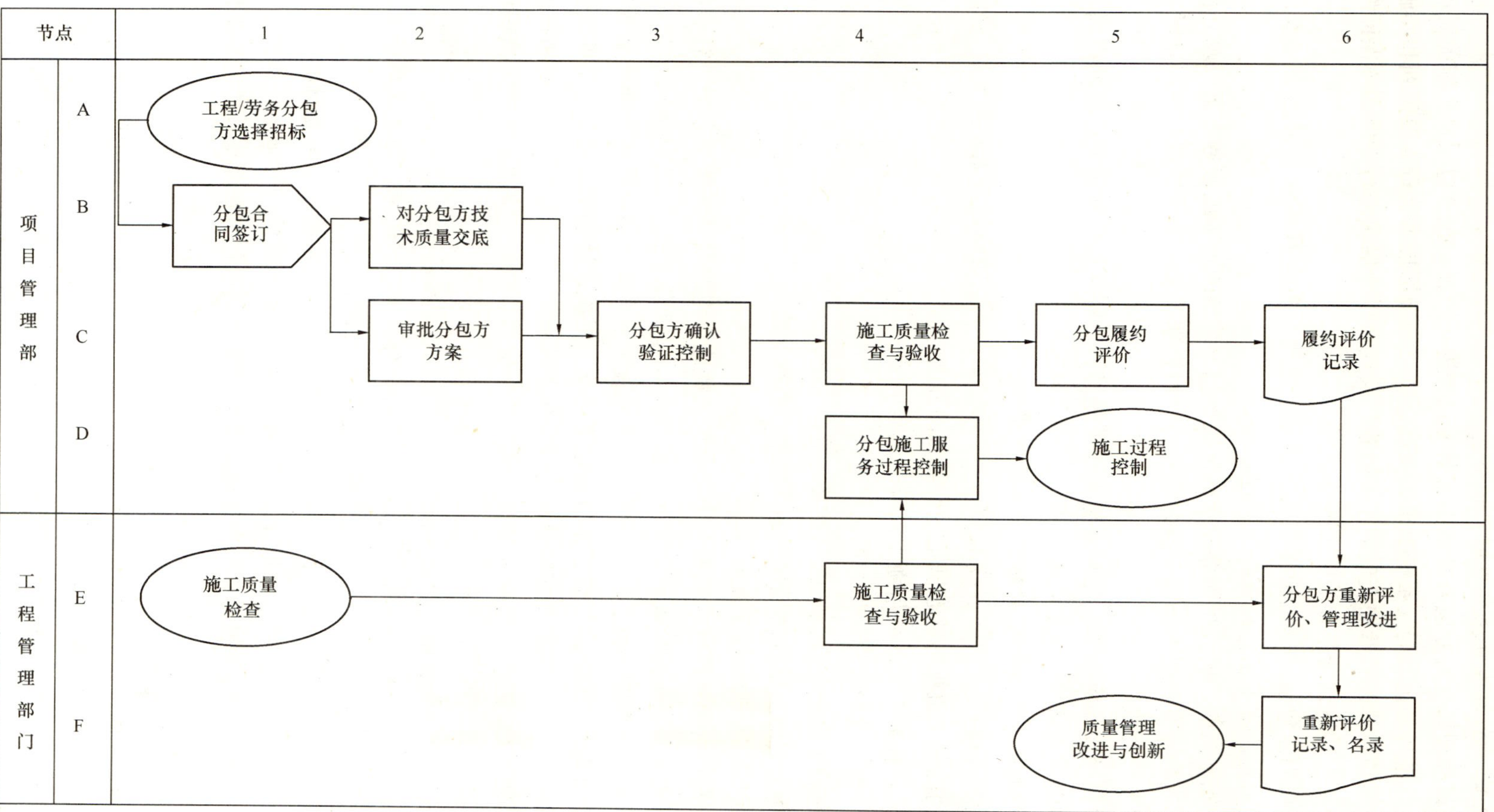

图 8.2.6-3　工程/劳务分包方现场管理流程

2. 节点 B2“对分包方技术质量交底”

(1) 项目经理部应对分包方的施工和服务过程进行控制，在分包项目实施前对从事分包的有关人员进行分包工程或服务要求的交底。项目经理部技术负责人要策划和实施具体的交底活动。各有关人员参加交底的相关过程。交底可以分层次进行，但必须保证将必要的技术质量要求传达到分包方的施工操作人员。

(2) 交底内容包括：分包工程项目的质量、进度、安全和环保（可以含成本）等要求，以及技术方法施工工艺和资源配置规定等。

(3) 在施工之前，项目经理部应审核批准分包方编制的施工或服务方案以及分包方的技术交底，这些方案和技术交底应符合企业的项目管理要求。如果发现存在问题时，应及时要求分包方进行改进。

(4) 项目经理部应根据事先对分包工程关键过程、特殊过程和重要过程的识别，对技术交底落实的重点情况实施监督和管理。主要内容包括：

1) 执行的质量策划和技术交底结果的正确性；

2) 施工人员的文化程度、技术水平、工作经验、上岗资格与技术交底的符合性；

3) 使用的施工机具的状态满足过程能力的程度；

4) 施工过程的人员活动与施工安排的适宜情况；

5) 分包施工过程检验试验的可靠程度；

6) 分包施工作业与总包的施工要求的接口情况；

7) 分包工程的质量特性与验收标准的偏差状况。

3. 节点 C2“审批分包方方案”

(1) 原则上由项目部技术负责人审批分包工程施工组织设计或施工方案。对于重大专项方案，按企业规定执行分级审批制度，见第 8.1.12 节施工技术支持与服务管理流程。

(2) 审批时应考虑分包工程施工组织设计或施工方案能否满足设计图纸及图纸会审要求和分包合同要求，能否满足总包单位分包工程施工组织设计要求（尤其是工期紧张需要交叉作业的情况下，施工进度安排是否合理并便于实施），是否满足法律法规和技术标准要求。若不能满足，应向分包单位提出，要求给予完善。待补充完善后的施工组织设计或施工方案重新审查认可后，才能同意分包工程正式开工。

4. 节点 C3“分包方确认验证控制”

(1) 为了保证对分包方的施工或服务条件符合分包工程的需要，应确认分包方从业人员的资格与能力，验证分包方的主要材料、设备和设施的要求。

(2) 项目经理部作为责任主体，应负责分包方进场的人员确认和主要材料、设备和设施的验证工作，以确保进场的分包方以及主要材料、设备和设施符合施工策划和合同中规定的要求。需要时项目经理部可以根据施工策划的要求到分包方在其他场所的加工现场进行验证和确认。

1) 分包方从业人员的资格与能力的确认

A. 管理人员的资格，包括质量检查员、技术负责人、施工管理员等的上岗证或培训经历；

B. 管理人员的能力，包括技术水平、工作经验、上岗资格和策划能力等；

C. 操作人员的资格，包括培训经历、特殊工种上岗证和人员年龄等；

D. 操作人员的能力，包括操作技巧、施工经验和技术等级等。

2）分包方的主要材料、设备和设施的验证

A. 主要材料的验证，包括水泥、钢材和混凝土等；

B. 主要设备的验证，包括起重、混凝土泵送、混凝土搅拌、混凝土浇筑、机械加工设备等；

C. 主要设施的验证，包括脚手架、模板、吊篮和其他重要的临时设施等。

3）项目经理部对分包方施工或服务条件的验证和确认应在施工或服务开始前进行，必要时应在实施过程中进行验证。

A. 确认的方法包括审核、认定等；确认的依据包括人员资格要求和能力标准等。

B. 验证的方法包括审核、观察、目测、检验等；验证的依据包括质量和安全标准等。当发现问题时，施工企业应及时采取适宜的措施督促分包方进行改进。

5. 节点 C4E4“施工质量检查与验收”

（1）对分包方的控制内容包括：

1）项目信息沟通；

2）工程计划实施；

3）材料报告验收；

4）工程进度执行；

5）安全生产风险；

6）人员进场情况；

7）工程质量水平；

8）施工环保效果；

9）施工质量问题的处置；

10）其他（如成本控制）。

（2）企业要围绕以上环节策划对分包方控制的重点，包括：分包项目的关键过程、特殊过程和重要过程的控制细节，规定对分包管理的检查方式、内容、频次，要求分包方应向总包方提供施工过程的各种信息和证据的程序和时间，并及时传递。重点工作如下：

1）对材料、半成品、设备的监督检查：材料、半成品、设备的质量是工程质量的基础，其质量不符合要求或选用不当，会直接影响工程质量甚至造成质量事故。所以，项目部应要求分包单位选择信誉良好的供应商，选用有产品合格证、社会信誉好的产品，对国家有要求复检的，应进行见证取样送检。

2）对施工工序质量的监督检查：项目部的质检人员应对分包工程施工中的工序质量进行定期或不定期的监督检查，主要检查施工工序是否按图施工、是否满足经审批的分包工程《施工组织设计》或《施工方案》要求，施工工序质量是否满足现行标准和法律法规要求；对重要的关键工序，如桩基础和混凝土浇灌过程等，项目部还应派人进行全过程的监控。对需要隐蔽的部位，在隐蔽前总包单位的质检人员应参与隐蔽验收，并督促分包单位及时办理验收签证手续。在监督检查过程中，若发现有不符合要求的地方，特别是不符合强制性条文要求的，应勒令其进行整改，整改合格后才允许进入下一道工序，以保证将质量隐患消灭在工序施工过程中。

3）对施工进度管理：项目部应要求分包单位按照《施工组织设计》的总进度计划编

制每月（必要时每周）的施工进度计划，并按计划组织施工，确保施工进度满足合同要求。因工地实际情况不能按计划施工或因天气不好不能施工需要调整施工进度时，分包单位应以“工程联系单”等书面形式上报项目部认可。

4）现场施工人员的监督检查：项目部的管理人员应对分包工程施工中的现场施工人员进行不定期的检查核实，特别是对要求持证上岗的人员，如项目经理、技术负责人、五大员、电工、焊工、机械操作工（包括桩机操作工、搅拌机操作工、起重机操作工）、架子工等，应检查人、证是否相符，证件是否有效。若发现有不符合要求的人员，应勒令分包单位限期更换，并将过期的特殊工种操作证送年审，直到符合要求为止。

5）施工机械设备使用的监督检查：项目部的管理人员应对分包工程施工中的施工机械设备使用进行不定期的检查，特别是垂直运输设备，应要求有安装、拆卸方案，并由有资质的单位安装验收后方可使用。

6）安全文明施工的检查：项目部的现场安全员应对分包单位进行安全技术交底，并对其施工现场进行定期或不定期的监督检查。安全检查可按《建筑施工安全检查标准》逐项评分，若发现有安全隐患，能马上整改的，对整改情况进行验证；不能马上整改的，应发出《安全隐患整改通知单》限期整改。整改期限结束，检查人员应对其进行复查，直到复查合格。

(3) 项目经理部负责根据策划的要求实施对分包方的日常管理活动。应按照策划的要求，对项目分包管理活动进行监督和指导，发现问题及时提出整改要求并跟踪复查。

(4) 企业对分包方的控制是履行总包责任、确保工程质量的重要环节。包括：

1）名册管理。在施工过程中采用动态的方式对分包方进行管理，公开标准，公开招标，处理透明。

2）程序管理。根据分包方的特点，确定施工过程的管理重点和难点，对分包方的组织机构和运行程序做出规定，并及时与分包方进行沟通。

3）施工监管评价。通过专门人员，根据各种技术规则对分包方的施工表现进行活动和记录的评价，分析施工过程的变化趋势，评估施工监管的成效。

(5) 企业应按照规定的质量标准和步骤对分包项目进行验收。

1）分包工程完工后，项目部应对分包工程实物质量和技术资料进行检查验收。

2）实物质量验收：当分包单位完成分包合同规定的全部内容后，项目部应要求其进行自检，自检合格后，填写《工程竣工报告》，上报项目部。由他们组织对分包工程实物质量检查验收，同时应检查是否按图施工、是否满足经审批的分包工程《施工组织设计》或《施工方案》要求等。对验收中发现的问题，及时整改，直到复检合格。

3）竣工资料检查验收：分包单位应按有关规范要求和分包工程所在地档案馆要求的内容整理分包工程技术资料、竣工资料和档案，并移交给项目部。项目部技术人员应对其进行审查、核对，若发现技术资料不全或不真实的，应要求分包单位补充齐全或按真实情况填写。

4）工程保修书：分包单位向项目部交付工程产品时，应附《工程保修书》。《工程保修书》的内容应符合《建设工程质量管理条例》的有关规定，并明确期限和分包单位的保修承诺。

5）只有分包工程的实物质量和工程技术资料均通过了验收、工程保修书内容符合要求，项目部才能接收分包工程的移交，与分包单位办理移交手续，并进行工程结算。

6. 节点 C5 “分包履约评价”

（1）企业应对分包方履约情况进行评价并保存记录。

（2）分包合同履约完毕或分包施工和服务活动过程中，工程管理部门可以会同项目经理部，对分包方进行履约情况评价，内容包括：

1）分包项目的质量水平；

2）施工进度；

3）质量过程控制能力；

4）质量成本，评价质量成本的目的在于衡量分包方持续和稳定的质量管理能力；

5）合同履行情况等。

7. 节点 E6 “分包方重新评价、管理改进”

（1）在汇总分包项目履约评价的基础上，对分包方进行重新评价：

1）项目经理部按要求对项目使用的分包方进行评价，作为分包合同结算的依据之一；

2）工程管理部门根据分包方的表现，对分包方进行分级，并反映在合格工程/劳务分包方名录中；

3）已评价为不合格的分包方，在合格工程/劳务分包方名录中予以删除；

4）根据工程施工的需要对曾经使用但已被删除或长期没有使用的合格分包方在使用前进行重新评价。

（2）以上评价的记录应该予以保留，以便企业对分包的长期评价和使用管理。

（3）施工企业要根据评价的结果及时淘汰不合格的分包方，以确保分包工程的质量水平。

（4）在实施上述活动工程中应该持续进行分包管理工作的改进，包括：发现并处理分包管理中的问题；重新确定、批准合格分包方；修订分包管理制度等。

8.2.6.4 作业环境控制流程

作业环境控制流程，见图 8.2.6-4。

1. 一般要求

（1）技术管理部门负责审批项目季节性施工技术安全措施、冬施雨施等专项监督检查，项目部负责编制和实施季节性施工技术安全措施工作。

（2）项目环境和职业健康安全管理另见 EMS 和 OHSMS 管理要求。

2. 节点 B2 “编制或修订作业环境控制策划文件”

见第 8.2.2 节项目施工管理策划流程，作业环境控制策划文件包括：

（1）施工方案、施工工艺标准等所规定的工序作业环境，见第 8.2.6.5 节分项/检验批工程施工质量控制及验收流程。

（2）季节性施工技术安全措施。

（3）检验试验方案、试验检测制度所要求的工作环境，见第 8.2.8 节试验检测和外委试验检测管理流程。

（4）施工现场物资仓储制度所规定的保管储存环境，见第 8.2.6.2 节物资供应与现场管理流程。

（5）EMS 和 OHSMS 管理要求。

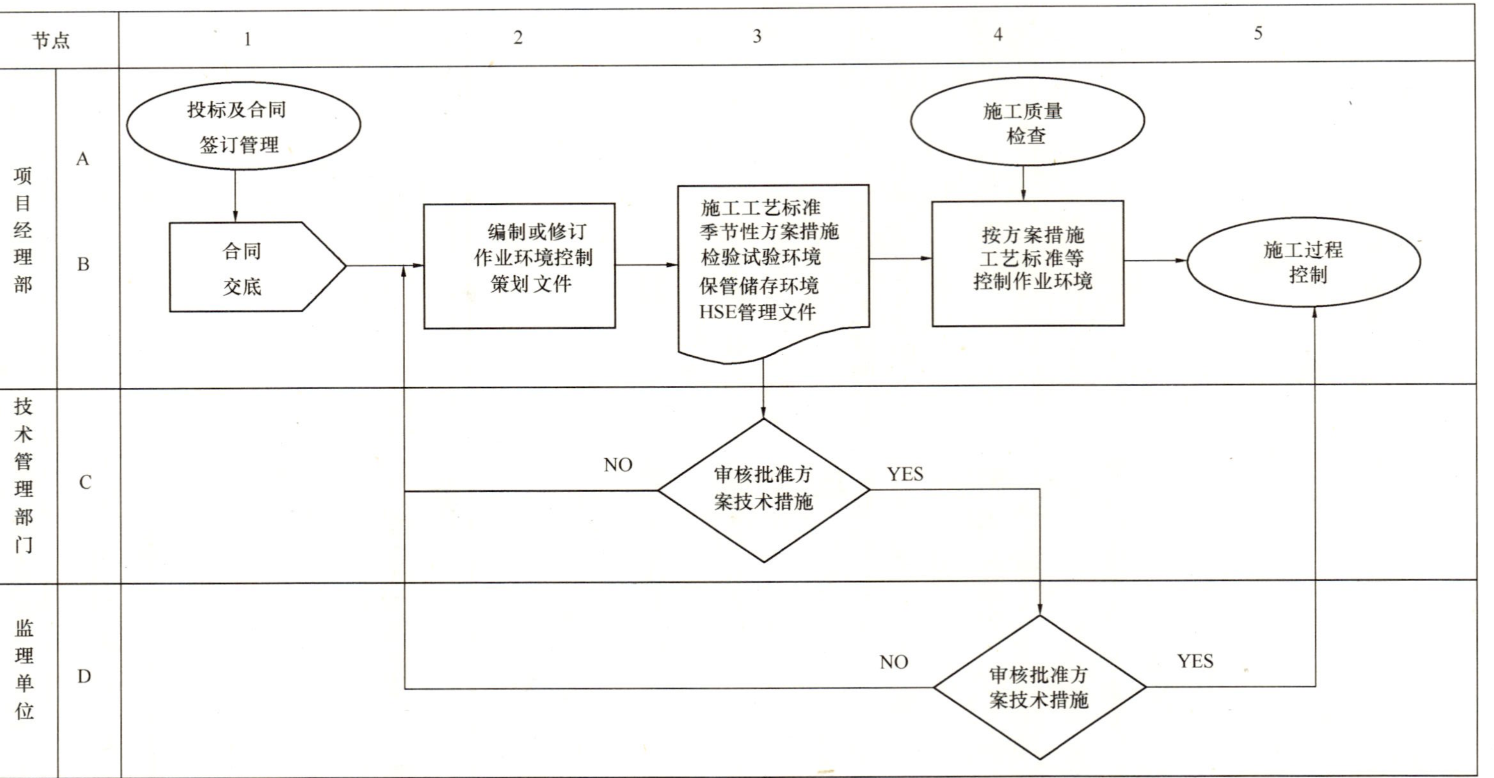

图 8.2.6-4　作业环境控制流程

3. 节点 B3“施工工艺标准季节性方案措施检验试验环境保管储存环境 HSE 管理文件”

(1) 季节性施工技术安全措施编制内容

1) 施工作业范围和内容及季节性影响因素分析。

2) 施工准备。

3) 人员、材料和机具需求计划。

4) 安全和技术措施。

5) 应急措施。

6) 监督检查、安全教育等管理措施。

(2) 冬季施工技术措施

1) 冬季施工准备工作

A. 当室外平均气温低于+5℃，最低气温低于−3℃时，各分项工程均应按冬期施工要求施工，确保混凝土在受冻前的强度不低于设计强度标准值的 30%。

B. 明确冬季施工项目，编制进度安排。因为冬季气温低，施工条件差，技术要求高，费用要增加。为此，便于保证施工质量，而且费用增加较少的项目安排在冬期施工。例如安装、打桩、室内粉刷、装修、室内管道、电线敷设、可用蓄热法养护（可加促凝剂）的砌筑和混凝土工程；对费用增加很多又不能确保施工质量的土方基础工程；外粉刷、屋面防水、道路，不宜安排在冬期施工。

C. 做好冬期测温组织工作，落实各种热源的供应渠道，保证冬期施工的顺利进行。冬期昼夜温差大，为保证工程施工质量，应做好组织测温工作，要防止砂浆、混凝土在凝结硬化前受到冰冻而被破坏。冬期到来之前，安排做好室内的保温施工项目，准备好冬期施工用的各种保温材料和热源设备的储存和供应，如先完成供热系统，安装好门窗玻璃等，保证室内其他项目顺利施工。

D. 做好室外各种临时设施的保温、防冻工作。如做好给排水管道的保温工作，防止管子冻裂。要防止道路上积水成冰，及时清理道路上的积雪，以保证运输畅通。

E. 冬期到来前，储存足够的材料、构件、物资等，节约运费的支出。

F. 做好停止施工部位的安排和检查，例如基础完成后，及时回填土至基础同一高度；沟管要盖板；砌完一层砖后，将楼板及时安装完成；室内装修抹灰要一层一室一次完成，避免分块留尾，室内装饰力求一次完成，如必须停工，应停在分层分格的整齐部位；楼地面要保温防冻等。

G. 加强安全教育，严防火灾发生，落实防火安全技术措施，经常检查落实情况，保证各热源设备的完好使用，做好职工培训及冬期施工的技术操作和安全施工的教育，确保工程施工质量，避免安全事故发生。

2) 冬期施工技术措施

A. 在混凝土中掺入早强剂，提高混凝土的早期强度，增强混凝土的抗冻能力。

B. 备足一定数量塑料薄膜和石棉被等覆盖物，用于覆盖新浇混凝土。

C. 延长混凝土构件的拆模时间，利用模板蓄热保温。

D. 冬期施工中须用的材料应事先准备，妥善保管；使用的砂、石中不得含冰、雪等结块；须用热水拌合混凝土时，热水温度不得大于 80℃。

E. 钢筋焊接时应尽可能避开低温天气，以防接头冷却太快产生液断，闪光对焊采用玻璃棉覆盖保温约3～5min，电渣压力焊采用延长拆除焊接盒时间的办法进行保温。

F. 冬期施工期间，应注意收听天气预报，低作业尽量安排在天气相对较暖的时间进行。

G. 对已浇筑的混凝土要指定专人负责现场测温工作，并做好测温记录，测温时间为浇筑后6h、12h、18h、24h，严密监视气温变化，以便及时采取措施，防止混凝土被冻坏。

（3）雨期施工措施

1）砌筑工程：砖在雨期必须集中堆放，不宜浇水砌墙时应干湿合理搭配，如大雨必须停工时，砌砖收工时在顶层砖上覆盖一层平砖，避免大雨冲刷灰浆，砌体在雨后施工，须复核已完工砌体的垂直度和标高。

2）混凝土工程：模板隔离层在涂刷前要及时掌握天气预报，以防隔离层被雨水冲掉，遇到大雨时，应停止浇筑混凝土，已浇部位应加以覆盖。

3）抹灰工程

A. 雨天不准进行室外抹灰，至少能预计1～2天的天气变化情况，对已施工的墙面应注意防止雨水污染。

B. 室内抹灰尽量在做完屋面后进行。

C. 雨天不宜做罩面油漆。

4）所有的机械棚要搭设牢固，防止倒塌漏雨。机电设备，采取防雨、防淹措施，安装接地安全装置。

5）材料仓库应加固，保证不漏雨，不进水。

6）根据施工现场的情况，在建筑物四周做好排水沟，开挖沉淀池，通过水泵排入总下水道内。

7）如遇暴雨和雷雨，应暂停施工，尤其是塔吊遇到六级以上大风或雷雨时应停止作业。

（4）夏季施工措施

1）砖块要充分湿润，铺灰长度相应减小。

2）屋面工程应安排在下午3点钟以后进行，避开高温时间。

3）对已浇筑的混凝土及时用草袋覆盖，并设专人浇水养护。

4）高温季节做好防暑降温工作，适当调整休息时间，避开高温施工。

5）做好防台防汛工作，遇有六级以上台风，禁止高空作业。

4. 节点B4“按方案措施工艺标准等控制作业环境”

技术管理部门、项目部应实施季节性施工技术安全专项检查，在季节性前按方案措施做好准备工作，施工中做好重点工序、部位的监视和测量工作。

8.2.6.5 分项/检验批工程施工质量控制及验收流程

分项/检验批工程施工质量控制及验收流程见图8.2.6-5。

1. 一般要求

（1）相关职能部门负责项目施工质量检查工作等，项目经理部负责组织实施分项/检验批工程施工质量控制及验收工作。

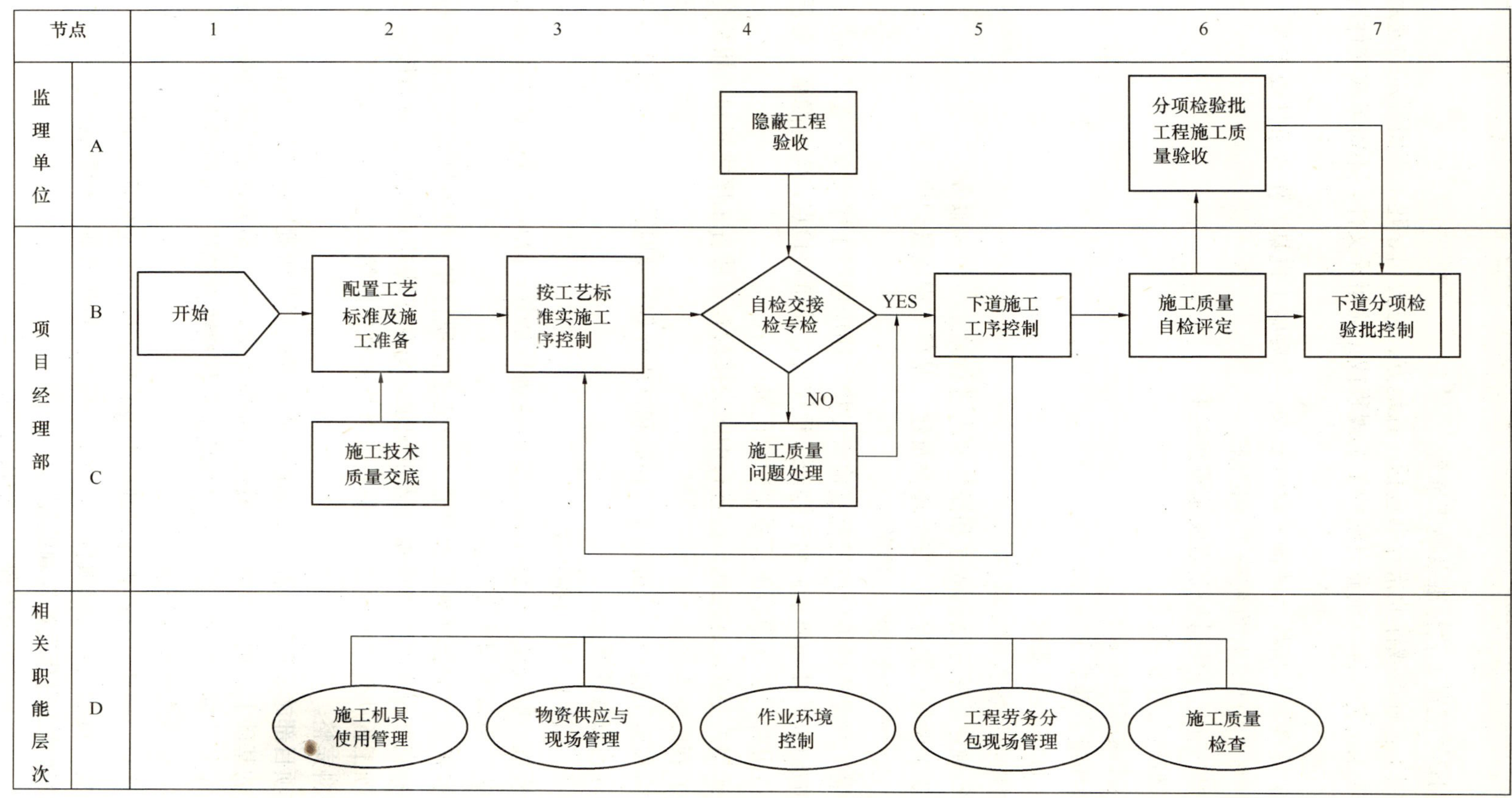

图 8.2.6-5 分项/检验批工程施工质量控制及验收流程

（2）分项/检验批工程施工质量控制及验收的有关要求见第 8.2.6 节施工过程控制流程。

2. 节点 B2“配置工艺标准及施工准备”

（1）通用工艺标准或作业指导书包括：各地方、总公司、建工集团制定的通用建筑安装分项工程施工工艺标准，企业自编的工艺规程或作业指导文件，不需形成文件的操作惯例等。

（2）施工准备：包括技术准备、材料要求、主要施工机具、作业条件要求等。

3. 节点 B3“按工艺标准实施工序控制”

（1）按材料和工序质量控制点实施重点控制：

1）控制材料关键要求。

2）控制技术关键要求。

3）控制质量关键要求。

4）控制 HSE 关键要求。

5）控制作业环境关键要求。

（2）按所规定的工序活动顺序和操作要求进行施工生产和服务。

（3）按要求做好成品保护、安全环保及建立保存工程质量记录工作。

4. 节点 B4“自检交接检专检”

（1）每道工序完成后不仅应进行自检、专检，还应进行工序交接检查，上道工序应满足下道工序的施工条件和要求；对于隐蔽工程应设置质量停检点，实施隐蔽工程质量验收并向监理单位报验，建立隐蔽工程质量验收记录。

（2）同样相关专业工序之间也应进行中间交接检查，使各工序之间和各相关专业工程之间形成一个有机整体。

（3）专检和施工过程检验试验按《检验和试验计划》及时进行，见第 8.2.8 节试验检测和外委试验检测管理流程。

5. 节点 B6“施工质量自检评定”

（1）检验批一般按楼层、施工段、变形缝进行划分；分项工程一般按主要工种、材料、施工工艺、设备类别等进行划分。

（2）检验批验收的合格规定有两点：一是主控项目和一般项目的质量经抽检检验合格；二是具有完整的施工操作依据和质量记录。分项工程质量验收合格的规定也包括两点：一是分项工程所包含的检验批均应符合合格的规定；第二是分项工程所含的检验批的质量验收资料完整。

（3）在项目部施工班组对检验批工程按质量验收规范所规定的主控项目和一般项目进行自检评定的基础上，项目专业质检员进行抽检评定，做出检查评定结果并填写质量验收记录。项目专业质量（技术）负责人对分项工程按检验批部位、区段做出检查评定结果和检查结论，并填写质量验收记录。

（4）在项目经理部自行检查评定基础上报验后，检验批及分项工程由监理工程师（建设单位项目技术负责人）组织项目专业质量（技术）负责人等进行验收。

8.2.6.6 关键施工过程质量控制流程

关键施工过程质量控制流程，见图 8.2.6-6。

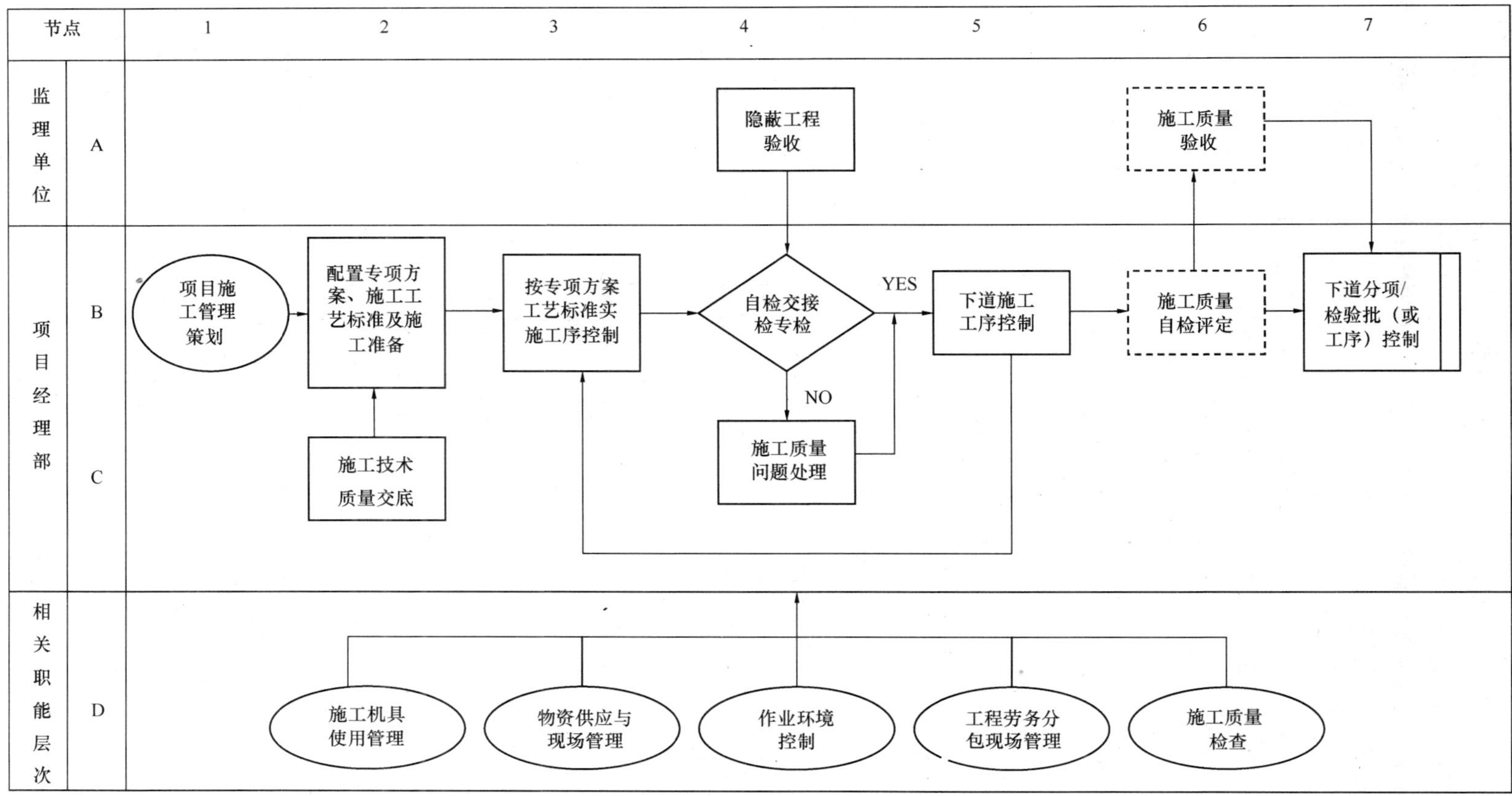

图 8.2.6-6　关键施工过程质量控制流程

1. 一般要求

（1）相关职能部门负责项目施工质量检查工作等，项目经理部负责组织实施关键施工过程质量控制及验收工作。

（2）关键施工过程质量控制的有关要求见第 8.2.6 节施工过程控制、第 8.2.6.5 节分项/检验批工程施工质量控制及验收流程。

2. 节点 B2 配置专项方案、工艺标准及施工准备

需编制专项方案或作业指导书的关键施工过程如表 8.2.6-1～表 8.2.6-3。

（1）按施工阶段分的关键施工过程（表 8.2.6-1）

按施工阶段分的关键施工过程　　表 8.2.6-1

<table>
<tr><td rowspan="11">基础施工阶段</td><td rowspan="2">基础施工组织设计</td><td>（1）开挖深度≥5m；
（2）开挖深度虽未超过 5m，但地质条件和周围环境及地下管线较为复杂，或基坑面积超过 10000m^2</td></tr>
<tr><td>开挖深度<5m 的一般基础工程</td></tr>
<tr><td colspan="2">工程桩施工方案</td></tr>
<tr><td colspan="2">围护体施工方案</td></tr>
<tr><td colspan="2">支撑爆破方案</td></tr>
<tr><td colspan="2">监测方案</td></tr>
<tr><td colspan="2">降水施工方案、承压水降水方案</td></tr>
<tr><td rowspan="2">挖土、支撑施工方案</td><td>（1）开挖深度≥5m
（2）采用土钉围护</td></tr>
<tr><td>开挖深度<5m</td></tr>
<tr><td colspan="2">地下防水施工方案</td></tr>
<tr><td rowspan="10">上部结构施工阶段</td><td rowspan="2">上部结构施工组织设计</td><td>（1）单位工程面积>1 万 m^2；
（2）或单位工程面积≤1 万 m^2 的特殊结构；
（3）采用大型机械；
（4）群体工程</td></tr>
<tr><td>单位工程面积≤1 万 m^2 的普通工程</td></tr>
<tr><td rowspan="2">吊装方案</td><td>公司开吊装令</td></tr>
<tr><td>基层开吊装令</td></tr>
<tr><td rowspan="2">模板、排架方案</td><td>滑模、爬模、大模板等特殊模板方案；
支撑系统高度超过 4m；或跨度超过 18m；
施工总荷载大于 10kN/m^2；或集中线荷载大于 15kN/m 的模板支撑系统</td></tr>
<tr><td>普通模板、排架</td></tr>
<tr><td rowspan="2">脚手方案</td><td>需编制专项方案的脚手架工程</td></tr>
<tr><td>需编制专项方案的普通脚手架工程</td></tr>
<tr><td rowspan="2">机械安装、拆除、升节</td><td>采用台灵、独脚把杆、80t 以上吊车等特殊设备进行的</td></tr>
<tr><td>未采用上述设备进行的</td></tr>
</table>

续表

其他	屋面防水方案	
	装饰方案（含砌筑、粉刷、地坪、顶棚、面砖、门窗、幕墙等）	
	临时用电、临时用水方案	
	总体施工方案	
	安装方案	
	特殊专项施工方案	异形结构、转换层、劲性结构施工方案； 隧道、桥梁工程方案，挂篮法、架桥法等施工方案； 土体冻结法方案；管道内施工、密闭空间内施工方案

（2）按分部分项工程分的关键施工过程（表 8.2.6-2）

按分部分项工程分的关键施工过程　　表 8.2.6-2

序号	类别	需要编制专项施工方案的分部分项工程
1	基坑支护与降水工程	开挖深度达 5m 的基坑（槽）支护工程
		基坑虽未达 5m，但地质条件和周围环境复杂的支护工程，如杂土达 3m 以上、有流砂层、地下水位在坑底以上、基坑边界外 3m 以内有地下管线等建（构）筑物
		采用井点降水工艺的工程
2	土方开挖工程	开挖深度达 5m 的基坑（槽）工程
3	模板工程	各类工具式模板工程，如滑模、爬模、大模板工程等
		支撑高度达 4m 的模板工程，跨度达 18m，施工总荷载大于 $10kN/m^2$；或集中线荷载大于 15kN/m 的模板支撑系统
		特殊结构模板工程，如转换层模板、网架支撑体系等
4	起重吊装工程	起重量达 30t，或起重高度达 10m 的吊装工程
5	脚手架工程	搭设高度达 24m 的落地式双排脚手架
		搭设高度达 15m 的门式脚手架
		附着式升降脚手架
		悬挑（挂）式脚手架
		高度达 5m 的室内装饰脚手架或移动式操作平台
		卸料平台
		吊（挂）篮施工作业
6	拆除、爆破工程	采用人工、机械或爆破拆除的工程
7	其他危险性较大的工程、工艺	隧道工程
		桥梁（高架道路）工程
		建筑幕墙工程
		预应力结构张拉工程
		网架和索膜结构工程
		建筑施工用特种设备的安装拆除工程
		土体冻结法施工工艺
		水下（上）施工作业
		雨（污）水管道（沟、池）内施工作业
		密闭空间内施工作业
		采用新技术、新工艺、新材料，可能影响建设工程质量安全，且无国家、行业或地方技术标准的施工作业

（3）按关键工序活动分的关键施工过程（表 8.2.6-3）

按关键工序活动分的关键施工过程 **表 8.2.6-3**

关键工序活动界定方法	施工中属于此类按关键施工过程控制
（1）工程项目中的重要施工过程，包括对人身安全、使用功能有重要影响的过程； （2）企业生产中的薄弱环节，以及引进采用的新材料、新技术、新工艺的施工过程； （3）合同规定或业主关注提出的特别要求的施工过程	（1）承重结构钢筋的连接（钢筋机械连接、电渣压力焊、闪光对焊、电焊等）； （2）转换梁、悬挑梁以及大跨度梁的模板支撑； （3）地下室结构防水； （4）大体积混凝土施工； （5）屋面防水及厨卫间防水施工； （6）钢屋架、钢梁、钢柱的焊接； （7）防雷接地焊接、弱电综合布线缆线终端的连接、防水套管安装； （8）临建方案、冬施雨施方案、防汛消防等潜在事故和紧急情况应急预案； （9）施工平面网布设方案；大工程量钢筋焊接操作；模板工程施工方案（包括计算书）；外架施工方案（必须包括搭设、使用、拆除和计算书等内容）；塔吊、施工电梯、物料提升机等施工设备的安装、基础设计与施工、附着支撑的设计与安装设备拆除方案等；施工现场临时用电施工方案；屋面工程、卫生间、厨房间和外墙的防水防渗施工方案。临建设计与施工方案（包括临建房屋、工地围墙、现场道路、排水排污设施等）；起重机吊装作业方案（根据项目实际情况编制）；结构拆除施工方案等

3. 节点 B3“按专项方案、工艺标准实施工序控制”

（1）工序质量控制点（如检查点、见证点、停止点）设置及控制：

1）对施工质量有重要影响的关键质量特性、关键部位或重要影响因素。

2）对工艺上有严格要求，对下道工序的活动有重要影响的关键质量特性、部位。

3）严重影响项目质量的材料的质量和性能。

4）影响下道工序质量的技术性间歇时间。

5）某些与施工质量密切相关的技术参数。

6）容易出现质量通病的部位。

7）紧缺建筑材料、构配件和设备或可能对生产安排有严重影响的关键项目。

8）对施工质量影响加大的作业环境因素可作为施工工序的质量控制点。

9）隐蔽工程。

（2）对重要工程或是缺少经验的施工过程，应该坚持样板引路。重要的分项工程开工前，由项目经理部的技术负责人根据专项施工方案、技术措施交底及现行的国家规范、标准，组织施工人员或分包单位进行样板分项（工序样板、分项工程样板、样板墙、样板间、样板段等）施工，要从操作人员、工艺方法和施工设备、施工环境等方面进行施工过程确认，包括工序的检查、技术复核、施工过程参数的监测和必要的统计分析活动，过程确认合格并样板工程验收合格后才能进行专项工程的施工。在样板工程施工前施工人员应接受专门技术方法和质量标准的培训，统一操作程序，统一施工做法，统一质量验收标准，做到样板施工未雨绸缪。

（3）根据有关要求采用新材料、新工艺、新技术、新设备，并进行相应的策划和控制。

应识别施工过程影响工程质量的所有关键部位，设计施工过程的新材料、新工艺、新技术，新设备的应用方法，集成关键性的施工技术和管理活动的措施。尤其是应确定新材料、新工艺、新技术、新设备的关键环节，关注它们对管理提升的关联影响。项目经理部应根据策划规定进行过程控制。大型施工企业应发挥技术和管理的集成优势，研究新材料、新工艺、新技术、新设备的专门课题，开发适宜的高端技术和管理标准，引领行业的项目质量管理。

（4）推进施工质量的趋势管理，对不稳定和能力不足的关键施工过程、突发事件实施监控。

工程质量管理的重心伴随着施工生产不同阶段的质量控制重点不同而不同，随着管理对象的特征改变而改变。

1）工程质量控制的实施过程是一个动态检验产品、对比统计分析和预测变化趋势的过程。

A. 要有预见地实施管理策划。在质量发生偏差之前，通过对工序的检查、技术复核、施工过程参数的监测和必要的统计分析活动，能够预见到问题所在。防患于未然是最成功的质量管理。如工程在进行结构施工时，就考虑到结构与将来装修接口之间的关系，预留空位。

B. 要关注质量的变化趋势。应对质量偏差的出现保持敏感。表面偶然的质量偏差，可能预示着潜在的质量风险。一方面，质量控制人员要谨慎敏感，不放过每一个“偶然”，找出后面隐藏的“必然”；另一方面，质量控制人员要注意质量偏差的连锁反应，某一工序的轻微质量偏差，可能是下一道工序的质量隐患。杜绝经常性的质量偏差和严重质量事故。经常性的质量偏差往往表明工程质量管理存在问题，需要及时纠正。

C. 项目质量管理人员应及时控制质量问题，分析产生质量偏差的原因，并实施相应的改进行动。采取相应的改进措施（如改进施工工艺、更换操作人员、调整管理人员等），整改不合格产品，改善工程质量。改进质量计划中明显不合理的质量标准，要同监理工程师达成协议。

2）由于施工因素的不平衡性，往往会出现不稳定和能力不足的关键施工过程，对项目质量管理产生较大影响。因此应重点关注这些过程和突发事故的可能性，并及时进行监督和控制。具体内容：

A. 项目管理人员和施工班组人员应连续监督过程能力、过程变化情况；

B. 项目管理人员针对可能的突发事故风险制定应急措施；

C. 提供和配备必要的应急资源；

D. 测量和试验相应的应急措施。

E. 施工企业在大型或特种项目的施工中的应急措施可在有关施工方案中予以明确。必要时，应该制定专门的应急方案。在有条件的情况下应该实施应急措施的测试。

4. 节点 B6“施工质量自检评定”

当关键施工过程为某项工序活动时，无此工作节点。

8.2.6.7 特殊施工过程质量控制流程

特殊施工过程质量控制流程，见图 8.2.6-7。

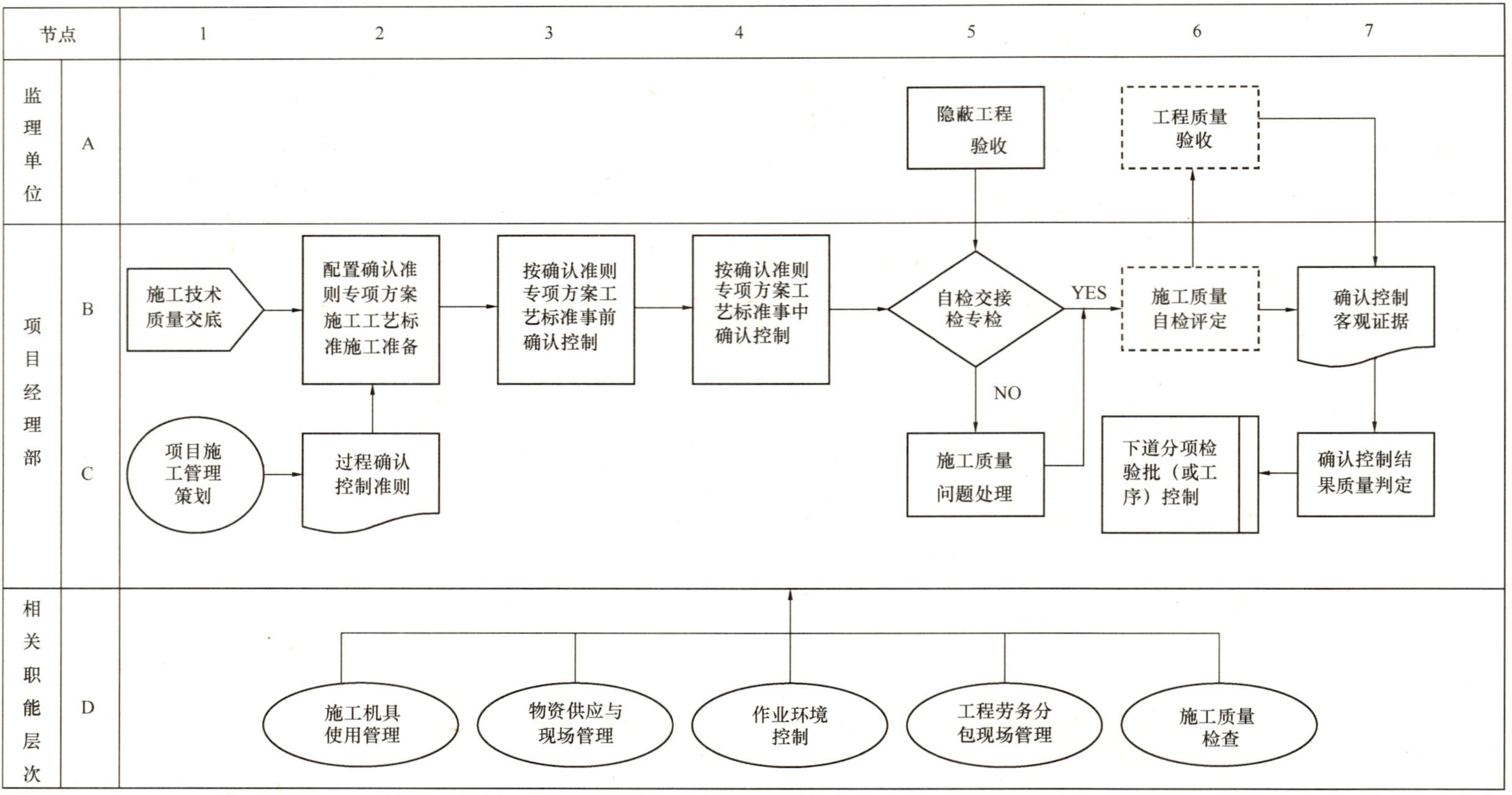

图 8.2.6-7　特殊施工过程质量控制流程

1. 一般要求

(1) 相关职能部门负责项目施工质量检查工作等，项目经理部负责组织实施特殊施工过程质量控制及验收工作。

(2) 特殊施工过程质量控制的有关要求见第 8.2.6 节施工过程控制、第 8.2.6.5 节分项/检验批工程施工质量控制及验收流程、第 8.2.6.6 节关键施工过程控制流程。

2. 节点 C2“过程确认控制准则”

(1) 确认是对特殊过程实现预期结果的能力评估和确定，过程能力通常涉及过程中人、机、料、法、环、测等相关因素。确认应是在这类特殊过程正式运行前进行和运行中进行，应根据过程的特点和产品特性，对涉及特殊过程能力的因素作出相应的安排和规定。

(2) 确定过程确认控制准则，可单独制定，也可与专项施工方案或作业指导书结合制定。包括规定评审的方法、评审的人员、过程结果应达到的质量要求，特别是可能导致产品损坏的质量特性的要求、对过程结果的判定方法等管理性要求。

1) 最重要是确定过程结果的判定方法和接收准则：即提供哪些控制记录等客观证据，提供多少及提供到什么程度。这些客观证据是按过程确认控制准则要求有目的地控制涉及过程中人、机、料、法、环、测等相关因素所建立和保存下来的。

A. 对专项方案、工艺标准或作业指导书等进行评审，确定评审方法、人员。

B. 施工机具能力和人员资格需达到的要求，并进行施工机具认可和人员鉴定。

C. 特殊过程运行中必要的记录要求。

D. 特殊过程运行中定期确认控制，或在人员、材料、工艺参数、设备等相关因素改变后需要重新确认控制。

E. 为确保准则所要求的客观证据，应系统、适当增加质量控制点的设置和控制。

2) 分包单位施工中存在需要确认的过程时，项目经理部应要求按上述内容实施。

3) 特殊过程如表 8.2.6-4。

特 殊 过 程 **表 8.2.6-4**

界 定 方 法	施工中属于此类按关键施工过程控制
(1) 国家验收规范中暂没有规定的施工项目；哪些过程的缺陷在生产中不易发现，而可能在产品使用后才会暴露出来的； (2) 暂无检测手段或检测设备的施工项目，施工生产中难以或无法验证，不能立即得出产品或服务是否满足要求的结论，只能通过工艺参数的控制来间接实现对质量特性的控制； (3) 不易或不能经济的通过后续的监视和测量加以验证的过程，项目特有的、不宜用后续监测加以验证的过程，如过程检验的代价太高或检验具有破坏性； (4) 不易直接进行监视测量的外包过程	(1) 工业与民用建筑工程：混凝土灌注桩、地下连续墙、地下室基础底板防水、大体积防水混凝土、未规定蓄水试验的平屋顶防水工程、预应力张拉、压力容器、压力管道焊接等。 (2) 市政道路工程：管道防腐保温或绝缘施工、钢管焊接、水下敷设管道施工、顶管施工、盐渍地区路基施工、冻融翻浆路基施工、软土路基工程等。 (3) 水利水电工程：地下防渗墙、预应力钢筋混凝土施工、堤坝大体积防渗混凝土、特种焊接等。 (4) 铁路工程：隧道工程防水施工、高强混凝土喷射（铆）、隧道掘进与衬砌、高大桥梁下部和上部结构施工、软土路基工程等。 (5) 项目经理部认为应界定为特殊过程的有关工序等

3. 节点 B3“按确认准则专项方案工艺标准事前确认控制”

(1) 对特殊工程工序按样板引路进行确认。根据专项方案、措施交底需进行样板施工引路的工程（分项工程样板、工序样板、样板间、样板段、样板墙等），应经过验收、确认合格后才能进行施工。

1）工程样板、样板间范围由项目部根据合同约定、建设单位要求以及通常经验，确定工程样板、样板间的范围。

2）项目经理部在施工前应将样板、样板间报监理审批，经审批，同意的样板、样板间作为检验工程的标准。

3）样板必须来源于工程供货的实际源地，且样板的数量足以保证能够显示其质量型号颜色，表面处理，质地，误差和其他要求特征。

4）样板的报送格式：项目经理部申报的所有样品，均贴有标明产品名称或类别，厂家名称，型号，品名，供应商的名称和出厂国与标签。并且每次申报时，项目经理部均附上一份申报单，其中列出上述样板的数据和资料。监理工程师批复后，项目经理部将原始记录分发有关承包商，申报单的格式由项目经理部设计，监理工程师批准。

5）样板间的施工，项目经理部事先应制订计划和方案，报项目技术负责人和监理工程师审批，审批完后组织施工，施工完后报建设单位和监理单位负责人验收，合格后方可作为施工和检验的标准。样板间的报验必须有书面的表格资料，格式按照监理工程师要求，如无要求，按常规经验办理。

(2) 施工过程的事先确认。混凝土浇筑、焊接、防水和预应力施工等工序的结果由于往往不能通过后续的监视和测量加以验证，因此需要在适当的时间，包括事先、事中及时进行确认。方法可以是对相关的工艺标准和技术文件进行评审，对操作人员上岗资格进行鉴定，并对施工机具进行认可。

4. 节点 B3“按确认准则专项方案工艺标准事中确认控制”

若特殊过程作业期较长、涉及施工面或工作量较大，事前确认控制往往是不够的，应策划在一定时间段和作业面定期、甚至连续进行确认控制。当人、机、料、法、环、测等相关因素变化时，应重新进行确认控制。

5. 节点 B6“确认控制结果质量判定”

特殊过程施工质量不能仅以质量验收规范进行验收、评定，而是依据过程确认控制准则中所确定的过程结果的判定方法和接收准则，即依据确认控制所保存的质量记录等客观证据。

8.2.6.8 施工进度控制流程

施工进度控制流程，见图 8.2.6-8。

1. 一般要求

(1) 相关职能部门负责项目履约检查工作等，项目经理部负责组织实施项目工期控制工作。

(2) 施工进度控制的有关要求见第 8.2.6 施工过程控制流程、第 8.3.1.3 节项目履约检查、分析与改进流程。

2. 节点 C1“项目进度计划编制与分解”

(1) 施工进度计划包括施工总进度计划和单位工程施工进度计划。施工总进度计划是

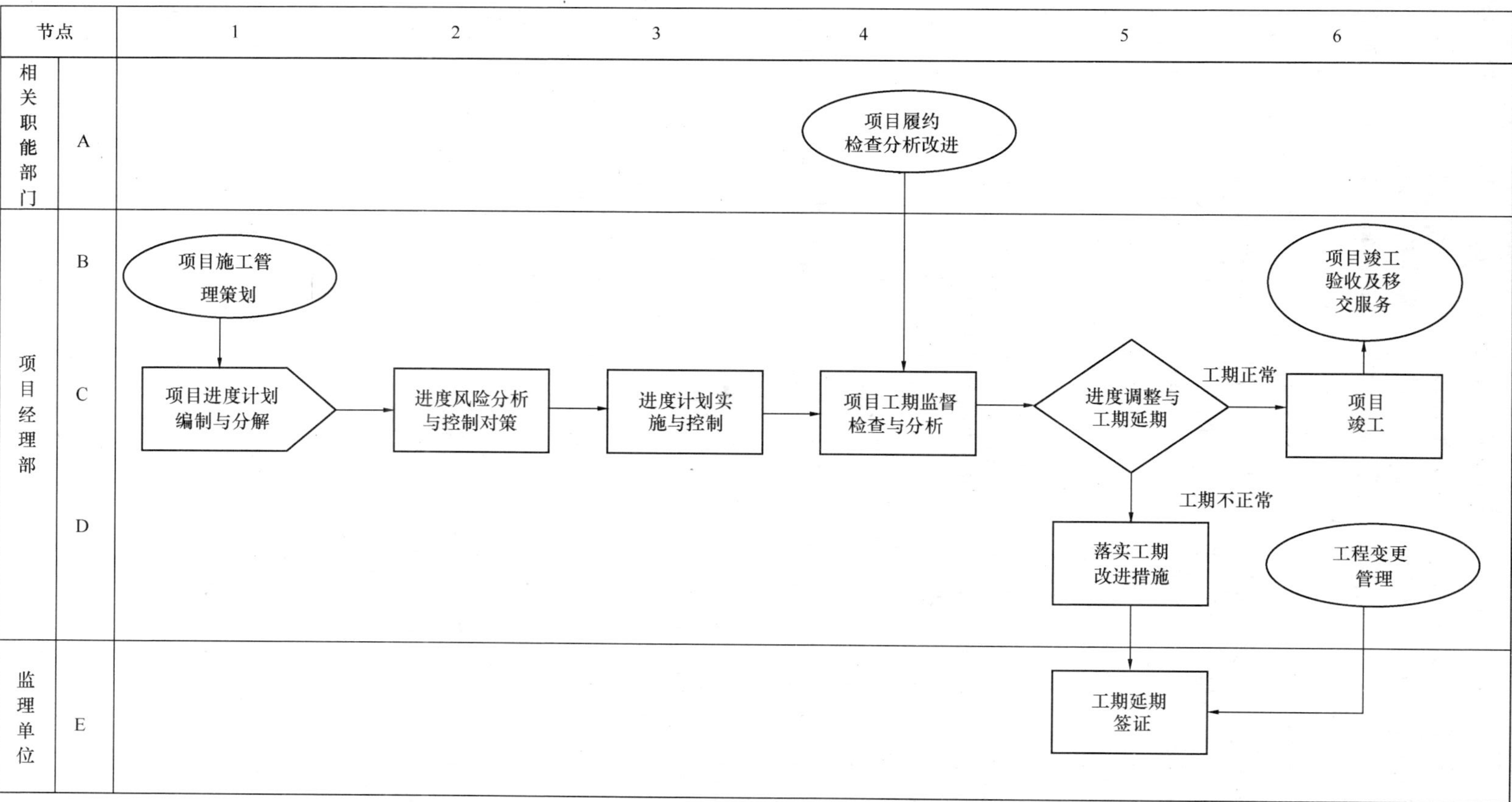

图 8.2.6-8 施工进度控制流程

以建设项目或群体工程为对象对工地所有工程施工活动提出的时间安排表，控制性很强。单位工程施工进度计划是落实施工总进度计划和具体指导单位工程施工的计划，可以按一个分项工程为一个施工过程，具有较强的作业性。

（2）施工总进度计划

1）施工总进度计划的编制依据：施工合同、施工进度目标、工期定额、有关技术资料、施工部署与主要工程施工方案等。

2）施工总进度计划的内容应包括：编制说明，施工总进度计划表，分期分批施工工程的开工日期、完工日期及工期一览表，资源需要量及供应平衡表等。

3）编制施工总进度计划的步骤应包括：收集编制依据，确定进度控制目标，计算工程量，确定各单位工程的施工期限和开、竣工日期，安排各单位工程的搭接关系，编制施工进度计划说明书。

（3）单位工程施工进度计划

1）单位工程施工进度计划的编制依据：项目管理责任书，施工总进度计划，施工方案，主要材料和设备的供应能力，施工人员的技术素质及劳动效率，施工现场条件、气候条件、环境条件，已建成的同类工程实际进度及经济指标。

2）单位工程施工进度计划的内容应包括：编制说明，进度计划图，单位工程施工进度计划的风险分析及控制措施。

（4）施工进度计划分解：

1）施工过程中根据项目进度网络图划分工程施工控制节点并确定各施工节点进度计划。

2）运用横道图分解分部、分项工程施工进度计划。

3）根据工程施工进展情况制定年、季、月度施工计划。

（5）编制工程进度计划的主要方法：有横道图和网络图等形式。网络计划能充分揭示项目中各工作之间的相互制约和相互依赖关系，并能明确地反映出进度计划中的主要矛盾，利用计算机进行优化和调整，使进度计划的编制和调整更能满足进度控制工作的要求。

（6）根据施工进度计划编制劳动力、主要材料、机械设备等资源需用量计划及资金收支预测计划，并提出配置入场措施、途径及时间。同时编制进度控制措施计划，为进度计划的实施提供物资保障，并对可能实现不了的资源配置需求提出可行的应急措施。

3. 节点C2“进度风险分析与控制对策”

（1）编制进度计划同时，列出进度风险清单，并有针对性地提出化解措施及责任分工。

（2）动态管理进度风险，对及时化解的风险总结经验，对化解不了的风险及时分析，报告工程管理部门加以协调解决。

（3）对进度风险不积累，不转移，确实出现积累，应及时调整进度计划，以保证总的进度目标。

（4）进度风险分析考虑因素

1）来源于政府及上级建设主管部门的、建设单位（业主）及业主代表（监理单位）。

2）有来源于供货单位影响。施工过程需要的材料、构配件、机具和设备等不能按期运抵施工现场或运抵后发现不符合有关标准的要求，都会影响施工进度。

3）有来源于资金的影响。工程的顺利施工必须有足够的资金作保障。通常，资金的影响来自业主，或由于没有及时给足工程预付款，或由于拖欠工程进度款，甚至要求承包商垫资，这些都将影响承包单位的流动资金周转，从而影响施工进度。

4）来源于设计单位的影响。或由于原设计有问题需要修改，或由于业主提出了新的要求，特别是所谓的“三边工程”，即边设计、边施工、边投入使用的工程，如以前的所谓“献礼工程”，在施工过程中出现设计变更是在所难免的。

5）有来源于施工条件的影响。在施工过程中遇到气候、水文、地质及周围环境等方面的不利因素的，由于处理地下的障碍、隐患和文物，则必然影响到施工进度。

6）各种风险因素的影响。风险因素包括政治、经济、技术及自然等方面的各种可预见或不可预见的因素，政治方面的有战争、内乱、罢工、拒付债务、制裁等；经济方面的有延迟付款、汇率浮动、换汇控制、通货膨胀、分包单位违约等；技术方面的有工程事故、试验失败、标准变化等；自然方面的有地震、洪水等等。

7）来源于企业本身管理水平的影响。施工现场的情况千变万化，若企业的施工方案不恰当、计划不周详、管理不完善、解决问题不及时等，都会影响工程项目的施工进度。

（5）项目进度计划保证措施

1）做好施工中的检查、调度工作，协调各方面的进度关系。主要内容有：

A. 监督检查施工准备工作（施工组织设计的落实、创优计划、安全文明施工计划、相关技术措施落实等）。

B. 督促资源供应单位按计划供应劳动力、施工机具、运输车辆、材料、设备、构配件等，并对临时出现问题采取调配措施。

C. 按施工平面图管理施工现场，结合实际情况进行必要调整，保证文明施工。

D. 了解掌握天气变化以及机电施工以往的配合情况，针对本工程项目施工特点和难点，采取相应的防范和保证措施。

E. 及时发现和处理施工中各种事故和意外事件。

F. 调节各薄弱环节。

G. 定期召开现场调度会议，贯彻施工项目主管人员的决策，发布调度令。

2）形成检查报告制度

A. 责任工程师要经常到现场查看施工项目的实际情况，从而准确掌握施工项目的实际进度。并通过比较实际进度和计划进度，作出总结分析报告。

B. 按照检查报告制度规定，形成进度控制报告向有关主管人员和部门汇报。进度控制报告内容主要包括：项目实施概况、管理概况、进度概要；项目施工进度、形象进度及简要说明；施工图纸提供进度；材料、设备、配件供应进度；劳务记录及预测；日历计划；对业主和施工者的变更指令等；其他影响施工进度计划实施的因素。

3）严格工作会议制度

A. 月、周例会：每月月初召开月工作计划安排落实及上月计划完成检查例会。每周一召开本周工作计划安排，及上周计划完成检查例会；由业主或监理召集项目经理、现场经理计划管理人员、业主指定分包商有关人员参加的外部月、周例会；由项目经理召集项目经理部、分承包商有关责任人员参加内部月、周例会，并主持会议。

B. 日例会：每日下午工作例会是项目经理部实施施工计划管理主要手段。每次会议议定内容做书面记录，与会人员签字认可，并下发至有关部门依照执行，资料存档。开会时，首先由各责任人汇报当日计划实施情况及出现的问题，由项目领导人对当日情况进行裁决和确定问题处理措施，并发布必要指示，由项目现场经理向与会人员下达第二天施工计划和实施措施。

4）组织保证措施

A. 建立由项目经理任组长，各责任工程师为主要成员的工期保证管理小组。小组成员主要检查各层次的计划衔接性、统一性和落实情况以及急需解决的生产技术、质量、安全存在的问题，形成严密的计划保证系统。

B. 计划全面交底，要使有关人员都明确各项计划的目标、任务、实施方案和措施，使管理层和作业层协调一致，发动群众实施计划。

C. 在施工开始前后过程中，将规定的任务结合现场施工条件和施工的实际进度，结合总控施工进度计划不断的调整编制本月（周）作业计划，在计划中要明确本月（周）应完成的任务，所需要的各种资源量，提高劳动生产率和节约措施。

D. 调整编制好月（周）作业计划后，将每项具体任务通过签发施工任务书的方式使其进一步落实。施工任务书是向施工队下达任务实行责任承包，全面管理和记录的综合性文件。施工队编制日消项计划，必须保证指令任务的完成。

5）技术保证措施

A. 采用合理的、先进的施工工艺、先进的施工技术和新材料，按照科学的施工方法，尽量提高施工速度和产成品合格率，有效节约施工时间。

B. 提前进行多方位深化设计，为确保施工严格按工程进度计划的实施，应根据工程的实际需要，及时完成施工图纸的每一个细节。

C. 提前编制各专项技术方案，并及时向施工班组进行技术方案交底。

6）经济保证措施

A. 层层签订承包合同责任书和下达施工任务书。项目经理部各部门和主要责任人与项目经理签定、项目经理部与分包施工单位签定、分包施工单位与作业班组之间分别签订承包合同责任书，按计划目标明确规定合同工期，相互承担的经济责任、权限和利益，以施工任务书的形式将作业下达到施工班组，明确具体施工任务，技术措施，质量要求等内容，使施工班组必须保证，按作业计划时间完成规定的任务。

B. 保证资金正常运作，确保施工质量、安全和施工资源正常供应。

4. 节点 C3“进度计划实施与控制”

（1）进度计划实施

1）计划与控制是相互作用并且相互依赖，综合成为一个强有力的激励因素。项目经理部应通过编制年、季、月、旬、周施工进度计划来实施项目施工总进度计划，同时将实施过程的信息及时反馈，项目管理部加大对项目关键计划的参与程度，使施工进度计划在有效控制中，从而到达缩短工期和降低成本的目的。

2）年度和季度施工进度计划，均属控制性计划，确定并控制项目施工总进度的重要节点目标。由项目经理部根据施工总进度计划的施工顺序，编制年度施工进度计划。并在此基础上按照均衡施工原则，编制各季度施工进度计划。月、旬、周、日计划是实施性的作业计划，由项目经理部提出目标和作业项目，通过工地例会协调之后编制。

3）对计划的实施进行监督，当发现进度计划执行受到干扰影响时，项目经理必须做到快速决策，制定措施，确定项目的各个部分如何进行，以及参与的人员和组织工作如何重新调整。

（2）进度计划的控制

1）以合同为控制手段，以总控计划为依据，做好总包管理工作。分包方应根据项目施工进度计划编制分包工程施工进度计划并组织实施，项目经理部应将分包工程施工进度计划纳入项目进度控制范畴，并协助分包解决项目进度控制中的相关问题。总分包之间相互协调，处理好进度执行过程中的相关关系，保证工程进展井然有序。

2）做好计划图上的实际进度记录，并跟踪记载每个施工过程的开始日期、完成日期，对每日完成数量、施工现场发生的情况、干扰因素的排除情况等做出详尽记录。

3）在进度控制中，应确保资源供应进度计划的实现，当发现资源供应出现中断、供应数量不足或供应时间不能满足要求时。由于工程变更引起资源需求的数量变更和品种变化时，应及时调整资源供应计划。当发包人提供的资源供应进度发生变化不能满足施工进度要求时，应敦促发包人执行原计划，并对造成的工期延误及经济损失进行索赔。

4）项目经理部应定期召开现场协调会，制订合理的组织保证、技术保证、经济保证措施，形成检查报告制度，重大问题及时向工程管理部门请示汇报。

5）项目管理部随时掌握项目施工动态的变化，落实工程的进展情况，对项目实行阶段目标管理，做好诊断工作，提出整改意见，协助项目解决有关事宜。

6）项目管理部协助项目经理部加强与业主、监理、设计方的合作与协调，加强与政府和社会各方面的协调，积极协调各方面的进度关系。

5. 节点 C4“项目工期监督检查与分析”

（1）项目工期监督检查方式

在工程进度计划实施后，应及时跟进并收集工程实际进展情况，包括工作的开始时间、完成时间、持续时间、逻辑关系、实物工程量和工作量，以及工作时差的利用情况等，从中了解到施工过程中影响进度的潜在问题，以便及时采取相应的措施加以预防和防止偏差、纠正偏差。

（2）工程施工进度的检查方法

施工进度的检查方法主要是对比法，有利用横道图比较法、S 型曲线比较法、香蕉型曲线比较法、前锋线比较法、列表比较法等将经过整理的实际进度的数据与计划进度的数据相比较，从而发现是否出现偏差和偏差的大小。若偏差较小，可在分析其产生原因的基础上采取有效的措施，使矛盾得以解决，继续执行原计划；若偏差较大，经过努力不能按原计划实现时，则要考虑对计划进行必要的调整，即适当延长工期或改变施工速度。

（3）项目经理部应采取日检查或定期检查的方式对施工进度计划进行检查，并对施工作业完成情况做出记录。

（4）项目经理部对施工进度计划实施检查后，应对进度执行情况进行综合描述，就进度偏差的状况和导致偏差的原因进行分析，提出解决问题的措施和计划调整意见，并及时向工程管理部门报告。

（5）工程管理部门对项目进度计划实施控制和协调，定期或不定期组织总部有关部门对项目施工进度计划执行情况进行检查考核，监督项目经理部合同工期目标及计划工期目标的完成情况，协助项目经理部解决在履约施工过程中发生的各种疑难问题。

6. 节点 C5“进度调整和工期延期”

（1）工程施工进度的调整

工程进度的调整一般是要避免的，但如果发现原有的进度计划已落后、不适应实际情况时，为了确保工期，实现进度控制的目标，就必须对原有的计划进行调整，形成新的进度计划，作为进度控制的新依据。而调整工程进度计划的主要方法有两个：

1）压缩关键工作的持续时间：在不改变工作之间顺序关系，而是通过缩短网络计划中关键线路上的持续时间来缩短已被延长的工期。具体采取的措施：有增加工作面、延长每天的施工时间、增加劳动力及施工机械的数量的组织措施；改进施工工艺和施工技术，以缩短工艺技术间歇时间、采取更先进的施工方法以减少施工过程或时间、采用更先进的施工机械的技术措施；有实行包干奖励、提高资金数额、对所采取的技术措施给予相应补偿的经济措施；还有改善外部配合条件、改善劳动条件等其他配套措施。在采取相应措施调整进度计划的同时，还应考虑费用优化问题，从而选择费用增加较少的关键工作为压缩的对象。

2）组织搭接作业或平行作业。

3）在不改变工作的持续时间，而只改变工作的开始时间和完成时间。这种调整情况有：对于大型工程项目，如小区工程可调整的幅度较大的原因是由于它们是由多项单位工程组成，而单位工程之间的制约比较小，从而可调整的幅度比较大，因此比较容易采用平行作业的方法来调整进度计划；对于单位工程项目，由于受工作之间工艺关系的限制，可调整的幅度较小，通常采用搭接作业的方法来调整施工进度计划。当工期拖延得太多，或采取某种方法未能达到预期效果时，或可调整的幅度又受到限制时，还可以同时用这两种方法来调整施工进度计划，以满足工期目标的要求。调整的同时还需要注意到无论采取哪种方法，都必然会增加费用，故企业在进行施工进度控制时还应该考虑到投资控制的问题。

（2）工期延期的控制

1）工期延期的概念：工期延期是由于建设单位、建设单位代表（监理单位）、合同缺陷、工程变更等原因造成的；工期延误是施工单位组织不力或因管理不善等原因造成的。工期延期是可以通过向建设单位、建设单位代表（监理单位）申请获得批准而增加工期的，项目部在工作中，应注意区别工期延期和工期延误的概念。

2）工期延期获得批准的条件：

A. 首先，必须符合合同条件，亦即导致工期拖延的原因不是项目部自身的原因引起的，例如，施工场地条件的变更；建设文件、合同文件的缺陷；由于建设单位或设计原因造成的临时停工、工期耽搁；由业主供应的材料、设备的推迟到货；工程施工时受到其他主要的承包商（施工单位）的干扰；建设单位、监理工程师关于施工方面的变更……因上述原因的工期拖延是工期延期申请获得批准的首要条件。

B. 其次，是发生延期事件的工程部件，必须是在施工进度计划的关键线路上，才能获得工期延期的批准。若延期事件是发生在非关键线路上，且延长的时间未超过总时差时，例如屋面防水层的变更发生在工程结构施工阶段，即使符合批准为工程延期的合同条件，是不能获得工期延期申请。

C. 最后，工期延期的批准还必须符合实际情况和注意时效。对延期事件发生后的各类有关细节进行详细记载，及时向建设单位代表或监理工程师提出申请，递交详细报告。通常是在延期事件发生的 14 天内提出申请，否则过期申请无效。

3）工期延期签证见第 8.2.7 节工程变更管理流程。

8.2.7 工程变更管理流程

工程变更管理流程，见图 8.2.7-1。

1. 一般要求

（1）市场经营部门负责签订合同变更补充协议、索赔及争议处理工作，项目经理部负责提出工程变更建议、现场工程签证管理。

（2）工程变更可分为：工程项目的变更（如发包人提出增加或删减原项目内容）、工程量变更、进度计划变更、施工条件变更等。工程变更可由设计方、发包方提出，以及项目经理部提出经认可的变更。

（3）工程签证：工程承发包双方在施工过程中按合同约定对支付各种费用、顺延工期、赔偿损失所达成的双方意思表达一致的补充协议（互相书面确认的签证单即成为工程结算或最终结算增减工程造价的凭据，只要是双方授权委托人签定的，任何审计单位无权重新再审核）。工程签证单是企业索赔的重要证据之一。

2. 节点 A1“提出工程变更”

发包人或设计方应按合同要求提前以书面形式向项目经理部发出变更通知，如设计变更通知单、工作联系单、施工图等。项目经理部应按文件控制要求做好变更的收文、处理工作。

3. 节点 C1“提出工程变更建议”

项目经理部在合同执行过程中，必须严格遵守合同各项要求，不得随意变更设计。但有可能为确保顺利履约，根据项目实际情况，提出合理化建议。如果提出的工程变更建议设计对图纸或施工组织设计的更改、对原材料设备的更换，变更必须报监理工程师。监理工程师同意后，还须经规划管理部门和其他有关部门审查批准，并由原设计单位提供变更的相应图纸和说明。

4. 节点 C3“是否签订合同变更补充协议”

如果变更涉及实质性内容或变更量较大，则应签订合同变更补充协议。

5. 节点 C4“变更实施”

市场经营部门和项目经理部应对工程变更进行评审，及时调整变更所涉及的施工方案等各类计划文件，确保工程质量、进度及成本控制目标的实现。

6. 节点 B5“工程签证单、工期顺延报告”

确定变更后 14 日内向建设单位提出工程签证单、工期顺延报告。签证须注意：由于在合同中多数情况下对签证确认的时间作出了明确规定，因此在报送签证单时应要求甲方和监理方签收，指定专人作好时间记录并存档。当达到约定时间而没有任何回复时，应书面致函甲方与监理方，该签证已视为默认，并记录存档。

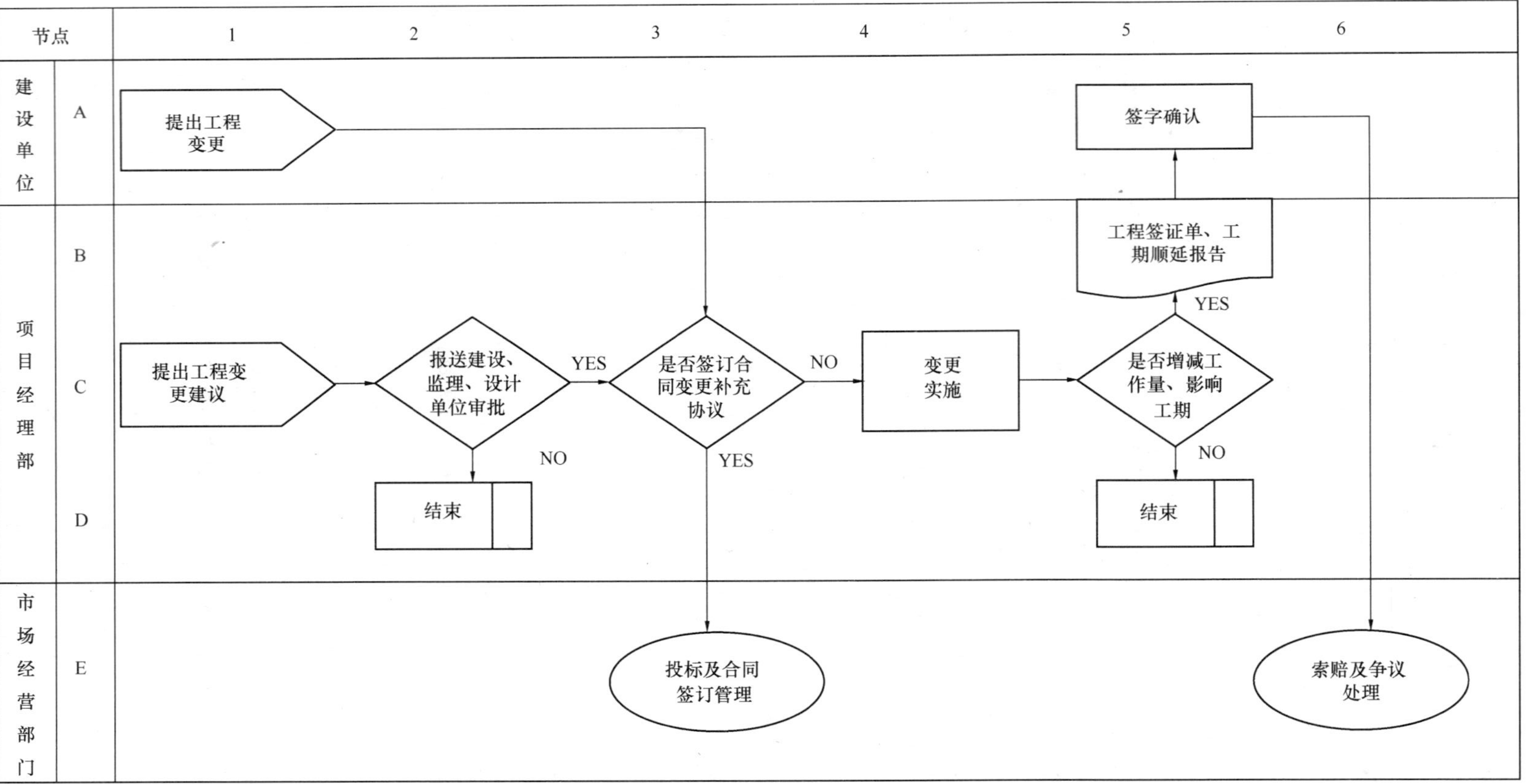

图 8.2.7-1　工程变更管理流程

8.2.8　试验检测和外委试验检测管理流程

试验检测和外委试验检测管理流程，见图 8.2.8-1。

1. 一般要求

（1）技术管理部门负责项目试验检测设施的验收和试验检测的监督检查工作。

（2）项目经理部负责试验检测组织机构和设施建设、试验检测运行工作和分包单位试验工作的管理，具体职责为：

1）项目经理负责确定试验工作的总体安排，如试验体制、人员、工地试验室设置、试验经费、设备等。

2）项目技术负责人负责领导项目试验工作，审定与实施试验放案、评定，处理试验中的合格不合格试件。

3）项目试验检测部门负责项目试验的具体管理工作。

4）项目物资管理负责人负责：

A. 采购员负责索要钢材的出厂质量合格证书和复验报告、防水材料的合格证和标志、水泥的准用证和生产厂家的出厂质量证明书、外加剂的准用证等。

B. 按各种材料标准规定的取样批量委托试验室抽样试验、复验。

5）专业技术负责人负责施工过程中（工序试验）检验与试验的控制，按委托规定通知试验人员取样试验。

6）现场试验人员在接受有关人员的委托单后，负责现场原材料取样、送试，混凝土及砂浆试块制作、养护。送试和简易土工、砂、石等试验工作。

（3）原材料试验内容有水泥，钢筋，砖，防水材料，装饰装修材料等。施工过程试验内容有回填素土，回填灰土，回填级配砂石，混凝土，砌筑砂浆，钢筋焊接，钢筋机械连接，瓷砖抗拔等。

2. 节点 C2“机构人员权责试验制度建设”

（1）施工现场必须建立试验室，并经技术管理部门验收合格后，方可投入使用。

（2）施工现场应设专职试验人员，施工现场试验人员应经过试验岗位培训考核，合格者承担，无操作合格证者不得从事现场试验工作，并要由技术管理部门确认。

（3）工程项目的试验过程工作贯穿于工程项目的始终，规范所规定的工程所需要的各种材料及施工过程试验都必须进行试验论证，严格执行规范规定的进厂原材料必须复检，未见合格的复试报告，一律不准使用，以保证施工质量和施工进度。

（4）项目试验检测部门应制定项目试验检测计划，建立相关试验检测制度和规程。

3. 节点 B3“选定外委试验检测单位”

项目经理部在工程开工前确定委托试验单位，选定的试验室必须具有相关资质。项目经理部应对其资质、试验检测项目、人员及检测设备进行评价后再选择，并报技术管理部门审批。过程中变更试验单位，须报经技术管理部门批准。

4. 节点 C3“项目试验检测设施建设维护”

（1）项目经理部应修建必要的试验用房和准备必备的设备，满足混凝土试块取样，成型，拆模，养护的需要，且必需有混凝土、砂浆标准养护条件。

（2）试验仪器设备的性能和精确度应符合国家标准和有关规定，须定期检定并有专人

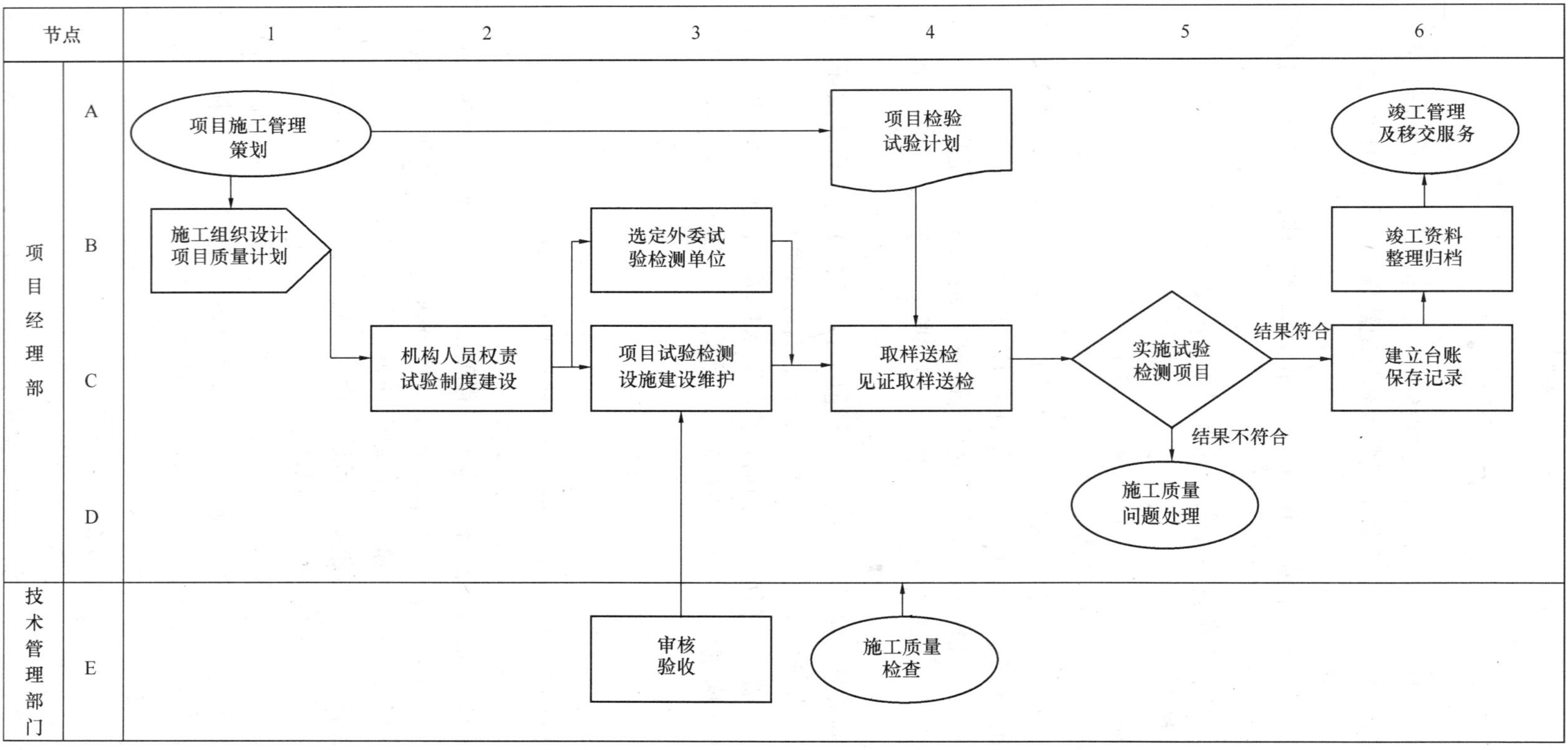

图 8.2.8-1　试验检测和外委试验检测管理流程

管理，建立管理台账，并在仪器设备作出明显标识。

（3）现场养护室

1）所有处于桩基（由专业构件厂加工的预制桩除外）和结构施工阶段的在建工程，

在施工现场均必须按规定设置混凝土、砂浆试块的养护室。养护室启用前报技术管理部门验收。

2）养护室的房屋应满足保温隔热要求，根据工程规模的大小确定养护室的面积，并分隔成干、湿两个区域，湿区面积不小于 $5m^2$。

3）养护室内应配各冷暖空调机、取暖器等温度调节装置，使室温控制在 20±2℃范围内。采用标准养护的试件，应在温度为 20±5℃的环境中静置一昼夜至二昼夜，然后编号、拆模。拆模后应立即放入温度为 20±2℃，相对湿度为 95%以上的标准养护室中养护，或在温度为 20±2℃的不流动的 $Ca(OH)_2$ 饱和溶液中养护。湿区内设立水泥混合砂浆试块养护箱，养护箱内宜衬海绵等保湿材料，以控制湿度为 60%～80%，并设置干湿计以监测箱内温湿度（箱内温度与室温相同）。混凝土、砂浆试块拆模前的静置应在湿区内进行。试模、落度筒、捣棒等试验设备应集中存放在干区内。

4）在湿区内设试块养护水池，并设立体积相仿的另一预养水池（或水桶）作为储备置换水用。应配置恒温装置，确保水池温度保持在 20±2℃的范围内，并应配置温度计以监测水池温度。

5）养护室内有试块时，养护室室温、砂浆养护箱内温湿度、湿区水池温度应由取样员每天记录两次（上、下午各一次）。

6）同时必须建立标准养护室的管理制度并公布上墙，监督执行。保持室内整洁，不放置与试验无关之物。

7）养护室由取样员负责管理。

（4）同条件养护

1）同条件养护试件的留置方式和取样数量，应符合下列要求：

A. 同条件养护试件所对应的结构构件或结构部位，应由监理（建设）、施工等各方共同选定；

B. 对混凝土结构工程中的各混凝土强度等级，均应留置同条件养护试件；

C. 同一强度等级的同条件养护试件，其留置的数量应根据混凝土工程量和重要性确定，不宜少于 10 组，且不应少于 3 组，并且应满足多层建筑每层不少于 1 组，中高层、高层建筑每 3 层不少于 1 组，并且总数不少于 6 组。

D. 同条件养护试件拆模后，应放置在靠近相应结构构件或结构部位的适当位置，并应采取相同的养护方法。

2）同条件养护试件应在达到等效养护龄期时进行强度试验。等效养护龄期应根据同条件养护试件强度与在标准养护条件下 28d 龄期试件强度相等的原则确定。

3）同条件自然养护试件的等效养护龄期及相应的试件强度代表值，宜根据当地的气温和养护条件，按下列规定确定：

A. 等效养护龄期可取按日平均温度逐日累计达到 600℃·d 时所对应的龄期，0℃及以下的龄期不计入；等效养护龄期不应小于 14d，也不宜大于 60d；

B. 同条件养护试件的强度代表值应根据强度试验结果按现行国家标准《混凝土强度

检验评定标准》GB/T 50107 的规定确定后，乘折算系数取用；折算系数宜取为 1.10，也可根据当地的试验统计结果作适当调整。

4）施工单位应留取用于确定是否符合拆模、吊装、张拉、放张以及施工期间临时负荷要求的同条件养护试件。

5. 节点 C4“取样送检见证取样送检”

（1）涉及结构安全的试块、试件和材料见证取样和送检的比例不得低于有关技术标准中规定应取样数量的 30%。下列试块、试件和材料必须实施见证取样和送检：

1）用于承重结构的混凝土试块；

2）用于承重墙体的砌筑砂浆试块；

3）用于承重结构的钢筋及连接接头试件；

4）用于承重墙的砖和混凝土小型砌块；

5）用于拌制混凝土和砌筑砂浆的水泥；

6）用于承重结构的混凝土中使用的掺加剂；

7）地下、屋面、厕浴间使用的防水材料；

8）国家规定必须实行见证取样和送检的其他试块、试件和材料。

（2）所有工程所使用的原材料及现场制作的混凝土、砂浆试块、钢筋焊接及机械连接件、回填土密实度等按规定实行见证取样和送样检验制度。取样员取样时应有见证人在旁见证，送样时应会同见证人一起将试样送试验单位。

（3）项目试验检测部门按文件规定的项目做好有见证取样和送检计划。取样频率、取样方法和样品数量严格按有关标准、规范、规程执行。

（4）混凝土、砂浆试块制作后应在终凝前用铁钉刻上制作日期、工程部位、设计强度，不允许在试块终凝后用毛笔等书写。

（5）取样员应建立取样/送样台账，送样时应向试验单位索取送样凭证。

（6）取样员应与试验室保持信息畅通，对试验中出现的问题及时向上级汇报，并按规定采取复试等处理。

（7）试验完成后，取样员应及时向试验室取得试验报告，并交资料员保管。

（8）商品混凝土管理。

1）当泵送混凝土坍落度不适宜泵送或浇筑时，应经项目技术负责人批准，采取技术处理措施，并应做好处理记录，任何人都不得擅自加水，并建立泵送混凝土坍落度台账。

2）现场混凝土坍落度检测和强度试块制作，应在交接验收前完成，取样在交货地点执行。

（9）对分包单位试验工作的管理。

1）分包单位（有试验工作的）进场后，项目经理部应向分包单位交底，要求分包单位遵照规定的要求进行试验取样和送样。

2）分包单位如需设立养护室时，其养护室需报项目经理部验收，通过后方可使用。

3）分包单位应提交取样员的有关资格证明文件。

4）分包单位的试验取得结果后，应将试验报告报项目经理部备案。

5）项目经理部应定期检查分包单位的试验工作情况。

6. 节点 C6“建立台账保存记录”

现场试验人员应对试验和送试项目分别建立各种施工试验和材料试验资料台账和记录，工程竣工时，要提交完整资料。

8.2.9 施工质量问题处理流程

施工质量问题处理流程，见图 8.2.9-1。

1. 一般要求

(1) 技术管理部门负责组织处理严重施工质量问题、施工质量问题信息收集和分析及质量管理改进和创新工作，项目部负责处理一般施工质量问题、施工质量问题现场控制和处理实施工作。

(2) 物资管理部门和项目经理部负责处理验收不合格的建筑材料、构配件和设备，见流程《物资供应与现场管理》。

(3) 施工质量问题分为：

1) 验收不合格的建筑材料、构配件和设备，见第 8.2.6.2 节物资供应与现场管理流程。

2) 一般施工质量问题：对项目履约无明显影响，经返工后重新验收达到合格，经济损失不超过 2000 元的为一般施工质量问题。

3) 严重施工质量问题：对项目履约无明显影响，经返工或返修，仍达不到合格要求，但不影响产品安全性能和使用功能，经顾客同意可以让步接收的施工质量问题，或经返工重新验收达到合格且经济损失超过 2000 元，不超过 10000 元的为严重施工质量问题。

4) 质量事故：对项目履约有一定甚至重大影响，影响产品安全性能和使用功能或造成 10000 元以上经济损失的施工质量问题，见第 8.2.10 节质量事故调查处理流程。

(4) 施工质量问题处理方式：

1) 返工或返修；

2) 不作处理或让步接收；

3) 报废或另作他用。

2. 节点 C1“停工、质量问题隔离和标识”

经施工质量检查判定为质量问题的产品工序、部位，应立即停止施工，由项目专职质检人员对问题部位进行隔离、标识并予以记录，在没有处置之前不得转入下道工序或交付。

3. 节点 C2“质量问题评审质量问题分级”

施工质量问题分级考虑：

(1) 处理的难易程度；

(2) 问题对下道工序的影响程度；

(3) 处理对工期、费用的影响程度；

(4) 处理对工程安全性或使用性能影响程度等。

4. 节点 D2“报告质量事故”

见第 8.2.10 节质量事故调查处理流程。

5. 节点 C3“报告一般和严重质量问题、处理一般质量问题”

项目经理部负责处理一般质量问题：

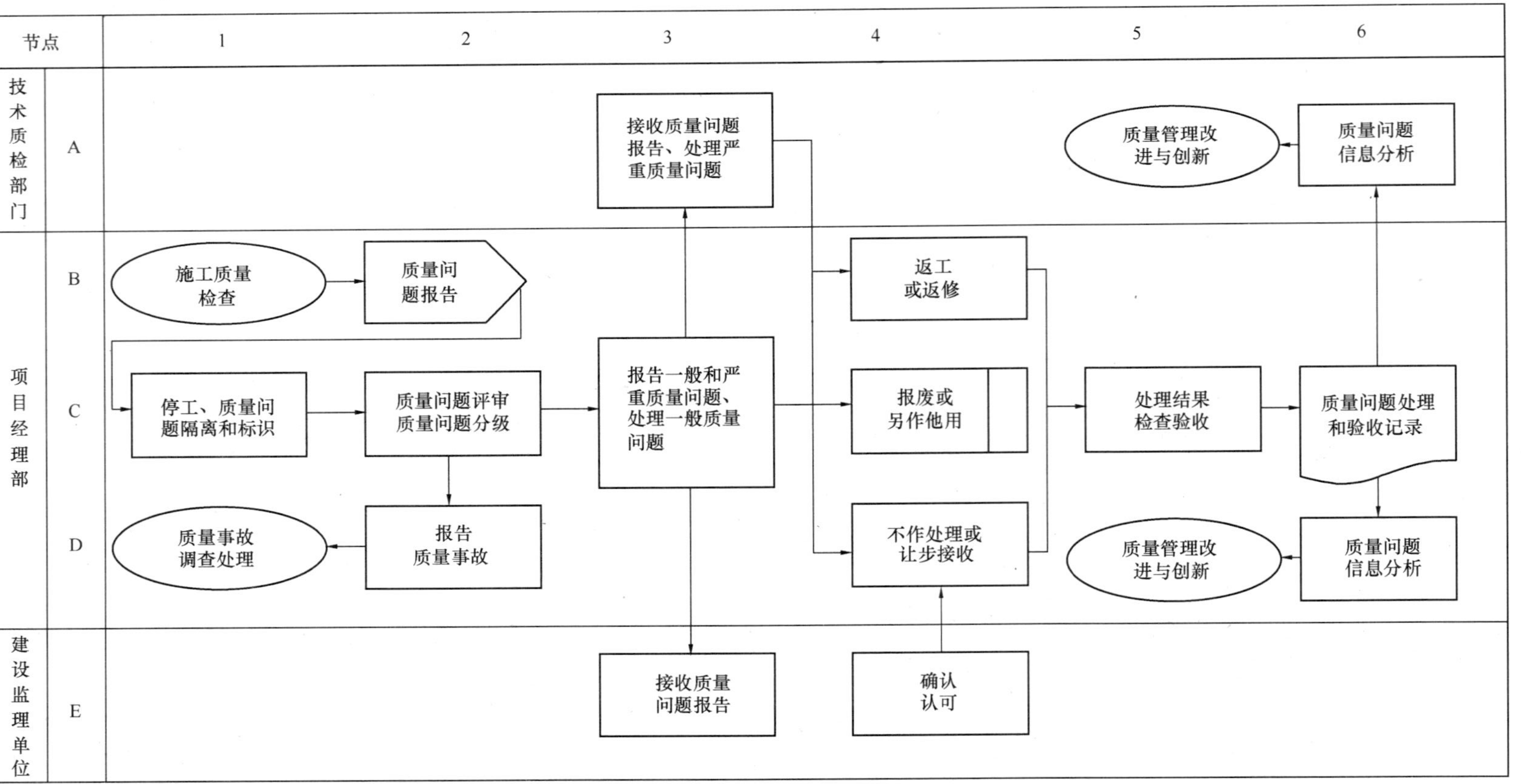

图 8.2.9-1　施工质量问题处理流程

(1) 由项目部人员发现的，由相关主管人员负责处置及验证，并填写处理记录。

(2) 由职能部门抽查发现的，填写记录交由项目部相关主管人员处置后上报，职能部门再进行处理效果验证。

(3) 监理单位、建设单位或质监站不认可的质量问题或认为不符合合同要求的质量问题，应由项目部主管人员负责处理、验证后再申报以取得认可。

(4) 较重大的质量问题出现后，项目部应及时上报技术管理部门，技术管理部门参与指导、处置和验证，以符合行业和承包合同要求。

(5) 由于设计原因造成的质量问题，应按照行业法规及合同规定与监理单位、设计单位、建设单位协商解决。

(6) 保修期出现的质量问题按照国家和地方法规及合同约定处理。

6. 节点 B4“返工或返修”

对于工程施工质量验收出现的质量问题，应符合以下规定的要求：

(1) 经返工重做或更换器具、设备的检验批，应重新进行验收；

(2) 经有资质的检测单位检测鉴定能够达到设计要求的检验批，应予以验收；

(3) 经有资质的检测单位检测鉴定达不到设计要求。但经原设计单位核算认可能够满足结构安全和使用功能的检验批，可予以验收；

(4) 经翻修或者加固处理的分项、分部工程，虽然改变外形尺寸但仍能满足安全使用要求的，可按技术处理方案和协商文件进行验收。

7. 节点 D4“不作处理或让步接收”

对不做处理或申请让步接收的施工质量问题，由项目经理部填写申请记录，写明施工质量问题处理结论和依据并制定相应的保证措施，经顾客或其他执法机构的同意才可放行或接收。

8. 节点 A6“质量问题信息分析”

技术管理部门对于易发生质量通病的施工质量问题，应制定和实施纠正措施。

8.2.10 质量事故调查处理流程

质量事故调查处理流程，见图 8.2.10-1。

1. 一般要求

(1) 技术、质检管理部门负责组织调查处理施工质量事故、质量事故责任追究工作，项目部负责施工质量事故现场控制和处理实施，及参加施工质量事故调查处理工作。

(2) 各职能部门、项目经理部须认真落实企业质量责任制，并可根据本规定制定相应的责任追究制度，对本单位相关责任人及分包单位、班组、个人进行相应的经济处罚，将处罚结果上报技术、质检管理部门。

(3) 施工质量事故分为一般施工质量事故、严重施工质量事故和重大施工质量事故，事故等级作为追究有关责任人行政、经济处罚的依据。

1) 一般施工质量事故：因自身施工原因，同一质量问题多次发生，不及时制定和实施纠正和预防措施的，造成直接经济损失 10000 元以上，不满 20000 元的。

2) 严重施工质量事故：因自身施工原因，造成结构安全隐患，但通过采取补救措施能够满足结构安全或达到质量验收标准的，直接经济损失在 20000～50000 元的。

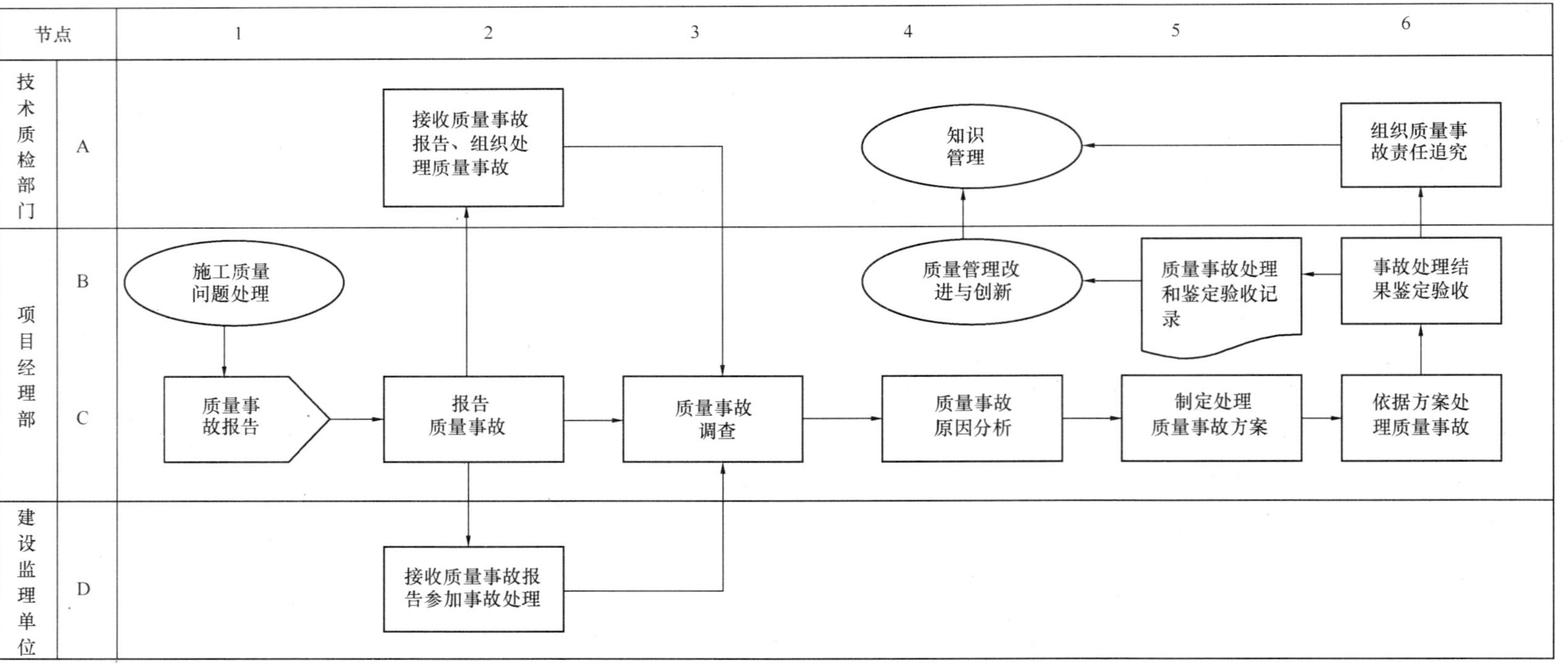

图 8.2.10-1 质量事故调查处理流程

3）重大施工质量事故：由于工程质量问题，造成工程使用功能降低，存在重大质量隐患，并影响工程交验的，直接经济损失 50000 元以上的。

（4）企业质量责任制

1）总工程师：在企业董事会和总经理领导下，主管本企业工程质量管理工作，负责企业管理体系的运行管理；组织制定企业质量工作规划及管理制度；组织策划、制定工程质量目标和创优工程计划。

2）技术管理部门、质检管理部门：是企业工程质量管理的业务部门，履行质量系统管理职责。负责编制、完善企业质量工作规划、系统管理办法及相关的管理制度；规范工程施工质量管理措施或做法，适时组织项目各层次管理人员的质量培训；对企业所属各单位质量管理运行进行监督管理和考核评价；负责工程定位、验槽、地基与基础分部、主体结构分部验收和单位工程竣工验收等的检查和评定；对创精品工程的项目部进行前期策划、重点指导和服务；负责工程技术资料的管理工作，对创精品工程内业资料进行重点指导和服务。

3）工程管理部门：主控工程项目质量要素的协调和管理；负责项目生产组织和相关资源的配置；负责土建专业分包的过程管理等；主控项目经理部劳务分包的管理。根据公司制定的质量管理目标及相关要求，监督中标劳务分包的综合能力与工程质量目标相关要素的符合性。

4）物资管理部门：主控工程项目所需材料的采购及进场检验的管理工作，确保供应材料的质量，满足设计文件和国家或地方的标准要求。

5）人力资源部门：负责项目经理部人力资源的管理和业务的支撑，组织评价项目组织机构配置的符合性，满足各项质量运行工作的管理要求。

6）市场经营管理部门：负责审核与工程质量目标相关要素（主要是劳务和专业分包、材料、特殊工艺做法等）的标准要求，在合同中明确提出的，明确违约罚则或按施工总承包合同的奖罚约定分解奖罚措施。

7）项目经理部：项目经理部是工程质量目标的实现机构和执行者。各级管理人员均应严格执行国家有关规范、标准，落实质量管理责任；项目经理是工程质量的第一责任人，必须亲自抓质量工作，做到意识到位、责任到位和工作到位，并负责组织对分包单位施工质量的过程监管。

2. 节点 C3“质量事故调查”

事故调查工作应力求客观、及时、系统和全面。调查结束后应完成调查报告。调查报告的主要内容包括工程概况；事故情况；事故发生后所采取的措施；相关的调查数据和资料；事故原因的初步分析与判断；建议的处理方案；事故责任者和涉及的相关人员等。

3. 节点 C4“质量事故原因分析”

事故原因分析应从技术、管理、经济、社会、自然灾害等原因出发，在深入细致调查的基础上，从设计、施工、材料等方面进行全面分析。

4. 节点 C5“制定处理质量事故方案”

事故处理方案的制定应以施工原因分析为依据，广泛听取意见，并组织专家进行论证，确保处理方案技术上可行、经济上合理。

5. 节点 C6“依据方案处理质量事故”

质量事故的处理应严格按照处理方案的要求在合适的时间用合适的方法进行。

6. 节点 D6“事故处理结果鉴定验收”

质量事故处理应进行鉴定验收，并形成事故处理报告。企业应重视质量事故处理的检查验收工作，使质量事故的处理做到安全可靠，不留隐患。

7. 节点 B4“质量管理改进与创新”

质量事故处理之后，应从技术和管理两个方面对今后的工作提出改进建议，并将质量事故分析和处理的结果纳入到企业的知识管理系统中，作为今后工作的指导依据。

8. 节点 A6“组织质量事故责任追究”

(1) 质量事故责任追究制度应与质量责任制的建立相结合。为了避免出现在工作开始前质量责任不明确而在出现质量问题后互相推诿责任情况的出现，施工企业应该在工作开始前就落实质量责任，明确出现质量问题后的惩罚措施，尽量从组织和管理措施上做好质量问题的事前控制。

(2) 在施工过程中，对违反国家相关法律、法规，违反本企业有关规定，质量责任不落实、导致工程质量事故的，要按质量事故的轻重，分别给予有关单位及责任人按下列规定进行责任追究。

1) 由于质量问题，构成重大质量事故的，对有关单位负责人处以 5000～10000 元的经济处罚，有关责任人分别处以 1000～5000 元的经济处罚。相关责任人视情节严重程度，按员工管理和奖惩规定予以警告或通报批评，直至解除劳动合同。

2) 由于质量问题，构成严重质量事故的，对有关单位负责人处以 1000～5000 元的经济处罚，有关责任人分别处以 500～2500 元的经济处罚。

3) 由于质量问题，构成一般质量事故的，对有关单位负责人处以 500～2000 元的经济处罚，有关责任人分别处以 200～1000 元的经济处罚。

(3) 发生重大质量事故时，由企业经营班子根据有关规定决定是否进行行政处罚。

8.2.11 分部工程施工质量验收流程

分部工程施工质量验收流程，见图 8.2.11-1。

1. 一般要求

(1) 技术质检部门负责人参加地基与基础、主体结构分部工程验收，项目经理部负责组织实施分部工程施工质量自行检查评定和报验工作。

(2) 分部工程施工质量验收的有关要求见第 8.3.1.4 节项目施工质量检查、分析与改进流程。

2. 节点 B3“项目施工或技术负责人检查评定并记录”

(1) 分部工程一般按专业性质、建筑部位划分，当分部工程较大或者较复杂时，可按施工程序、专业系统及类别等划分为若干个子分部工程。

(2) 分部工程质量验收合格的规定有 4 点：一是所含的分项工程的质量均验收合格；二是质量控制资料应完整；三是地基与基础、主体结构和设备安装等分部工程有关安全及功能的检验和抽验检测结果应符合有关规定；四是观感质量验收应符合要求。

(3) 项目专业质量（技术）负责人对分部工程按所包括分项工程及其检验批数进行检

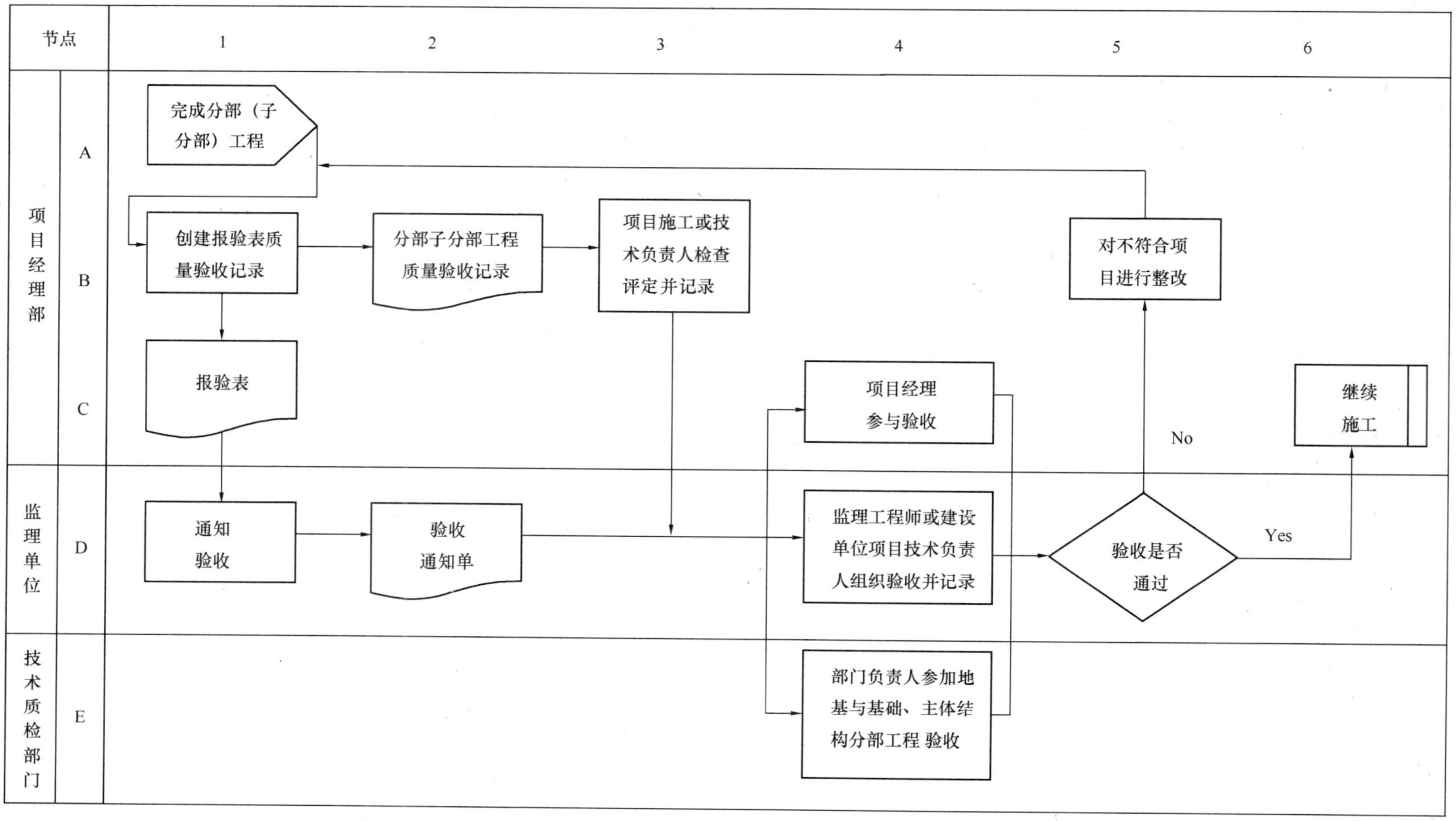

节点		1	2	3	4	5	6
项目经理部	A	完成分部（子分部）工程					
	B	创建报验表质量验收记录	分部子分部工程质量验收记录	项目施工或技术负责人检查评定并记录		对不符合项目进行整改	
	C	报验表			项目经理参与验收	No	继续施工
监理单位	D	通知验收	验收通知单		监理工程师或建设单位项目技术负责人组织验收并记录	验收是否通过	Yes
技术质检部门	E				部门负责人参加地基与基础、主体结构分部工程 验收		

图 8.2.11-1　分部工程施工质量验收流程

查评定和检查意见，并填写质量验收记录。

3. 节点 B3“监理工程师或建设单位项目技术负责人组织验收并记录”

在项目经理部自行检查评定基础上报验后，分部工程由总监理工程师（建设单位项目负责人）组织项目经理部项目经理和技术、质量负责人等进行验收；地基与基础、主体结构分部工程的勘察、设计单位的工程项目负责人和企业技术、质量部门负责人也应参加相关分部工程验收工作。

8.2.12 单位工程施工质量验收流程

单位工程施工质量验收流程，见图 8.2.12-1。

1. 一般要求

（1）技术质检部门负责人组织单位工程内部复验，参加单位工程验收；项目经理部负责组织单位工程预验收和拟定工程竣工验收报告，创建工程验收表单，实施单位工程施工质量自行验收和报验工作，对工程预验收、内部复验和工程竣工验收提出的不符合项目实施整改。

（2）单位工程施工质量验收的有关要求见第 8.3.1.4 节项目施工质量检查、分析与改进流程。

2. 节点 B1“组织预验起草工程验收报告”

（1）单位工程验收前应全部完工，不得漏项。

（2）单位工程是指具有独立施工条件并能形成独立使用功能的建筑产品。单位（子单位）工程质量验收的合格规定有 5 点，分别为：单位（子单位）工程所含分部（子分部）工程的质量均应验收合格；质量控制资料应完整；单位（子单位）工程所含分部工程有关安全和功能的检测资料完整；主要功能项目的抽查结果应符合相关专业质量验收规范的规定；观感质量验收应符合要求。

（3）由项目经理部项目经理组织工程、技术、质检等有关人员进行预验收，合格后填写《工程竣工验收报告》，报请技术、质检部门进行审核和内部复验。

3. 节点 D1“组织内部复验审核验收报告”

待技术、质检部门审核和内部复验合格，在《工程竣工验收报告》上签字盖章后，由项目经理部向建设单位提交《工程竣工验收报告》及相应质量验收表单。

4. 节点 B3“单位子单位工程质量验收记录等”

（1）包括《单位（子单位）工程质量竣工验收记录》、《单位（子单位）工程质量控制资料核查记录》、《单位（子单位）工程安全和功能检验资料核查及主要功能抽查记录》、《单位（子单位）工程观感质量检查记录》。

（2）项目经理组织做出验收、核查和检查结果和结论。

5. 节点 E4“建设单位负责人或项目技术负责人组织监理、设计单位负责人等验收并记录”

（1）在项目经理部自行检查评定基础上报验后，单位工程由建设单位（项目）负责人组织企业（含分包单位）、设计、监理等单位（项目）负责人进行单位（子单位）工程验收。

（2）单位工程有分包单位施工时，分包单位对所承包的工程项目应按相关标准规定的

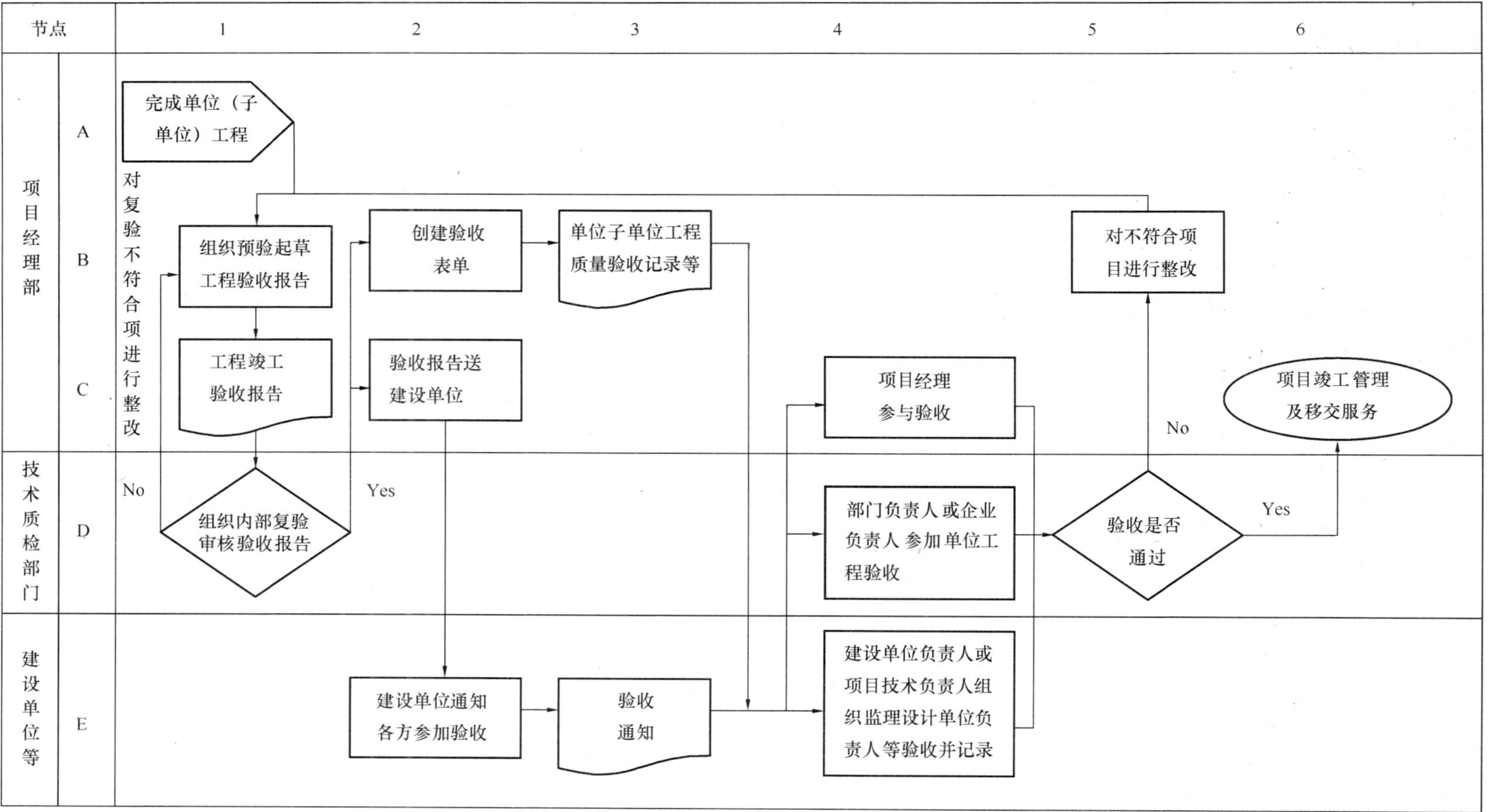

图 8.2.12-1 单位工程施工质量验收流程

程序进行检查评定，企业应派人参加。分包工程完工后，应将工程有关资料交予企业。

（3）当参加验收各方对工程质量验收意见不一致时，可请当地建设行政主管部门或工程质量监督机构协调处理。

（4）单位工程质量验收合格后，项目部应协助建设单位在规定的时间内将工程竣工验收报告和有关文件报建设行政主管部门备案。

8.2.13 项目竣工管理及移交服务流程

项目竣工管理及移交服务流程，见图 8.2.13-1。

1. 一般要求

（1）工程管理部门负责审查项目竣工资料，项目经理部负责项目竣工资料整理归档、向建设单位提交竣工验收报告和竣工资料、竣工结算报告和结算资料及项目移交服务工作。

（2）单位工程竣工验收见第 8.2.12 节单位工程施工质量验收流程。

2. 节点 B1“竣工资料整理归档”

（1）项目经理部对竣工资料的管理

1）项目经理部应严格按照《建设工程文件归档整理规范》等国家、行业、地方及企业规范、标准规定，以及项目岗位责任制要求进行施工过程工程资料的形成、收集、积累工作。

2）项目经理部应设专（兼）职资料管理员，负责工程资料的收集、分类、整理、编目、组卷工作。

3）施工基础资料由各专业负责人提供，材料基础资料由材料负责人提供，施工试验资料由试验负责人提供，所提供的资料必须与施工同步，必须完整、真实、有效。

4）项目经理部对分包工程资料应进行动态、规范管理，并建立台账。

5）工程在进行分阶段及竣工验收前，项目经理部必须先对工程资料进行内部自查，自查报告由项目技术负责人签认后，报送工程管理部门审查。

6）项目经理部应根据工程实际需要分阶段制定自查计划，项目技术负责人负责按照自查计划安排、组织项目工程、技术等部门对项目形成的工程资料进行全面检查，出现问题应对主要责任人提出整改要求并限期整改。

（2）对工程资料的要求

1）工程资料是记录工程质量和工作质量的载体，也是在使用过程中对工程进行维修、扩建、更新和改造的依据，同时还是施工企业提高质量管理水平，进行质量管理改进和创新的依据。

2）按照用途的不同，工程资料一般可分为向发包方移交的竣工资料、送交施工企业档案管理部门归档的竣工技术资料，以及公司管理制度所规定的各项记录。

3）工程资料不能在工程完工后再编制、补充、整理，其形成应与工程进度同步。

4）企业内部用的工程资料可以根据企业管理的需要进行整理和归档。目前，企业内部用工程资料的管理是企业加强建筑业的知识管理，提高企业综合竞争力的重要手段之一。企业在生产经营活动中所涉及的成本、进度、质量和安全管理都需要将以往的工程资料作为依据。因此，企业必须重视对工程资料的管理工作。

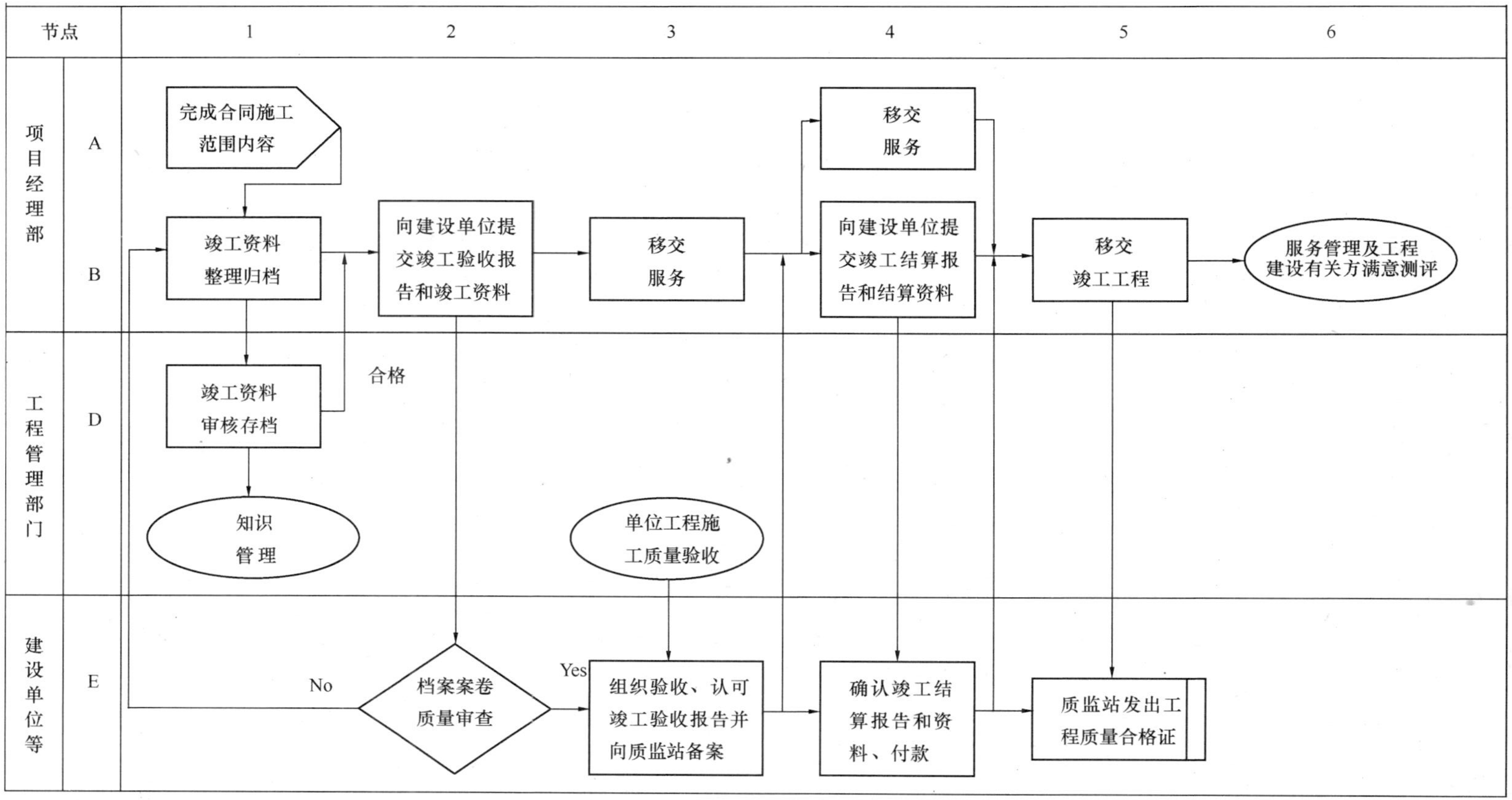

节点 1 2 3 4 5 6

项目经理部 A
完成合同施工范围内容
移交服务

项目经理部 B
竣工资料整理归档
向建设单位提交竣工验收报告和竣工资料
移交服务
向建设单位提交竣工结算报告和结算资料
移交竣工工程
服务管理及工程建设有关方满意测评

工程管理部门 D
竣工资料审核存档
合格
知识管理
单位工程施工质量验收

建设单位等 E
No
档案案卷质量审查
Yes
组织验收、认可竣工验收报告并向质监站备案
确认竣工结算报告和资料、付款
质监站发出工程质量合格证

图 8.2.13-1　项目竣工管理及移交服务流程

5）与质量管理直接相关的工程资料包括施工技术管理资料、工程质量控制资料、工程质量验收资料等。

A. 施工技术管理资料包括图纸会审记录；工程开工相关资料（开工报告、开工报审表等）；技术交底资料；施工组织设计文件；施工日志；设计变更相关资料；工程沟通相关资料；工程测量记录资料（工程定位测量记录文件、施工测量放线报验表、基槽及各层测量放线记录文件、沉降观测记录文件等）；施工记录文件；工程质量事故相关资料（包括工程质量事故报告、工程质量事故处理记录等）；工程竣工文件等。

B. 工程质量控制资料包括原材料、构配件、半成品、成品和设备的出厂合格证及进场检验和试验报告；施工试验记录和见证检测报告；施工现场质量管理检查记录；交接检查记录等。

C. 工程质量验收资料包括检验批、分项工程、分部（子分部）工程、单位（子单位）工程质量验收记录；隐蔽工程验收资料等。另外，竣工图也是工程资料的重要组成部分之一。

6）对于特殊的项目，企业应制定专门的工程资料管理办法。这些特殊项目包括技术含量高，技术资料有极大应用价值的项目；建设单位对工程资料有特殊要求的工程项目以及其他相关部门对工程资料有特殊要求的项目等。

7）工程资料的收集和存储可以采用书面和电子方式进行。随着信息技术的发展，利用电子的形式收集、存贮和传递工程资料已经被普遍采用。企业应该通过各种手段推进企业管理的信息化，更加有效地利用信息技术实现工程资料的管理。

3. 节点 B2“向建设单位提交竣工验收报告和竣工资料”

（1）项目经理部向建设单位提交竣工验收报告和竣工资料，申请业主 28 日内组织工程竣工（完工）验收。

（2）如验收过程中提出了较多的需修订完善的工作内容或质量问题，项目经理部在做好记录的同时，整理出整改计划清单并组织落实整改，整改完成情况形成书面报告业主代表签字后作为文件，14 天内完成竣工验收报告的签字盖章，竣工验收报告的日期尽量靠近或提前合同竣工（完工）日期。

（3）项目经理部协助业主竣工验收 15 日内准备好工程竣工备案资料收集整理及报送，并催促业主及时办理完备案文件，项目经理部收集 1 份备案文件原件。

4. 节点 B3“移交服务”

（1）工程移交和移交期间的防护是施工管理的收尾工作，决定了项目质量管理的最终效果。项目经理部应根据有关的工程建设法规的要求、合同或事先的约定策划向顾客交付工程建筑产品，进行工程移交和移交期间的防护：

1）移交计划。包括工程移交的内容、时间、有关资料、参加人员和程序；

2）移交期间的防护计划。包括：移交期间的防护内容、技术措施和人员要求等；

3）实施成品防护计划，如项目经理部建立 4h 值班和巡回检查制度，预防有意破坏和不测事件发生；特别注意防盗、防火、消防及供水管线系统的监控及对卫生洁具的保护；对已具备竣工验收的房间和区域，采取临时封闭措施和设置提示牌，限制和杜绝非关系人员的活动和使用。

（2）工程移交期间的防护由项目经理部实施。防护工作不仅需要人员的充分配备和资源，而且可能需要一定的技术措施。因此针对特殊的工程项目，项目经理部应编制有关工程移交期间防护的技术方案。

5. 节点 B4“向建设单位提交竣工结算报告和结算资料”

(1) 竣工报告及决算资料：项目经理部在工程竣工验收前将竣工工程结算工作难度分析、实施计划及相关工作落实情况上报市场经营部门进行评审后返回项目。

(2) 由项目经理部在工程竣工验收报告经建设单位认可后 28 天内报送业主，竣工决算书报告报出前需报市场经营部门审核、批准，并加盖企业公章。

(3) 对业主竣工结算工作，项目经理为第一责任人，项目商务主管负责人对结算工作负直接工作责任。

(4) 业主批准竣工决算后，项目经理部将竣工决算批复材料报市场经营部门。

(5) 工程尾款回收由项目经理或财务管理部门根据决算金额及总包合同要求，负责组织工程尾款回收。

6. 节点 B5“移交竣工工程”

建设单位支付工程尾款后，由项目经理部移交竣工工程，办理相关签字、移交手续。

8.3 监测、分析与改进流程及管理制度要求

8.3.1 绩效监测、分析与改进

8.3.1.1 企业绩效检查、分析与改进流程

企业绩效监测、分析与改进流程，见图 8.3.1-1。

1. 一般要求

(1) 企业策划管理部门组织实施企业各职能层次的绩效检查、分析与改进，各职能层次按流程管理权责负责归口管理的绩效检查、分析与改进。

(2) 项目绩效检查、分析与改进见第 8.3.1.2 节项目绩效检查、分析与改进流程。

(3) 企业总体绩效是为实现企业愿景，从战略目标逐级分解，纵向涵盖经营指标、质量指标、财务指标、市场指标等，以信息化为手段形成一套立体的网络图，结合企业的考核方向，建立高效的绩效评价体系与经营分析系统，以及绩效改进为内容的评价管理体系，建立从企业总部到各职能部门、企业总部到各项目部形成横向到边、纵向到底、既相互滚动互动沟通、又相互制约促进互补的闭环式持续改进模式，持续改进测量系统有效性，提升效率。

(4) 绩效检查和评价的依据包括相关的法律、法规、标准和规范；企业质量管理方针和目标、质量管理制度及支持性文件；工程承包合同；项目质量管理策划文件等。

(5) 绩效检查和评价的内容包括质量管理制度与法规标准的符合性；各项活动与质量管理制度的符合性；质量管理活动对实现方针目标的有效性等。

1) 法律、法规和标准规范的执行；

2) 质量管理制度及其支持性文件的实施；

3) 岗位职责的落实和目标的实现；

4) 对整改要求的落实。

(6) 检查的频度和方式

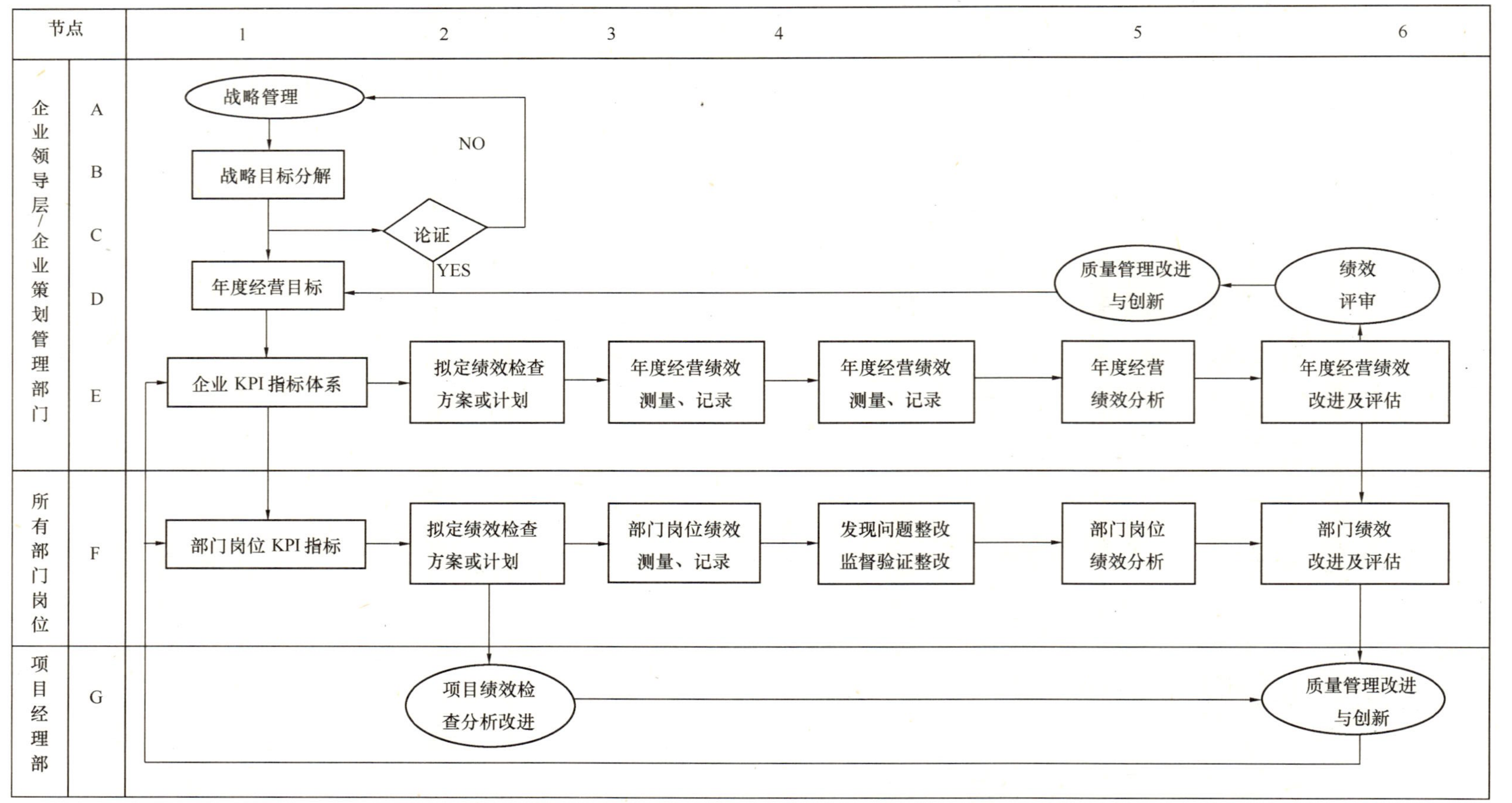

图 8.3.1-1 企业绩效监测、分析与改进流程

1）检查的频度通常情况下可以定期进行，如一年一次，半年一次或者一季度一次。当出现重大质量问题或者内外部环境发生重大变化等特殊情况时，应及时安排检查。

2）检查的方式可以采取汇报、总结、报表、报告会、评审、对质量活动记录的检查、发包方及用户的意见调查等。应以识别质量管理活动的符合性和有效性为原则，以总结和发现质量管理活动中的问题为主线，以提高企业的质量管理水平为目标，同时与施工质量检查、HSE检查等其他方面的检查进行有机的结合。

2. 节点E1“企业KPI指标体系”

（1）关键绩效指标体系主要注重于顾客和市场、财务、过程管理、学习和成长四个方面的绩效，具体指标反映股东、顾客、社会、员工、合作伙伴等相关方的利益，并符合企业愿景、使命和公司自身发展战略。

（2）企业绩效指标由企业策划管理部门组织拟定，相关业务主管部门负责本业务系统的指标确定，经企业领带层审定、董事会审议批准后，形成企业KPI指标。

3. 节点F1“部门岗位KPI指标”

各职能部门、岗位应根据企业绩效指标，确定本部门和岗位的工作目标，落实监控和实施责任，如表8.3.1-1。

企业绩效指标分解 **表8.3.1-1**

序号	类别	绩效指标	责任部门	数据来源或获取方法	测量方法	频次
1	财务	营业额	财务资产部	生产报表、财务报表、银行反馈信息、政府主管部门反馈信息等	统计法	季/次
2		利润总额				半年/次
3		基础设施占比				半年/次
4		资本保值增值率				年/次
5		科技投入				年/次
6		资产负债率				年/次
7		已获利息倍数				年/次
8		营业收入增长率				年/次
9		百元收入管理费				年/次
10		营业额				
11	顾客与市场	合同额	市场经营部	调查表、顾客座谈、工程回访、顾客投诉、施工合同、统计报表等	问卷调查法	年/次
12		大项目占比			调查、统计分析法	年/次
13		基础设施业务占比				年/次
14		合同履约率				年/次
15		顾客满意率				年/次
16		顾客满意度				年/次
17		顾客忠诚度				年/次
		合同额				

续表

序号	类别	绩效指标	责任部门	数据来源或获取方法	测量方法	频次
18	过程管理	立项率与策划率	财务资产部	统计报表	统计法	年/次
19		考察接待策划率				年/次
20		投标中标率	市场经营部			年/次
21		中标项目预测毛利率	项目部			
22		合同工程款支付比例	设计部			年/次
23		大业主资料更新率				年/次
24		竣工项目资料入库率	工程部			年/次
25		完成年度指标				年/次
26		完成下达指标	质检部			年/次
27		不良行为记录				年/次
28		开发施工工法	技术部			年/次
29		科技进步效益率				年/次
30		主要材料节约率				年/次
31		成本（商务）策划率				年/次
32		月成本考核率	质检等相关部门			年/次
		竣工项目平均毛利率				
		责任成本考核兑现额				
		合同工期履约率				
		分项工程一次验收合格率				
		单位工程合格率				
		竣工一次交验合格率				
		省部优工程数量				
		特种作业人员持证上岗率				
		资金集中率				
		资产周转率				
		流动资产周转率				
		总资产报酬率				
		净资产收益率				
		设备利用率				
		设备新度系数				
		设备完好率				
		重大机械事故				
		重大环境污染事件				
		重大环境投诉				
		废气排放达标率				
		城区施工噪声				
		野外施工噪声				
		项目 CI 达标率				
		亿元产值工亡率				
		重大火灾事故				
		轻伤歇工率				
		安全投入比率				
33	学习与成长	人才流失率	人力资源部	薪酬统计、劳务工座谈等	统计法	年/次
34		员工收入年增长率	人力资源部			年/次
35		年人均培训时数	人力资源部			年/次
36		关键人才数量	人力资源部			年/次

4. 节点 E3“年度经营绩效测量、记录”、F3“部门岗位绩效测量、记录”

(1) 为推动战略的有效实施，及时、准确、科学地整理数据和信息，公司应建立并不断完善绩效监测评价体系，结合自身情况，从财务、顾客与市场、社会责任、学习与成长、内部过程管理等方面设置绩效指标，监测公司整体运营情况及组织的绩效。

(2) 监督检查的内容中，首先是对国家法律、法规、标准、规范执行情况的检查。其次是对“质量管理制度和支持性文件的实施”情况的检查。

(3) 在监督检查过程中应该注意两个问题，一是实施过程的检查，即检查质量管理活动是否符合质量管理制度和支持性文件的要求。如果未按照要求实施，主要的原因是什么。二是实施效果的检查，某些情况下即使按照质量管理制度和支持性文件的要求实施了质量管理，但是可能会由于实施人员的能力限制并未达到预定的效果。

(4) 在监督检查过程中应区别两种原因引起的不符合性，一种是建立了健全的质量管理制度和支持性文件，但是实施者未按照要求实施；另一种是质量管理制度和支持性文件本身存在缺陷而引起难以实施的问题。这两种情况的处理措施是完全不同的。同理，对“岗位职责的落实、目标的实现、整改要求的落实”等方面的检查也存在着同样的情况。

5. 节点 F4“发现问题整改监督验证整改”

各职能层次对检查中发现的问题应及时提出书面整改要求，监督实施并验证整改效果。

6. 节点 E5“年度经营绩效分析”、F5“部门岗位绩效分析”

(1) 企业和各部门应根据实际情况定期（年度/半年/季度/月）召开绩效分析会议，以便绩效进行绩效分析，编写本部门工作总结，由企业策划管理部门汇总整理，形成综合工作总结。绩效分析总结的具体安排应形成文件下发。

(2) 绩效分析应包括应变能力和关键绩效指标完成能力的评价，尤其要关注价值创造能力的评价。各方面的分析评价应给予客观事实和标准数据，并为改进工作提供依据。

(3) 绩效分析应包括与竞争对手及标杆企业的绩效对比、趋势分析、SWOT 分析等，根据评价结果及时调整企业的经营行为，应对挑战和外界威胁。

7. 节点 E6“年度经营绩效改进及评估”、F6“部门岗位绩效改进及评估”

(1) 各职能部门在进行绩效分析总结时，将完成较好的指标和经验做法形成知识全局分享。对未完成的指标深入分析原因，并研究制定改进对策，加强落实，确保指标的实现。

(2) 项目经理部根据《项目管理目标责任书》等的完成情况，分阶段进行自身绩效的测量、分析和改进，确保项目管理目标的实现。

(3) 各职能部门、项目经理部的绩效改进评估应服务于企业年度绩效改进，企业年度绩效改进活动应回归到年度经营目标，进行不断地评价及修正。

(4) 企业绩效评审见第 8.3.5 节绩效评审流程。

8.3.1.2 项目绩效检查、分析及改进流程

项目绩效检查、分析及改进流程，见图 8.3.1-2。

1. 一般要求

(1) 项目绩效检查包括企业职能部门和项目经理部两个层面。工程管理部门负责组织项目履约情况检查、工程管理检查工作，其他职能部门负责归口管理项目绩效检查，项目经理部负责绩效自查。

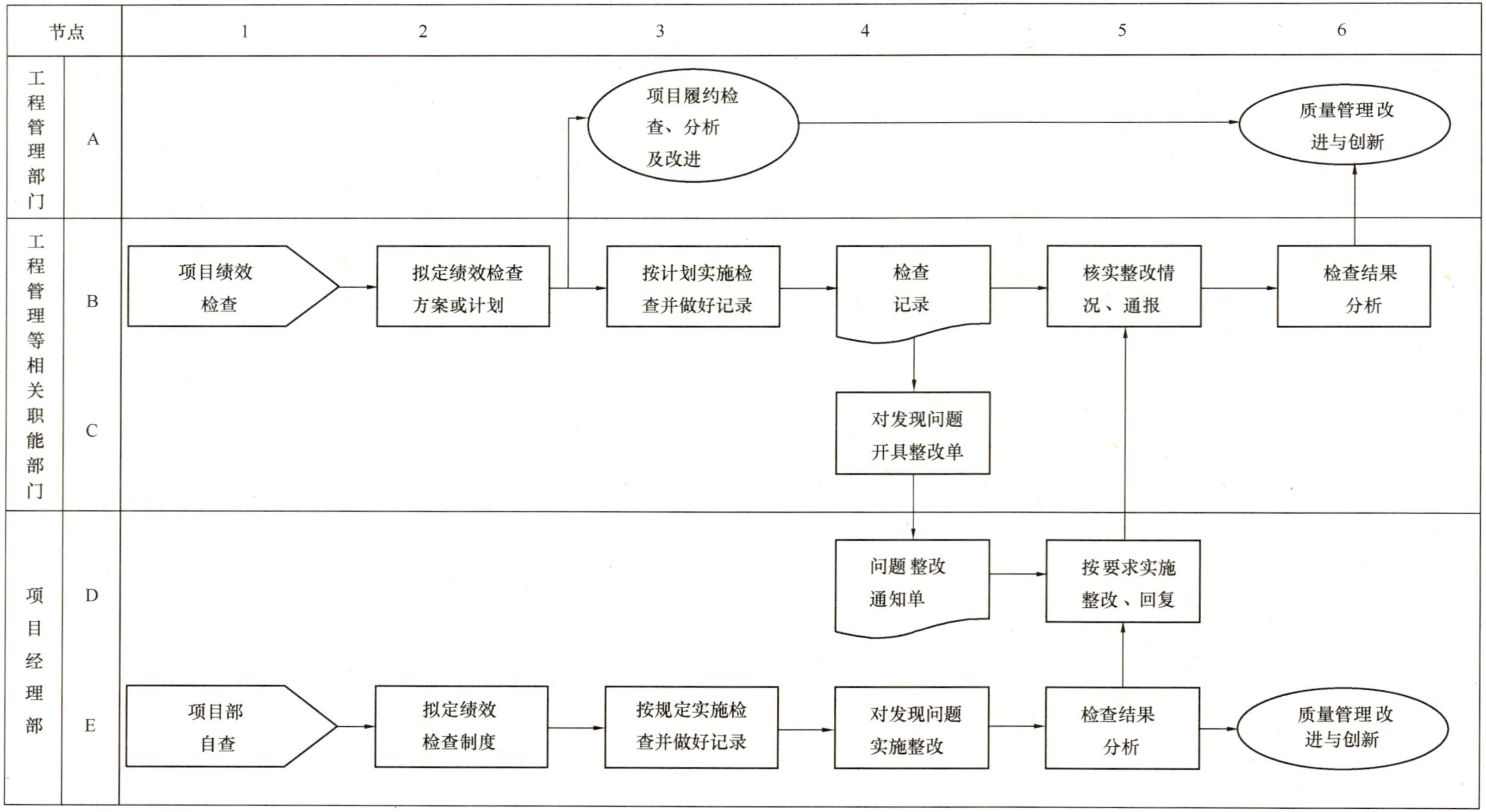

节点		1	2	3	4	5	6
工程管理部门	A			项目履约检查、分析及改进			质量管理改进与创新
工程管理等相关职能部门	B	项目绩效检查	拟定绩效检查方案或计划	按计划实施检查并做好记录	检查记录	核实整改情况、通报	检查结果分析
	C				对发现问题开具整改单		
项目经理部	D				问题整改通知单	按要求实施整改、回复	
	E	项目部自查	拟定绩效检查制度	按规定实施检查并做好记录	对发现问题实施整改	检查结果分析	质量管理改进与创新

图 8.3.1-2　项目绩效检查、分析及改进流程

(2) 项目绩效检查目的：对项目经理部各项管理活动作出评价，及时发现策划和运行方面存在的问题，落实整改要求，跟踪整改效果，提高完善项目经理部管理能力和成熟度。

(3) 检查依据包括相关法规和施工验收规范、企业管理制度及支持性文件、施工合同及附件、工程项目管理策划文件等。

(4) 项目绩效检查内容

1) 项目管理策划结果的实施：项目管理策划结果体现为企业管理制度的所有要求，包括项目管理计划、质量计划、施工组织设计和各项方案措施所要求的各项活动的落实情况。

2) 对本企业、发包方或监理方提出的意见和整改要求的落实情况：各职能部门检查提出的意见，应当跟踪解决。对于发包方或监理方提出的意见，监督检查项目经理部相应分析、解决和整改回复情况。

3) 合同履行情况：见第 8.3.1.3 节项目履约检查、分析与改进流程。

4) 管理目标的实现：按所签订项目经理部目标管理责任书和所建立的项目管理目标，对各项经济技术指标、管理目标、施工质量目标等进行审查审计、考核兑现，见第 8.2.1 节项目经理部组建与管理流程。

(5) 各职能和层次对检查发现的问题应及时提出书面整改要求，监督实施并验证整改效果。保存监督检查记录，以分析检查结果，寻求管理改进和创新机会。

2. 节点 B2“拟定绩效检查计划或方案 E2 拟定绩效检查制度”

(1) 拟定检查计划考虑因素

1) 各职能部门及有关层次权责分工、不同工程项目对企业的重要程度等。

2) 企业对不同的工程项目管理的薄弱环节。

3) 对工程项目管理策划和运行的有关意见和建议。

4) 以往项目绩效检查的结果。

(2) 职能部门检查方式根据检查目的分为例行检查、专项检查、综合大检查和随机抽查；检查方法和时机、频次应考虑所评价对象的管理成熟度、风险状态、检查的经济性和可行性等因素；职能部门检查方法除现场巡视检查和内业管理审查外，还包括汇报、总结、报表、报告会、评审、查看照片视频或文件资料、意见调查、网络远程监视、基于项目管理信息化平台的检查等；项目经理部检查方法主要为现场巡视检查和文件资料审查。

3. 节点 B3“按计划实施检查并做好记录 E3 按规定实施检查并做好记录”

(1) 项目管理策划及实施

检查项目管理策划如管理计划、施工组织设计、质量计划等编制质量和审批情况，各项专项策划与项目总策划是否一致和有效展开；检查所策划的项目和活动是否正确有效实施，是否出现偏差和及时纠偏；是否对策划结果动态控制，依据工程变更、纠偏要求等及时调整和实施。

(2) 项目进度控制效果

现场巡视工期形象进度和节点目标、审查进度计划和报表；是否完整考虑影响项目进度的风险因素、制定和实施工期保证措施、抢工或纠偏措施，及时记录各种工期拖延、加快因素，与工程建设相关方的沟通、签证；是否各专业工序衔接紧凑、资源配置平衡、工作强度均衡、技术经济合理。

(3) 问题整改落实情况

对内外部检查所发现问题是否及时有效整改，走访项目发包方代表、监理，听取意见和要求。

（4）企业现阶段政策和各项管理要求落实情况

按各职能部门及有关层次权责分工实施绩效检查，确定项目经理部是否及时领会企业现阶段政策和各项管理要求，并有效贯彻实施。

（5）项目审计

核实项目的经济效益及承包考核效益，分析项目的盈亏原因，及时发现问题，纠正偏差，分阶段对项目管理人员考核兑现。

（6）目标管理考核兑现

见第 8.2.1 节项目经理部组建与管理流程。

4. 节点 B6E5“检查结果分析”

（1）企业应分级分层分阶段总结项目质量管理策划结果的实施情况，并将其作为质量分析和改进的信息予以保存和利用。

（2）项目经理部在不同阶段、不同专业施工完成后，应当安排直接从事管理工作的人员进行总结，这样能够保证针对性强，为工序质量改进、阶段性改进工作、技术标准的提高提供及时、细致的信息。

（3）工程项目总体结束后，工程管理部门等职能部门和项目经理部应总结项目质量管理策划结果的整体实施情况，这些信息包括施工和服务质量目标的实现情况、关键过程和特殊过程的控制情况、项目质量管理策划结果中各项内容的完成情况、项目质量管理策划及实施结果的评价结论、存在的问题及分析和改进意见等。通过对项目质量策划结果实施情况信息的收集和分析，可以为改进工程项目施工质量管理能力提供依据。

（4）为了有效地进行保存和再利用，企业应该将项目质量管理策划结果的实施情况进行分类和跟踪管理，分类的方式应与项目质量策划内容相一致，具体包括：

1）质量目标和要求的实施情况；

2）质量管理组织建立和职责履行情况；

3）施工管理依据文件的执行情况；

4）人员、技术、施工机具等资源的需求和配置情况；

5）场地、道路、水电、消防、临时设施规划的情况；

6）影响施工质量的因素分析及其控制措施的实施情况；

7）进度控制措施的制定和落实情况；

8）施工质量检查、验收及其相关标准的执行情况；

9）突发事件的应急措施的制定和落实情况；

10）对违规事件的报告和处理情况；

11）应收集的信息及其传递要求的落实情况；

12）与工程建设有关方的沟通方式的制定和实施情况；

13）施工记录管理的制定和落实情况；

14）质量管理和技术措施的制定和落实情况；

15）企业质量管理的其他要求的落实情况等。

8.3.1.3 项目履约检查、分析与改进流程

项目履约检查、分析与改进流程，见图 8.3.1-3。

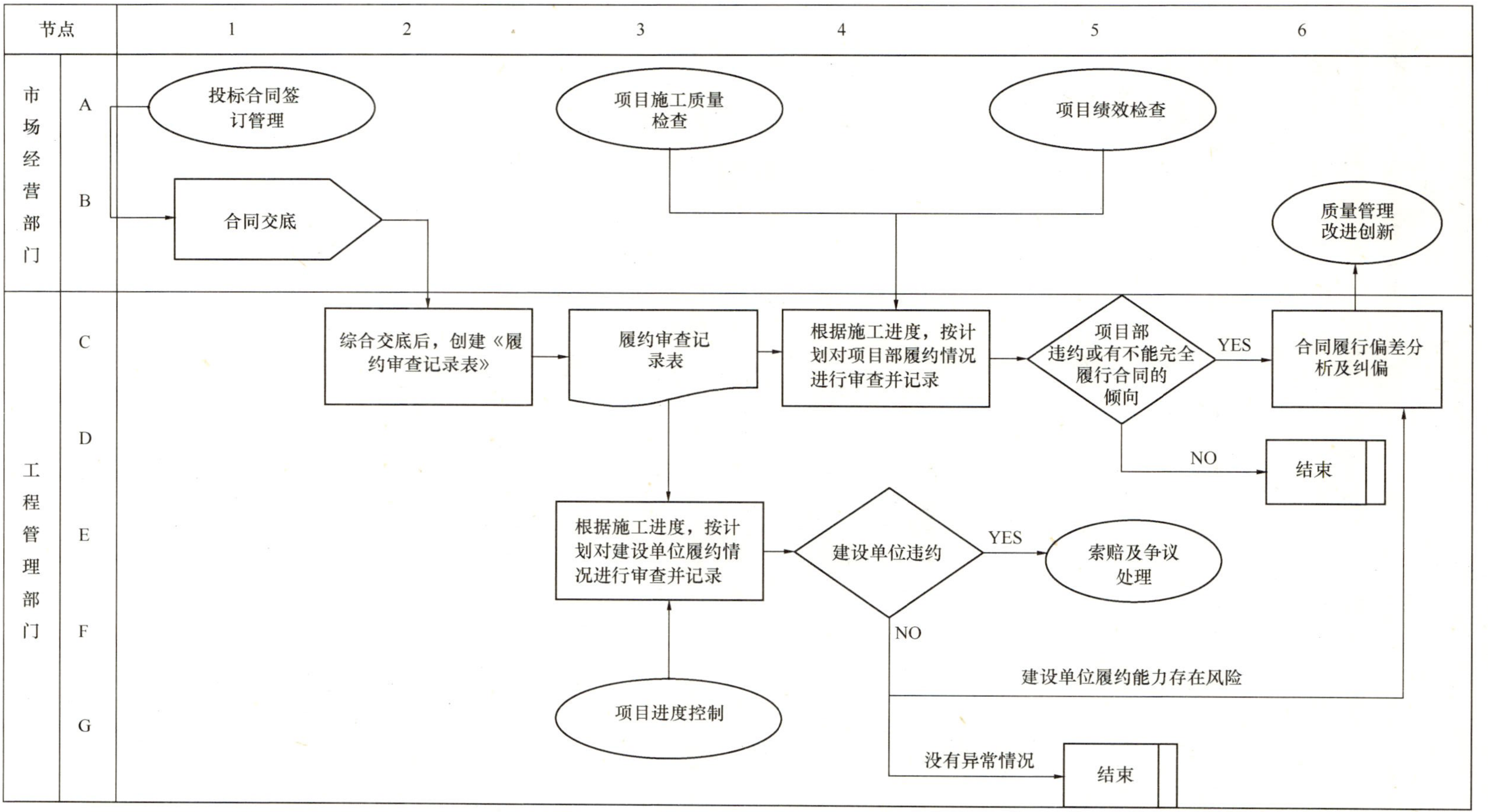

图 8.3.1-3　项目履约检查、分析与改进流程

1. 一般要求

（1）项目履约检查包括项目部履约审查和建设单位履约审查两个方面。市场经营部门负责施工合同价款支付情况检查、索赔及争议处理和管理改进创新，工程管理部门负责组织项目履约情况检查、合同履行偏差分析和纠偏工作。

（2）检查依据包括施工合同及附件、工程项目管理策划文件、施工验收规范、工程进展中形成的各项文件和记录等。

（3）履约检查方式有巡视、常规检查、专项检查、临时抽查、会谈、专题会议等。

2. 节点 C3“《履约审查记录表》”

（1）项目部履约审查

1）对项目部履约审查的内容主要包括本企业所承包的工程范围及其质量、进度和成本的执行情况，如工程范围是否按要求执行，是否有遗漏；建筑材料、构件、制品和设备等的质量以及施工安装质量是否符合要求；工程进度是否能符合规定的工期要求；工程的成本是否有增减等。另外，施工过程中出现的工程变更，包括变更的范围、程序、责任分析、补偿要求也应重点关注。

2）对供货单位履约审查：主要包括制造单位设计生产能力问题、投入的人力资金装备问题、已承接任务超过生产能力的问题等。

3）对运输单位履约审查：如设备的货运期限、运输方式、路线的选择问题、运输工具的状况、货物运输安全保障能力等。

4）对社会影响因素的审查：如工程邻近单位及居民的干扰、夜间及节假日施工的限制、项目所在地宗教文化差异等。

（2）建设单位履约审查

1）根据项目进度检查建设单位合同价款支付情况等，可参见表 8.3.1-2。

建设工程施工合同价款支付履约检查记录表　　表 8.3.1-2

<table>
<tr><td rowspan="5">合同约定价款支付情况</td><td rowspan="4">进度款</td><td rowspan="2">按形象进度支付</td><td>形象进度</td><td>支付金额</td><td>预计支付时限</td><td>支付比例</td><td>占合同价百分比</td></tr>
<tr><td></td><td></td><td></td><td></td><td></td></tr>
<tr><td rowspan="2">按时间进度支付</td><td>时间段</td><td>支付金额</td><td>预计支付时限</td><td>支付比例</td><td>占合同价百分比</td></tr>
<tr><td></td><td></td><td></td><td></td><td></td></tr>
<tr><td colspan="2">安全防护、文明施工与环境保护措施费</td><td>时间或进度</td><td>支付金额</td><td>预计支付时限</td><td>支付比例</td><td>备　注</td></tr>
<tr><td rowspan="7">工程价款结算支付情况</td><td colspan="2">款 项 名 称</td><td>实付款</td><td>时 间</td><td>比 例</td><td>甲供材金额</td><td>已认可的工程量或金额</td></tr>
<tr><td colspan="2">安全防护、文明施工与环境保护措施费</td><td></td><td></td><td></td><td></td><td></td></tr>
<tr><td colspan="2">工 程 预 付 款</td><td></td><td></td><td></td><td></td><td></td></tr>
<tr><td colspan="2">工程进度款支付</td><td></td><td></td><td></td><td></td><td></td></tr>
<tr><td colspan="2">竣工结算款</td><td></td><td></td><td></td><td></td><td></td></tr>
<tr><td colspan="2">合 计</td><td></td><td></td><td></td><td></td><td></td></tr>
<tr><td colspan="2">劳动者工资</td><td></td><td></td><td></td><td></td><td></td></tr>
</table>

续表

检查内容	1. 施工合同是否按规定备案	□
	2. 安全施工措施费、环境保护文明施工措施费是否按规定支付到位及凭证	□
	3. 工程预付款、进度款、竣工结算款是否按合同约定支付到位及凭证	□
	4. 施工过程中设计变更和涉及造价调整的补充合同（协议）是否按规定办理备案手续	□
	5. 未纳入总承包施工范围的专业分包合同是否签定分包合同（协议），是否按规定办理备案	□
	6. 设计变更是否经设计审查部门同意	□
	7. 发包承包双方确认的已完工工程量的书面文件、付款签证是否经造价师、监理师签字	□
	8. 发承包方是否按规定、合同时限报送结算资料、办理结算	□
	9. 民工工资是否按合同约定优先支付到位及凭证	□
	10. 是否相互串通、高估冒算牟取非法利益	□
	11. 还包括工程进度目标不合理、工程变更、施工场地不满足需要、合同违约、资金问题、管理效率低下、业主风险等	□

2）监理单位履约审查：主要包括监理单位委派的监理工程师协调能力问题、预见性不强、审批不及时、指令不当等。

3）设计单位履约审查：主要包括勘察资料有误、设计不当、投入设计力量不足、专业配合问题、图纸延误、设计变更不及时、设备材料控制系统选择不合理等。

4）对政府影响因素的审查：如主管部门审批不及时、有关部门指令不当或过度干预、国家财政政策财政状况、国家法律法规的改变、政治动荡、金融危机、外敌入侵等。

5）对不可抗力影响的审查：如异常不利的气候条件、不可预见的物质条件、流行病、不可预见的自然力作用等。

3. 节点C4“根据施工进度，按计划对项目部履约情况进行审查并记录”

其中常规检查系根据工程进展的时段特点，有针对性、有重点的实施对合同特定事宜的专项检查，以及依据合同双方共同确定的阶段目标实施检查。另外还需针对突发性合同事件实施临时抽查。

对项目部履约管理内容包括：

（1）施工准备期：依据施工招标文件的要求、承包人投标文件的承诺以及投标期间往来函件的澄清内容，关注项目部开工前准备工作的开展情况，包括工、料、机、法、环的进场与策划情况；施工单位及监理单位驻地的建设情况。该项工作的履约检查将在进场后一周内实施。

（2）施工期：依据施工承包合同，检查项目部的工程质量、安全、环保工作的保障情况；总进度计划和阶段进度计划的落实情况；造价与合同事宜的合理编报、合格管理情况；业主支付的工程款的专款专用情况；监理程序的执行情况以及合同约定的其他义务的履行情况。本阶段的履约检查工作按月或分阶段实施。

（3）交工及缺陷责任期：检查已交工工程是否达到了合同双方签署的合同文件约定的全部条件，并督促交工资料及结算工作的及时完成；并在缺陷责任期内，检查遗留工程的完成情况，缺陷责任期养护责任的实施情况以及竣工资料的完善与移交情况。本阶段的履约评价主要依靠对过程中的实际工作情况做出客观的评价。

（4）上述工作应视为常规检查管理的要求，工程管理部门将在此基础上结合工程的时间特点及阶段性工作重点，进一步进行专项检查并制定临时抽查的细则要求。

4. 节点C6“合同履行偏差分析及纠偏”

（1）通过对履约检查的信息汇总，如果发现存在偏差，工程管理部门应对偏差的原因、责任及趋势进行分析。

1）产生偏差的原因分析

通过对合同执行实际状况与实施计划的对比分析，不仅可以发现合同实施偏差，而且可以探索引起差异的原因。原因分析可以采用因果分析图法、分层法、排列图法、直方图法等方法进行定性或定量地分析。

2）合同实施偏差的责任分析

分析合同偏差的原因是谁引起的，应该由谁承担责任。责任的分析必须以合同为依据，按合同规定落实双方的责任。

3）合同实施趋势分析

针对合同实施偏差情况，采取不同的措施，并分析不同措施所导致的合同执行结果与趋势，包括：

A. 最终的工程状况，包括总工期的延误、总成本的超支、质量标准、所能达到的生产能力（或功能要求）等；

B. 施工单位将承担什么样的后果，如被罚款、被清算，甚至被起诉，以及对施工单位资信、企业形象、经营战略的影响等；

C. 最终工程经济效益（利润）水平。

（2）合同实施偏差处理与改进

根据合同实施偏差分析的结果，施工企业应采取相应的纠偏措施，包括：

1）组织措施，如增加人员投入、调整人员安排、调整工作流程和工作计划等。

2）技术措施，如变更技术方案、采用新的高效率的施工方案等。

3）经济措施，如增加投入，采取经济激励措施等。

4）合同措施，如进行合同变更、签订附加协议、采取索赔手段等。

5. 节点B6“质量管理改进创新”

合同履行的各种信息应作为施工企业质量管理的一部分，用于企业的质量管理改进与创新。对于合同履行的分析与处理结果都应形成记录，这些记录首先可以作为本项目执行后续工程的依据，另外还可以作为企业对于今后投标类似工程及项目管理的依据。

8.3.1.4 项目施工质量检查、分析及改进流程

项目施工质量检查、分析及改进流程，见图8.3.1-4。

1. 一般要求

（1）施工质量检查不仅包括施工质量验收，也包括各相关职能层次对影响施工质量的人、机、料、法、环等因素管理绩效的检查。施工质量检查目的：施工质量检查是确保建筑产品符合施工验收规范、顾客要求及相关法律法规等要求；施工质量验收是证实建筑产品符合这些要求。施工质量验收见第8.2.6节施工过程控制、第8.2.6.5节分项/检验批工程施工质量控制及验收流程、第8.2.8节试验检测和外委试验检测管理流程、第8.2.11节、第8.2.12节分部、单位工程施工质量验收流程和第8.2.13节项目竣工管理及移交服务流程。

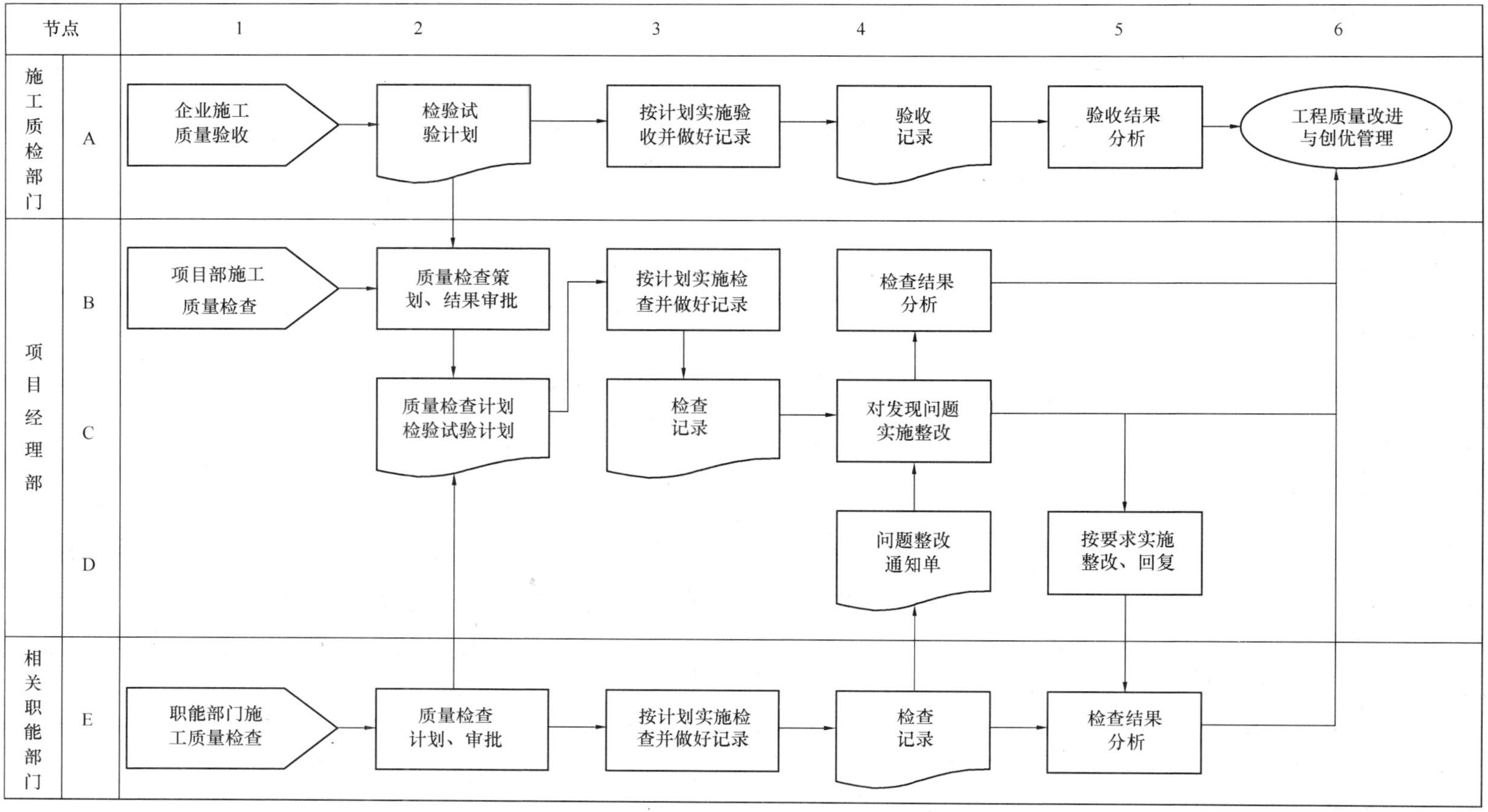

	节点	1	2	3	4	5	6
施工质检部门	A	企业施工质量验收	检验试验计划	按计划实施验收并做好记录	验收记录	验收结果分析	工程质量改进与创优管理
项目经理部	B	项目部施工质量检查	质量检查策划、结果审批	按计划实施检查并做好记录	检查结果分析		
	C		质量检查计划检验试验计划	检查记录	对发现问题实施整改		
	D				问题整改通知单	按要求实施整改、回复	
相关职能部门	E	职能部门施工质量检查	质量检查计划、审批	按计划实施检查并做好记录	检查记录	检查结果分析	

图 8.3.1-4　项目施工质量检查、分析及改进流程

(2) 施工质量检查包括企业职能部门和项目经理部两个层面施工质量检查部门负责组织施工质量验收工作，并参加地基与基础和主体结构分部工程、单位工程、竣工内部验收和竣工验收工作；相关职能部门（含施工质量检查部门）负责归口管理施工质量检查，项目经理部负责本项目施工质量检查，包括策划和实施施工质量验收。

(3) 如下岗位按工程建设质量检查与验收的相关制度和工程质量验收规范要求，取得相应持证上岗资格，进行施工质量检查和验收活动：

1) 企业技术负责人；

2) 企业技术、质量部门负责人；

3) 项目负责人，即项目经理；

4) 项目技术、质量负责人；

5) 项目专业质量（技术）负责人，即项目专职质量检查员。

(4) 检查依据主要包括相关法规和施工验收规范、施工合同及设计文件和施工图、工程项目管理策划文件等。

(5) 各职能和层次对施工质量检查与验收活动发现的施工质量问题，应进行控制和有效处理。见第 8.2.9 节施工质量问题处理流程。

(6) 对质量检查记录管理应明确记录的管理职责，规定记录填写、标识、收集、保管、检索、保存期限和处置等要求，对存档的质量检查记录的管理应符合国家、地方和行业有关工程建设档案管理的有关规定。质量记录的内容和格式应该符合《建筑工程施工质量验收统一标准》GB 50300—2001 及其他相关标准和规范的规定。

(7) 各职能和层次应对施工质量检查结果进行分析，寻求管理改进和创新机会。见第 8.3.6 节工程质量改进与创新管理流程。

2. 节点 B2“质量检查策划、结果审批”

(1) 在质量检查活动的策划过程中，企业应尽可能地收集各种信息和资料作为策划的依据。质量检查活动策划的依据包括国家有关的法律法规、标准和规范；设计文件及相关资料；施工组织设计文件及其他相关的技术文件、管理文件和合同文件等。同时，企业还可将以往类似工程的施工质量检查的过程和结果作为本工程质量检查活动策划的依据。另外企业在进行质量管理活动策划的过程中，应该与建设单位、监理单位和设计单位等相关单位进行充分沟通，从而使检查活动能得以更加有效的实施。

(2) 为了确保项目经理部能够做好质量检查工作，相关职能部门应对项目经理部的质量检查活动进行监控。

(3) 施工质量检查应覆盖分包工程的质量检查和验收活动。

(4) 质量检查的策划内容一般包括：检查项目及检查部位、检查人员、检查方法、检查依据、检查程序、判定标准、应填写的质量记录和签发的检查报告等。策划的结果要传达到所有的相关部门和个人，并按授权批准后实施。

(5) 质量检查的策划结果一般表现为质量检查计划、检验试验计划、单位分部分项及检验批质量验收划分等文件。

(6) 职能部门检查方式根据检查目的分为例行检查、专项检查、综合大检查和监督抽查；检查方法和时机、频次可考虑结合项目绩效检查一并进行，见第 8.3.1.2 节项目绩效检查、分析与改进流程。

（7）项目经理部检查方式主要包括自检、互检、专检和交接检等。

（8）质量检查策划应重点关注：

1）工程建设标准强制性条文的规定；

2）影响结构安全的关键工序（过程）：

3）项目中与“四新”（新技术、新材料、新工艺、新设备）有关的质量问题；

4）质量通病；

5）项目的特定难点；

6）对项目施工质量检验的力量配备。

3. 节点B3E3“按计划实施检查并做好记录”

（1）施工质量的影响因素包括施工人员、施工材料、施工机械、施工方法和施工环境等。在检查中，应将这些因素作为主要的检查内容。

1）施工人员的控制

施工人员的素质和工作能力直接影响到工程的质量。施工人员可能对施工质量产生影响的原因包括人的技术水平、生理缺陷、心理行为等。因此，必须通过对施工人员的检查及时发现由于技术水平有限、生理缺陷和心理行为等方面的原因对质量可能产生的影响。对施工人员进行检查的目的不仅包括督促施工人员按要求进行施工，而且还可以及时发现施工人员在施工中的不良心理状态，防患于未然，从而确保工程的施工质量。

2）施工材料的控制

施工材料是施工最终产品的组成部分。因此，施工材料的质量将对施工最终产品的质量带来直接的影响。施工材料的检查包括对施工原材料、构配件、半成品等方面的检查。检查的重点包括材料供货商的情况、材料运输环节的控制、材料进场验收环节的控制、材料储存情况、材料使用前的再验证等。检查过程中应以材料质量控制的相关标准为依据。材料的检验方法包括书面检验、外观检验、理化检验和无损检验等。材料的检验程度分为免检、抽检和全检。施工企业可以根据不同的材料和实际情况合理确定检验时间、检验方法和检验程度。

3）施工机械的控制

施工机械是影响工程质量的重要因素，同时也是安全管理的关键内容。施工机械的检查包括机械设备的选用是否合理、是否具备相关的合格证明文件、是否与施工方案相符、机械设备使用前的状态是否能保证施工的质量和安全等。在保证施工质量和安全的前提下，还应考虑经济性问题。在质量检查中，施工机械的检查内容可以与安全检查内容结合制定。

4）施工方法的控制

施工方法也会对施工质量产生直接影响。对施工方法的检查包括对施工方案、施工技术措施、施工工艺、施工程序等方面的检查。施工方法的选择应保证技术上可行，经济上合理。在检查过程中，应将涉及新技术和新工艺的施工方法列为重点检查对象。

5）施工环境的控制

施工环境的变化是影响施工质量的重要因素。施工过程中环境的变化包括劳动作业环境的变化和自然环境的变化等。在质量检查的策划中，应明确在施工环境因素变化时保证工程质量的措施和要求。

（2）相关职能部门在对项目经理部质量工作的检查中，应重点关注以下内容：

1）工程开工前的施工准备工作

A. 施工条件的调查和分析

施工条件的调查和分析包括项目部在施工前是否对合同条件和要求进行了分析；是否对施工现场的自然环境、施工条件进行了调查；是否对相关部门的管理规定进行了调查和分析等。

B. 设计资料的分析

施工前充分了解设计意图对保证施工质量是十分关键的。项目部在施工前应在图纸会审和设计交底活动中充分了解设计意图，并就施工中的难点问题与设计单位进行有效沟通，及时提出施工中潜在的问题并与设计单位共同商讨处理措施。

C. 施工组织设计

施工组织设计文件是指导工程施工的重要文件，项目部在开工前应通过施工组织设计，编制合理的施工方案、配置合适的施工资源，并进行合理的施工进度安排。

D. 工程测量定位和标高基准点的控制

在开工前，施工单位应根据设计文件所要求的工程测量定位及标高的引测依据，建立工程测量基准点，做好技术复核工作，并按照规定的要求报监理机构审查。

E. 施工分包单位的选择

选择并控制施工分包的质量是保证工程施工质量的重要前提。项目部在施工前应按照规定的程序对施工分包单位进行选择和评价。

F. 材料的质量控制

项目部对所使用的建筑材料、构配件和设备的管理应建立完善的采购、验收、储存管理制度。

G. 机械设备的质量控制

施工前应合理选择施工所用的机械设备，并确认机械设备的状态满足施工的要求。

2）施工过程的质量控制

A. 技术复核的控制

施工技术复核是指对用于指导施工或提供施工依据的技术数据、参数、样本等的复查核实工作。施工技术复核必须以施工技术标准、施工规范和设计规定为依据，从源头保证技术基准的正确性。施工技术复核是质量控制中的关键环节。

凡涉及施工作业技术活动基准和依据的关键技术工作，都应严格安排专人进行检查，以避免给工程质量带来无法挽回的损失。

B. 施工计量的控制

施工计量控制包括投料计量与检测计量等。施工现场的项目部应建立一套行之有效的计量管理制度，并通过增强计量意识和法制观念，建立监督机制，保证计量工作的法制性、统一性、准确性和及时性。

C. 质量控制点的设置

凡对施工质量影响大的特殊工序；施工过程中的关键工序和隐蔽工程；施工中的薄弱环节；质量不稳定的工序或部位；对后续工程施工或对后续质量或安全有重大影响的工序、部位或对象；采用新技术、新工艺、新材料的部位或环节以及施工方法；无把握、施工技术难度大、施工条件存在困难的工序和环节都应设置质量控制点。

D. 工程变更中的质量控制

在工程变更的过程中，可能会造成施工内容、施工条件、施工人员、施工方法或施工机械的变化。因此在工程变更的质量控制中，应就施工中的人、机、料、法、环等方面的控制问题进行重新规划和管理，从而确保变更工程的质量。

E. 停工和复工的质量控制

施工过程中可能由于各种原因会出现停工现象。在停工过程中，可能会给工程质量问题带来潜在的隐患。因此在停工过程中，应注意对未完工程的保护并做好相关的质量控制工作。另外在复工时也要做好相关的复工准备工作，以保证工程施工的质量。施工单位的停工和复工都应按照规定的指令执行。

F. 质量跟踪档案的建立与控制

施工质量跟踪档案分为材料生产跟踪档案和建筑施工及安装跟踪档案等，其内容包括有关的文件、图纸、试验报告、质量合格证明文件、各种质量检验单、质量问题及处理情况等。开工前，施工企业应按要求建立各级施工质量跟踪档案；施工开始后，应要求各项目部认真并连续填写各项材料、半成品加工生产以及建筑施工及安装工作的有关内容；完工时，应确保工程质量档案内容完整有效，并与工程进度同步。

3）施工完成后的质量控制

A. 已完工程的保护

做好已完工程的保护工作，是施工质量控制的重要环节。已完工程的保护措施包括防护、覆盖、封闭、包裹等。项目部应按照企业制定的已完工程保护的相关管理制度对已完工程实施保护。

B. 施工质量检查验收

施工质量的检查验收是确保施工满足相关质量要求的重要环节。项目部的施工质量检查验收工作应符合企业的相关管理制度的要求。

（3）对于劳务分包的质量检查与验收，应重点在施工人员、施工机械、施工方法的检查与验收，而对于专业工程分包的检查与验收，还应着眼于建筑材料、构配件和工程设备的检查与验收。

8.3.1.5 服务管理及工程建设有关方满意信息测评、分析与改进流程

服务管理及工程建设有关方满意信息测评、分析与改进流程，见图 8.3.1-5。

1. 一般要求

（1）市场经营部门、项目经理部、工程管理部门分别负责项目招投标阶段、项目实施阶段、项目竣工后阶段服务管理及工程建设有关方满意信息测评、分析与改进工作。

（2）各阶段服务管理及工程建设有关方满意信息测评的外部沟通见第 8.1.6.5 节工程建设有关方沟通流程。各职能和层次负责收集测评归口管理的有关方服务和满意信息。有关的信息包括：

1）有关工程质量、交付和服务等各方面的顾客反映、问题；

2）顾客需求的满足情况及其变化、建议。

（3）在工程项目的全过程，服务工作是必须落实的重要活动。企业应在合同规定的期限内（即按照合同或相关要求确定的时间）及时做出服务响应，其内容有：

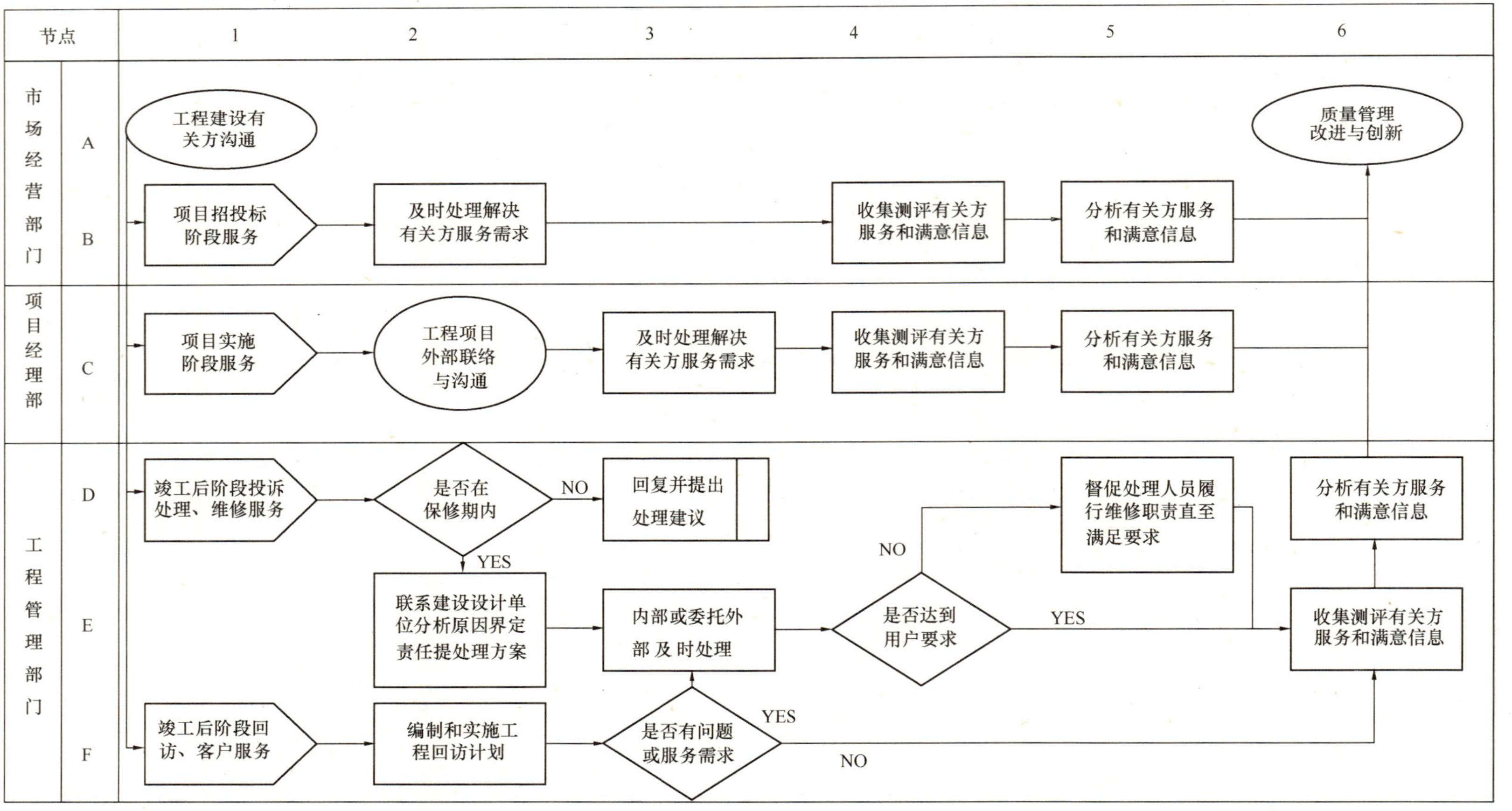

图 8.3.1-5　服务管理及工程建设有关方满意信息测评、分析与改进流程

1）收集信息、预测服务需求；

2）有效实施服务措施；

3）及时测量服务效果；

4）制定和落实提高或超越服务期望的措施；

5）企业对服务质量进行控制、检查和验收的含义是从企业层次上保证服务工作的到位。工程管理部门等要对服务质量按照相关服务标准进行控制和验收，并及时进行检查和指导。

2. 节点 B2“及时处理解决有关方服务需求”

（1）项目勘察阶段：协助业主组织地质勘查、现场踏勘；收集有关地质资料并提交给设计单位。

（2）项目设计阶段：协助业主编制设计说明书、审核设计图纸；协助业主和设计单位搜寻材料设备的样品和价格；向设计单位介绍新工艺；协调设计进度。

（3）项目招投标阶段：协助业主对专业分包商进行招投标工作，包括编制和发布招标文件，组织分包商投标，组织有关单位评标。

3. 节点 C3“及时处理解决有关方服务需求”

（1）开工前：协助业主办理开工手续；协助业主协调与地方管理部门、周边社区和单位的关系；在施工现场为业主准备办公用房和办公设备；协助业主进行材料、设备的选购。

（2）施工期间：协助业主管理由业主分包的分项工程；协助业主保管由业主采购的物资设备；协助业主进行涉及协调与地方管理部门、周边社区和单位的关系；为业主代表在工地的工作（特别是质量检验）提供方便。

（3）交工期间：协助业主办理缴付手续；为业主的工程人员进行设备运行与维护保养的培训。

4. 节点 D1“竣工后阶段投诉处理、维修服务”

（1）保修

1）工程竣工交付验收后由工程管理部门按照《建设工程质量管理条例》“建设工程质量保修”的有关规定、合同约定等填写“工程质量保修书”，交业主单位。

2）保修期限，自建设单位组织的竣工验收合格之日起计算，按照企业出具的“工程质量保修书”中所承诺的内容执行。

（2）投诉处理

1）凡是顾客（用户）投诉，各级责任部门/人员都应认真接待，做好记录，建立台账。接到投诉后，及时通知有关单位进行处理并向工程管理部门反馈。

2）凡是顾客（用户）投诉，应及时摸清情况，作出合适的反应。

3）凡属保修期内的质量问题，即转入维修程序；非保修期内发生的质量问题或在保修期内产生的较严重的问题，应及时向工程管理部门汇报后再作出反应。

（3）维修

1）回访中发现或顾客投诉的质量问题，凡属于企业质量责任范畴的，都应进行维修处理。

2）对非保修期内的质量问题，可提出处理建议和协助业主修理；经评估有损企业利益的质量问题，应主动消除负面影响，提供维修服务。

5. 节点 E5“内部或委托外部及时处理”

1）维修工作由工程管理部门负责组织实施，确定专人负责，建立专职的维修队伍；不便本单位实施维修活动时，可委托外部分包队伍实施，对分包控制见第 8.1.11 节工程/劳务分包选择招标流程、第 8.2.6.3 节工程/劳务分包现场管理流程。

2）每一项维修工作都应有相应的维修措施，应恢复原图中对施工质量的要求。

3）维修人员应做到文明施工，维护企业形象。

4）修理完毕后，填写“交付工程质量回访维修记录单”，由检验人员检验合格签字认可后交付顾客，并由顾客在“交付工程质量回访维修记录单”上签字验收。

5）一项工程维修工作完成后，维修单位应及时把结果向工程管理部门通报。

6. 节点 F1“竣工后阶段回访、客户服务”

（1）每年年初由工程管理部门根据上年度已竣工交付工程的情况制订“年度竣工工程回访计划”；工程管理部门组织项目经理部在每年年中对保修期内的工程进行一次上门或信函回访。

（2）回访结果由工程管理部门进行收集整理，建立台账，并向技术管理部门传递有关信息。

（3）回访中发现的质量问题，凡属保修期内的质量问题，即转入维修程序；非保修期内发生的质量问题或在保修期内产生的较严重的问题，应及时向工程管理部门汇报后再作出反应。

7. 节点 B4C4E6“收集测评有关方服务和满意信息”

（1）收集的信息包括：

1）发包方、用户的评价和满意程度；

2）工程的使用效果；

3）保修成效；

4）物业反馈；

5）业内的其他信息。

（2）收集信息的方法可以有：

1）对顾客或市场走访、问卷调查，用户满意度调查工作可采用用户意见调查表、电话、网络、会议和回访等的形式，了解发包人和用户在施工或竣工后对工程质量、进度、施工管理、保修服务、满意度和社会影响等方面的意见和要求；

2）接受顾客的抱怨、投诉、表扬；

3）媒体、市场及相关单位的报告。

（3）收集测评有关方服务和满意信息的活动包括：

1）按照行业惯例，企业应在建设单位、监理单位与企业的例会、有关的来往文件中获取顾客的信息，包括信息反馈后顾客的反映；识别行政机构、协会等评比报告情况。

2）市场经营、成本结算系统收集投标竞争中客户的满意情况信息，分析竞争对手的优势，各类客户选择施工单位的主要指标要求，老客户流失原因，新客户选择原因等，及客户工程款支付情况、意见、抱怨、索赔等。

3）生产系统在施工准备期、施工期间、分部分项工程、单位工程质量检验、竣工验收和项目收尾中，从建设单位、监理单位获得的质量方面的信息和意见。

4）各部门从不同的侧面、各种渠道收集的顾客满意信息；定期向顾客、监理单位主动征求意见和建议；开展竣工工程客户满意情况问卷调查、走访。

5）工程保修期中按照法规、合同等要求进行质量回访，及时获取顾客的信息；建设单位提出保修要求后，应及时查清质量问题，保修后得到顾客签认信息。

6）当发生某种特定事件，如工程暂停、索赔纠纷，或不可抗力事件，企业应按合同及法规要求考虑顾客合法权益，调查顾客有关信息等。

（4）顾客满意度测评方法

1）测评内容

A. 发放和回收“施工期间顾客满意度调查表”，测算顾客满意度，见表 8.3.1-3。

施工期间顾客满意度调查表 **表 8.3.1-3**

工程名称： 顾客单位： 顾客（签名）：

顾客满意度 调查项目	很满意（√）	较满意（√）	一般满意（√）	较不满意（√）	很不满意（√）
1. 施工进度					
2. 施工质量					
3. 过程服务态度					
4. 施工组织协调					
5. 文明施工					
6. 安全生产					
7. 相互沟通					
合计（x_i）：	$x_1=$	$x_2=$	$x_3=$	$x_4=$	$x_5=$

本工程项目顾客满意度指标（a） $a=\dfrac{x_1\times1.0+x_2\times0.8+x_3\times0.6+x_4\times0.3+x_5\times0}{x_1+x_2+x_3+x_4+x_5}\times100\%$

$= \quad \%$

顾客建议或意见：

调查人： 日期： 审核人：

B. 发放和回收“回访保修期间顾客满意度调查表”，测算顾客满意度，见表 8.3.1-4。

回访保修期间顾客满意度调查表 **表 8.3.1-4**

回访保修工程： 顾客单位： 顾客（签名）：

顾客满意度 调查项目	很满意（√）	较满意（√）	一般满意（√）	较不满意（√）	很不满意（√）
一、工程质量					
1. 土建部分					
（1）主体结构工程					
（2）建筑屋面工程					
（3）建筑装饰、装修工程					

续表

顾客满意度 / 调查项目	很满意（√）	较满意（√）	一般满意（√）	较不满意（√）	很不满意（√）
2. 安装部分					
（1）给排水与采暖					
（2）建筑电气					
（3）通风与空调					
3. 整体质量水平					
二、回访维修质量					
1. 回访保修的及时性					
2. 回访保修人员的服务态度					
3. 维修质量					
合计（y_i）：	$y_1=$	$y_2=$	$y_3=$	$y_4=$	$y_5=$
本工程项目顾客满意度指标（b）$b=\dfrac{y_1\times1.0+y_2\times0.8+y_3\times0.6+y_4\times0.3+y_5\times0}{y_1+y_2+y_3+y_4+y_5}\times100\%$ $=\quad\%$					
顾客建议或意见：					

调查人：　　　　日期：　　　　基层单位审核人：

C. 统计新闻媒体对公司正面宣传或负面批评报道；

D. 统计获奖工程、用户满意工程；

E. 根据以上内容测算整体顾客满意度。

2）施工期间（包括竣工验收）顾客满意度综合测量计算：

$$A=1/n\Sigma a_i \qquad i=1，2，3\cdots\cdots n。$$

式中 a_i——单个在建工程项目顾客满意度（%）；

n——调查的在建工程个数；

A——施工期间顾客满意度综合指标（%）。

3）回访保修期间顾客满意度综合测量计算：

$$B=1/n\Sigma bi \qquad i=1，2，3\cdots\cdots n。$$

式中 b——单个回访保修工程项目顾客满意度（%）；

n——调查的回访保修工程个数；

B——回访保修期顾客满意度综合指标（%）。

4）整体顾客满意度测量：

$$E=1/2(A+B)+C+D。$$

式中 E——整体顾客满意度（%）；

C——新闻媒体对企业正面宣传或负面批评报道所增/减的百分点，正面宣传每次增 1 个百分点，负面批评报道，每次减 1 个百分点；

D——获奖工程、用户满意工程所增的百分点，获省部级以上优质工程奖和用户满意工程，每项增 1 个百分点，获省部级以下优质工程奖，每项增 0.5 个百分点。

8. 节点 B5C5D6“分析有关方服务和满意信息、节点 A6 质量管理改进与创新”

(1) 企业要分析有关方服务和满意信息的相互影响和作用，寻找信息中的客观特性或特点。应建立完善的服务信息系统。工程管理部门建立定期的分析报表制度、会议制度：形成阶段性的业主满意与否分析报告，包括当前企业优势与劣势、与竞争对手分析差异、下一步改进措施等。

(2) 企业要有效利用收集到的服务信息，实施服务的质量改进，不断提高发包方、用户的满意度。具体形式可以灵活多样，内容包括：

1) 把收集服务信息，用于质量分析和改进纳入质量管理项目绩效考核；

2) 实施公司和项目的质量管理内部审核；

3) 检查项目保修服务管理活动；

4) 对项目实体质量（包括使用过程的质量状况）进行监测；

5) 在管理评审中实施服务活动的评审。

(3) 由企业主管领导主持质量管理分析会和管理评审会，项目经理部和相关部门人员参加。会议主要沟通企业服务的重要信息，了解社会对企业服务的评价，研究改进的方向和措施。

(4) 项目经理主持项目质量例会，所有参建单位的相关人员参加。会议主要沟通收集到的各种反馈信息，分析服务活动中存在的不足或问题，和与会者共同商讨整改办法和预控措施。会议要做好会议纪要，作为下次例会检查执行情况的依据。

(5) 由工程管理部门组织相关部门对项目经理部的服务情况定期考核，对项目质量情况进行监控，必要时进行现场指导，协助项目质量管理水平的提升。

8.3.1.6 内部审核流程

内部审核流程，见图 8.3.1-6。

1. 一般要求

(1) 内部审核对质量管理体系审核和评价的目的是检查质量管理体系建立和运行与有关准则要求和计划的符合性，发现质量管理体系运行中存在的问题，通过落实整改要求，跟踪整改结果，达到完善质量管理体系的目的，并向企业管理层通报审核的结果。

(2) 企业管理者代表或最高管理者制定或授权制定并责成实施内部审核方案，企业策划管理部门负责策划内部审核方案、成立审核组，审核组负责实施内部审核，受审核的各职能层次接受审核、负责整改不符合者。

(3) 应监视和持续改进内审方案。年度审核可集中一次进行，也可根据所属机构、部门、项目部的分布情况，按照策划的结果分阶段进行。可行时可以将内部审核与其他管理体系审核、日常的产品和管理监督检查结合进行，这个方式特别适用于对分处外地的项目部的审核。

(4) 审核准则一般包括现行有效的 GB/T 50430 及 GB/T 19001 、GB/T 19011 标准、适用的法律法规、规程规范标准及有关要求（含合同要求或协议）、企业质量管理制度及文件。

(5) 内部审核是一项正式活动。应进行文件评审、制定审核计划和抽样方案、编制审核检查清单、保障审核所需的资源、有关审核发现及结果信息应形成文件并予以保存。

(6) 审核发现的不符合项应认真分析原因，制定和实施纠正预防措施，并验证其有效性。

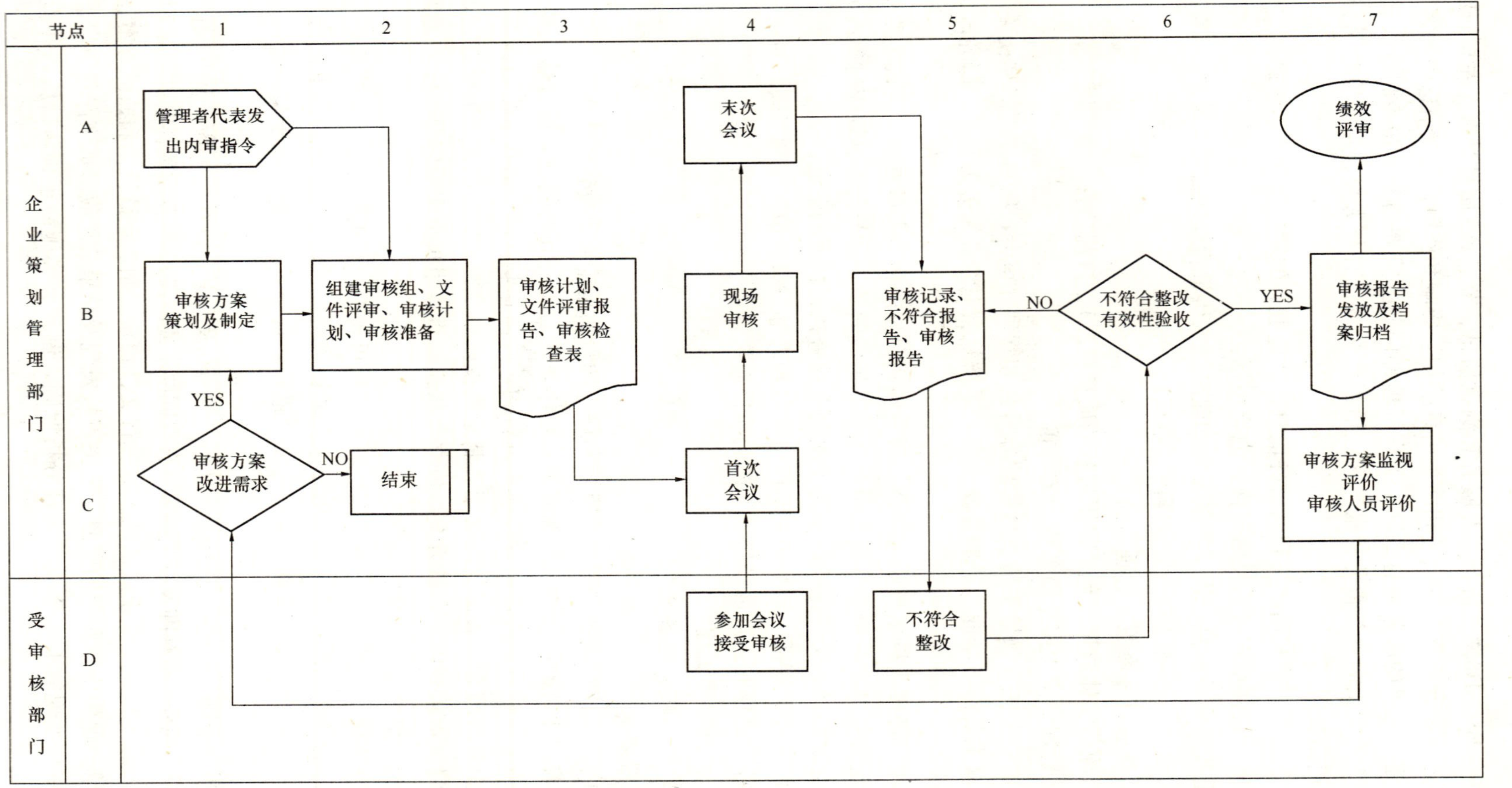

图 8.3.1-6　内部审核流程

(7) 本书附录 E“施工企业内部审核要点”是以 GB/T 50430 和 GB/T 19001 标准为审核准则进行审核的检查表范例。若借用该审核要点的读者请注意，由于某个过程可能涉及数个部门、或某些部门具有相同的过程或活动，而不同企业的组织结构及职能划分不同、质量管理的深度和广度不同，使用时应有所修改或取舍。

2. 节点 B2“组建审核组、文件评审、审核计划、审核准备”

(1) 为保证审核的有效性，审核组的组成应满足专业能力要求和公正性要求。内部审核的实施人员（内审员）应通过必要的培训、具备有关的专业技术能力和审核能力，其能力应获得评价和确认。需要时，可以利用管理和专业技术专家辅助审核组工作。内审人员可以是内部的，也可以是外部的。审核的最低公正性要求是审核员不得检查自己负责的事务或工作。

(2) 审核组应对现行质量管理体系文件进行审核，其目的是检查体系文件的符合性并为制定审核计划、编制审核检查表和现场审核做准备。进入现场审核前充分地评审和熟悉体系文件，对于审核员的审核工作是极其重要的，它可以使审核更加专业、系统和有效。

(3) 审核组应制定内审计划。审核计划应充分考虑审核的时间资源需求，这是保证审核深度、有效性和完整性的基本要求。应确保审核员具备足够的专业能力，这是有效审核的基础。内审策划应考虑各个部门的职责、质量管理中的薄弱环节、有关的意见建议、以往审核检查的结果、部门场所及活动的重要性及风险。应制定固定场所和施工项目审核的抽样方案，抽样方案应考虑尽可能覆盖不同的施工阶段（分部分项工程），同时考虑各个分支机构和工程项目部（临时场所）的规模、复杂程度及风险。审核可以是根据部门进行，也可以根据过程进行，无论哪种方式，应在审核计划中予以体现。对于审核人日数、固定及临时场所的审核抽样方案，可参考第三方认证审核的规定。

(4) 审核组开始实施审核前应进行充分的准备，包括交通工具及行程、审核文件和表格准则、编制审核检查清单等。由于 GB/T 50430 标准在标准和要求设计上与 GB/T 19001 存在显著的不同，事先编制好适用的审核检查表则显得更加必要，有助于取得事半功倍的效果。审核检查表编制应考虑文件审核的结果、机构及职能划分、过程及活动、拟定审核的路线或思路。

3. 节点 B4“现场审核”

(1) 简短的首次会议对于审核的有效开展具有一定作用，它至少可以提醒“内部审核”开始了。末次会议是必需的，它有利于将审核发现的不符合项以及体系存在的其他问题通过会议向最高层和中级管理层报告，借此引起管理层对质量及质量管理的重视，管理者可以利用这个有利机会提出质量管理和改进的指令及要求。各个部门管理者借此可以知晓企业质量管理存在的问题，有利于从系统上、根源上去分析产生的原因，应该采取的措施，避免问题再次发生或预防问题的发生。

(2) 审核组应根据审核分工，进驻有关部门和场所实施审核。任何部门或场所的第一责任人应成为审核的首要对象。恶意逃避接受审核的情况，审核组应及时向管理者代表或最高管理层通报。必要时，审核双方事先协商，可以调整审核计划。

(3) 请特别注意，事先编制的审核检查表只能作为审核的指导和索引，现场审核时审核员应结合具体情况适度应用和展开，否则审核很难达到预期的效果，也会机械乏味。审核时应关注管理体系各个部门和各个过程活动间内在的必然联系和接口关系。审核员应将有限的审核时间用于多样本（人员、记录、场所和项目）抽查审核，而不能主要用于记录一般的审核发现。审核不是为了发现不符合，对于重要的正面审核发现，也需给予必要记录。审核记录应尽可能简洁，通常只需记录关键词和信息、具备可追溯性即可，需要时可以使用复印、拍照等高效的内审记录手段。审核员离开某一被审核部门或场所前，宜请有关人员或负责人对负面审核发现进行必要的确认。

（4）文件和记录查阅、面谈、现场巡视是现场审核常用的三种方式。合理有效地使用何种审核的方式方法和技巧，对于取得良好的审核效果至关重要。

1）文件和记录查阅适合于对有关策划活动、计划、文件、制度及过去进行的活动或过程及绩效的审核；

2）面谈适合于某个场景审核的开始及过渡，适合于对员工质量意识和技能的审核确认，面谈还是审核未策划、未执行、未完成、或未取得预期绩效的过程或工作的有效手段，通过不同人员的面谈，还有利于发现受审核者可以回避如质量事故、投诉等的问题线索，但很多情况下，面谈获得的信息很多情况下需要通过其他审核手段予以验证，方可成为最终审核证据；审核提问时，应多提开放式的问题（即多用使用特殊疑问句，即什么人、审核地点、什么时期、干什么工作、为什么这样、用怎样的方式方法——5W+1H），尽可能少提封闭式的问题（即少提对方可以简单用“是”与“否”回答的问题）；

3）现场巡视、简易的试验或测试活动，是质量体系审核特别是项目部施工现场审核的特别有效方式；

4）对于某些质量管理活动，将文件和记录查阅、面谈、现场巡视等三种方式结合使用，效果更佳。

4. 节点 B7“审核报告发放及档案归档”

内审报告及结论是重要的管理评审输入信息，审核应对全部的审核发现进行评审、总结并形成审核报告。审核报告应发放给企业管理层、管理者代表及各个部门领导。所有审核档案应保存或归档。审核过程中借阅的资源应归还。

5. 节点 E5“审核方案监视评价审核人员评价”

内部审核是有效的管理手段，审核组及审核工作本身也需要持续改进和完善。审核方案全过程中，管理者代表应委托有关人员（如审核组长、受审部门及人员）对审核方案和审核人员进行监视，并提出审核方案持续改进和审核人员能力提升的意见建议和需求。有关审核方案改进需求信息应予以记录、保存和归档，并用于下次或下一阶段审核方案的改进活动。

8.3.2 标杆管理流程

标杆管理流程，见图 8.3.2-1。

1. 一般要求

（1）企业标杆管理由标杆准备、标杆规划、标杆实施和考核组成，分别根据企业战略管理规划中的重点内容，由企业策划管理部门根据标杆管理范围和目标对标杆管理小组成员和部门进行统筹管理。

（2）企业层次标杆管理的组成人员通常由决定核心竞争力因素的核心部门中能够识别专业流程优劣的人员参加，标杆管理小组常常也邀请由实业界人士或研究专家共同组成。

2. 节点 B2“明确标杆管理主题、确定标杆管理目标”

企业在选择标杆管理的主题时应考虑到战略规划中最关心的问题或最关键的竞争力决

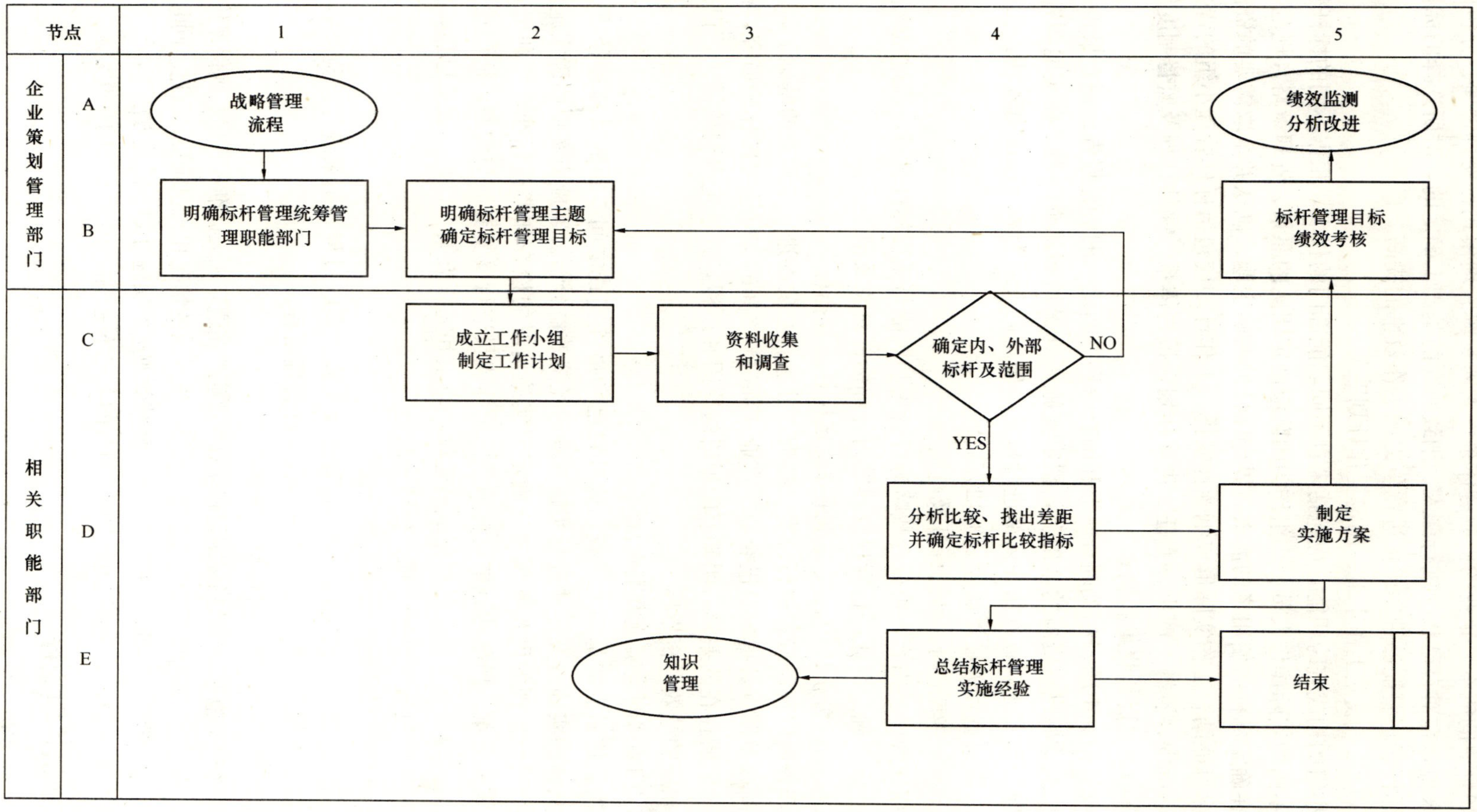

	节点	1	2	3	4	5
企业策划管理部门	A	战略管理流程				绩效监测分析改进
	B	明确标杆管理统筹管理职能部门	明确标杆管理主题 确定标杆管理目标			标杆管理目标 绩效考核
相关职能部门	C		成立工作小组 制定工作计划	资料收集和调查	确定内、外部标杆及范围 NO / YES	
	D				分析比较、找出差距 并确定标杆比较指标	制定 实施方案
	E			知识管理	总结标杆管理 实施经验	结束

图 8.3.2-1　标杆管理流程

定因素，如企业的成本、企业的供应链体系、人力资源管理模式、项目管理、分包商管理等。一般来说，在对自己状况进行深入、细致研究的基础上确定的，对所选择的标杆管理主体进行标杆管理要能够带动或促进竞争力或工作效率的提高。

3. 节点 C2“成立工作小组、制定工作计划”

工作小组的构成宜跨职能，应包括来自不同职能部门的代表，根据不同的标杆管理主题，配备不同的实际操作人员。小组作为团队应确定团队的愿景、管理策略、规范、文化等。同时在确定标杆的使用者的需求、界定标杆的明确主题、确认并争取需要的资源，使工作计划尽可能结合工作实际形成纲领性安排。工作计划应包括标杆管理小组的背景、问题、目标、范围、资源、产出、责任、进度计划、报告体系、评估计划及监督制度等。

4. 节点 C3“资料收集和调查”

首先收集相关主题、相关调查队形和调查内容方面已有的研究报告、调查报告或相关信息，在研究这些已有资料的基础上，拟定实施调查提纲和调查问卷。在实地调查之前，要对调查问卷和实地调查方法在内部进行检验，确定调查问卷和方法的有效性。在实地调查过程中，需要重点关注形成差异的地方。

5. 节点 C4“确定内、外部标杆及范围”

根据标杆管理的内容，可分为战略标杆管理和职能与流程标杆管理，通过组织高层领导的评审会议，确定企业进行标杆管理的内外部标杆对象及范围。

6. 节点 D4“分析比较、找出差距并确定标杆比较指标”

在对调查所取得的资料进行分类、整理，并进行必要的进一步调查的基础上，进行调查对象之间以及调查数据与自己企业、产业（部门）之间的实际情况的比较研究，确定出各个调查对象所存在的差异，明确差距形成的原因和过程，并确定出最佳做法，根据最佳做法制定相应的绩效考核指标。

7. 节点 D6“制定实施方案”

在明确最佳做法的基础上，找出弥补自己和最佳实践之间差距的具体途径或改进机会，设计具体的实施方案，并进行实施方案的经济效益分析。实施方案要明确实施重点和难点，预测可能出现的困难和偏差，确定对实施情况的检查和考核标准，并利用各种途径，将拟定的方案、所要达到的目标前景同全体成员进行反复交流与沟通，征询意见，争取全体成员的理解和支持，并根据成员建议，修正和完善方案，以统一成员思想，使全体成员在方案实施过程中目标一致、行动一致。

8. 节点 E4“总结标杆管理实施经验”

根据标杆管理方案的实施，对标杆管理及实施方案的过程和结果进行经验总结，形成相关文档提交至知识管理流程，或进行再标杆管理流程。

9. 节点 B5“标杆管理目标绩效考核”

在绩效考核实施中，绩效指标制定和绩效考评应严格遵守相关标准和程序，确保评价结果的客观公正，每一个实施阶段都要进行总结、提炼，发现新的情况和问题应及时改进。同时企划部应高度重视与各部门、内部员工的上下沟通，使绩效改进的实施计划、措施方法等，在企业内部达成最大程度的共识，以融洽的团队氛围、良好的人文环境，推动绩效改进的有效实施。

8.3.3 知识管理流程

知识管理流程，见图 8.3.3-1。

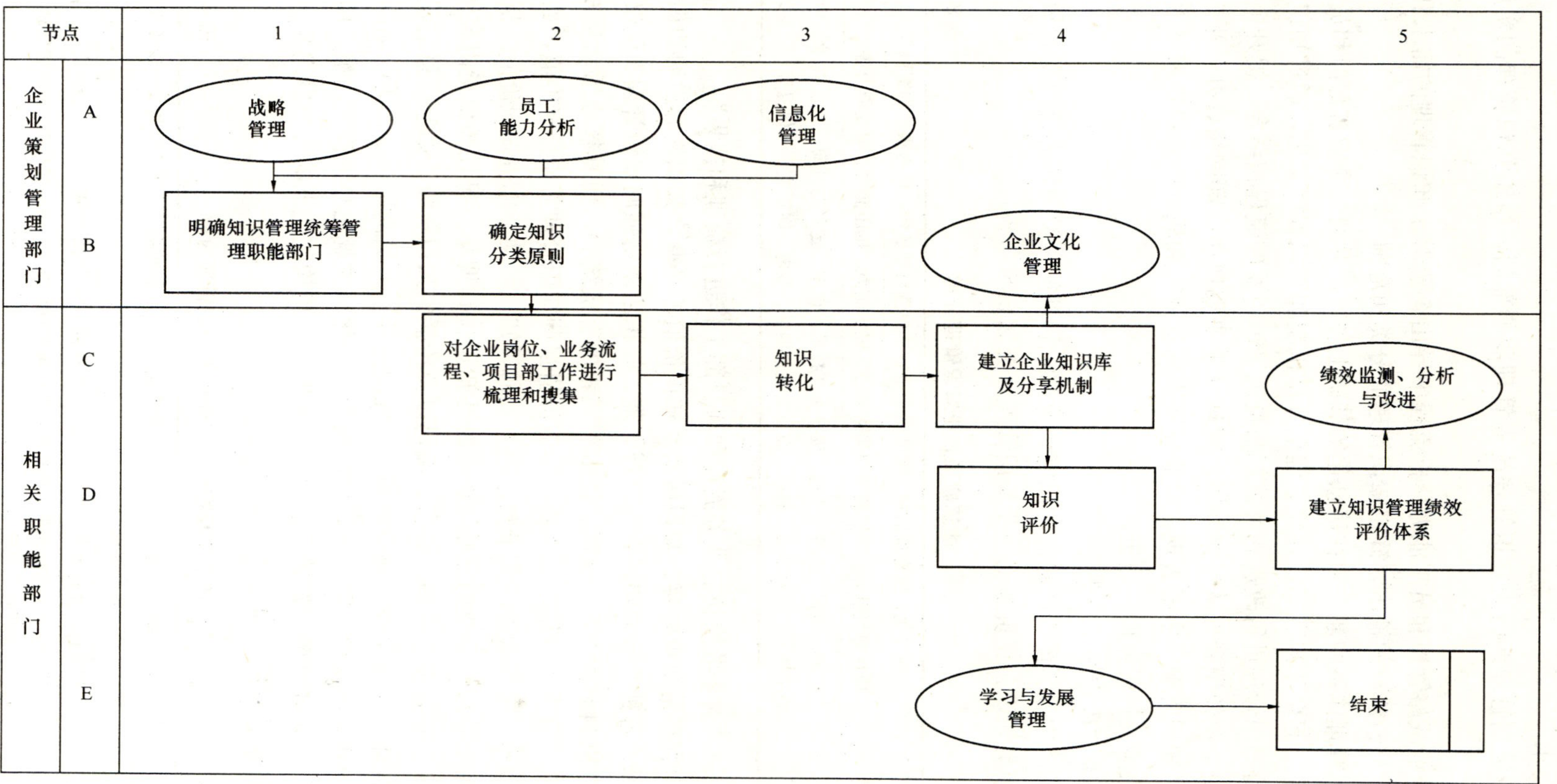

图 8.3.3-1 知识管理流程

1. 一般要求

(1) 企业策划管理部门为知识管理统筹管理职能部门，组织知识管理的实施和绩效评价。

(2) 从企业战略管理和员工能力分析流程中导出企业对于知识管理的需求和必要性，通过员工能力分析流程的输出，确定知识管理的分类和范围。

(3) 知识管理体系的建立须在信息化的基础上进行，并通过企业各部门和员工的积极参与，逐步建立起企业知识库，并建立健全分享机制和知识管理文化，通过知识管理评价体系对企业的知识管理进行改进和考核，与员工培训与发展流程相结合，提升企业知识管理有效性，使企业知识管理从运作型知识管理（主要表现在内部网络、办公平台）开始，逐步向战术性知识管理（主要表现在对业务知识的管理）和战略性知识管理（主要表现在商业智能、决策支持等方面）迈进。

2. 节点 B2“确定知识分类原则”

通过员工能力分析流程的输出，确定企业知识管理的分类为核心价值观类知识、专业类知识和通用类知识。建筑施工企业知识管理分类如表 8.3.3-1。

建筑施工企业知识管理分类 **表 8.3.3-1**

核心价值观类	企业文化、核心价值观、团队活动事宜、模范典型事例、优秀项目部案例等
通用知识类	项目部与甲方、开发商等的沟通能力、表达能力、抗压能力、应变能力等
专业知识类	监理、预算、造价、质检、安全生产技术、识图、定额与预算、施工技术、力学、结构、施工技术、给水排水、装修、设备安装、弱电、强电、暖通空调、保温等

3. 节点 C2“对企业岗位、业务流程和项目部工作进行梳理和搜集”

(1) 知识管理是知识内容、知识活动及知识价值的平衡，知识内容说明知识管理主要是对各种来源、各种类型的知识内容进行管理，知识活动则强调知识管理不仅仅是技术相关性问题，在机制上是“人、流程、技术”三者的有机统一，而其核心活动是知识过程，即知识的产生、分享、应用以及创新，知识价值强调知识管理需要特定价值，如业务目标和绩效的实现等，知识管理应基于知识内容、通过知识活动、创造知识价值。从知识管理的搜集和准备上，应对企业的显性知识和隐性知识进行搜集。显性知识指内容清晰明确，易于通过图文表述，便于整理、储存、编码以及传播的知识资源，如经过总结获得的资讯情报、方法技能、原则原理、规律规则、工程的业绩、人员简历、证书等。而隐性知识是指在个人头脑或机构文化中隐含的，内容较为个人化、主观化和经验化，难以用书面形式表述的知识资源，如经验、构思、洞察力、判断力、机构文化下的行为模式等。例如招投标工作中的知识管理内容如表 8.3.3-2。

建筑工程招投标工作中的知识管理内容 **表 8.3.3-2**

显性知识	投标书模板、相关法律法规、财务制度、投标报价表单、工程量清单、设备清单、工程业绩、证书、资质要求等
隐性知识	招投标工作标准化流程、投标负责人在特殊情况时的处理方式和经验、高层的补充意见和建议、工程造价运用的工程造价权数标准和计算方式、招标代理机构的相关信息、商务标和技术标的设计思路等

（2）内部知识搜集和传递方式如表 8.3.3-3。

内部知识搜集和传递方式 **表 8.3.3-3**

知识分类	内部显性知识	内部隐性知识
知识分类	日常运营、项目运作	员工个人知识（岗位技能、工作经验等）
收集 储存	日常运作类知识，如管理制度等，按相关规定整理、更新日常运营类知识； 通过集团级会议、项目决策会等，形成会议纪要发布； 集团内部对各个专业领域的分析、总结报告及时更新； 相关做法、流程、工艺形成操作指引	提供了知识社区、报刊等知识共享平台，充分获取员工的隐性知识，并将知识社区精华知识定期整理； 根据员工的实际情况进行不定期访谈、发放调查问卷等方式获取员工信息，制订相关改进措施； 通过经验总结、专项培训、工作报告等形式，实现个人知识的共享
传递 利用	日常运营类文档通过上传至集团网站，为员工提供供查询和下载，实现共享，提高效率； 通过 OA 系统及时传递相关知识项目运作类知识通过流程图、操作指引、项目总结等方式提供参考和支持快速决策，实现项目运作持续改进	员工的个人知识可通过内部论坛等媒介传播和利用培训体系，实现知识的传递和共享。通过岗位交流进行经验分享

（3）外部知识搜集和传递方式如表 8.3.3-4。

外部知识搜集和传递方式 **表 8.3.3-4**

获取	市场营销	客户接待	合同签订	施工过程服务	投诉处理	工程回访	信息反馈
存储	营销管理系统			客户服务管理系统			
分析转移	潜在客户	一般客户	重要客户	政府/行业协会			
	客户信息	行业信息	政府法律法规				
应用	客户识别	客户细分	市场预测	技术改进	技术创新	服务改进	服务创新
传递	市场经营管理公司 潜在客户信息 客户需求信息 市场战略规划	设计研究院有限责任公司 客户调研信息 客户访谈信息 项目定位知识 产品设计知识	总承包公司 客户调研信息 客户建议反馈 工程质量反馈监测	总工办 工程技术标准			

4. 节点 C3“知识转化”

在实施知识管理的过程中，隐性知识的显性化是一个重要的环节，可以通过表 8.3.3-5 中方式促进隐性知识向显性知识的转化。

知　识　转　化 **表 8.3.3-5**

目　　的	步骤	具　体　内　容
动态隐性转移到动态显性	发现	把在人们头脑中的经验、体会通过案例、说明、总结、报告等形式表述出来
	挖掘	对数据进行有目的分析、统计，表述出他们所代表的意义及其背后的规律

续表

目　的	步骤	具 体 内 容
动态隐性转移到动态显性	引出	通过会议、调查等方式把人们头脑中的思想火花引出来，然后“沉淀”下来成为可读、可见、可听的知识
动态显性转移到静态显性	试用	对我们设计的工作制度或办法，在工作中去试用或暂行
	修正	对试用中的暂行办法、制度、还有知识进行适应于实际情况的修改
	判断	对提出来的认识，如：报告、介绍、阐述、说明等，请大家一起来判别其正确性
	固化	成为正式的报告、计划、制度、介绍、说明等知识
静态显性转移到静态隐性	宣传	把规范制度、规划方案、正式说明等宣讲给需要他们的员工
	普及	在工作中正式地采用这些规范、制度、方案、标准说明、模版等，并使大家在工作中形成习惯
	培训	对新的规范、制度、方案和其他认识，通过讲座、在线学习、考试等方式让员工都掌握
	默化	记忆在头脑中，成为有知识的头脑

5. 节点 C4“建立企业知识库及分享机制”

根据上述节点 B2、C2、C3 等的准备阶段工作，建立企业知识库并进行分类管理。同时结合企业信息化系统等工具建立健全企业知识库平台的分享和更新机制，制度能够固化成果，令行禁止关键在于有章可循。作为规范化管理的重要环节，制定知识管理制度必不可少。知识管理制度的内容必须覆盖所有影响知识管理活动的关键因素。督促各部门员工需要积累岗位知识，从本部门知识库获取所需组织知识，应用部门的知识结构积累个人知识，同时培养与部门知识管理人员、部门经理知识共享和交流的工作习惯，并在工作协作活动中持续应用知识管理，挖掘隐性知识，提升协作效能。建筑施工企业是劳动密集型企业，其产品的生产过程是各工序工种协同合作的过程。大量的创新源就在于各工序工种的施工工艺、材料性能等的技术创新，特别是建筑材料的改进是知识经济下发展潜力最大的产业，而深谙各工种施工工艺、材料性能的就是一线的工作人员，因此抓好一线工作人员，促使其树立创新意识和学习意识，鼓励员工进行技术创新和知识分享，是知识管理必不可少的环节。

6. 节点 B4“企业文化管理”

企业知识管理形成初步模式后，应通过企业文化管理流程将企业知识管理文化通过企业文化的管理进行梳理和落地，定位于学习型和知识型组织，使知识管理流程能够为企业业务流程优化、经营业绩提高、个人绩效提升提供有效支持。在企业中建立尊重知识、注重学习的文化氛围，可举办各种形式的技能竞赛，大力提倡不唯学历、不唯职称、不唯资历、不唯身份的新观念，破除轻视技能劳动和技能劳动者的旧观念，努力营造有利于高技能人才脱颖而出的文化氛围。

7. 节点 D4“知识评价”

(1) 知识评价是对整体知识管理体系的评估，旨在确定知识管理对组织运营绩效的贡献程度。

(2) 采用定性评估的方法，最简单的方法是问几个问题：“业务过程是否发生了改变?”、“规则改变了吗?”、“你是否在做一些不同的事情?”、“你日常工作的方法是否发生了一种变化?”等。

(3) 更完善的定性评估可以从结果和过程两方面着眼，如表 8.3.3-6。

结果和过程 **表 8.3.3-6**

结果情景	是否成功建立企业知识文化； 是否有最高管理层对知识管理的支持； 是否成功地将企业的知识资产进行最大增值； 是否分享知识的成效显著； 是否成功地建立持续学习的文化； 是否提升了工作效率
过程情景	是否知道谁明了组织的系统与运作； 是否找到解决问题的方案，并且让每个员工都明了这个方案； 是否知道在企业内部数据库可以获得哪些信息； 是否能轻易接触到这些信息； 是否知道什么是你不知道的

8. 节点 D6“建立知识管理绩效评价体系”

知识绩效评价具体体现了激励和奖惩机制对整个机构参与实施机构知识管理的要求和鼓励，进一步明确知识管理是日常的必须工作而不是额外工作。同时以明确的制度推动学习型企业文化的形成和发展。知识绩效评价分为两大块：知识绩效与知识奖惩，通过将知识管理考评纳入考核体系，按照知识贡献、参与、管理三方面来进行考评，通过分模块考核后汇总来实现知识管理考评，包括贡献考评办法及其激励办法和管理考评办法两个主要方面，并有效结合企业绩效考核管理流程和员工培训发展流程，促进知识管理的落地。绩效结果必须与奖惩挂钩，这样才能实现强化的作用。建筑企业普遍缺乏熟练的技术人才和技术工人，企业应重视人才的培养和引进，通过知识管理系统重视和落实人才的培养和引进。

8.3.4 信息化管理流程

信息化管理流程，见图 8.3.4-1。

1. 一般要求

(1) 企业策划管理部门负责信息管理系统建设和维护管理工作，各职能和层次负责内外部信息收集、系统输入和信息利用工作。

(2) 信息化管理目的和作用

1) 质量信息贯穿整个管理体系的各个环节，且质量信息的形式多种多样，明确其范围、来源及其形式是确定管理手段的前提。并明确权限，明晰流程，使质量信息有效地在整个管理体系中传递整合，快捷、安全，从而使得管理体系与企业需要做到和谐统一。

2) 通过信息技术的应用，构建信息化平台，使质量信息的存储和传输数字化、质量信息的处理和变换程序化、质量信息流扁平化，是实现这一目标的最有效的手段。其中包括了信息化的管理制度和信息化的应用技术两个部分。管理制度通过明确权限和流程保障质量信息能得到持续有效的开发利用，应用技术保证管理制度能得到高效执行。

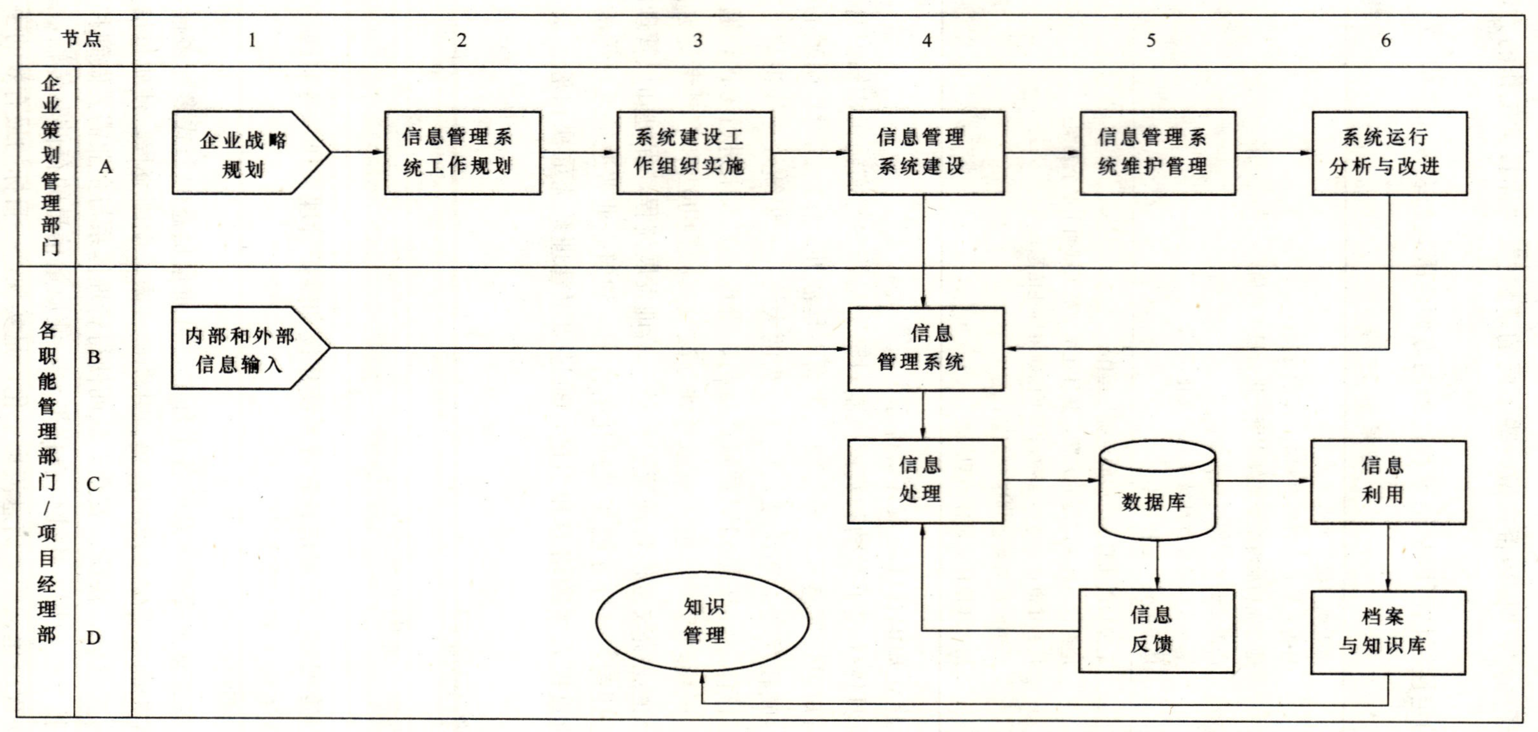

图 8.3.4-1 信息化管理流程

3）施工企业信息化管理的价值依托于主营业务系统的价值。利用信息化技术具有规范、快捷、共享的特点，实施业务流程再造、保证质量信息高效利用并促进企业管理集约化。

4）施工企业的信息化管理绝不仅仅是为满足质量信息的需要，他具有更加深远的战略意义和广阔的应用前景。

5）通过信息化手段使企业资源得到最有效的配置，从而提高企业管理水平和市场竞争力。

2. 节点 A2“信息管理系统工作规划”

（1）信息化目标

1）企业信息化有很多目标，范围也非常广泛，涉及了企业管理、营销、技术开发、客服等所有的领域，在这里，信息化所要达到的目标，只要是为了实现信息资源共享，将信息有效地整合并加以利用。

2）信息资源共享包括硬件和软件两方面，硬件是指建立整个企业共享的网络基础设施；能够通过技术手段为综合开发与利用各种信息资源提供信息平台，软件是指通过各种方法使所有从各个渠道获得的数据能快速地流动到正确的位置并能通过一系列的算法和逻辑关系使之变成有用的信息。

（2）信息化规划

1）达到目标需要以硬件为基础，软件为核心，结合企业的实际，量身定做一套适合自己并能有效运作的管理体系，如今可选择的方式非常多，形式也不尽相同，只要能实现目标，任何形式都是被允许的，这里只是简单介绍一个信息化方案，而不是要求需要以这样的形式搭建信息管理体系。

2）信息化管理系统分成三个层次（表 8.3.4-1），分别为以硬件和必要的软件为基础，保证信息化安全稳定的平台、汇总分析处理各类数据的核心数据库和各类将数据与数据库交换并能利用数据且转化为有用信息的管理系统和业务集成（见节点 B4）。

信息化管理系统的三个层次 **表 8.3.4-1**

业务集成	基础信息	项目综合	人力资源	采购与设备	……
数据库	通过业务集成各个模块汇集的各类数据				
平台	业务运行平台				
	网络基础服务、数据库服务、网络安全				
	硬件设施：网络服务、服务器、各类终端、各类电子设备等				

3）可以参考表 8.3.4.2 来搭建这样一个信息化管理体系。

信息化管理体系 **表 8.3.4-2**

平　台	组成模块	参考“建筑施工总承包特级资质企业信息化考评表”
硬件	企业系统服务器	有独立的机房或服务器托管；机房按标准配备
		有信息化管理人员保证各种硬件设备的正常运行
	项目部	企业每一个项目部至少配备 1 台以上电脑
网络	局域网	有防火墙的局域网，建议明确 DMZ 区及 VLAN 网段划分，或局域网采用域控制
	项目部	项目部至少有 1 台电脑能通过网络，并与企业建立可靠的联接或能通过网络与企业传递信息，并有完整的安全机制做保证

续表

平　台	组成模块	参考"建筑施工总承包特级资质企业信息化考评表"
安全	企业的网络安全保障措施	企业具有硬件防火墙及已安装网络管理软件对公司网络进行管理，数据库建立在企业内网。系统服务器安装了防病毒软件，有完备的数据备份体系
制度	系统运行的管理制度	组织机构中各岗位具有明确的岗位职责，企业信息系统中的各种角色分配与岗位职责相对应。信息系统具有系统运行记录和用户权限控制功能
综合能力	企业项目管理协同平台	建立了企业所有用户参与的管理系统平台，至少具有对各项目进行"投标管理"、"进度管理"、"合同管理"、"成本管理"、"采购"、"设备管理"、"质量管理"等功能
	数据集成或应用集成	与企业人力资源系统的数据集成或应用集成
		与企业档案管理系统的数据集成或应用集成
投标		投标管理具有编制电子标书、概预算及经营过程管理（从业务承接到合同管理全过程）功能
		招投标管理具有能够查询工程用各类主材的市场价格功能
施工过程		项目进度管理具有编制横道图、网络图等功能，可以实现项目进度显示、目标对比
成本管理		成本管理具有对项目成本运行情况进行监督管理功能，具有对项目预算成本和实际成本的统计分析报表；能对项目的目标成本、预算成本、实际成本进行报表的对比分析，或企业已具有明确的项目目标成本管理机制；能按照项目生产周期，对项目分部分项或者建安费用进行项目成本的细化管理，实现量价分离
合同		系统的合同管理具备合同信息台账录入与检索功能；具备合同变更、合同支付功能
物资		系统在项目层面实现对材料入库、出库、分包队伍材料收发、库存管理等功能，或者采用分布式布置，在项目层面实现上述功能
		企业具有统一的物料代码，系统的物资管理在企业层面能对物资材料的分类、量价分析、材料消耗监控等，并且能对各项目材料的消耗、库存进行汇总统计
质量管理		系统的质量管理具有制定质量目标计划功能，实现工程质量检查情况及处理结果的动态管理
设备管理		企业具有统一的设备编码，系统的设备管理具有设备分类管理、制定设备使用计划、设备维修维护记录、设备备品备件管理、设备危险源管理等功能
施工设计	计算机软件在各专业的使用	施工企业如有设计部门，在工程建筑、工程结构、工程给排水、工程采暖、工程供电设计方面，实现绝大多数情况下计算机出图； 如委托设计，形成文件的资料需纳入管理系统的控制范围 使用计算机图纸档案管理系统，并对大多数的项目进行设计图纸管理
人力资源管理		包括企业组织机构、职责和权限、人力资源发展规划。 与质量管理岗位相适应的任职条件和与之对应的人员和其符合条件的证明； 员工绩效考核信息； 培训计划、培训内容和培训效果记录

4）管理系统可以是这样的：

A. 项目管理系统

项目管理主要采用以进度为主线、合同为约束、成本控制为目标的管理模式，主要完成四控四管一协调的工作，即过程四项控制（进度控制、成本控制、质量控制、安全控制）和四项管理（合同管理、现场管理、信息管理、生产要素管理）以及项目组织协调的工作。同时针对项目管理的每一过程遵循计划、实施、检查、处理（PDCA）的管理思路，形成计划→实施→检查→处理的闭路循环。重点目标为通过信息化的手段来加强和规范管理，提高对项目的管理和监控力度。

主要包括：项目范围管理、合同管理、进度计划、质量管理、安全管理、成本管理、沟通管理、采购管理

B. 经营管理信息系统（OA、HR、CRM、财务）等。

通过广泛收集经营决策方面的信息，建立资源库（客户资源库、市场信息库、合同数据库等），有条件时建立知识库，实现市场信息综合分析与管理，实现客户资源管理，合同有效管理，强化企业经营战略，针对企业资源进行优化和控制。实现企业资源计划的管理。主要包括：协同办公管理、人力资源管理、CRM 客户关系管理、财务管理。

3. 节点 A3“系统建设工作组织实施”

（1）信息化管理系统组织机构

1）成立以企业领导成员组成的信息化工作领导小组，企业策划管理部门为组织协调和技术支持部门。下设若干个具体的信息化工作推进小组，按业务系统划分，企业各业务系统主管为组长，成员由对应业务部门骨干和信息管理成员混编组成。

2）组织机构具体职责，见表 8.3.4-3。

组织机构具体职责 **表 8.3.4-3**

组织机构	主要职责
工作领导小组	（1）定期参加企业重大业务运作流程优化方案及系统实现方案讨论，并形成决定意见； （2）定期监督与检查信息化工作实施进展情况，并听取工作组有关成员汇报； （3）及时解决具体实施工作小组无法协调的各种资源问题； （4）审核工作小组提出的具体信息化系统推进实施办法； （5）定期考核具体工作小组成员推进实施进展情况
工作推进小组	（1）定期参加专项业务系统方案讨论会议，并提出具体意见； （2）提出管理目标，协助技术人员熟悉企业业务运作流程； （3）保持与外界技术人员密切沟通，提供需求开发所需资料； （4）按照项目工作组规范进行系统需求开发、开展软件功能测试、培训、试用等工作； （5）提出推进实施合理化建议及方案，定期向领导小组反馈工作进展

3）信息系统实施应用培训工作由各业务系统负责组织，企业策划管理部门协助。各单位信息系统实施前期必须备有完整的“用户操作说明书”，并详细策划系统数据安全备份与故障及时恢复方案。

4）局域网络维护职责在企业策划管理部门，人员可以是其他业务系统人员担任。业务管理信息系统应用维护职责在业务系统自身，业务主管自行指定。有关信息系统维护业务知识的培训工作由企业策划管理部门统一组织。企业策划管理部门权责包括：

A. IT 部门设置、信息人员配备、绩效和激励和管理制度建设等内容。

B. 管理工作如：

（A）管理维护计划，制定有效的 IT 系统管理计划。

（B）设备管理，包括个人电脑、服务器、工作站、交换机、路由器等硬件设备管理。

（C）信息系统管理，涉及各个信息系统名称、功能描述、版本、供应商和开发商、开始应用时间、子系统、覆盖业务范围和部门等。

（D）网络通讯管理，实时监控各个服务器、交换机、路由器等运行状况，记录故障和维护时间等信息。

（E）配置管理，硬件配置和软件配置。

（F）变更管理，如系统版本、开发商、原始版本、升级版本、升级时间、升级功能描述、实施状况等。

（2）企业信息化总体思路：加强与外部社会资源合作，与有实力的科研院所、软件研发机构等逐渐建立长期合作的伙伴关系，吸取同行先进信息化管理经验，“研发”与“引进”并举，侧重“研发”，统一规划与部署，分步实施与集成，“渐进式”推进企业信息化阶段目标实现。

1）信息化解决方案建立以企业中心数据存储库作为基础，建立企业信息门户，实施办公自动化系统、经营管理系统、工程项目管理系统以及人力资源管理系统，并充分运用包括财务系统在内的各个应用系统的数据基础建立商业智能系统，形成一个完整的经营、生产、财务、组织和决策管理的信息化平台，建立一个以企业总部为核心，辐射各子公司、分公司、项目部的集团信息化管理体系。

2）根据“自顶向下、分步实施、先易后难”的原则，企业的信息化建设按如下几阶段的规划进行：

A. 第一阶段，系统实施包含四个内容，主要是在企业层面建立企业信息门户、实施办公自动化系统、实施人力资源管理系统、建立企业经营及工程项目管理信息系统，实现基本的、简易的企业领导决策支持体系。

B. 第二阶段是在第一阶段成功实施基础上对企业信息化体系的逐步扩充和推广，主要是实施完整的企业经营管理系统和工程项目管理系统，并选择几个有代表性的项目部实施工程项目管理系统，通过具体项目的实施完善工程项目管理系统；同时逐步完善决策支持系统。在本阶段，如果有条件可以同步实施视频会议系统。

C. 第三阶段的工作是，以上两个阶段实施成功的前提下，将工程项目管理系统在全企业的范围内进行推广，同时改造升级集团的财务系统，将财务管理、项目管理、人力资源、经营管理等系统的数据进行整合，利用数据仓库技术，将数据经过抽取与清洗，加载到数据仓库，建设完善的商业智能系统，建立企业财务数据和企业决策数据间的关联，最大限度的提高商业智能系统分析数据的深度和广度，构建与完善企业商业智能的经营决策系统。在本阶段，如果网络条件和资金条件允许，可以同步实施工程项目实时监控系统。

4. 节点 A4“信息管理系统建设”

（1）信息系统运行基础设施建设

包括各职能层次的计算机软、硬件配置和在建项目互联网接入等工作。

（2）企业信息化建设内容（图 8.3.4-2）

（3）信息化建设标准规范

1）管理方面：主要标准是《建设工程项目管理的标准性文件》GB/T 50326。

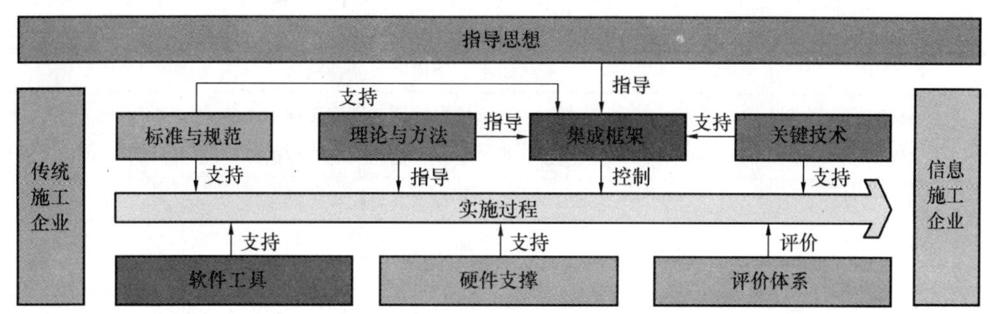

图 8.3.4-2　信息化建设内容

2）信息化方面：主要标准有《软件文档管理指南》GB/T 166806、《计算机软件可靠性和可维护性管理》GB/T 14394、《软件维护指南》GB/T 14079、《软件工程术语》GB/T 11457、《计算机软件质量保证计划规范》GB/T 12504、《计算机软件配置管理计划规范》GB/T 12505、《计算机软件产品开发文件编制指南》GB 8567 等。

（4）集成框架

框架从上到下分成企业门户、电子商务、决策支持等信息应用层，项目管理、财务管理和人力资源管理、行政办公、远程监控、档案管理及知识管理等系统应用层，以及数据库系统层，合计共三层十个系统；最终所有的系统都应集成到一个平台上，如图 8.3.4-3。

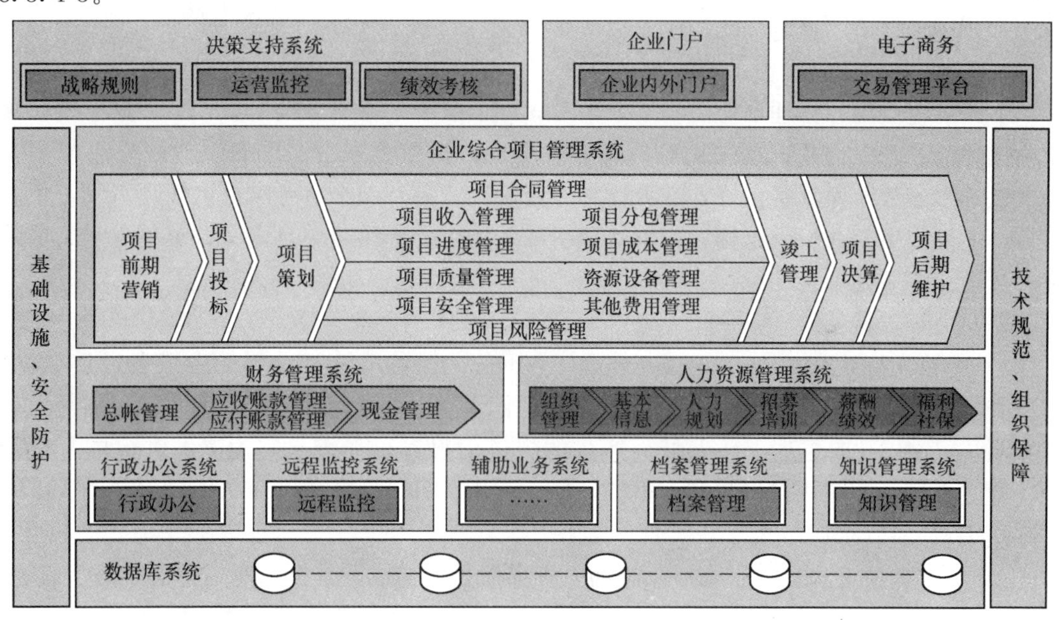

图 8.3.4-3　集成框架

（5）信息化建设其他内容（表 8.3.4-4）

5. 节点 B1“内部和外部信息输入”

（1）质量信息是指从多种渠道获得的与质量管理有关的文件资料、图纸、报表、记录和情报等。质量信息可以分为组织类信息、管理类信息、经济类信息、技术类信息和法规类信息。质量信息应通过合理的编码进行管理。

信息化建设其他内容 **表 8.3.4-4**

	类别	说　　明
1	理论方法	项目管理、软件工程等
2	关键技术	平台建设、系统集成、信息安全、数据库建设与应用等
3	软件工具	开发工具、配置工具等
4	硬件支撑	网络、服务器、计算机、其他工具等
5	评价指标	分别从业务、技术、保障、应用和成效五个方面评价
6	实施过程	企业信息化项目实施方法论

（2）质量信息按收集来源可以分为两大类，一类是外部的信息，包括相关的法律、法规、标准规范和规章制度、工程建设有关方对施工企业的工程质量和质量管理水平的评价、同行业其他施工企业的经验教训、市场需求以及质量回访和服务信息等；另一类是企业的内部信息，包括各管理层次工程质量管理情况及工程质量的检查结果、施工企业质量管理监督检查和审核结果以及由此得出的项目质量管理策划结果的实施情况等。

（3）外部信息和内部信息搜集的方式和手段是不同的。外部的质量信息主要来源于各种形式的媒体、质量信息的调查结果、对建设有关方的采访以及用户回访等。内部的质量信息主要来源于各种形式的工作检查、审核；内部工作报告及建议；内部业绩考核结果；内部的专项报表等。外部信息和内部信息搜集的方式和手段详见相关流程的信息流流转要求。

6. 节点 B4“信息管理系统”

本方案企业信息管理系统由“一个平台，十个系统”组成。其中集成平台是应用系统模块化的基础，平台系统所采用的应用服务器、数据整合平台、ESB 企业服务总线须对各个软件厂家数据库具备良好的开放性和兼容性。业务基础平台要求提供规则引擎，报表引擎，工作流引擎，组织结构和权限管理引擎，还需要提供表单自定义，菜单自定义，系统参数设置等基础平台功能。

（1）决策支持系统

1）决策支持系统（Decision Support System ，简称 DSS）是辅助决策者通过数据、模型和知识，以人机交互方式进行半结构化或非结构化决策的计算机应用系统。它是管理信息系统（MIS）向更高一级发展而产生的先进信息管理系统。它为决策者提供分析问题、建立模型、模拟决策过程和方案的环境，调用各种信息资源和分析工具，帮助决策者提高决策水平和质量。

2）决策支持系统主要由八库系统和人机界面技术构成，其中八库主要由数据库系统、模型库系统、方法库系统、知识库系统、文本库系统、图形库系统、语音库系统和工具库系统组成；人机界面技术主要包括可视化图形界面技术、基于多媒体技术的界面技术和自然语言界面技术等构成。

（2）企业综合项目管理平台（图 8.3.4-4）

1）企业最大的特点是以获取工程项目施工合同和实施项目为企业工作的主线，工程项目是施工企业的基本工作单元。企业通过参加招投标等方式获取项目合同，通过组织资源开展项目施工，工程建设同步获得收入和消耗成本，进而形成企业的利润。

2）综合项目管理信息系统是施工企业信息化的核心业务系统。

3）该系统将覆盖施工项目全生命周期，实现在线项目审批、项目合同管理、计划和进度管理、资源管理、项目安全和质量、项目风险、项目竣工管理、项目后期运行维护等功能，通过在施工项目的全部应用，从而加强总部对全部项目的总控能力，同时不断累积项目全生命周期的决策与管理数据，进而培植企业的核心竞争优势。

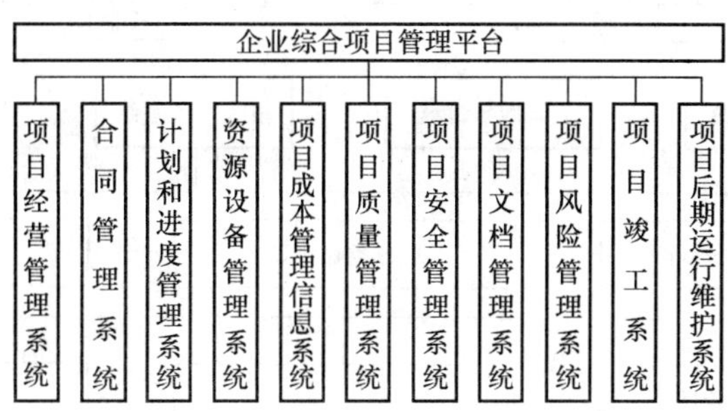

图 8.3.4-4 企业综合项目管理平台

（3）协同办公系统（图 8.3.4-5）

1）在企业管理中，几乎每一天、每一个人、每一件事都处于协同工作之中，由此产生大量的协同信息，这些信息一般会占到组织信息总量的 80%，管理好它们对于企业来说非常重要，而支撑这块业务的就是企业协同办公平台，它是对组织中“人、财、物、文、档、会”之间的协同关系进行管理的软件，它是团队组织的协同工作平台和工具。

2）协同办公平台一般包含信息公告、办公需求、即时通讯、工作流程、各种门户、专项活动、员工社区、知识中心、企业风采、视频会议、其他管理等功能模块。

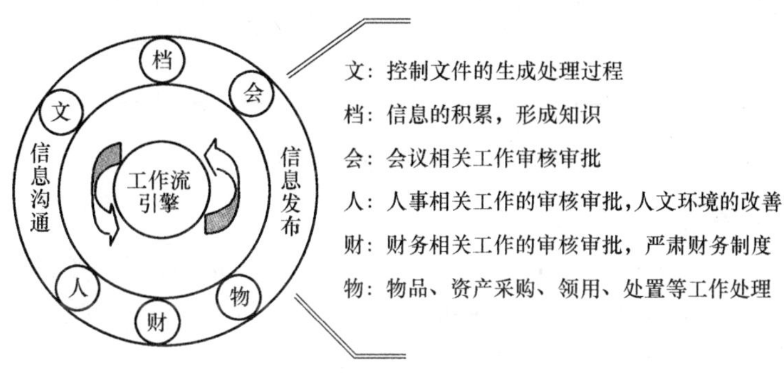

图 8.3.4-5 协同办公系统

（4）财务管理系统（图 8.3.4-6）

财务管理平台的建设总体目标为使企业由事后财务型管理变为全过程财务型管理，最终走向智能、高效和优化控制。具体表现为在满足基础核算的基础上，实现总部的财务集中、全面预算、资金管理和财务报告的全面统一，帮助企业从会计核算型向决策经营型转变，最终实现企业价值最大化。

（5）人力资源管理系统（图 8.3.4-7）

该系统将全面帮助企业解决人力资源管理的若干问题，从而全面提高工作效率，规范过程管理，实现信息共享，达成人力资源的目标。

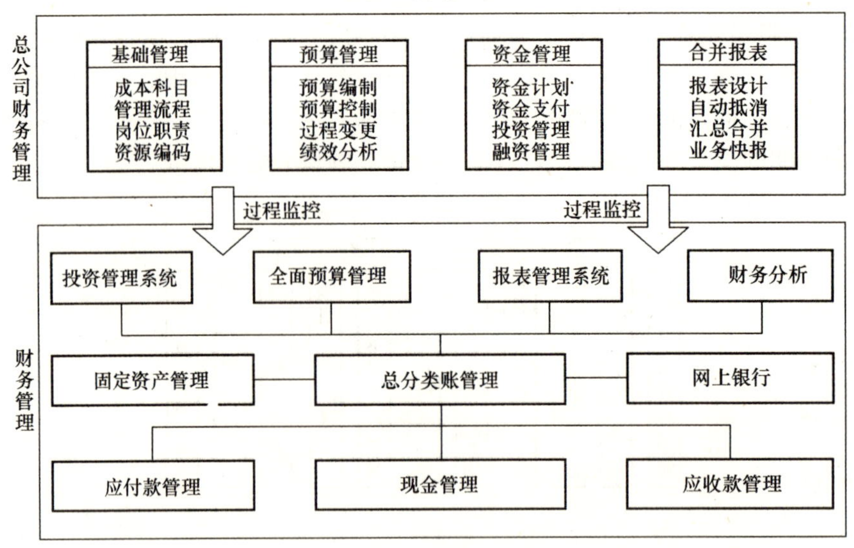

图 8.3.4-6 财务管理系统

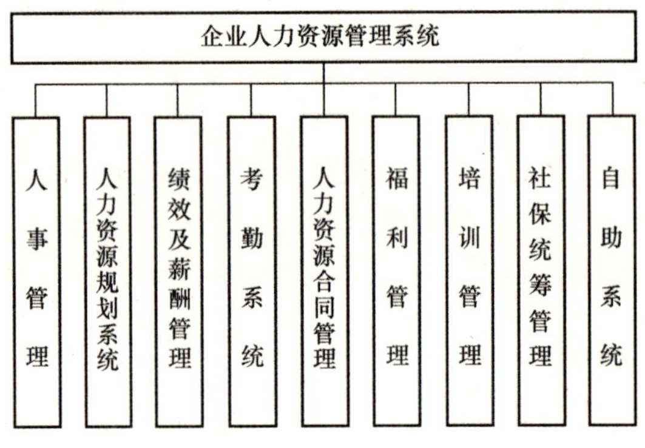

图 8.3.4-7 人力资源管理系统

(6) 远程视频系统(图 8.3.4-8)

该平台将会对在施工项目的现场重点环节和关键部位进行监控，随时了解和掌握工程进展，远通过程协调和指挥，及时发现和纠正施工现场存在的突出问题，确保施工全过程处于受控状态，从而做到动静皆管的立体管理机制。

(7) 档案管理系统(图 8.3.4-9)

该系统充分借助计算机与现有的网络技术实现对各部门形成的科技类、文书类、公文类等其他类型的档案，从电子文件的形成、收集、整理，最终归档及网上查询利用、借阅统计进行全面管理，实现档案信息管理传输的自动化、文档一体化、共享化，充分利用计算机实现档案管理，取代原有手工管理档案的落后方式，提高工作效率，将档案管理建设成一个先进的、综合的数字化业务系统，从而把档案管理归为企业知识管理系统的重要组成部分。

(8) 知识管理系统

1) 知识管理系统(英语：Knowledge Management System)，是收集、处理、分享一

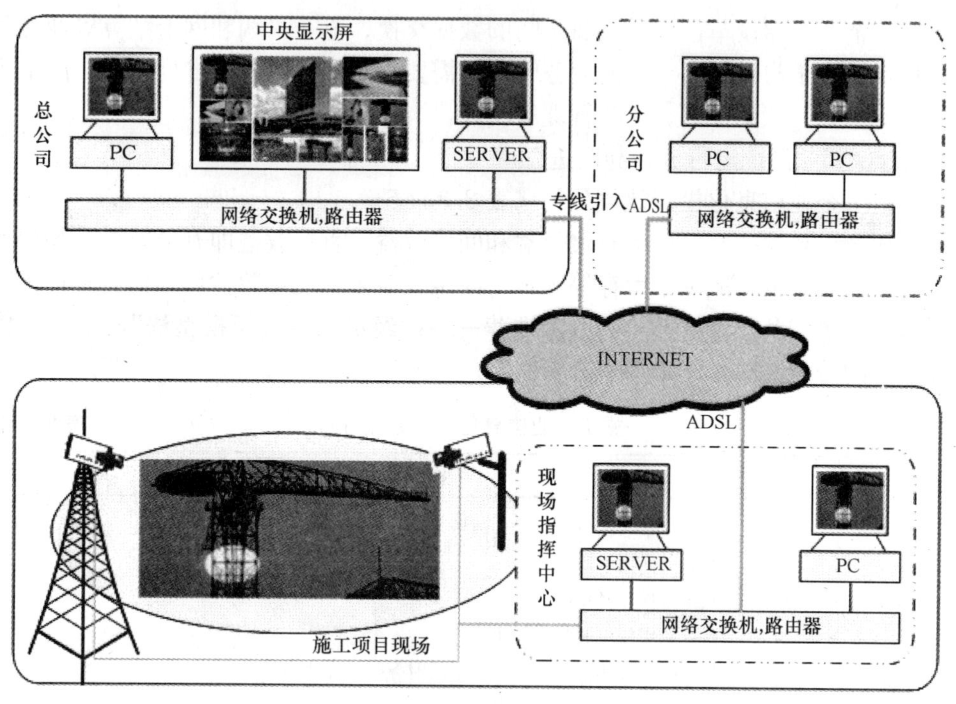

图 8.3.4-8 远程视频系统

个组织的全部知识的信息系统，通常有计算机系统支持，即利用软件系统或其他工具，对组织中大量的有价值的方案、策划、成果、经验等知识进行分类存储和管理，积累知识资产避免流失，促进知识的学习、共享、培训、再利用和创新，有效降低组织运营成本，强化其核心竞争力的管理方法。

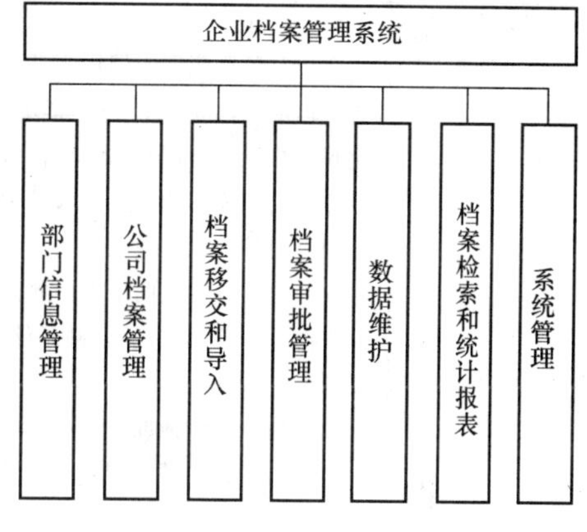

图 8.3.4-9 档案管理系统

2）需要满足非结构化知识处理能力以及结构化知识处理能力、便捷的呼入问题引导解答应用、完善的文档及内容管理子模块、知识维度的自由设定、个人知识门户、知识地图、知识培训、知识统计、企业文化积累、研发成果积累、关键员工知识、所见即所得编辑器、异地协同等需求。

（9）企业门户系统

1）企业门户是一个应用系统，它使企业能够实时关联存储在企业内部和外部的各种信息和知识，使企业员工、客户和合作伙伴能够从单一的接触点访问到其所需要的个性化信息。企业门户系统的建设有三个目的：单点访问、应用集成和个性化。

2）企业门户系统一般包括单点登录、发布和收集信息、个性化定制、企业应用集成、用户级安全管理等基本功能或需求的满足。

（10）电子商务系统

电子商务系统是保证以电子商务为基础的网上交易实现的体系，对于企业而言，主要是满足施工企业与建设单位或供应商之间的数据交换、电子采购和网上结算等业务处理的需求，特别是对于与供应商之间的业务管理，需要满足网上采购、咨询洽谈、网上支付与结算、电子银行、意见征询、业务管理等功能。

7. 节点 A6“系统运行分析与改进”

（1）施工企业信息化投资效益分析（表 8.3.4-5）

信息化建设效益一般可分为直接效益和间接效益，直接效益即有形效益，如提前了项目工期、裁减了人员、减少了库存等等，而间接效益多是无形效益，如提高管理水平、引发系列变革等等。基于直接效益的方法推荐一种“经济效益分析模型法”，基于直接和间接效益综合的分析方法是“平衡积分卡法”。

施工企业信息化投资效益分析　　　　表 8.3.4-5

序号	方法	说　　明
1	经济效益分析模型法	企业信息化建设是一种投资，不是消费，需要清晰三个基本要素，即指标、参数和数据。 具体操作步骤简述如下： （1）细化测评指标并量化； （2）统计系统应用前后的数据变化； （3）分析具体各个具体指标变化所带来的财务收益变化值； （4）汇总测算出投入后的产出结果； （5）折算出回收期和投资收益率
2	平衡计分卡法	企业在信息化方面的投入其收益由两部分组成，一部分是显性收益，即在财务报表上可以体现，这部分占 30%；另一部分是隐性收益，这部分在企业能力方面的提升，占 70%。对于信息化建设给企业所带来的收益，显然不能用传统的投资回报的分析手段来分析，需要从财务方面的收益、组织能力的收益、人员知识的收益、企业创新能力等方面加以分析。 （1）财务分析 财务角度分析从两个方面展开，一是从用了系统后给企业所节约的成本支出，即业务收益；另一方面从系统统一规划后所节约的管理维护成本，即技术收益。 （2）客户分析 信息系统的实施加快了内部各个业务部门的信息流动，提高了对客户的反应速度和反应准确性，从而客户的满意和对企业的“忠诚”将逐步建立和积累。 （3）业务流程 在企业信息化规划实施阶段中，提出了非常具体的基础准备工作，其中流程的梳理是其中的重点。作为完全基于流程和业务逻辑设计的信息系统，需要标准化的业务流程支撑，而标准化的流程将极大减少业务和管理的复杂程度，降低员工的工作负荷。 （4）创新学习 信息比信息化建设前更准确、更容易在企业各个部门中流动。企业各个业务部门的人员通过信息的了解和分析能够从公司的层面去思考业务和管理方面的问题，有助于企业群策群力，持续提高企业的业务管理能力。企业各个业务部门的管理在获得信息系统的支持后，将具备更多的决策能力，从而更快发现机会、更早察觉问题、更迅速地采取行动。这种能力将从整体上提升企业的持续竞争力，支撑企业的持续发展

（2）企业信息化建设风险管理

1）普遍存在的主要风险（表 8.3.4-6）

普遍存在的主要风险 **表 8.3.4-6**

类别	类别	风　　险	重要性	概率
管理层面	1	IT 战略规划与企业战略不相符	高	70%
	2	长远目标和当前急需解决问题的矛盾		70%
	3	信息技术的投资效益评估和风险问题		30%
	4	信息化对企业现行管理模式和方法的冲击问题	高	70%
	5	企业信息化与流程再造的关系问题		50%
	6	对“一把手”工程的认识问题		70%
	7	企业信息化缺乏统一的指导思想、标准和规范问题		30%
技术层面	8	缺乏有效的信息系统设计实施方法问题		50%
	9	企业需求与开发实施脱节问题		30%
	10	企业需求与尚用软件不一致问题	低	50%
	11	信息孤岛与系统集成问题		70%
	12	信息系统升级与已有资源利用问题		30%
操作层面	13	信息系统建设与系统运行的关系问题		30%
	14	盲目求洋、求新、求全		30%
	15	完全立足自主开发		
	16	过分关注功能的实现，偏离全局性		70%
	17	基础与提升水平关系问题		30%
	18	管理制度及控制问题	高	50%
	19	信息化人才队伍问题		70%
	20	基础数据提供不准确		50%

2）风险影响分析（表 8.3.4-7）

风险影响分析 **表 8.3.4-7**

排序	风　　险	影　响　分　析
1	IT 战略规划与企业战略不相符	同样一种信息化措施对于甲企业可能是增加竞争力的工具，对于乙企业来说就可能是造成企业经营失败的缘由。其间的主要差别就是企业的信息化过程是否与其想要实现的目标具有高度的一致性。选择与竞争战略总体目标相背离的信息化方式是不能有好的收益的
2	信息化对企业现行管理模式和方法的冲击问题	各业务单位过分强调实施风险，害怕项目不能取得成功，而迟迟不愿启动项目，导致公司机会成本损失并影响公司信息化战略的实现
3	控制风险	无实施策略、无计划、进度失控
4	数据风险	基础数据不准确、编码体系不规范
5	信息化人才队伍问题	缺乏适当的项目资源，没有把公司骨干人员投入到项目中去

（3）信息系统运行分析与改进（表 8.3.4-8）

信息系统运行分析与改进　　表 8.3.4-8

业务分析事项	信息收集途径	采用分析方法	具体改进措施
需求开发	由各业务系统指定人员提供业务处理过程资料、或与有关人员面谈	业务流程优化、因果图、数据流图等方法	定期专题会议
系统测试	工作小组集中提供测试问题记录规范，参与测试有关人员按要求记录，定期上报工作推进小组组长	问题记录汇总分析报告 因果图等方法	定期专题会议 定期书面简报 定期软件修补
系统试运行	工作小组成员定期查看系统数据异常情况，参与使用的具体用户按规范标准记录使用问题，定期上报工作推进小组	现场与用户面谈 因果图法 局部逻辑推理法 数据量化分析法	定期例会 定期通报 定期修改程序 定期培训
系统正式运行	由若干工作推进小组收集参与使用的有关用户使用过程信息，并统一标准格式与记录规范	量化指标分析法 使用频次统计法 现场实地查看法	定期通报 定期奖罚
运行环境	由各业务系统应用维护人员提供维护异常现象记录，及时报企划部	现场实地查看法 因果分析法等	实地解决 即时公告

8.3.5　绩效评审流程

绩效评审流程见图 8.3.5-1。

1. 一般要求

（1）企业最高管理者（总经理）主持、企业策划管理部门组织实施绩效评审，各职能层次负责归口管理的绩效评审输入文件准备、评审输出决议的实施工作。

（2）对企业总体绩效进行评审，企业总体绩效见第 8.3.1.1 节企业绩效检查、分析与改进流程，其中包括：

1）质量管理体系的适宜性、充分性、有效性。

2）施工和服务质量满足要求的程度。

3）工程质量、质量管理活动状况及发展趋势。

4）潜在问题的预测。

5）工程质量、质量管理水平改进和提高的机会。

6）资源需求及满足要求的程度。

2. 节点 B2“制定绩效评审方案、目标”

（1）绩效评审目的

1）对质量管理体系进行系统的评价，确保其持续的适宜性、充分性和有效性。

2）适宜性指体系保持与变化的客观情况始终相适应的能力。

3）充分性指体系达到充分覆盖和控制的程度。

4）有效性指过程输出要大于输入，体现在过程的管理，产品的符合性，顾客满意程度的提高上。

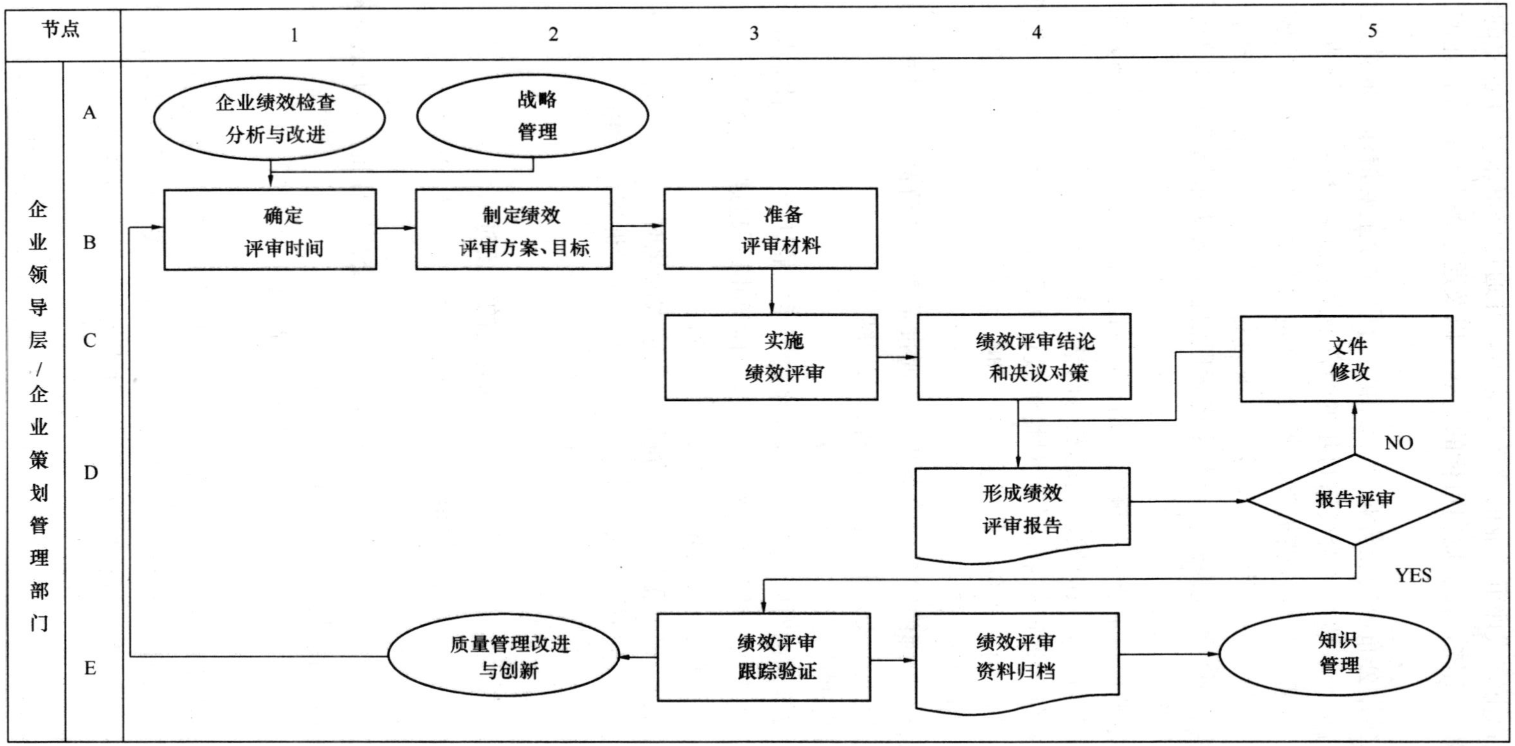

节点		1	2	3	4	5
企业领导层/企业策划管理部门	A	企业绩效检查分析与改进	战略管理			
	B	确定评审时间	制定绩效评审方案、目标	准备评审材料		
	C			实施绩效评审	绩效评审结论和决议对策	文件修改
	D				形成绩效评审报告	报告评审 NO / YES
	E		质量管理改进与创新	绩效评审跟踪验证	绩效评审资料归档	知识管理

图 8.3.5-1 绩效评审流程

5）企业通过以下方式评审企业的绩效和能力，并通过评审来评价企业的成就，与竞争对手和标杆绩效的比较，长、短期目标的进展；以及通过评审来评价企业的预警和应变能力。

A. 企业每月定期公布市场经营业绩，公布各分管领导主要指标完成情况，最高管理层还通过总经理办公会、股东大会公布每年的经营业绩情况，分析市场行情，评价部门的绩效、工作能力、企业当年的经营成就，通过与确定的竞争对手和标杆的比较，找出不足和差距，制定下一年度的目标指标，及时对市场的变化进行预测，并决定根据市场需求的变化调整组织机构、项目承包模式等经营生产管理创新，解决市场需求以及产能平衡的问题，以取得竞争优势。

B. 高层领导定期评审企业的关键绩效指标，如经营收入、利润总额、市场占有率、顾客满意度等，通过评审，及时发现问题及时调整工作布局。

C. 公司还根据绩效评审结果，有针对性地改进关键业务的优先次序，组织有关部门和人员落实改进措施，并识别创新的机会，适当时，将这些优先次序和创新机会在供方或全体伙伴中实施，并保持协调一致。

D. 为了增强企业管理的透明度，企业每年通过董事会评价高层领导的绩效；通过员工、顾客、供方及其他相关方来评价公司各方面的绩效。

（2）绩效评审时间间隔

1）总经理应按策划的时间间隔对管理体系进行系统的评价，确保体系持续的适宜性、充分性和有效性。企业总体绩效评审每年1次，时间间隔不超过12个月。

2）当出现下列情况之一时可增加绩效评审频次：

A. 企业组织机构、产品范围、资源配置发生重大变化时。

B. 发生重大质量事故或用户关于质量有严重投诉或投诉连续发生时。

C. 当法律、法规、标准及其他要求有变化时。

D. 市场需求发生重大变化时。

E. 即将进行第二、三方审核或法律、法规规定的审核时。

F. 质量审核中发现严重的不合格时。

（3）绩效评审的准备

1）管理者代表提前一周编制《绩效评审计划》，提交总经理批准，并通知有关部门。

2）各部门负责准备并提供有关的评审资料。

3）管理者代表将绩效评审材料汇总审核后，提交总经理审阅。

3. 节点B3“准备评审材料”

（1）一般以会议形式进行，按编制的《绩效评审计划》会议议程进行，由总经理负责主持；管理者代表或企业策划管理部门负责具体实施；相关部门负责绩效评审组织工作，保存于绩效评审有关的记录；各部门负责准备并提供有关的评审资料。

（2）绩效评审输入：

1）审核结果，包括内审、外审的审核、不合格及纠正、预防措施及改进结果。

2）企业总体绩效监测情况，其中包括：

A. 顾客反馈情况，包括顾客满意度调查结果、顾客投诉处理情况、顾客投诉统计分析结果。

B. 方针、目标实施情况，质量管理体系过程的管理和产品的符合性情况。

3）以前绩效评审的跟踪措施的执行情况、上次绩效评审改进落实情况。

4）可能影响质量管理体系的变更，如相关法律法规、公司结构、资源、市场、财务发生重大改变。

5）改进的建议。

4. 节点 C4“绩效评审结论和决议对策”

（1）质量管理体系有效性及其过程有效性的改进决定。如方针、目标是否予以保持或修订目标值。

（2）与顾客要求有关的产品改进的需求。

（3）资源需求的有关决定和措施。

（4）对改进决议采取的具体措施。

8.3.6 质量管理改进与创新流程

质量管理改进与创新流程，见图 8.3.6-1。

1. 一般要求

（1）企业策划管理部门负责组织实施企业质量信息和质量管理改进工作。

（2）各职能和层次、各岗位负责归口管理的流程和流程活动中信息收集、传递、分析和利用，并实施质量管理改进。

（3）质量信息来源通过流程信息的收集、传递获得，主要有：

1）企业绩效检查、分析与改进；

2）项目绩效检查、分析与改进；

3）项目履约检查、分析与改进；

4）项目施工质量检查、分析与改进；

5）服务管理及工程建设有关方满意信息测评、分析与改进；

6）内部审核；

7）标杆管理；

8）知识管理；

9）市场开发；

10）工程建设有关方沟通；

11）工程项目外部联络沟通。

（4）信息管理技术应用实施见第 8.4.3 节信息化管理流程。

（5）质量管理改进与创新包括纠正措施、预防措施和质量管理创新活动和以下流程或流程活动：

1）企业绩效检查、分析与改进；

2）项目绩效检查、分析与改进；

3）项目履约检查、分析与改进；

4）项目施工质量检查、分析与改进；

5）服务管理及工程建设有关方满意信息测评、分析与改进；

6）内部审核；

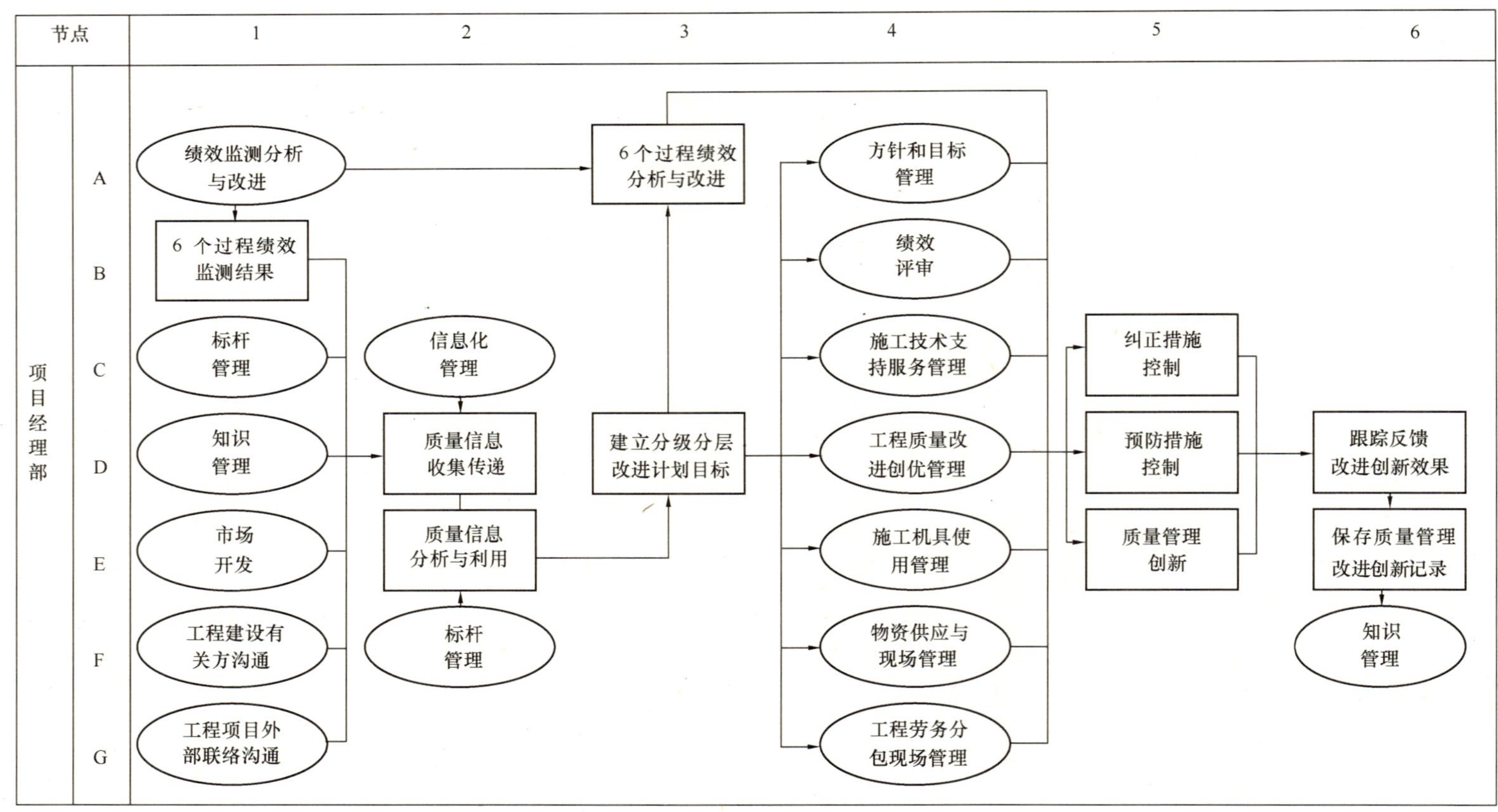

图 8.3.6-1　质量管理改进与创新流程

7）方针和目标管理；

8）绩效评审；

9）施工技术支持与服务管理；

10）工程质量改进与创优管理；

11）施工机具使用管理；

12）物资供应与现场管理；

13）工程/劳务分包现场管理。

2. 节点 D2“质量信息收集传递”

（1）质量信息的概念可以分为狭义和广义的两种。

1）狭义的质量信息是指反映施工质量和质量活动过程的记录；广义的质量信息是指实施质量管理活动和反映施工质量所使用的各种声音、图像、文字、数字和符号等。

2）质量管理的信息可以分为组织类、管理类、经济类、技术类和法规类信息。

3）质量信息应通过收集、整理、加工、存储、传递等过程的管理使其在合适的时间、以合适的方式传递给合适的人。

（2）根据各职能和层次的流程的权责，分别按各自权责范围内流程信息流转要求负责收集用于评价质量管理水平的质量信息，包括：

1）市场经营部门负责收集建筑市场、行业行政主管部门和协会等法律、法规、标准规范和规章制度等；技术管理部门负责收集建筑施工技术质量有关法律、法规、标准规范和规章制度等。

2）工程管理部门负责收集工程建设有关方对企业的工程质量和质量管理水平的评价。

3）各职能和层次负责收集各管理层次工程质量管理情况及工程质量的检查结果。

4）各职能和层次负责收集企业质量管理监督检查结果。

5）企业策划管理部门负责收集同行业其他施工企业的经验教训。

6）市场经营部门负责收集市场需求。

7）工程管理部门负责收集质量回访和服务信息。

3. 节点 E2“质量信息分析与利用”

（1）质量信息分析应用的统计技术包括：描述性统计（包括图解法）、试验统计、假设检验、测量分析、过程能力分析、回归分析、可靠性分析、抽样、模拟、统计过程控制（SPC 图）、统计容差法、时间序列法等。

1）描述性统计是统计分析的基本组成部门，是最常用的统计技术。描述性统计技术提供的信息通常可通过各种图解法进行简明有效的传递，图解法包括数据可以简单地展示。描述性统计常用的图解法包括：趋势图（也称“运行图”）、散布图和直方图等。

2）标杆分析有利于企业不断识别与国内外同行差距、识别企业内部不同部门或项目部间的差距，设定和实现不断上进的质量管理和产品质量目标，见第 8.3.2 节标杆管理流程。

3）《GB/T 19002—2000 统计技术指南》GB/Z 19027—2005（ISO/TR10017：2003）标准识别了质量管理各个过程可能应用的常规统计技术，并对每种统计技术的概念、用途、益处和缺点给予了简要说明。

（2）质量信息的分析可以分成不同的种类，按照分析问题所涉及范围的不同可以分为单一质量问题的分析和综合质量问题的分析；按照分析问题性质的不同可以分为技术问题的分析和管理问题的分析等。应该根据所分析问题种类的不同对质量信息的分析进行分类管理。

（3）各职能和层次进行质量分析的频度、时机应该具有及时性和有效性。分析结果应能够作为质量改进的依据。

（4）质量信息分析结果包括：

1）工程管理部门负责分析工程建设有关方对施工企业的工程质量、质量管理水平的满意程度。

2）技术、质量检查管理部门负责分析施工和服务质量达到要求的程度。

3）企业策划管理部门负责分析工程质量水平、质量管理水平发展趋势以及改进的机会。

4）设备、物资、工程管理部门负责分析与供货方、分包方合作的评价。

（5）各职能和层次根据质量信息分析结果，识别质量管理现状和质量目标实施程度，找出差距，识别改进机会，制定改进措施。

（6）各职能和层次在识别需要改进的领域和机会时，应积极引进各种先进的管理思想和方法，如企业级项目管理成熟度模型（OPM3）、精益建设（LC）、业务流程再造（BPR）等，用以发现质量管理中的不足，找出质量管理中存在的问题并确定改进的方向。

4. 节点D3“建立分级分层改进计划目标”

（1）建立分层次和各部门项目部的改进计划和目标，应系统策划，跟关键绩效指标关联，并全面实施和测量改进活动。

（2）应根据企业的实际需要制定改进创新的管理机制，这些改进创新的管理机制包括创新的激励机制、创新实施结果的反馈机制、创新绩效的考核机制等。企业要营造创新的环境，使质量管理工作不断地推陈出新，追求卓越

5. 节点C5“纠正措施控制”

（1）纠正措施用以消除不合格的原因，防止不合格项再发生。

（2）纠正措施活动包括：

1）按质量信息分析要求评审不合格（包括顾客抱怨）、确定不合格发生的原因。可以采用因果分析图法、分层法、排列图法、直方图法等方法进行定性或定量地分析。分析应尽可能全面，包括管理层次、人机料法环信测各个方面。

2）针对不合格的影响程度，考虑技术经济性和实施适宜性，评价确保不合格不再发生的措施的需求。

3）确定和实施所需的措施，记录所采取措施的结果。

4）评审所采取的纠正措施的有效性。

6. 节点D5“预防措施控制”

（1）预防措施用以消除潜在不合格的原因，防止不合格的发生。

（2）预防措施活动包括：

1）按质量信息分析要求确定潜在不合格及其原因，如：

A. 经营目标实现情况分析，如果趋势恶化，说明不采取措施，就会导致问题。

B. 正式和非正式的顾客满意情况变化趋势。

C. 产品质量水平发展趋势，波动大，问题多，表明背后有导致这种情况的原因。

D. 关键过程能力表现。

E. 对相识情况下发生在其他产品、过程、企业的其他部分或其他企业的不符合进行评估。

F. 针对可预见的情况，如企业机构变化、拓展到不熟悉的区域、技术变化大等。

G. 质量成本损失情况

2）针对潜在问题的影响程度，考虑技术经济性和实施适宜性，评价防止不合格发生的措施的需求。

3）确定和实施所需的措施，记录所采取措施的结果。

4）评审所采取的预防措施的有效性。

7. 节点 E5“质量管理创新”

(1) 质量管理创新是指在质量管理中通过对制度、活动或方法的革新为企业、顾客、社会创造新的价值的活动。

(2) 质量管理创新在原有质量管理基础上，能够提高质量管理效率、降低质量管理成本，而不仅仅是改进有效性。

(3) 质量管理创新既包括原始创新，也包括集成创新和引进消化吸收后的再创新。质量管理创新能力是企业的核心竞争力之一。

(4) 企业应通过建立良好的激励机制引导各管理层次和部门开展质量创新活动，通过强化创新意识、营造创新环境、发展创新文化、培育创新团队、加大创新投入、激发创新活力、增强创新动力等措施，全面推进企业的质量管理创新工作。

(5) 质量管理创新涉及管理体系各个要素，如企业文化创新、管理理念创新、管理体制创新、管理机制创新、管理方法创新及目标管理创新、经营管理创新、成本管理创新、技术创新、人才队伍创新、项目管理创新等。

8. 节点 D6“跟踪反馈改进创新效果”

应对改进创新的效果进行评估，确保在合理的成本下实施改进创新的活动，并对创新带来的风险加以有效管理。

附录

附录A：国家认证认可监督管理委员会、住房和城乡建设部（2010年第21号文）《关于在建筑施工领域质量管理体系认证中应用〈工程建设施工企业质量管理规范〉的公告》

关于在建筑施工领域质量管理体系认证中应用《工程建设施工企业质量管理规范》的公告

为进一步提高建筑施工企业质量管理水平，为社会提供优质建筑，满足建筑施工领域质量管理工作专业性强的需求，国家认证认可监督管理委员会与住房和城乡建设部决定在建筑施工领域质量管理体系认证中应用《工程建设施工企业质量管理规范》GB/T 50430—2007（以下简称《规范》)。现将有关事项公告如下，请各相关单位遵照执行：

一、自2010年8月1日起，在建筑施工领域质量管理体系认证中，应依照《质量管理体系要求》GB/T 19001—2008和《规范》执行。

二、从事建筑工程活动的施工企业应贯彻《规范》的所有要求，鼓励采用符合条件的第三方认证，其认证的内容应同时包括《质量管理体系要求》和《规范》的要求，鼓励相关部门采信其结果。

三、各认证机构自2010年11月1日起，在中国境内对建筑施工企业实施质量管理体系认证时，应当依据《质量管理体系要求》和《规范》开展认证审核活动。

四、中国合格评定国家认可中心应结合《规范》的要求，重新修订对于建筑施工专业范围的认可要求，从2010年9月1日起对具有建筑施工专业范围的认证机构进行重新评定确认，符合条件的继续给予相应的认可资格。

五、经过重新核定具备建筑施工专业范围认可的认证机构对按照《质量管理体系要求》标准已获得质量管理体系认证的企业，在到期换证时，应增加《规范》要求审核后完成认证证书转换工作；逾期未完成转换的认证证书均属无效，认证机构应对无效证书做出相应处理。

六、依据《质量管理体系要求》和《规范》标准实施的认证活动，认证证书标注的认证依据标准应为：GB/T 19001—2008/ISO 9001：2008和GB/T 50430—2007。

特此公告。

国家认证认可监督管理委员会
住房和城乡建设部
2010年6月10日

附录B：GB/T 50430—2007《工程建设施工企业质量管理规范》与《质量管理体系 要求》GB/T 19001—2008条款对照表

GB/T 50430—2007规范条款与GB/T 19001—2008标准条款对照表　　附录B表1

GB/T 50430—2007规范条款		GB/T 19001—2008标准条款
1. 总则		1.1、1.2
2. 术语		3
3. 质量管理基本要求	3.1 一般规定	4.1
	3.2 质量方针和目标	5.3、5.4.1
	3.3 质量管理体系的策划和建立	4.1、4.2.1、4.2.2、5.4.2
	3.4 质量管理体系的实施和改进	4.1、5.6.1、6.1
	3.5 文件管理	4.2.3、4.2.4
4. 组织机构和职责	4.1 一般规定	5.5.1
	4.2 组织机构	5.5.1
	4.3 职责和权限	5.1、5.5.1、5.5.2、5.5.3
5. 人力资源管理	5.1 一般规定	6.2.1
	5.2 人力资源配置	6.2.2
	5.3 培训	6.2.2
6. 施工机具管理	6.1 一般规定	6.3、7.4.1-7.4.3
	6.2 施工机具配备	6.3、7.4.1-7.4.3
	6.3 施工机具使用	6.3
7. 投标及合同管理	7.1 一般规定	5.2、7.2.1-7.2.3
	7.2 投标及签约	7.2.1、7.2.2
	7.3 合同管理	7.2.2、7.2.3
8. 建筑材料、构配件和设备管理	8.1 一般规定	7.4.1-7.4.3
	8.2 建筑材料、构配件和设备的采购	7.4.1、7.4.2
	8.3 建筑材料、构配件和设备的验收	7.4.3、8.2.4、8.3
	8.4 建筑材料、构配件和设备的现场管理	6.4、7.5.3、7.5.5
	8.5 发包方提供的建筑材料、构配件和设备	7.5.4
9. 分包管理	9.1 一般规定	7.4.1-7.4.3
	9.2 分包方的选择和分包合同	7.4.1、7.4.2
	9.3 分包项目实施过程的控制	7.4.3、8.2.3
10. 工程项目施工质量管理	10.1 一般规定	7.1、8.2.3
	10.2 策划	6.3、7.1、7.2.3、7.5.1-7.5.5
	10.3 施工设计	7.3

续表

GB/T 50430—2007 规范条款		GB/T 19001—2008 标准条款
10. 工程项目施工质量管理	10.4 施工准备	7.5.1
	10.5 施工过程质量控制	6.4、7.2.3、7.5.1-7.5.5
	10.6 服务	7.5.1、7.5.4、7.5.5、8.2.1、8.4
11. 施工质量检查与验收	11.1 一般规定	8.1
	11.2 施工质量检查	8.2.3
	11.3 施工质量验收	8.2.4
	11.4 施工质量问题的处理	8.3
	11.5 检测设备管理	7.6
12. 质量管理自查与评价	12.1 一般规定	8.1
	12.2 质量活动的监督检查与评价	8.2.1、8.2.2、8.2.3
13. 质量信息和质量管理改进	13.1 一般规定	5.5.3、8.1
	13.2 质量信息的收集、传递、分析与利用	5.2、5.6、8.2.1、8.4
	13.3 质量管理改进与创新	8.5.1、8.5.2、8.5.3

附录C：GB/T 19001—2008《质量管理体系 要求》与《工程建设施工企业质量管理规范》GB/T 50430—2007条款对照表

GB/T 19001—2008标准条款与GB/T 50430—2007规范条款对照表 附录C表1

GB/T 19001—2008 标准条款		GB/T 50430—2007 规范条款
1. 范围	1.1 总则	1 总则
	1.2 应用	1 总则
2. 规范性引用文件	2 规范性引用文件	
3. 术语和定义	3 术语和定义	2 术语
4. 质量管理体系	4.1 总要求	3.1、3.3、3.4
	4.2 文件要求	3.3、3.5
5. 管理职责	5.1 管理承诺	4.3
	5.2 以顾客为关注焦点	7.1、13.2
	5.3 质量方针	3.2
	5.4 策划	3.2、3.3
	5.5 职责、权限与沟通	4.1、4.2、4.3、13.1
	5.6 管理评审	3.4、13.2

续表

GB/T 19001—2008 标准条款		GB/T 50430—2007 规范条款
6. 资源管理	6.1 资源提供	3.4
	6.2 人力资源	5.1、5.2、5.3
	6.3 基础设施	6.1、6.2、6.3
	6.4 工作环境	8.4、10.5
7. 产品实现	7.1 产品实现的策划	10.1、10.2
	7.2 与顾客有关的过程	7.1、7.2、7.3、10.2
	7.3 设计和开发	10.3
	7.4 采购	6.1、6.2、8.1、8.2、8.3、9.1、9.2、9.3
	7.5 生产和服务提供	8.4、8.5、10.2、10.4、10.5、10.6
	7.6 监视和测量设备的控制	11.5
8. 测量、分析和改进	8.1 总则	11.1、12.1、13.1
	8.2 监视和测量	8.3、9.3、10.6、11.2、11.3、12.2、13.2
	8.3 不合格品控制	8.3、11.4
	8.4 数据分析	10.6、13.2
	8.5 改进	13.3

附录 D：GB/T 50430—2007《工程建设施工企业质量管理规范》条款与质量管理体系典型流程对照表

《规范》与管理体系流程对照表 **附录 D 表 1**

《规　　范》		管理体系流程
3. 质量管理基础	3.1 一般要求	8.1.1 企业文化管理、8.1.2 战略管理
	3.2 质量方针目标	8.1.3 方针和目标管理
	3.3 质量管理体系的策划和建立	8.1.4 管理策划和资源配备
	3.4 质量管理体系的实施和改进	8.1.4 管理策划和资源配备
	3.5 文件管理	8.1.14 文件控制、8.1.15 记录控制
4. 组织机构和职责	4.1 一般规定	8.1.5.2 工作系统
	4.2 组织机构	8.1.5.2 工作系统
	4.3 职责和权限	8.1.5.2 工作系统
5. 人力资源管理	5.1 一般规定	8.1.5 人力资源管理、8.1.5.1 人力资源规划
	5.2 人力资源配置	8.1.5.2 工作系统、8.1.5.3 员工绩效管理、8.1.5.4 员工能力分析、8.1.5.5 员工选聘、8.1.5.7 员工权益和满意度管理
	5.3 培训	8.1.5.6 学习和发展管理

续表

《规　　范》		管理体系流程
6. 施工机具管理	6.1 一般规定	8.1.8 施工机具配备管理、8.2.6.1 施工机具使用管理
	6.2 施工机具配备	8.1.8.1 施工机具内部配备管理、8.1.8.2 施工机具外部租赁管理
	6.3 施工机具使用	8.2.6.1 施工机具使用管理
7. 投资及合同管理	7.1 一般规定	8.1.6 招投标及合同管理、8.3.1.3 项目履约检查、分析与改进
	7.2 投标及签约	8.1.6.1 市场开发、8.1.6.2 项目风险评审、8.1.6.3 投标及合同签订管理
	7.3 合同管理	8.3.1.3 项目履约检查、分析与改进、8.1.6.4 索赔及争议处理、8.1.6.5 工程建设有关方沟通
8. 建筑材料、构配件和设备管理	8.1 一般规定	8.1.10 物资采购控制、8.2.6.2 物资供应与现场管理
	8.2 建筑材料、构配件和设备的采购	8.1.10 物资采购控制
	8.3 建筑材料、构配件和设备的验收	8.2.6.2 物资供应与现场管理
	8.4 建筑材料、构配件和设备的现场管理	8.2.6.2 物资供应与现场管理
	8.5 发包方提供的建筑材料、构配件和设备	8.2.6.2 物资供应与现场管理
9. 分包管理	9.1 一般规定	8.1.11 工程/劳务分包选择招标、8.2.6.3 工程/劳务分包现场管理
	9.2 分包方的选择和分包合同	8.1.11 工程/劳务分包选择招标
	9.3 分包项目实施过程的控制	8.2.6.3 工程/劳务分包现场管理
10. 工程项目施工质量管理	10.1 一般规定	8.1.7 生产组织及资源配管、8.2.1 项目部组建与管理
	10.2 策划	8.1.12 施工技术支持与服务管理、8.2.2 项目施工管理策划
	10.3 施工设计	8.2.3 施工设计
	10.4 施工准备	8.2.4 临时设施建设及施工准备、8.2.5 工程项目外部联络与沟通
	10.5 施工过程质量控制	8.1.12 施工技术支持与服务管理、8.2.6 施工过程控制、8.2.6.4 作业环境控制、8.2.6.5 分项/检验批工程施工质量控制及验收、8.2.6.6 关键施工过程质量控制、8.2.6.7 特殊施工过程质量控制、8.2.6.8 施工进度控制、8.2.7 工程变更管理
	10.6 服务	8.2.13 项目竣工管理与移交服务、8.3.1.5 服务管理及工程建设有关方满意信息测评、分析与改进

续表

<table>
<tr><th colspan="2">《规　　范》</th><th>管理体系流程</th></tr>
<tr><td rowspan="5">11. 施工质量检查与验收</td><td>11.1 一般规定</td><td>8.3.1.4 项目施工质量检查、分析与改进</td></tr>
<tr><td>11.2 施工质量检查</td><td>8.3.1.4 项目施工质量检查、分析与改进</td></tr>
<tr><td>11.3 施工质量验收</td><td>8.1.13 工程质量改进与创优管理、8.2.6.5 分项/检验批工程施工质量控制及验收、8.2.11 分部工程施工质量验收、8.2.12 单位工程施工质量验收、8.2.13 项目竣工管理与移交服务、8.2.8 试验检测和外委试验检测管理</td></tr>
<tr><td>11.4 施工质量问题的处理</td><td>8.2.9 施工质量问题处理、8.2.10 质量事故调查处理</td></tr>
<tr><td>11.5 检测设备管理</td><td>8.1.9 检测设备管理</td></tr>
<tr><td rowspan="2">12. 质量管理自查与评价</td><td>12.1 一般规定</td><td>8.3.1 绩效监测、分析与改进</td></tr>
<tr><td>12.2 质量活动的监督检查与评价</td><td>8.3.1.1 企业绩效检查、分析与改进、8.3.1.2 项目绩效检查、分析与改进、8.3.1.3 项目履约检查、分析与改进、8.3.1.4 项目施工质量检查、分析与改进、8.3.1.5 服务管理及工程建设有关方满意信息测评、分析与改进、8.3.1.6 内部审核</td></tr>
<tr><td rowspan="3">13. 质量信息和质量管理改进</td><td>13.1 一般规定</td><td>8.3.1　绩效监测、分析与改进；8.3.4 信息化管理；8.3.6 质量管理改进与创新</td></tr>
<tr><td>13.2 质量信息的收集、传递、分析与利用</td><td>8.3.2 标杆管理、8.3.3 知识管理、8.3.4 信息化管理、8.3.5 绩效评审</td></tr>
<tr><td>13.3 质量管理改进与创新</td><td>8.1.12 施工技术支持与服务管理、8.1.13 工程质量改进与创优管理、8.3.6 质量管理改进与创新</td></tr>
</table>

附录 E：施工企业内部审核要点

1. 审核要点由两部分构成：

（1）“施工企业内部审核要点”包括了：施工企业一般过程审核要点（A）、施工企业管理层各部门审核要点（B）及分公司（或子公司，下同）审核要点（C）三个部分。

“施工企业的一般过程审核要点”列出了施工企业一般过程的审核要点及审核“取证证据方法”，“审核要点”中包含了按规范和标准要求对各过程进行审核时的主要内容，及结合建筑行业特点给出了审核时常用的取证证据方法和涉及的内容。

“企业部门及分公司审核要点”按照 PDCA 的过程原则，分别阐述了对施工企业的“管理层各部门”、“分公司”审核的主要内容。

在“施工企业的一般过程审核要点”中未列出所有过程的 P-D-C-A 循环的原因主要是：所有质量管理体系所包含的过程都采用了“PDCA”的方法实施管理并进行审核，因此在对部门和分公司审核中体现，企业内审员在实施内审核时予以关注和参照落实。

（2）施工现场审核提示（D）主要是针对工程项目部，因为工程项目部是施工企业内部审核的重点区域，所以内部审核员对项目部进行审核时，不仅仅要查阅各项技术管理资料，还必须对施工现场各方面的情况进行详细观察，以收集企业质量管理的准确信息，有助于对质量管理体系的有效性的客观判断，本要点列出了内审员应认真观察的现场管理内容。

2. 用过程方法来建立和改进施工企业的质量管理体系有效性，是 GB/T 50430—2007 规范和 GB/T 19001—2008 标准的重要特点之一，在对质量管理体系进行审核时也应采用针对过程的审核方法，因此，本审核要点按照一般施工企业的典型业务过程编制而成，考虑施工企业管理典型管理职能的划分，并未在各个过程中具体体现 PDCA 的原则。企业在使用时应按照本企业的业务过程的划分方法，采用过程方法实施审核，审核计划、审核线路、审核思路等应尽量按过程方法展开：

（1）审核计划的编制：针对本企业质量管理过程，采用针对部门审核的方法时，应在审核计划中明确所有过程的主管部门和相关部门，除过程的主管部门外，应确保审核时各个过程在相关的执行情况能予以覆盖，并尽可能按照 P-D-C-A 的顺序安排审核路线。此外应注意：审核计划中仅列出了各部门被审核的规范和标准条款，内审员应明确所审核的活动所在的过程及应符合的规范和标准条款，并要体现在检查表中。建议在检查表中明确每个过程的审核负责人，并由其收集和汇总该过程的审核结果，以便进行综合判断。

（2）审核组内部沟通：应在每天内审结束后，由审核组长主持，将每个过程的审核情况，由该过程的审核负责人汇总，并提出（提醒其他内审员）该过程在后续审核过程中的注意事项。

（3）审核结果的汇总和综合评价：全部现场审核结束时，由各过程的审核负责人收集各过程的审核情况，并进行初步分析后，由审核组长主持，全体内审员参加对所有过程的符合性和有效性进行综合评价，确定审核的不符合项，编制审核报告。

例如：培训管理过程，主管部门为人事部，相关部门有“办公室〈负责外培的管理〉、质安部〈质检员和安全员证书的管理〉、设备部〈机械设备操作人员的培训和证书管理〉、施工项目部〈作业工人的操作技能培训〉”。若这三个部门及项目部分别由不同的内审员进行审核，则在审核计划中均应明确对“人力资源管理”的审核，但应由审核人事部的审核员对所有有关培训的审核结果进行汇总。

（4）内审不符合项性质的判定：

企业管理体系的建立和实施中一般可能会出现的不符合会有三类，即：“体系性、实施性、效果性”不符合；对质量管理来讲也是如此。

在第二方或第三方审核时，由于为了对受审核方的管理体系作出评定以便决定是否能够通过注册（也可称之为认证）或认可（也可称之为认定），常将不符合分为“严重和一般/轻微”两类；而企业自我完善的内审活动，不存在是否通过“注册或认可”的问题，所以企业管理体系的内审只按性质分为上述三类即可，且也利于企业查找不符合的原因和持续改进。

1）体系性不符合：未按管理体系标准要求建立程序或文件，或已建立的管理体系文件与有关的法律法规、标准、合同等的要求不相符。例如，公司未按标准要求建立对“与采购的货物、设备和服务相关的质量控制措施〈见规范和标准的相关要求〉”，或采购程序中只明确规定了有关“物资和设备”的价格、质量、数量、送货到现场的时间等，而未对其拉运至施工现场“如何进行质量验收和后续服务”的责任进行明确，这就是一种体系性的不符合。

2）实施性不符合：虽然建立了相应的程序，但未按文件规定去实施。例如，公司的采购程序中已规定了“各级采购人员在与提供物资和设备的供方签订采购合同时，要在合同条款中明确采购物资和设备拉运至施工现场卸车时双方验收的质量责任”。但抽查所签订的合同发现，合同条款中没有明确双方验收的质量责任，这就是一种实施性的不符合。

3）效果性不符合：体系文件已建立且符合规范和标准的要求，而且也确实实施了，但是由于实施的过程中不够认真或由于某些偶发的原因而导致其实施的效果未能达到规定的要求，这种不符合即称之为效果性不符合。

因内审是企业管理体系自我完善和改进的主要一环（即：企业三级自我监测“日常定期/不定期检查，按计划的内审，最高管理者按时间间隔的管理评审”中的主要一环），且对施工质量管理而言，监测（检查、内审和管理评审）所发现的不符合项均属于质量管理的隐患，均需要立即整改，不应用严重或一般来定性，所以更不宜给出“观察项”的错误概念。

3. 施工企业一般过程审核要点（A）

（1）质量体系管理过程，见附录 E 表 1。

质量体系管理过程 **附录 E 表 1**

1. 质量管理体系策划和建立

（1）审核要点（及提示要点，下同。略）：

1）查是否结合企业自身特点按规范和标准要求建立了确保施工产品符合要求和适用法律法规要求的质量管理体系、且形成了文件？对质量管理体系过程活动的识别是否全面和充分（包括过程的外包，以及若有删减是否说明理由，且充分?）

2）策划的各过程活动的顺序规定是否合理？过程之间的接口是否明确?（包括外包过程）

3）如何证实企业的质量管理体系能稳定的提供顾客满意和适用的法律法规要求的建筑产品?

4）企业的质量管理体系是否具备了持续改进的能力?

5）质量管理体系文件的策划（质量管理手册、程序文件、方针、目标等）是否满足规范和标准的要求？其内容是否描述得充分、适宜？是否覆盖了规范和标准要求的内容（即：GB/T 50430—2007 的 3.3.1、3.3.2、3.3.3 条款，和 GB/T 19001—2008 的 4.1、5.4.2 条款），并考虑了质量管理体系变更时保持完整性的策划?

6）规范和标准要求编制的程序、管理制度等是否已形成了可操作性的文件?

7）是否按要求编制了文件控制程序和记录控制程序？程序文件、作业文件是否能确保部门和所有过程的有效运行和控制？程序文件、作业文件是否明确了文件管理范围、职责、流程和方法，且易于操作?

8）文件发布前是否由授权人批准其适用性?

9）文件的“编制、发放范围、使用、回收和修改”等的管理是否经过评审和批准？如何标识作废文件，保留的作废文件是否标识?

10）现场使用的文件是否为适用的有关版本？是否对文件保持清晰且易于识别?

11）所需的外来文件如何识别，转发是否进行了有效的控制和管理?

12）各项运行活动记录（施工准备工作、技术交底、现场管理、质量检验等记录）是否完整、齐全?

13）记录能否保持清晰？是否易于识别？编号、签署是否符合要求?

14）记录的归档是否规范？检索是否方便？记录的保管、贮存环境是否符合要求?

15）是否按要求规定了记录的归档、保存期限和处置方法？

16）是否对计算机系统数据库内的和电子的文件及记录制订了适宜的管理办法，并按其实施了有效的控制？

（2）取证证据方法：

1）与企业最高管理者（层）及相关领导交谈了解；

2）查阅企业质量管理体系策划会议纪要及体系文件，管理评审文件等；

3）结合企业产品实现，监视、测量过程检查取证，对本企业的质量管理体系运行及持续改进能力进行综合分析/评价；

4）查阅质量管理手册、相应的程序文件；

5）查阅流程图和相应的管理制度及作业文件等；

6）查阅标准、软件有效版本清单；

7）企业、部门文件控制清单，文件发放清单（包括外来文件的复制发放）；

8）文件审批记录，文件评审修改批准记录，文件受控标识，及作废文件管理办法；

9）通过抽样选取记录样本，查阅记录的完整性；

10）查记录的归档及贮存环境；

11）查记录的编目、检索和借阅登记；

12）查阅数据库和电子文件及记录管理办法（或程序文件），和管理落实证据。

2. 质量方针和质量目标

（1）审核要点：

1）质量方针中是否有遵守法规、持续改进和顾客满意（产品要求）的内容？

2）质量方针是否反映了建筑施工行业的特点、并体现了本企业的质量管理宗旨和方向？

3）最高管理者是否定期评审了质量方针的持续适宜性，并作了必要的修订？

4）最高管理者是否向员工宣讲了质量方针的内涵？员工对方针是否理解？

5）质量目标是否在质量方针的框架下展开？是否具有激励性？

6）质量目标是否包含了质量管理和工程质量的要求？是否用工程质量特性指标表示？并具有可测量性（定量测量、定性评价）？

7）组织的质量目标是否分解到各部门各层次予以细化？部门职责是否有预期目标？

8）是否建立并实施了质量目标管理制度？采取什么措施实现质量目标？实施效果如何？

9）制定质量目标的依据是什么？是否考虑了组织现状和同行业水平？

（2）取证证据方法：

1）查阅质量手册或经审批的质量方针和质量目标文件；

2）查阅质量方针宣讲会议记录和管理评审、对质量方针进行评审的记录；

3）与员工交谈询问；

4）查阅各部门、下属单位、项目部的质量目标；

5）查阅目标考核与评价记录；

6）查阅质量目标管理制度。

3. 资源配置

（1）审核要点：

1）企业（最高管理者）是否为实施、保持和改进质量管理体系确定和配备了充足的资源（人力资源、专业技能、基础设施、技术和财力等）？

2）是否规定了各级管理人员对各项质量管理活动监督检查的职责、依据和方法？监督检查的方法是否灵活，并密切结合了企业的实际工作？

3）是否为确保质量管理体系持续的适宜性、充分性和有效性进行了质量管理体系的评审？评审是否包括了“评价改进的机会和质量管理体系变更的需求、及质量方针和质量目标变更的需求”？且保持了评审的记录。

4）企业组织结构设置是否适宜质量管理的需要？相应管理部门和岗位的确定是否满足建筑施工行业管理要求，并能体现合理的分工机制和良好的协作机制？

5）最高管理者是否清楚自己在质量管理方面的职责和权限（见 GB/T 50430—2007 中 4.3.1 条和 GB/T 19001—2008 中 5.1—5.6 条）？并以文件形式规定了各部门、各层次、各岗位管理、执行和验证人员的专职质量管理的职责和权限；及其他相关职能部门的质量管理职责和权限？

6）部门、层次及各岗位负责人是否明确并到位？员工是否明确自己的职责？且各级人员的岗位责任制是否得到了沟通并执行？

7）质量体系的管理者代表是否来自于本企业管理层，且明确自己的作用、职责和权限？并能及时向最高管理者汇报体系运行情况和提供改进建议？

（2）取证证据方法：

1）与企业最高管理者（领导层）交谈；

2）查阅所编制的有关“各级部门、岗位设置的组织机构图”和明确“责任制或岗位职责和权限的规定文件（或管理手册）”，以及质量管理体系职能分配表；

3）管理者代表任命文件，并与管理者代表交流询问；

4）与各级管理和操作人员交谈，并现场观察了解管理体系资源需求和配置及职责和权限的落实情况；

5）查阅和了解各项资源配置的台账；

6）查阅对质量活动进行评价的记录或报告等证实资料。

4. 管理评审

（1）审核要点：

企业的最高管理者（层）是否按照规定的时间间隔和周期组织并主持了质量管理体系运行状况的分析评价（评审）？且有针对性地提出了改进的目标和要求，并得到落实和跟踪验证？（有关管理评审的方法、要求和内容详见 GB/T 50430—2007 规范中 13.2.4 条规定的 6 项，和 GB/T 19001—2008 标准中 5.6.1、5.6.2 和 5.6.3 的三个条款要求，略）。

（2）取证证据方法：

查阅管理评审“计划、通知、输入资料、记录、报告和改进措施及跟踪验证”等所形成的系列资料。

5. 内部沟通

（1）审核要点：

是否在企业内部的管理部门之间、各管理层次之间（直至项目部操作层）建立了质量管理体系的内部信息沟通机制？沟通“方式、职责及其信息范围”的有效性如何？

（2）取证证据方法：

分别与公司部门、分公司负责人座谈，及现场与项目部有关人员交谈询问，查会议记录、有关文件和信息简报等

（2）资源管理过程，见附录表E表2。

资源管理过程　　附录E表2

1. 临时设施管理

（1）审核要点：

1）是否按照《施工组织设计》中的策划和相关法规规定的要求，并按照现场施工平面规划搭建了施工生产所需的各项临时设施（通常称之为“基础设施”）（如：施工生产和生活用临时房屋、物资仓库、施工道路、临水、临电、电信、机械加工场地等）？

2）是否建立和实施了“临时设施管理制度”（或“基础设施管理制度”、“办法”等）。

（2）取证证据方法：

1）施工现场巡视、观察和查阅管理台账；

2）查阅所制定的管理制度、办法或其他文件。

2. 施工机具管理（同上1有接口，审核时可根据项目实际的投入情况进行分开或结合审核和检查）

（1）审核要点：

1）企业（下属专业单位）是否按建设主管部门核准的施工经营范围、施工生产能力的需求配置和提供了基础设施（工作场所、半成品加工场地、物资仓库、临时用电临时用水装置等；过程机具设备、施工用工、量、卡具、计算机、自动监控装置等；支持性的运输，通信等相关设施）；

2）是否制定了施工需要设施、机具和设备的管理制度/办法？并对其“配置、验收、安装调试、使用维护”等做出了详细的规定，明确了各管理层次及相关岗位在上述管理中的职责？且按规定在使用中落实了各项要求？

3）对施工需要的基础设施进行配置、采购或租赁前，是否按规定进行了“计划—审批—实施”和对采购或租赁方进行了“能力评价（包括风险能力）—合同签订（如明确设施质量和服务要求及应急责任等）—进场验收（如合格证、安拆方案、说明书、安全设施的性能以及随行操作人员的资格证明等；还有特殊设施按照有关规定的经国家授权单位或监理的验收等。针对采购或租赁供方的控制，更详细内容可参见GB/T 50430—2007规范中6.2.2，6.2.3，6.2.4条，和GB/T 19001—2008标准中7.4.1，7.4.2，7.4.3条要求；另对施工机具的进场验收和控制管理必须遵守国家和行业现行规定，如：国务院令第393号《建设工程安全生产管理条例》中‘十五至十九条’和‘二十四、二十五条’等规定内容；又如：建设部令第166号《建筑起重机械安全监察管理规定》、建设部‘建质[2009] 87号《危险性较大的分部分项工程安全管理办法》’等等的落实情况均需内审员关注和掌握）”？

4）供方的支持性服务是否快捷、准时、满足需求？

（2）取证证据方法：

1）查阅设备设施需求计划、配置台账、及管理制度/办法；

2）抽查“设备设施采购和租赁计划、供方评价记录（包括评价依据的证实资料等）、合同（或协议）、进场验收记录以及相关的方案等”；

3）设备定检、安装调试、运转台时、监督检查、拆出等记录；

4）基础设施维护、维修、保养记录等。

3. 检测设备管理

（1）审核要点：

1）是否按施工生产和服务过程的需求确定了监视和测量的部位、方法？并选择和配置了准确度、精密度合适的监视和测量设备（检测设备）？

2）根据需要采购或租赁的检测设备，是否对供方进行了评价？

3）所配置和使用的监视和测量设备是否按规定的周期校准？在用设备是否在有效期内？使用前是否进行了验收？是否对设备实施了维护保养？搬运和储存期间是否按要求采取了有效地防止损坏或失效的措施？

4）自检的监视和测量设备，是否制定了作为检验依据的自检文件（如：自校规程）？

5）在监视和测量过程中，若发现有设备失准的情况，是否评价了已测结果的有效性，并采取后续措施和保存了记录？

6）用于测量、试验的计算机软件是否经过有效鉴定或确认以及必要时的再确认？

7）上述校准、确认和维护保养、搬运和储存等管理的记录是否按规定保存？

（2）取证证据方法：

1）查阅检测设备需求和配置计划？

2）查阅对检测设备采购或租赁计划及对供方的评价记录，和评价所依据的有效证据；

3）查阅检测设备检定、校准计划？检测设备台账、检测设备检定、校准合格证书，标识记录，使用维护记录；（包括搬运/储存注意事项的管理落实记录）

4）查阅自校依据文件夹，自校记录等；

5）查阅对仪器失准后的跟踪处置记录；

6）查阅检测设备软件鉴定记录，确认和再确认记录；

7）巡视和查阅各项记录管理。

4. 工作环境管理

（1）审核要点：

1）是否为施工生产提供了符合要求的施工作业环境（项目部的施工作业环境内容至少应包括：气候影响、操作人员作业环境、施工机具设备运行环境、试验工作环境以及作业场所周边的环境影响等）？

2）是否针对工作环境的管理建立了相应的管理制度，且各项制度均已落实（施工作业环境至少应涉及“文明施工、环境保护、劳动防护和保护、安全施工以及法律法规规定要求”等多方面）？

3）是否针对建筑施工中可能出现或发生的“不稳定和能力不足的施工过程、突发事件”策划、制定、实施和监控了这些过程？

（2）取证证据方法：

1）查阅管理制度和制度的落实记录或文件；

2）施工现场巡视和查阅工作检查记录等；

3）查阅企业和项目部的应急响应文件和演练记录等。

（注：有关劳动保护和劳动防护的要求，以及建筑施工企业和项目部的应急预案的控制管理，内审员应学习和掌握：建设部“建质［2007］255号《建筑施工人员个人劳动保护用品使用管理暂行规定》、国家安全生产监督管理总局令（第17号）《生产安全事故应急预案管理办法》以及国务院第393号令《建设工程安全生产管理条例》”等）。

5. 人力资源管理

（1）审核要点：

1）企业是否策划和编制并实施了满足质量管理需要的《人力资源管理制度》？

2）企业是否根据质量管理的长远目标策划/制定了《人力资源发展规划》？

3）是否对从事质量管理和工作并可能产生或造成影响的（直接或间接）各级人员规定了任职条件？该条件是否包含了基于教育、培训、技能和经验（经历）等方面的能力要求？

4）是否对在岗人员的任职能力进行了评价、考核和资格确认？对破格任职人员是否经过相应的考核，并计划了持续能力发展的内容；对招聘、借用人员如何进行资格确认？

5）是否根据组织的经营性质、规模、资质范围、人员素质和质量方面的风险大小等情况确定培训需求，制订培训计划并实施培训？（包括被确定为从事重要分部分项工程的内部或代表企业工作的人员）；

6）采取什么方式方法和措施确保员工对贯彻质量方针、实现质量管理目标意识的提高（包括对“项目经理、施工质量检查人员、特种作业人员”等按照法律法规的持证上岗方面的意识和职责落实）？

7）是否对培训有效性进行了跟踪评价？

8）是否正确地保存了各种人员的“教育、培训、技能和经验”的适当记录？

（2）取证证据方法：

1）与企业领导交谈；

2）查阅所策划和编制的有关“人力资源管理、人力资源发展”的相关文件；

3）到企业人力资源管理部门查阅：各级人员任职条件规定文件、人员资格确认名单、评价记录等；

4）查阅培训需求计划、培训计划（年度、专业、专项等）及培训实施记录；

5）查阅人力资源管理办法、人员能力考核记录、培训有效性评价记录（包括对招聘、借用人员）；

6）现场检查/抽查从事重要工作（如架子工、电焊工、电工、机械操作工、防腐工、质量检查员、安全员等）人员的培训/持证情况（包括员工和为企业工作的人员〈提供劳务和服务的人员以及其他外包人员〉）；

现场询问2～3名员工是否了解在工作偏离标准时可能造成的结果？以及质量职责、企业的质量方针/目标是否清楚？（可在施工项目现场巡查时找2～3名在岗员工交谈了解并记录）。

（3）工程项目实现过程，见附录E表3。

工程项目实现过程 **附录E表3**

1. 投标及合同管理

（1）审核要点：

1）企业是否建立了工程项目投标及工程承包合同管理制度，且能依法进行工程投标及签约活动，并对合同履行情况进行监控？

2）是否通过招标文件和合同草案信息识别了顾客“明示、隐含，以及法律法规所必须和其他附加”的要求？并且予以确定（如：对招标文件和合同草案的条款确认等，这里也包括对施工过程中的环境保护、安全生产的要求）；

3）对与满足工程项目有关要求的能力评审是否是在合同签订前（如投标文件报送前，合同或协议签订前等）进行？

4）当工程产品的要求变更时，是否重新评审，并对相关文件（如施组和作业文件等）及时修改，且将合同变更的信息及时传递到相关人员？

5）上述评审结果的有关记录是否按规定保存？

6）是否策划了“对合同履约情况进行及时分析和记录”的安排？并按规定在合同履行的各阶段与工程发包方或其代表进行了有效的沟通？如何处理沟通中反馈的相关意见和信息？是否保存了相关的记录？

（2）取证证据方法：

1）查阅相应的管理制度；

2）查阅对“招标文件、协议（合同）草案、电话通知”的确定记录；

3）查阅“问询、信函、来访记录、现场答疑、协调会议等”的记录或纪要；

4）查阅对招（投）标文件已确定的要求、其他附加的要求等，进行评审的记录或合同协议草案传递确认评审的记录；

5）查阅合同更改/重新评审的记录，相关文件修订和重新审批的记录，相关信息传递的记录等。

2. 施工设计

（1）审核要点：（注）

1）施工设计资质的施工企业内审时应按其相关规定要求（即：GB/T 50430—2007 规范 10.3.1—10.3.3 条的规定、和 GB/T 19001—2008 标准 7.3.1—7.3.7 条的要求）进行审核，具体审核内容见下 7.3.1～7.3.7；

2）施工企业不具备施工设计资质，但总承包合同中又包括了施工设计的内容，对施工设计的委托及监控的审核应按“分包管理审核”进行；

3）按发包方给的施工图进行施工，且也无施工设计资质和能力的施工企业，应审核其是否在质量手册的总则中和相应条款中阐明了“删减的细节和理由”？

（2）取证证据方法：

与企业领导交谈和查阅资质证书等；

（1）设计和开发策划

1）审核要点：

A. 设计和开发策划是否确定了阶段的要求？是否理解设计意图？

B. 策划的输出是否编制了项目设计计划、并适合于每个设计和开发阶段的评审、验证和确认的活动？计划是否按规定审批和发放？

C. 设计人、项目负责人、验证人（校核、审查、核定）是否具备相应的资格？职责和权限是否明确？

（即：设计计划是否阐明了不同设计阶段应开展的各项活动的内容？以及实施这些活动的职责权限？）

D. 设计计划是否规定了设计评审的频次和时机，设计验证/确认活动（注：评审、验证和确认可单独或以任意组合的方式进行并记录）的安排？设计资源是否有保证？

E. 设计计划是否随设计进展和情况变化而修改？

F. 对外部接口和内部专业的接口项目、分工、提供进度、沟通和要求是否有明确的规定？

G. 设计负责人是否对组织和技术接口进行协调、沟通和管理，并定期评审？

2）取证证据方法：

A. 交谈和查阅设计任务书，会议纪要，现场查勘记录；

B. 查阅设计计划，计划发放记录，更改记录；

C. 查阅总设计师召开接口协调/评审会议记录。

（2）设计和开发输入

1）审核要点：

A. 设计输入是否明确规定了有关建设项目的功能要求和性能要求及社会需求，并形成文件？

B. 设计输入是否包括适用的法律法规、技术标准（特别是强制性的标准）的要求和必要的说明？

C. 以前类似的设计信息包括上一个设计阶段的设计文件以及设计基本资料（包括收集、专业互提资料）是否评审了其适用性和完整性？

D. 对应急工程输入的假定设计资料是否有跟踪措施及处置结果？

E. 是否对设计输入的充分性和适宜性进行了评审？是否保证了输入信息的完整、清楚？对自相矛盾的输入要求，是否已协商解决？

2）取证证据方法：

A. 设计任务书，合同，设计批文，设计计划；

B. 基础资料（内部专业间互提资料、接收记录等）；

C. 适用的法律法规、技术标准、文献等；

D. 应急工程假定资料跟踪记录；

E. 设计输入信息评审记录。

（3）设计和开发输出

1）审核要点：

A. 设计输出的文件（如：图纸、技术要求、计算书、说明书、采购清单、工程验收标准等）是否满足设计输入的要求？

B. 设计文件是否标出了与安全和正常使用条件有关的工程项目（或材料、构配件和设备等）的质量特性？

C. 设计输出文件、图纸、设备清单、概算书等是否经过验证/评审？

D. 设计计算书是否有计算依据、计算条件的说明并经校审？

E. 设计文件中是否有为其后的工艺制作、施工、安装、运行、服务提供适当信息（包括施工措施、检验规范、接收准则等）？

F. 设计文件打印装订是否正确？设计输出文件在放行和发放前是否按规定得到批准（按规定的资格人员）？

2）取证证据方法：

A. 设计输出文件，设计报告，说明书，图纸，计算书等；

B. 设备清单，概预算书，试验报告，物资标准，施工技术标准、措施等；

C. 采购物资清单，检验规范，软件，程序等；

D. 对设计文件放行批准的记录。

（4）设计和开发评审

1）审核要点：

A. 是否按设计计划的安排对设计项目的各设计阶段的结果进行了系统的设计评审，以评价设计结果满足要求的能力？

B. 参加设计评审人员是否有职能部门代表，必要时邀请本设计组以外的有关专家参加？

C. 设计评审是否对阶段设计成果做出了评价，推荐了合理的设计方案？

D. 设计评审是否识别了问题，评审意见是否有跟踪措施，跟踪结果有否记录？

2）取证证据方法：

A. 查阅设计评审会议记录，或设计评审会议纪要；

B. 参加设计评审人员签到；

C. 查阅对问题的解决措施及跟踪记录。

（5）设计和开发验证

1）审核要点：

A. 是否对设计成品（图纸、说明书、计算书等）都进行了多级校审？校审单上的各级校审签署是否符合文件规定？

B. 校审意见是否得到执行？存在的问题是否进行跟踪并得到解决？

C. 使用的计算机验证软件是否经过鉴定？

D. 当采用变换方法进行计算时，其计算原则、计算方法、计算软件是否经过评审？

E. 当进行模型、模拟试验时，其试验成果是否经过评审/验证？

F. 当采用类比方法进行设计验证时，其类比条件是否经过适宜性评审？

G. 当存在多种设计验证方法时，最终选用的方法是否经过论证？

2）取证证据方法：

A. 查阅设计成品校审单，软件有效版本号，软件鉴定证书等；

B. 模型模拟试验报告（如建筑材料、构配件和设备等的监测试验）；

C. 多重计算评审记录。

(6) 设计和开发确认

1) 审核要点:

A. 是否针对设计工程项目规定的使用要求或预期的用途要求在设计成品交付或实施之前进行了设计确认?

B. 涉及安全或行业要求的设计项目是否经过主管部门组织外部评审会议予以确认?

C. 设计确认结果是否得到执行?实施情况是否符合确认文件要求?

2) 取证证据方法:

A. 设计确认会议纪要,参与人员名单;

B. 设计确认会议批文;

C. 确认和必要措施记录。

(7) 设计和开发更改的控制

1) 审核要点:

A. 设计更改的原因是否识别?更改所带来的影响是否进行了评审并消除其原因?

B. 设计更改前是否经过审批?

C. 设计更改后的文件是否进行设计验证、评审、确认,实施前是否得到批准?

D. 更改的评审结果及跟踪措施是否有记录?

2) 取证证据方法:

A. 设计更改识别记录和评审记录;

B. 设计更改文件验证记录等。

3. 策划(工程项目施工策划)

(1) 审核要点:

1) 是否针对企业的"工程项目施工质量策划(注:企业根据承接工程项目内容的范围实施'施工质量策划'的结果,可为:施工组织总设计、单位施工组织设计或施工方案,以及主要施工管理计划。详见,《建筑施工组织设计规范》GB/T 50502—2009)、施工设计、施工准备、施工质量和服务"等的控制,建立并实施了工程项目施工质量管理制度?

2) 各管理层次的职能部门是否按规定要求对项目经理部的工作进行了监督、指导、检查和考核?

3) 是否针对工程项目的施工质量管理和项目实现过程(生产、技术、质量)和职业健康安全防护、环境的污染预防等的有效控制进行了策划?

4) 策划内容是否满足了"管理体系、施工总承包合同、现场实际的要求并包括了管理目标和要求、确定过程、识别环境因素、危险源、文件和资源需求"等(策划应包括的内容详见 GB/T 50430—2007 规范中 10.2.3 条规定的 15 项基本要求,及 GB/T 19001—2008 标准中 7.1 条款所确定的 4 项要求和策划时应考虑 7.5 过程中各子过程需关注受控条件的内容)?且施工过程所要求的验证、确认、监视、测量、检验和试验活动,以及分项分部工程和工程项目的接收准则(如:创优或达标等)是否得到确定?

5) 对特殊项目或分项分部工程是否按要求编制了质量计划?对实施确认的过程(如关键/特殊过程)的运作安排是否进行了策划?是否确定了要对相应过程参数进行监测,并策划了为提供证据所需的记录?

6) 工程项目的质量策划所形成的文件是否在发布前经过审批?并按规定得到发包方或监理的认可?且对策划的文件和相应的文件实行了动态管理?

(2) 取证证据方法:

1）查阅所编制发布的管理制度或管理规定；

2）查阅管理层次各部门按规定对项目部进行监督、指导、检查和考核的记录；

3）查阅针对项目、合同的实现的策划。会议纪要、施工组织设计、项目质量计划、措施、方案等（按单位工程、分部工程或分项内容而对应的策划文件和有关职业健康/安全环保等的专项的措施方案）；

4）查阅施工作业流程图、作业指导书、程序文件；过程监控记录表式。

5）策划发布的文件审批、确认和动态管理的证据等。

4. 施工准备

（1）审核要点：

1）是否按工程项目质量策划的结果（施工组织总设计，单位施工组织设计或施工方案，以及主要施工管理计划）实施了施工准备？

2）是否按规定向监理方或发包方进行了各项（如：施工组织设计、专项方案、主要施工管理计划、进场人员、机械设备、施工机具、工程物资、安全及文明施工措施、分包状况……）报审、报验，以及提出和报批了开工申请？

3）是否按规定的阶段、职责、内容、方式和管理需要的层次将质量管理策划的内容，向项目经理部及作业层或操作人员进行了交底（如：施工技术交底、施工安全技术交底、专项方案交底、特种作业交底、样板观摩或演练等等）并保存了记录？

（2）取证证据方法：

1）现场观察和查阅各项资源台账；

2）查阅各项报审、报验及审批签认的记录；

3）查阅各项交底签认记录。

5. 建筑材料、构配件和设备管理

（1）审核要点：

1）企业是否建立并实施了“工程项目所需的建筑材料、构配件和设备采购的管理制度”、并规定和明确了各项职责、权限和管理办法（包括采购验收发现不合格的处理）？

2）是否对“工程项目所需的建筑材料、构配件和设备（下称工程物资）”提供的供方选择、评价和重新评价的准则做出了规定？

3）对供方和采购的品种的控制类型和程度是如何划分的？

4）工程物资采购合同签订前是否对供方进行了评价？（评价的内容主要是供方的质量保证能力和资信方面，更多内容见 GB/T 50430—2007 规范中 8.2.2 条规定，和 GB/T 19001—2008 标准 7.4.1 条要求，内审员应掌握）；

5）是否建立了合格供方名录？抽查所采购的工程物资供方是否在名录内？

6）对合格供方是否有跟踪措施并进行动态管理？

7）采购文件（采购计划和采购合同等）是否清楚地规定了有关的技术质量要求和验收或验证的职责、权限及方式方法，重要环境因素与供方及承包方的沟通，已识别的重要环境因素、职业健康风险的适用程序的要求，风险通报给供方和合同方的安排是否实施？以及产品的放行方式？（对采购文件中应明确的内容，内审员应关注和掌握 GB/T 50430—2007 规范中 8.2.1，8.2.5 和 8.3.3 的规定，和 GB/T 19001—2008 标准中 7.4.2 条的要求）；

8）采购文件发放前是否经过审批，以确保采购要求是充分的、适宜的？

9）是否对采购的工程物资确定并实施了“为满足规定的采购要求”的有效验收或验证（包括进货检验、构配件和设备的过程监测或同发包方代表到供方处的验证等）？

10）是否保持了上述过程实施的记录？

11）当采购的物资验收或验证的方式采用对其特性实施监测活动时，是否依据“GB/T 50430—2007 规范中 11.3 施工质量验收”和“GB/T 19001—2008 标准中 8.2.4 产品的监视和测量”要求进行了控制与管理？（内审员应掌握）

12）当对采购物资进行验收或验证发现不合格的“建筑材料、构配件和设备”时，是否按规定进行了处理、并保持了处理记录？

13）进入现场的物资（工程所需的建筑材料、构配件和设备）是否按管理制度的要求和有关规定进行了适宜环境的贮存、保管和标识？（包括有关职业健康和安全环保方面的标识以及检验状态的标识）；

14）是否按规定对贮存的物资进行了检查，并对检查所发现的问题及时进行了有效的处理？

15）对有可追溯要求的物资（重点部位、隐蔽工程、特殊过程、重要环境影响的物资、职业健康安全设施等），在发放时标识是否具有唯一性？并可追溯？（包括发放记录和相关的技术资料的可追溯性）；

16）对物资的搬运及防护是否明确和落实了规定的要求？是否适宜？

17）对发包方（即顾客）提供组织使用或构成产品一部分的、或在组织控制下的“建筑材料、构配件和设备，以及其他产品”等顾客财产，是否按照有关规定和标准的要求进行了“识别、登记、保护和维护、标识和验收/验证其适用性”等的控制管理？（包括有关影响到职业健康和安全环保方面的顾客财产）；

18）对顾客财产是否进行保护和维护的检查？是否在发现有丢失、损坏或不适用的情况时，及时向顾客报告并记录，且按有关规定实施了处理？

（2）取证证据方法：

1）查阅针对“工程项目所需建筑材料、构配件和设备采购”的管理文件；

2）查阅供方评价准则文件，对供方的评价（重新评价）记录，供方档案资料，合格供方名录；

3）抽样选取进货供方看是否为合格供方名录中的供应商；

4）查阅采购文件（计划、合同）、采购清单、采购物资按重要性的分类表等；

5）查阅采购物资的验收或验证记录；向物资供方进行有关职业健康、安全和环保要求的沟通、通报记录等；

6）查阅对采购物资进行特性复试和现场抽样试验的报告；

7）查阅对不合格物资的有效处理记录；

8）施工现场查验各种物资的产品标识、产品检验状态标识等；

9）仓库储存物资、车间设备标识；化学危险物资、安全防护设施等的标识；

10）图纸图标、技术资料、物资试验合格证明，试验仪器标识等的可追溯性（包括化学品的 MSDS 的获取）；

11）查阅产品搬运和防护制度或防护措施文件，并验证落实情况等；

12）现场实地观察询问；

13）顾客提供财产清单、验证文件/验收记录、标识；

14）顾客财产保管、使用、维护和检查记录（包括发现问题时的报告和处置记录）。

6. 分包管理

（1）审核要点：

1）是否对分包（此处是指“劳务、专业工程承包、技术服务及检验和试验等的分包控制管理审核；有关施工用的设施设备租赁和工程项目所需的建筑材料、构配件、设备等供方的控制管理审核见上述 6 和 8 章的审核要点”）的评价、选择、履约情况的考核和重新评价等的准则做出了规定（或称之为制度）？规定中是否明确了各管理层次和部门在分包管理活动中的责任和权限、并已落实？

2）与分包方签订分承包合同前，是否按照管理规定的标准和评价办法对供方进行了评价？（主要的是“按要求提供产品的能力”方面的评价，评价具体内容详见 GB/T 50430—2007 规范中 9.2.1 条，和 GB/T 19001—2008 标准中 7.4.1 条的要求）；并保持了对分包方评价、选择和重新评价的记录？

3）是否建立了合格分包方名录？在用的分包方是否在名录内？是否与分包方按总包合同的约定依法订立了分包合同、合同内容满足要求（如：合同文件是否清楚地规定了有关的技术质量要求和验证方法，重要环境因素与分包方的沟通，已识别的重要环境因素、职业健康风险的适用程序的要求，风险通报给供方和合同方的安排是否实施？以及产品的放行方式等方面）？

4）分包合同文件发放前是否经过审批，以确保分包要求是充分的、适宜的？

5）是否在分包项目实施前，对分包项目内容和有关人员实施了“施工或服务要求的交底、施工或服务方案的审核批准”？并据此对分包方进行了确认和验证（详见 GB/T 50430—2007 规范中 9.3.1 条规定）？

6）是否对分包项目和服务实施过程的各项活动，按要求进行了有效的“监督和指导，并对检查所发现的问题进行了整改后的验证和跟踪落实等”控制管理（包括的内容详见 GB/T 50430—2007 规范中 9.3.2 条）？

7）见上 9.1，9.2 的 1）重新评价并保存记录。

（2）取证证据方法：

1）查阅对分包方的评价准则文件，对分包方的评价、考核及重新评价的记录，分包方的档案资料，合格分包方名录等；

2）抽取 3～5 个在用的分包方（可选不同专业或服务内容的）资料，看其是否为合格分包方名录中的成员？

3）查阅所签订的分包合同或其他分包文件；

4）查阅对分包方进行“交底、方案审批、能力条件确认和验证、监督和指导、及发现问题整改后跟踪验证和对分包项目验收等记录或文件”；

5）查阅考核和重新评价的记录。

7. 施工过程质量控制

（1）审核要点：

1）同上“施工准备”的审核内容有接口；

2）施工和服务作业班组是否获得和正确使用了有关技术、质量要求的信息，如：施工图纸、设计文件、验收标准及适用的施工工艺标准、相关计划、文件、作业指导书、交底记录等（包括对采用新材料、新工艺、新技术、新设备等的策划和控制要求）？

3）进入施工现场的“操作人员，配备和使用的建筑材料、构配件和设备、施工机具、检测设备”等是否满足要求和受控？

4）施工作业环境、施工工序过程和服务活动是否在受控条件下进行？现场作业是否严格执行相关技术标准、作业指导书？是否按操作规程正确使用设备？

5）对特殊过程、关键工序是否进行了识别？对进入“特殊过程和关键工序”实现的“人员、机具设备、物资、工艺方法、工作环境、监测设备”等方面的能力及参数，是否进行鉴定、确认和认可？确认是否证实了过程能力，并保留了确认的记录？是否对变异进行了再确认？

6）是否对施工工艺、分项分部工程的实现过程实施了有效检查、监视和测量（包括对半成品、成品保护措施的落实，施工进度计划的落实、施工过程应具有的物资/进度可追溯性标识的管理、不稳定和突发事件应急能力的监控、分包施工质量能力的监督等的检查、检测）？

7）生产设备、测量设备是否齐备？工作环境、设备维护是否到位？

8）是否保持了与工程建设有关方进行沟通的活动，并按规定的职责、方式对有关的信息进行了管理（如：图纸会审、交底、例会、专项方案论证、文件传递、中间交接验收等等记录或纪要）？

9）是否建立并实施了对施工过程中的质量记录进行管理的制度或规定？对施工记录的管理是否满足规定的要求？（注：a. 施工过程中的质量记录至少应包括的种类见 GB/T 50430—2007 规范中 10.5.5 条的 8 个方面；b. 对质量记录管理的审核方法和内容见本审核要点 3.5 条中的 1）、7）、8）、9）、10）、11）此略）

（2）取证证据方法：

1）查阅施工计划，作业指导书，操作规程，施工技术交底/施工安全技术交底等记录；

2）查阅施工日志，工序交接检记录，现场观察、巡视检查记录；

3）查阅设备运转台账，设备定期维护保养记录，安全检查记录；

4）查阅对从事特殊过程/关键工序操作的人员、设备鉴定、物资和工作环境等的确认记录、及工艺方法试验记录（或样板评定记录）；

5）过程参数的连续监控记录；

6）查阅对施工各过程和工序进行管理和控制及检查/监测的各项记录和文件等；

7）查阅与建设有关方进行信息交流和沟通的有关记录和文件。

8. 施工质量检查与验收

（1）审核要点：

1）是否针对所需的“施工质量的检查与验收”建立了相应的检查制度？制度中是否规定了各管理层次人员对施工质量检查与验收活动进行监督管理具备的相应资格、职责和权限？

2）对分包工程的质量检查和验收是否进行了明确的规定并落实？

3）是否对施工质量检查所需的各类检测设备的配备和管理进行了确定？

4）是否对施工质量形成过程的监视和测量方法作出规定？规定中是否明确了质量检查的依据、内容、人员、时机、方法和记录？且规定经审批后实施？

5）对哪些过程采用什么方法进行监视和测量，以证实质量管理过程实现预期结果的能力？

6）项目经理部是否根据策划的安排和施工质量验收标准实施了对施工项目的“过程检查、中间检查、巡视、评估过程能力”等活动，各项活动是否按规定形成了质量记录，并按规定对质量记录进行管理？

7）当发现过程能力不足或未达到所策划的结果时，采取了哪些纠正或纠正措施？效果如何？

8）企业各职能部门是否按职能对项目经理部的质量检查活动实施了监控，是否保存了监控记录？

9）是否按要求策划并实施了施工质量的验收、试验和检验的管理制度？

10）是否按制度和计划在竣工验收前，对“进场物资、分项、分部、单位工程”的质量特性进行了内部的监视和测量，以验证产品符合性？并按规定进行工程的竣工、交工工作？

11）不同阶段的“进场物资、分项、分部、单位工程”的监视和测量内容和职责是否有规定？

12）是否规定了接收准则，保持了接收证据？

13）各个阶段的“进场物资、分项、分部、单位工程”放行是否有授权人批准，使用时得到顾客的批准？

14）工程资料的形成是否与工程进度同步？并按适用法规和有关规定要求及时进行组卷、审查、移交和按档案管理规定归档？

15）策划和实施的“不合格品控制程序”文件，是否明确规定了对不合格品（包括不合格服务及其他质量问题）的控制方式、有关处置的职责和权限以及活动的流程和质量事故责任追究制度？

16）对发现的不合格品（包括不合格服务及其他质量问题）是否规定了分类、分级报告流程，以及按照有关要求分别报告工程建设的有关方？是否对不合格品采取了经审批并相适宜的处理措施？处置后的不合格品是否进行了验证（检查验收）？

17）对工程交付或开始使用后发现的施工质量不合格，是否评价了与不合格的影响或潜在影响程度相适应的措施，并消除其原因？

18）当不合格品提出让步使用时，是否经授权人或顾客批准？

19）是否按规定保存了不合格品和其他质量问题性质、处理和验收的记录？

（2）取证证据方法：

1）查阅策划的质量管理规定文件，作业指导书，其他文件；

2）交谈和查阅过程监控点记录，中间检查单，过程监视记录、摄像等；

3）查阅项目质量巡检记录，后续措施记录，以及监督检查、纠正或纠正措施记录；

4）查阅各职能部门对项目经理部质量检查的记录；

5）查阅工程项目“进场物资、分项、分部、单位工程”监测和验收规定文件；

6）查阅施工不同阶段对“进场物资、分项、分部、单位工程”的检验记录（包括：监理见证取样的原材料复试报告、隐蔽工程的验收记录、专项试验报告、检验批记录表等）、报告、证书、放行记录等等；

7）查阅接收文件，接受记录；

续表

8）查阅施工项目“进场物资、分项、分部、单位工程”接收准则，产品（进场物资、分项、分部、单位工程）放行人授权证明文件；

9）抽查3～5份竣工资料的备案移交回执和企业留存的资料；

10）查验程序文件（是否也规定了“中止不合格服务、道歉、适当赔偿或给予适当优惠条件等的内容”）；

11）查阅不合格品报告单，不合格品评审报告，不合格品处置及再验证记录，质量事故处理报告等；

12）查阅让步接收记录；

13）查阅记录的管理等。

9. 服务

（1）审核要点：

1）是否按程序规定和施工合同及国务院279号令、建设部80号令等的要求，对工程的移交和移交期间的防护进行了控制管理？其“保修、非保修范围内的维修、合同约定的其他服务”等是否编制了计划（如：工程回访计划），并组织了有效的实施？

2）对工程保修期内顾客（指建设方、监理方、物业或使用者）所反馈的有关工程质量信息是否做出了积极的响应和处理？并对保修的服务质量（指返修的工程质量和参加返修人员的工作质量及服务态度等〈有关服务态度可进入12.2条〉）按规定进行了有效的控制、检查和验收？

3）对所收集到的有关服务质量方面的信息是否用于了质量分析和改进〈即进入13.2和13.3条〉？

4）是否对工程项目的交付和交付后的活动实施有效控制和落实？

（2）取证证据方法：

1）交谈和查阅管理规定，工程承包合同，工程回访计划；

2）查阅回访记录，返修记录，顾客满意的感受信息调查表；

3）工程移交计划/防护计划，工程防护措施落实和检查记录等；

4）服务信息收集和分析/利用的有关记录

（4）质量管理自查与评价、质量信息和质量管理改进，见附录E表4。

质量管理自查与评价、质量信息与质量管理改进　　附录E表4

1. 质量管理活动的监督检查与评价（包括内审）

（1）审核要点：

1）是否针对“质量管理活动的自查与评价”建立了相应的制度？制度中是否对企业各管理层次人员监督检查的相应职责、权限、频度和方法作出了明确规定？

2）是否按策划的规定开展了日常定期和不定期的质量管理活动的监督检查？监督检查是否覆盖了企业各管理层次和项目经理部的质量管理活动（监督检查的内容至少应包括：a. 管理层次：法规和标准规范的执行、质量管理制度及其支持性文件的实施、岗位职责的落实和目标的实现、对改进要求的落实等；b. 项目经理部：项目质量策划结果的实施、对本企业职能部门和发包方或监理方提出的改进意见和整改要求的落实、合同的履行情况、质量目标的实现等）？

3）对监督检查中所发现的问题是否及时提出了书面的整改要求，并对整改过程和结果实施了有效的监督和验证？

4）是否按计划的安排对质量管理体系，组织和实施了由有相应资格审核员进行的年度（集中或滚动式的）内部审核和评价？并对内审中发现的问题及其原因提出了书面的整改要求，且跟踪验证了整改结果？（有关企业的质量管理体系内部审核的更详细内容和要求见GB/T 19001—2008标准中8.2.2，及GB/T 19011—2003指南。此略）

5）对质量管理活动的监督检查和审核进行策划时，是否依据了“各部门和岗位的职责、质量管理中的薄弱环节、有关的意见和建议、以往检查的结果”等信息？

6）是否监视和收集了工程建设有关方（或称之为“顾客”）满意情况的信息，并明确了信息搜集的职责、渠道、时机、方式及分析利用这些信息作为体系业绩评价的方法？实施效果如何？

7）对顾客满意调查样本（有关顾客感受信息的样本提示可参见 GB/T 19001—2008 标准中 8.2.1 的“注”）策划是否合理？获取的信息是否可靠？且对顾客的意见、抱怨是否即时处置？

8）是否对监督检查、审核、顾客满意调查等过程形成的记录进行了保存？并将所发现的问题及整改的结果作为了质量管理改进的重要信息？

（2）取证证据方法：

1）查阅有关“质量管理自查与评价”制度文件；

2）查阅各管理部门（层次）日常定期和不定期质量活动的监督检查纪录或纪要、大检查通报等；

3）查阅对监督检查提出不符合或不合格的整改和验证记录；

4）查阅企业质量管理体系内部审核系列“计划、检查表、记录、报告、不符合项报告及纠正措施和整改验证资料、内审员培训和资格证书”等有关文件和记录资料；

5）查阅监督检查和审核策划文件；

6）查阅顾客满意度调查记录，调查结果分析资料；及了解和查阅顾客信访，媒体报道，简报，座谈会记录及监理例会纪要等；

7）查阅顾客意见处置记录；

8）查阅对监督检查、内审、顾客满意度调查、信息分析传递等记录。

2. 质量信息的收集传递、分析和利用（包括管理评审的信息）

（1）审核要点：

1）是否建立了质量信息收集、分析（包括确定统计技术方法的应用程度）管理和质量管理信息利用、改进的制度？制度中是否明确了各层次、岗位质量信息管理和改进的职责，并确定了改进的目标和改进的活动（质量改进活动至少应包括：质量方针和目标、信息分析、监督检查、质量管理体系评价、纠正与预防措施等）。

2）是否对为正确评价质量管理体系水平所需“收集的信息及其来源、渠道、方法和职责”进行了明确？

3）所收集的信息是否满足和适宜（工程建设施工企业为正确评价质量管理体系水平应收集的信息至少应包括“法规和标准及规章制度等、工程建设有关方对施工企业的工程质量和质量管理水平的评价、各管理层次工程质量管理情况及工程质量的检查结果、施工企业质量管理监督检查结果、市场需求、同行业其他施工企业的经验教训、质量回访和服务信息”等）？

4）对所承建的各工程项目质量管理策划结果的实施情况是否进行了总结？并将其作为了企业质量分析和改进的有效信息予以保存和利用？

5）各管理层次是否按规定对质量信息进行了分析？并据此判断出了质量管理状况和质量目标实现的程度？且识别了需要改进的领域和机会及已采取了有效的改进措施？

6）对信息进行分析所应用的方法是否有效？分析结果是否达到了预期的目的（施工企业对信息进行分析的结果一般至少应包括：工程建设方对施工企业的工程质量、质量管理水平的满意程度；施工质量和服务质量达到要求的程度；工程质量水平、质量管理水平、发展趋势以及改进的机会；与供应方、分包方合作的评价）等？

7）企业的最高管理者（层）对质量管理评审的有关决定和改进措施的信息是否传递和落实？（见上“附录 E 表 1 中的 4. 管理评审”）

（2）取证证据方法：

1）查阅相关“质量信息和质量管理改进”方面所策划文件内容及查阅相关规定；

2）查阅确定的所确定应用的统计技术的对应程序；

3）查阅质量信息收集台账或记录；

4）查阅竣工、交工工程质量管理工作总结；

5）查阅质量信息分析记录和制定的改进措施；

6）查阅数据统计分析报告（包括统计技术的应用记录）；

7）查阅管理评审所形成的系列资料。

3. 质量改进与创新

（1）审核要点：

1）企业是否根据对质量管理体系的分析和评价结果，提出了改进目标，并制定和实施了改进措施且跟踪了改进的效果？对所分析出的“工程质量、质量管理活动”中存在或潜在问题原因，是否采取了适当的措施，并验证了措施的有效性？

2）日常的或重点的持续改进项目的实施结果是否有效？

3）是否对纠正措施和预防措施的需求进行了评价，并确定和实施了所需的措施？对措施的执行情况是否进行了跟踪检查，并对所采取措施的结果进行了记录？且对所采取的纠正措施和预防措施的有效性进行了评审？

4）是否定期对质量信息进行整理分析，采用统计技术分析潜在不合格？潜在不合格原因分析是否准确？

5）是否根据质量管理分析、评价的结果，确定了质量管理创新（如：激励机制的创新、实施结果的反馈机制的创新、绩效的考核机制的创新等，即质量管理工作的“不断地推陈出新、追求卓越”）的目标及措施，并跟踪、反馈了实施结果；

6）是否按规定保存了质量管理改进与创新的记录（见 GB/T 50430—2007 规范中 3.5.3 条规定，和 GB/T 19001—2008 标准中 4.2.4 条要求）？

（2）取证证据方法：

1）与质量管理主责部门责任人员交谈、查阅相关质量管理体系分析和评价记录？

2）查阅持续改进策划文件、重点改进项目建议书，科技成果报告，QC 小组成果，技术革新成果；

3）查阅纠正措施和预防措施评价、验证、有效性评审等记录；

4）查阅定期质量信息整理和分析报告；

5）查阅质量管理创新措施和跟踪落实报告；

6）巡视和查阅记录储存管理。

4. 施工企业管理层各部门审核要点（B）

内审员应依据 PDCA 的原则，按照以下要点对企业管理层各部门所主管和相关的过程进行审核，有关过程和取证方法的内容参见“施工企业一般过程审核要点”：

（1）是否明确和熟知本部门的质量管理职责？

（2）部门内部是否将公司赋予的质量职责进行了二次分配和具体的岗位分工？

（3）是否确立了本部门的质量目标，且目标与公司总目标保持一致（分解）、并体现了本部门的质量管理工作内容？

（4）是否规定了部门各岗位人员的能力要求？部门所配置的人员实际能力是否满足要求，与岗位职责是否相符？

（5）所管理的主要过程与规定的质量责任是否相一致？相关工程的接口是否明确和清楚，并按照控制文件的规定执行和落实了相关接口工作的内容？

（6）所主管的过程是否按要求制定了相关的控制文件？文件是否满足规范、标准、适用法规和实际的控制需求？

（7）所颁布的管理文件是否按规定的要求进行了控制（编制、审批、使用场所及时到、评审、修订等等）？

(8) 对本部门主管的过程是否按照规定的要求及时进行了监视和测量及控制（即按规定的时间和内容对本部门和相关部门/分公司/项目部进行监督检查和指导）?

(9) 对所主管的过程运行情况的信息是否进行了及时的收集、分析或传递到负责改进的主管部门?

(10) 是否识别和确定了所主管过程的改进（包括创新方面内容和课题）需求，并制定了相应的改进措施，或按照负责改进主管部门的要求实施了改进措施?

(11) 是否对改进措施的实施效果进行了跟踪和验证，以确保改进措施的有效性?

(12) 是否将有关的改进措施和改进（包括创新方面内容和课题）的信息提交了管理评审? 对内审发现的不符合项和管理评审决定中涉及本部门的措施，是否跟踪落实和验证?

5. 分公司审核要点（C）

(1) 目前建筑施工企业多为两级质量管理，即公司管理部门和施工项目部，对此内部审核按以上审核思路进行即可。

(2) 对于大型建设集团或设立三级质量管理机构的建筑施工企业而言，其各级管理层次的职责（或职能）一定要明确清楚，不然会导致内审的重复性或漏项。

一般设置三级质量管理的施工企业：(a) 其公司层的管理部门的主要职责是“监管”，即：协助公司主管领导和按管理职能制定主要过程范围的控制文件（企业标准、管理规定、制度、大型方案等）和审批分公司或项目部编制的管理文件，并负责控制文件的发布、评审、修订、再发布和上级文件的转发等，且对分公司和项目部对控制文件的执行和有效落实进行监督、指导。(b) 而分公司是公司控制文件和相应管理文件执行和落实的主要管理层次，其职责是“监控”，即：对公司制定和转发以及适用的法规文件等的执行和落实，负有组织落实、监督检查、控制管理等责任。

因此，对分公司的部门进行内审时，除参照上述“施工企业管理层各部门审核要点”外，内审员还应重点关注以下 5 点：

1) 组织机构、岗位人员是否健全? 职责是否明确?

2) 是否及时将适用的法规和文件传递给所属项目部?

3) 是否按规定要求（定期和不定期）对所属项目部进行了监督检查?（包括大检查和联合检查通报）

4) 对检查发现的质量问题和隐患是否下达整改通知，并及时跟踪验证（外地项目部的问题可委托现场有资格的人员进行跟踪验证，如：质检员、安全员、项目技术负责人等），且保存了记录?

5) 办公环境、仓储条件（若有时）、文档暂存条件等是否按规定落实?

6. 施工现场审核提示（D）

审核“施工管理过程”时，除在企业管理层（包括分公司管理层）、项目部办公室查阅各种资料和记录外，还应对施工现场就以下方面仔细观察：

(1) 有关工程质量的内容：

1) 根据审核时的工程实际形象进度，观察工程施工过程的：

A. 工人的操作方法是否符合操作规程的要求（必要时可与工人交谈，询问工人对操作规程有关规定的熟知程度）?

B. 询问操作工人是否接受过技术交底，技术交底的内容有哪些？

C. 观察工人所操作的前道工序是否经过检查或验收（必要时可现场实测或比对）？询问工人是如何得知本道工序准许施工的？

D. 对于需要持证上岗的工序（或特岗人员），现场核查操作人员的岗位资格证及对操作能力进行满足要求的鉴别？

2）工程和劳务分包方的施工作业是否符合操作规程及技术交底的要求？

3）对建设单位另行分包的工程内容是否实施了妥善的维护？

4）对施工材料、构配件和设备、分部分项工程质量现状进行观察、询问、评价，对比质量检查、评定记录中的内容、评定结果与实物质量是否相符？

5）对进场物资和半成品的取样试验及管理过程进行观察？

6）成品保护措施与《施工组织设计》或各类技术交底中的要求是否一致？是否起到保护作用？

7）对于观察到的质量问题，项目部是否能提供出对其按照不合格品控制的有关程序进行处置的记录？

8）在项目部审核发现的，需在现场证实的质量问题，如重要不合格品处置的实际效果是否符合要求等？

9）是否对频繁发生的质量问题采取了与问题相适宜的纠正措施？

10）是否根据以往不合格品的信息和潜在不合格问题制定和落实了适当的预防措施？

（2）有关安全健康、文明施工和环境保护的内容：

1）针对基础施工阶段、结构施工阶段、装饰施工阶段、特殊季节（如：冬、雨、冰、霜等）施工阶段，根据审核时所处阶段观察相关管理是否符合要求，例如：

A. 对于防止土方坍塌或滑坡、隧道开挖的安全施工、高空坠落、高支模、各种洞口落人落物、机械伤人、装饰涂料中毒等事故的安全措施是否符合要求？

B. 临时用电、脚手架、安全网等是否搭设合理？

C. 操作工人的安全帽、防护用品、劳动保护用品是否按规定配置、进场验收和正确使用？

D. 大型机械设备的安全运转、信号和制动系统、防雷、防风等是否符合要求？

E. 构配件和设备吊装措施是否落实？

2）现场生产、生活区域的消防、保卫、卫生等是否符合各项文明施工的要求？

3）是否具备应取得的各种有关安全、文明施工的许可证（如：现场食堂是否有食品卫生许可证，垃圾渣土准运证，现场焊接等明火的动火证等）的条件？

4）场容、场貌是否整洁、卫生、宿舍等是否符合文明施工的要求？

5）是否有现场的环境保护措施？对粉尘、噪声、污水、废气、废物、振动等的产生进行控制和处理？

对上述1）、2）、3）、4）、5）的控制要求，内审员应学习和掌握JGJ 146—2004《建筑施工现场环境与卫生标准》建设部和《建筑施工安全检查标准》JGJ 59—99及现行的临电、起重机械等有关的法规和标准内容。

（3）有关机械设备的内容：

1）现场机械设备的布置是否合理、机械设备是否按规定经过必要的进场验收和报验

（包括机械设备的拆装方案的审批和执行）？

2）操作人员是否按照规程操作，并对机械设备进行了规定的维护、保养和检修、检测？

3）机械设备是否定机、定人、定岗？

4）工作场地是否符合安全运行要求，夜晚施工是否配置了足够的现场照明？

5）是否配备了必要的安全防护设备或设施，是否根据需要配置了必要的降温、保暖、降尘、通风等装置？

6）操作人员是否按照规定填写运行及维护、保养和检修、检测等管理记录？

7）操作人员是否经过培训并持证上岗？

（注：上述审核内容也包括对租赁的和分包自有的机械设备的控制）。

（4）有关检测设备的内容：

1）使用人员是否按照操作要求使用检测设备？

2）所使用的检测设备是否保存了定检的合格标识，证明检测设备处于校准合格状态？

3）检测设备在使用过程中是否能按照要求进行保护？

4）现场的检测设备是否有良好的存放条件？

5）是否有误调整和误操作的情况发生？

（5）有关物资管理的内容：

1）现场、库房物资的堆放是否整齐，是否有状态标识，是否存在将不合格材料与合格材料混放的情况？

2）物资的存放的环境是否做到了防潮、防火、防压等要求？

3）物资的码放是否符合要求？

4）各类型号、规格相近的物资是否有混放在一起的情况？

5）物资的管理人员是否掌握建筑材料、构配件和设备的有关规定？

6）是否建立了物资入库和出库的规定（或制度），实际入库、出库的物资是否严格执行和落实了规定的要求？记录是否清楚？

7）库房和场地存放的物资数量与物资台账中记载的物资数量是否一致？

8）现场存放的化学危险品是否做到了单独和隔离存放，标识是否醒目？是否收集了化学危险品的 MSDS《某化学品安全技术说明书》，并按要求落实了各项控制内容？